Jörg Baberowski

Der rote Terror

Die Geschichte des Stalinismus

bpb:
Bundeszentrale für politische Bildung

Jörg Baberowski, geboren 1961, ist Professor für osteuropäische Geschichte an der Humboldt-Universität Berlin. Er zählt zu den international renommiertesten Wissenschaftlern, die sich mit dem Stalinismus beschäftigen.

Bonn 2007
Lizenzausgabe für die Bundeszentrale für politische Bildung
Adenauerallee 86, 53113 Bonn

Veröffentlicht im Fischer Taschenbuch Verlag, einem Unternehmen der S. Fischer Verlag GmbH, Frankfurt am Main, November 2007
Mit freundlicher Genehmigung der DVA, Deutsche Verlags-Anstalt, in der Verlagsgruppe Random House, München

Umschlaggestaltung: Michael Rechl, Kassel
Umschlagfoto: Zwangsarbeiter in einem sowjetischen Gulag Anfang der 1930er-Jahre.
© SV-Bilderdienst: Rue des Archives
Druck und Bindung: Clausen & Bosse, Leck

ISBN 978-3-89331-842-1

www.bpb.de

Inhalt

Was war der Stalinismus? 7

I. Der Weg in den Stalinismus 17
Historischer Kontext 17
Revolution 28
Bürgerkrieg 34

II. Ruhe vor dem Sturm 54
Wirtschaft 58
Bauern 61
Arbeiter 69
Nationale Frage 73
Partei und Ideologie 77

III. Kulturrevolution 94
Neue Menschen 94
Feinde 108

IV. Terror 135
Moskauer Schauprozesse 140
Parteisäuberung 156
Massenterror 183
Stalin 204

V. Krieg und Nach-Krieg 209
Zweiter Weltkrieg 209
Spätstalinismus 240

Anmerkungen 259
Literatur 284

Was war der Stalinismus?

Als Stalin am 5. März 1953 starb, endete auch der beinahe dreißigjährige Ausnahmezustand, den er und seine Gefolgsleute über die Sowjetunion verhängt hatten. Das Jahr 1953 war das Ende der stalinistischen Gewaltherrschaft, des Krieges, den die Bolschewiki seit den zwanziger Jahren gegen die eigene Bevölkerung geführt hatten.

Stalinismus und Terror sind Synonyme. Der Kern der stalinistischen Herrschaft bestand in der unablässigen Ausübung exzessiver Gewalt. Die Bolschewiki vertrieben Hunderttausende Bauern aus ihren Dörfern und deportierten sie nach Sibirien. Sie führten drakonische Strafen in den Kolchosen und Fabriken des Landes ein, mit denen sie Bauern und Arbeiter zu eiserner Disziplin zwingen wollten. Mehrere Millionen Menschen starben während der Hungersnot des Jahres 1933.

Das Regime bekämpfte abweichendes Verhalten mit Feuer und Schwert, wer die Sprache der Bolschewiki nicht zu sprechen verstand, wer ihre Rituale und Glaubensbekenntnisse ablehnte, verwandelte sich in einen Feind. Das Regime verfolgte nicht nur den »Klassenfeind«, es stigmatisierte ethnische Minderheiten und ließ sie deportieren, wo sie ihm als Feinde erschienen. Nicht einmal nach den Schrecken des Großen Terrors der dreißiger Jahre kam die sowjetische Gesellschaft zur Ruhe. Denn die Terrorisierung der Bevölkerung setzte sich auch in den Jahren des Zweiten Weltkrieges fort. Das zeigte sich nicht zuletzt in der menschenverachtenden Behandlung sowjetischer Soldaten und dem Strafensystem, mit dem das Regime Armee und Gesellschaft für den Krieg zu mobilisieren versuchte.

Nach dem Ende des Krieges wuchs der Terror über die Grenzen des sowjetischen Imperiums hinaus. Er verwüstete aber nicht nur die von der Roten Armee besetzten Nachbarländer. Auch im Inneren der Sowjetunion feierte die Gewalt ungeahnte Triumphe: Das Regime sperrte aus Deutschland zurückkehrende Kriegsgefangene und Zwangsarbeiter in Arbeitslager, es führte Krieg gegen Bauern und ethnische Minderheiten, die im Verdacht standen, äußeren Feinden zu dienen. Am Ende der vierziger Jahre richtete sich die Maschinerie der Ausgrenzung gegen die jüdische Bevölkerung des Imperiums. Der Stalinismus war eine Zivilisation des Hasses und des Ressentiments. Er lebte von der Stigmatisierung und Vernichtung jener, die ausgeschlossen bleiben mußten. Die Zerstörungswut des Stalinismus kannte keine Grenzen, niemand konnte dem Terror entgehen. Nicht einmal die Partei war am Ende noch ein Ort der Zuflucht. Sie zerstörte sich selbst. Und es war Stalin, der die unablässige Destruktion ins Werk setzen ließ.

Dieses Buch spricht von den gewalttätigen Exzessen des Stalinismus und der Kultur, aus der sie sich hervorbrachten. Deshalb ist »Der rote Terror« auch keine Geschichte der Sowjetunion, sondern eine Geschichte des Stalinismus.[1] Sodann: Der stalinistische Terror war eine kommunistische Tat, aber nicht jede Form kommunistischer Herrschaft war terroristisch, wie es zuletzt Stéphane Courtois in seinem Vorwort zum »Schwarzbuch des Kommunismus« suggerierte.[2] Der Stalinismus war eine Zivilisation, die aus dem sowjetischen Imperium kam und mit dem Tod Stalins zugrunde ging. Darin ähnelte er den Terrorherrschaften Maos oder Pol Pots. Von Stalinismus sollte also nicht sprechen, wer vorgibt, die nachstalinsche Sowjetunion oder die sozialistischen Staaten Ostmitteleuropas zu beschreiben.

Woher kam jene Gewalt, die in den Stalinismus führte? Was ist Stalinismus? Niemand wird bestreiten wollen, daß der Terror die Essenz der stalinistischen Ordnung ist, auch wenn es keine Einigkeit in der Frage gibt, wie dieser Terror zu verstehen ist. Wie sie beantwortet wird, das hängt von der Perspektive ab, die einen Gegenstand jeweils konstituiert.[3] Auf die Frage, woher der Terror kam und was er anrichtete, möchte dieses Buch eine Antwort geben.

Alle bisherigen Versuche, die Essenz des Stalinismus zu bestimmen, sahen von den gesellschaftlichen und kulturellen Umständen ab, unter denen die Gewaltexzesse ihre Form gewannen. Wo vom totalen Staat die Rede war, schrieb sich die Selbstinszenierung des Regimes fort.[4] Nur übersah eine solche Interpretation, daß die bolschewistische Inszenierung die Allmacht zwar unablässig behauptete, sie aber nicht ausübte. Nirgendwo übte der stalinistische Staat jene Kontrolle aus, von der die Totalitarismustheoretiker sprachen. Von einer Beseelung der Untertanen durch die bolschewistische Ideologie konnte wenigstens jenseits der größeren Städte keine Rede sein. Nicht einmal im nationalsozialistischen Deutschland, das im Gegensatz zur Sowjetunion immerhin eine Industrienation war, gab es eine totale Kontrolle der Gesellschaft.

Die Kritiker der Totalitarismustheorie sahen gewöhnlich kaum weiter. Die sogenannten »Revisionisten«, die einen Stalinismus »von unten« entdeckten, entstalinisierten die Sowjetunion, weil sie von der Kontaminierung der Gesellschaft durch die Bolschewiki absahen. Sie sahen, was Stalinismus genannt wurde, aus der Perspektive der Gesellschaft. Was war damit gemeint? Wo sich Historiker dem Geschehen in der Gesellschaft, in den Dörfern, Fabriken und Parteizellen zuwandten, zeigte sich ihnen die Machtlosigkeit des Staates. Sie schärften ihr Bewußtsein für die Heterogenität der Sowjetunion und sie sahen, daß die Konzepte der Zentrale an der Wirklichkeit zerbrachen. Sie entdeckten eine Sowjetunion, die nicht totalitär war.

Es ist unbestritten, daß das Regime keine Kontrolle über die zahlreichen Gesellschaften des Imperiums und ihre Lebensweisen ausübte, daß es an Kommunisten, Geheimpolizisten und Justizbeamten fehlte, um die Bevölkerung zu kontrollieren. Auch wird niemand bestreiten wollen, daß die Gewalt nicht selten aus jenen Problemen erwuchs, die die Bolschewiki nicht bewältigen konnten, daß lokale Initiativen Gewalt in vorauseilendem Gehorsam ins Werk setzten, dem »Führer entgegenarbeiteten«, wie es Ian Kershaw über den Nationalsozialismus gesagt hat.[5] Zahlreichen Menschen eröffnete die Stalinsche Revolution sozialen Aufstieg und ungeahnte Karrieremöglichkeiten. Und sie band diese Aufsteiger an das Regime und seine Ziele. Es gab Mitläufer und überzeugte Kommunisten, die aus eigener Initiative exekutierten, was die politische Führung ihnen nicht einmal abverlangt hatte. Nikita Chruščev, Leonid Brežnev, Aleksej Kosygin und andere, die in den dreißiger Jahren in der Parteihierarchie aufstiegen, waren nicht nur Geschöpfe der Mobilisierungsdiktatur. Sie waren auch ihre Stützen.[6]

Nur brachten die Revisionisten am Ende die Kommunistische Partei und ihre Führer ganz zum Verschwinden. Sie bestritten zuweilen sogar, daß es überhaupt eine zentrale Strategie für die Umwandlung und Terrorisierung der Sowjetunion gegeben habe. Die Schrecken der Kollektivierung, die Deportationen und Gewaltexzesse führten manche der Revisionisten auf Initiativen übereifriger Kommunisten und Aktivisten zurück. So gesehen habe das Regime nur aufgegriffen, was die lokalen kommunistischen Kader ihm abverlangt hätten.

Bemerkenswert erscheint mir dabei zweierlei: einerseits die Auffassung, vom Willen der politischen Führung, vor allem Stalins, könne abgesehen werden, andererseits die unausgesprochene Unterstellung, auch mit der Ideologie der Machthaber müßten sich Historiker nicht länger befassen. Nun spricht aber die Primitivität der Institutionen überhaupt nicht gegen die zentrale Kontrolle des Terrors. Sie beantwortet auch nicht die Frage, wie es kam, daß dieser Terror von der politischen Führung offenbar mühelos beendet werden konnte.[7]

Die Revisionisten verwechselten totale Ansprüche mit totaler Herrschaft. Das Regime konnte totale Herrschaft nicht durchsetzen, aber es trug seinen Anspruch, sie zu verwirklichen, in die Gesellschaft. Im Versuch, diesen totalen Anspruch durchzusetzen, wurde die öffentliche und private Sphäre neu eingerichtet und nach repressiven Prinzipien geordnet. Die Suche nach Feinden, die Herstellung von Einmütigkeit und Konformität, die Mobilisierung von Zustimmung, das alles wurde zu einem Teil jener politischen Kultur, die stalinistisch genannt werden kann.[8]

Es ist wahr: Die Kolchosbauern waren keine Bolschewiki. Aber sie mußten auf die Machthaber reagieren, die sich in ihr Leben drängten, die sie zwangen, sich für oder gegen sie zu entscheiden. In diesem Sinn war selbst, was in den Dörfern am Rande des Imperiums geschah, nicht verständlich ohne den Anspruch der Kommunisten, diese Dörfer zu verändern. Und auch die totalitären Ansprüche des Regimes veränderten sich mit den Erfahrungen, die die Kommunisten gewannen. Kurz: der Stalinismus wird als Zivilisation nur verstehbar in den Milieus, aus denen er kam und in denen er sich entfaltete. In den Lebensweisen der Menschen selbst zeigt sich, welche

Wirkungen von Weltanschauungen ausgehen. Der Mensch ist eine Schaltstelle der Macht, er ist nicht allein passives Objekt der Macht, er ist auch ihr Multiplikator.[9] So ist es auch hier. Was unter Stalinismus je zu verstehen ist, erweist sich erst in der Anwendung totalitärer Ansprüche auf das Leben. Diese Einsicht aber gewann erst, wer sich von den Schablonen vergangener Tage befreite. Das Archiv war der Ort, an dem sich die neuen Wahrheiten bewähren mußten.[10]

Die sowjetischen Archive, die zu Beginn der neunziger Jahre ihre Tore öffneten, ermöglichten es den Historikern, sich eine Vorstellung vom Leben im inneren Kreis der Macht zu verschaffen: Die stenographischen Protokolle der ZK-Sitzungen, der Schriftverkehr von Parteigremien und Staatsbehörden, schließlich die privaten Papiere Stalins, Molotovs, Mikojans und Kaganovičs – sie zeigten uns eine Sowjetunion, die wir noch nicht kannten. Diese Dokumente belegen, daß Stalin und seine engsten Gefolgsleute die Exzesse der Kollektivierung nicht nur duldeten, sondern sie auch anordneten und die nachgeordneten Behörden zwangen, das Programm des Zentrums auf möglichst radikale Weise umzusetzen. Auch die Deportationen mehrerer Hunderttausend Kulaken wurden im Politbüro geplant. Die Parteiführer berieten sogar über die Zusammenstellung der Waggons, mit denen die Unglücklichen in Konzentrationslager und abgelegene Gebiete in Sibirien verbracht wurden.[11] So stand es auch um den Großen Terror, der von Stalin und seiner Umgebung zentral inszeniert und sodann durch stetige Radikalisierung der Anweisungen in Gang gehalten wurde. Im Juli 1937 verschickten Stalin und Molotov Telegramme an die lokalen Parteiführer in den Provinzen mit genauen Instruktionen, wer zu erschießen, wer zu deportieren sei. Stalin unterschrieb die Todeslisten, die ihm der Chef des NKVD, Nikolaj Ežov, in den Jahren 1937 und 1938 vorlegte. Mehr als 40 000 Menschen wurden auf diese Weise getötet. Nirgendwo wagten es die subalternen Beamten, Erschießungen ohne Zustimmung Stalins anzuordnen. Selbst in den Lagern von Dal'stroj in Magadan warteten die Tschekisten auf eine Erlaubnis des Kreml, bevor sie damit begannen, Häftlinge zu ermorden. In den Dokumenten tritt uns Stalin als grausamer, mitleidloser, von Verfolgungswahn besessener Diktator entgegen, der auf dem Höhepunkt des Terrors offenkundig auch keine Mühe mehr hatte, die Mitglieder des Politbüros töten zu lassen.

Die stenographischen Protokolle des Zentralkomitees geben uns schließlich einen Einblick in den Umgangs- und Sprachstil, mit dem die führenden Bolschewiki einander begegneten. Sie präsentieren uns die Parteiführer als mitleidlose Vollstrecker, die keine Skrupel hatten, sich zu ihren Taten zu bekennen. Sie sprachen im inneren Kreis der Macht nicht anders, als in der Öffentlichkeit, mit dem Unterschied freilich, daß sie die Öffentlichkeit über ihre Mordprogramme nicht in Kenntnis setzten. Stalin war kein Zyniker der Macht. Er glaubte, was er sagte.[12]

Die Dokumente bringen auch die marginalisierten, nicht veröffentlichten Diskurse, die jenseits des Erlaubten und Veröffentlichten blieben, zur Sprache. In den Berichten der Geheimpolizei, der GPU und des NKVD, in den Gerichtsakten kommen jene zu Wort, deren Wortmeldung in der gleichgeschalteten Presse nicht zu hören war. Jetzt erst erfahren wir, daß die Kollektivierung einem Bürgerkrieg mehr ähnelte als einer Unterwerfung. Man bekommt eine Ahnung vom Ausmaß des Widerstandes und der Resistenz, der Verbitterung, der Armut und des Elends, die aus den offiziellen Verkündungen nicht zu gewinnen war.[13] Aus den Dokumenten spricht nicht die totale Kontrolle des Regimes, aber wir finden in ihnen auch keinen schwachen Staat, keinen Stalinismus von unten. Wir müssen uns im Gegenteil eine Führung vorstellen, die Gefallen an der Inszenierung des permanenten Chaos fand, weil sie nur so ihren terroristischen Anspruch ständig in Erinnerung halten konnte.

Die stalinistische Gewalt kam aus dem Verlangen, Eindeutigkeit herzustellen und Ambivalenz zu überwinden. Wie die aufgeklärten Modernisierer in den zarischen Ministerien auch, träumten die Bolschewiki von übersichtlichen Ordnungen, aus denen jede *Uneindeutigkeit* herausgebrannt war. Für sie war der Staat ein Gärtner, der wilde Landschaften in symmetrisch angelegte Parks verwandelte. Der sozialistische Menschenpark sollte aus modernen Europäern bestehen, neuen Menschen, die sich von den überkommenen geistigen und kulturellen Ordnungen befreit hatten, die die

Feste der Bolschewiki feierten, ihre Kleider trugen und ihre Sprache sprachen. Das Himmelreich auf Erden kannte nur noch einen Menschen mit einer Sprache. Es kam den Bolschewiki darauf an, das »rückständige« Vielvölkerreich in eine kulturell homogene Zone zu verwandeln. Die russischen Kommunisten waren gelehrige Schüler des Zeitalters der Vernunft und der Aufklärung. Was die Natur versäumt hatte, das sollte von Menschenhand vollbracht werden. Was sich der Vernunft, so wie die Bolschewiki sie verstanden, nicht fügte, mußte aus der Wirklichkeit verschwinden. Der Sozialismus hatte am Projekt der Moderne nichts auszusetzen, er hielt sich im Gegenteil für seine eigentliche Vollendung.[14]

Menschen können mit dem Unterschied leben, solange sie die Weltanschauung der anderen für eine ebenso ordentliche Welt halten wie die eigene, auch wenn sie anders beschaffen ist. Wo die Möglichkeit, der andere könne auch recht haben, bestritten wird, eröffnen sich schon keine Wege für einen Ausgleich mehr. Die Bolschewiki kannten keine gleichberechtigten Möglichkeiten, die Welt anzuschauen, für sie gab es nur eine Interpretation, und diese vertraten sie selbst. Darin liegt die Ursache für die Kriminalisierung abweichenden Denkens und der Stigmatisierung all dessen, was sich dem Ordnungsentwurf der Bolschewiki nicht unterwarf.

Im Gegensatz zu ihren Vorgängern in der zarischen Bürokratie wollten die Bolschewiki die Gesellschaften des Imperiums nicht nur verändern, homogenisieren und durchdringen. Sie ordneten ihr Projekt in ein Heilsgeschehen ein, in eine Teleologie der Erlösung. Das Weltgeschehen verlief auf vorgezeichneten Bahnen, die aus dem Gang der Geschichte herausgelesen werden konnten. Diese Geschichte war eine Geschichte der Klassenkämpfe und Konflikte, in denen die Kräfte des Guten über die Mächte der Finsternis siegten. Der Sozialismus war nicht nur eine Ordnung, die Ambivalenz schon nicht mehr kannte, er war ein Ort ohne Feinde. Deshalb mußten, wo Eindeutigkeit hergestellt wurde, Feinde erledigt werden, die sich dem Gesellschaftsentwurf der Bolschewiki entgegenstellten. Widerstand gegen das, was die Machthaber für einen Ausdruck der Vernunft ausgaben, konnte es nicht geben. Wo er dennoch auftrat, wirkte der Feind. Feinde gehörten sozialen und ethnischen Kollektiven an, sie gehörten nur ihrer Klasse oder ihrer Nation an. Es war die Aufgabe der Bolschewiki, diesen kollektiven Feind im Auftrag der Geschichte zu vernichten. Und es war das manichäische Weltbild der Bolschewiki, das dem modernen Streben nach Eindeutigkeit eine ungekannte Radikalität verlieh.[15]

Der bolschewistische Anspruch, die Gesellschaften des Imperiums zu durchdringen und zu verändern, blieb unvermittelt. Er konnte sich nur ausnahmsweise wirklich durchsetzen, weil sich dem Gesellschaftsentwurf der Machthaber Widerstand entgegenwarf, weil konkurrierende Interpreten der Wirklichkeit den Bolschewiki den Zugang zu den Köpfen der Untertanen versperrten und weil die Kommunisten sich an manchen Orten kein Gehör verschaffen konnten. Die hegemoniale Kultur fand keinen Weg in das Bewußtsein der Untertanen. Die Bolschewiki blieben stumm, auch wenn sie in der öffentlichen, medialen Inszenierung des Politischen den Eindruck erweckten, als spräche das Volk ihre Sprache. Sie empfanden die »dunklen Massen«, Bauern und Arbeiter, als Bedrohung und unterwarfen sie einer brutalen Disziplinierungs- und Erziehungsdiktatur. Der stalinistische Terror war nicht zuletzt eine Antwort auf das Unvermögen der Machthaber, ihren totalen Anspruch durchzusetzen. So kam es, daß die Gewalt am Ende auch über jene hereinbrach, die das Projekt der Bolschewiki in die Köpfe und Seelen der Untertanen hineintragen sollten: über die Funktionäre der Staats- und Parteiorgane. Offenbar war der Stalinismus nur dort eine Möglichkeit, wo übersteigerte Erwartungen an tristen Realitäten zerbrachen.

Warum aber mußten unter diesen Umständen mehrere Millionen Menschen sterben? Wie kam es, daß nicht nur die vermeintlichen Gegner des Regimes, sondern auch seine Stützen, Kommunisten, Offiziere des Militärs und Staatsbeamte, getötet wurden? Zygmunt Bauman sprach in seinem Buch »Moderne und Ambivalenz« davon, daß die Scheußlichkeiten der modernen »Sozialtechnologie« kein Ausdruck der Barbarei, sondern »legitime Kinder des modernen Geistes, jenes Dranges, den Fortschritt der Menschheit zur Vollkommenheit zu unterstützen und zu beschleunigen«, gewesen seien.[16] Eine solche Argumentation übersieht freilich die Zwänge, die entstehen, wenn Menschen diese moderne »Sozialtechnologie« anwenden.

Es ist das Signum des Stalinismus, daß er die neue Welt mit den Menschen und Methoden der alten Welt hervorbringen wollte. Wo diese Methoden angewandt wurden, sprach die Sprache der Gewalt.[17]

Die Sowjetunion der Stalin-Zeit war ein Personenverbandsstaat, er wurde von einem Despoten und seinen Vasallen regiert. Hier sollte in Erinnerung gerufen werden, daß die Untertanen des Vielvölkerreiches keine gemeinsame Sprache sprachen, daß die kommunikativen Möglichkeiten begrenzt waren. Diese Hindernisse versuchte das Regime über die Personalisierung seiner totalen Ansprüche zu überwinden. Die Vasallen, die die Sowjetunion beherrschten, unterhielten eigene Gefolgschaften, die in eng geknüpften Netzen miteinander verbunden waren. Ehre, Treue und Verrat, das waren die Begriffe, an denen sich diese Männerbünde orientierten.[18] Auch der Verdacht, die Drohung und die Gewalt gehörten zu einem Regierungsstil, der sich auf die Funktionsfähigkeit persönlicher Gefolgschaften verließ. Man könnte auch sagen: Das stalinistische Modell der Herrschaft war die Mafia. Stalin und seine Gefolgsleute kamen aus jener Kultur der Gewalt, die in der offiziellen bolschewistischen Rede als rückständig und barbarisch galt. So stand es um fast alle Bolschewiki aus der zweiten Reihe. Auch in den Provinzen überwogen solche Kommunisten, die das bäuerliche Milieu, aus dem sie einst gekommen waren, mit brutalen Mitteln zur Räson zu bringen versuchten.

Das ist nicht alles, was über die Ursachen der stalinistischen Gewalt gesagt werden kann. Zu ihnen gehören der Selbsthaß bäuerlicher Aufsteiger, die Gewalttraditionen des Dorfes und das unmittelbare, körperliche Verhältnis zahlreicher Bolschewiki zur Gewalt. Fast alle bolschewistischen Täter waren in ihrer Jugend mit Gewalt in Berührung gekommen, die Revolution und der Bürgerkrieg hatten es ihnen ermöglicht, ihre Gewaltphantasien auszuleben. Wahrscheinlich konnten sich die stalinistischen Funktionäre eine Welt ohne Gewalt überhaupt nicht vorstellen.[19] Mit dem bloßen Hinweis auf die ideologische Zurichtung der Machthaber und die Anwendung utopischer Sozialtechniken ist für unser Verständnis des Stalinismus also noch nichts gewonnen.

Der stalinistische Terror entstand in der Erprobung. Vom Beginn des Ersten Weltkrieges bis zum Tod Stalins im März 1953 befand sich das Vielvölkerreich im permanenten Kriegszustand. Die Gewalt eskalierte nicht zuletzt deshalb, weil die Opfer sich wehrten. Jede Gewalttat der Machthaber rechnete mit dem Widerstand und der Gewaltbereitschaft jener, die es zu unterwerfen oder zu vernichten galt. In den Milieus, in denen die Phantasien der Bolschewiki Wirklichkeit werden sollten, potenzierten sich die Gewalttaten zu Gewaltorgien apokalyptischen Ausmaßes.

Stalin gab dem Stalinismus nicht nur seinen Namen. Ohne ihn hätte es auch keinen Stalinismus gegeben, so wenig wie das System des Nationalsozialismus ohne Hitler denkbar gewesen wäre. Das bolschewistische Projekt der Eindeutigkeit führte nicht zuletzt deshalb in den Massenterror, weil es dem Diktator gefiel, Menschen töten zu lassen. Ohne Stalins kriminelle Energie, seine archaischen Vorstellungen von Freundschaft, Treue und Verrat, seine Bösartigkeit, wären die Mordexzesse der dreißiger Jahre kaum möglich gewesen. Der Exzess war die Lebensform des Diktators. Jede Tötungsaktion wurde in dem Wissen vollbracht, daß sie dem Despoten im Kreml behagte. Nach der Öffnung der zentralen Archive in Moskau besteht kein Zweifel mehr an der Urheberschaft des Terrors. Stalin setzte seine Unterschrift unter die Terrorbefehle, mit denen das Regime Millionen Menschen ins Verderben schickte. Er trieb seine Gefolgsleute und Schergen zu Höchstleistungen bei der Verfolgung vermeintlicher Feinde an, er schonte nicht einmal Freunde und Verwandte. Es lag in der Logik des stalinistischen Terrors, daß er alle Grenzen überschritt. Erst mit dem Tod des Diktators kam die Terrormaschine wirklich zum Stillstand. Deshalb ist Stalins Ende auch das Ende des Stalinismus. Von seiner Geschichte spricht dieses Buch.

I. Der Weg in den Stalinismus

Historischer Kontext

Der bolschewistische Versuch, die Welt neu einzurichten, setzte das vergebliche Bemühen des zarischen Regimes fort, die Bevölkerung des Imperiums zu unterwerfen. Seit Peter I. (1682-1725) Rußland dem Westen geöffnet hatte, stand die politische Herrschaft des Zarenreiches im Dienst der Europäisierung. Die Bolschewiki fühlten sich auf ihre Weise diesem Erbe verpflichtet. Die russischen Eliten des Zarenreiches träumten von der Europäisierung und Zivilisierung ihres Landes. Sie bemaßen den Fortschritt nicht an den Möglichkeiten ihres kulturell heterogenen Landes, sondern daran, wie sehr es Europa ähnelte. Das russische Leben aber fügte sich nur ausnahmsweise in die Begriffe ein, die sich die Herrschenden von ihm machten. Das ist es, was der französische Philosoph Jean-Jacques Rousseau meinte, als er im »Contrat social« davon sprach, Peter I. habe seine Untertanen in Engländer und Deutsche verwandeln wollen, anstatt Russen aus ihnen zu machen. »Er hat seine Untertanen daran gehindert, jemals das zu werden, was sie hätten werden können, indem er ihnen einredete, sie seien, was sie nicht sind.«[1]

Rußlands Verwestlichung, die im letzten Drittel des 18. Jahrhunderts begann und in den Großen Reformen Alexanders II. (1855-1881) ihren Höhepunkt erreichte, trat als staatliche Verordnung auf. Die Reformen Katharinas II. (1762-1796), die Einführung von Formen ländlicher und städtischer Selbstverwaltung, rechtsförmiger Justiz und ständischer Korporationen, suchten die Voraussetzungen absolutistischer Herrschaft auf dem Verordnungsweg herzustellen. Dieses Experiment mißlang, weil es bereits voraussetzte, was doch noch zu gewinnen war.[2] Adelskorporationen, Kaufmannsgilden und Handwerkerzünfte waren Hüllen ohne Inhalt, Institutionen, die kein Eigenleben entwickelten. Es fehlte ihnen an regionaler Verwurzelung, an Traditionen und Bindekräften, die Autonomie und Machtansprüche hätten begründen können. Macht und Ansehen erwarb nur, wer sich im Glanz des Autokraten sonnen konnte. Das war freilich auch das Selbstverständnis der meisten Adligen. Ehrgeizige und Gebildete zog es an den Zarenhof, in die Nähe des inneren Machtzirkels, weil sie dort in den Genuß von Privilegien kamen, die ihnen das öde Provinzleben vorenthielt. In der Abgeschiedenheit, jenseits der Hauptstadt, aber entstand nichts, woran die zarische Staatsgewalt hätte Gefallen finden können. Die ständischen Wahlbeamten waren ungebildet und korrupt. Für die anspruchsvollen Aufgaben in Justiz und Verwaltung, mit denen die Zentrale sie beauftragte, waren sie nicht zu gebrauchen.[3]

Aufklärung und Liberalismus waren Schöpfungen des autokratischen Staates, der sie in seinen Ministern und höheren Beamten zur Synthese brachte. Aufgeklärte Bürokraten – so hat man jene Männer europäischer Bildung, die in den Ministerien Nikolajs I. (1825-1855) und Alexanders II. wirkten, später genannt. Sie einte das Band gemeinsam erworbener Fachausbildung, eine geradezu fanatische Hingabe an den Dienst und die Überzeugung, Europas Gegenwart werde die Zukunft Rußlands sein. Allein dieser Obsession, Europa nach Rußland zu bringen, verdankten es die Großen Reformen Alexanders II., daß sie das Licht der Welt erblicken durften.[4] Die Aufhebung der Leibeigenschaft, die Trennung von Verwaltung und Justiz, schließlich auch die Einführung der Wehrpflichtarmee und der kommunalen Selbstverwaltung in den sechziger und siebziger Jahren des 19. Jahrhunderts schöpften weder aus den Bedürfnissen noch aus den Traditionen der Untertanen. Sie waren das Produkt eines Gedankenexperiments, dem die Wünsche der Bevölkerung nichts bedeuteten. Das konnte angesichts der Sprach- und Machtlosigkeit dessen, was Gesellschaft genannt wurde, auch nicht anders sein. Das symbolische Kapital konzentrierte sich im Umkreis des Zaren, dort, wo Bildung, Kommunikations- und Organisationsfähigkeit zu Hause waren. Deshalb gab es für die aufgeklärten Bürokraten am Ende auch keinen Grund, ihren Phantasien von der Europäisierung und zivilisatorischen Mission Zügel anzulegen. Rußlands Modernisierer waren Eroberer, die sich in rücksichtsloser kultureller Unterwerfung übten. Symbolisch brachte sich diese Präferenz in der öffentlichen Präsentation der Monarchie zum Ausdruck. Die Szenarien der Macht stellten das Herrscherhaus in eine Tradition, die jenseits der russischen Grenzen wurzelte. Sie verliehen den Romanovs das Antlitz fremder, europäischer Eroberer, die danach trachteten, das barbarische Rußland zu unterwerfen und nach ihrem Ebenbild umzugestalten.[5] Das Selbstverständnis der Monarchie und die Modernisierungsstrategien ihrer Beamten ergänzten einander vortrefflich.

Was in Europa gelang, stieß jedoch in Rußland an enge Grenzen. Das autokratische Konzept der mission civilisatrice, verstanden als Homogenisierung und Zivilisierung der Lebenswelten, zerbrach an der Wirklichkeit. Nur ausnahmsweise transformierte sich der Fremdzwang in einen Selbstzwang, der sich an hegemonialen kulturellen Systemen der Sinnproduktion orientierte. Bauern und Arbeiter wurden weder zu Russen noch zu Bürgern. Und auch die zahlreichen ethnischen und religiösen Minoritäten, die das Imperium bewohnten, blieben in die Bedeutungsnetze ihrer eigenen Kulturen verwoben. Was Foucault als Signum der Moderne ausmachte, die Unterwerfung und Disziplinierung des Lebens durch den hegemonialen Diskurs, die Marginalisierung und Auslöschung konkurrierender Formen des Wissens durch jene, die im Besitz der Kommunikations- und Disziplinierungstechniken sind, übte in Rußland nur geringe Wirkung aus.[6]

Der interne Kolonialismus bestand auf der Differenz der Kulturen, suchte aber ständig nach neuen Wegen, die Untertanen zu bevormunden und zu zivilisieren. Weil er nicht mit den Traditionen rechnete, in denen jene standen, die er unterwerfen wollte, trat er im Leben der Unterschichten nur als maßlose Zumutung auf. Als Kriminalisierung von Überlieferung und Tradition aber hatte die »Modernisierung« der Lebensverhältnisse keine Aussicht auf Erfolg. Für die Bauern war, was die Machthaber für modern hielten, lediglich fremd und unverständlich. Und weil es die Lebenschancen nicht verbesserte, sich in ihren Alltag allenfalls in der Gestalt von Steuerbeamten, Polizisten, Rekrutierungsbehörden, fremden Gesetzen und Richtern einschlich, war es auch bedrohlich. Eine Modernisierung aber zerbricht, wenn sie nicht aus dem Kontext schöpft, auf den sie angewandt werden soll.

Nirgendwo zeigte sich die Sprachlosigkeit deutlicher als im Verhältnis der zarischen Eliten zu den Bauern des Imperiums. Mit der Agrarreform des Jahres 1861 erfüllten sich die aufgeklärten Bürokraten einen Herzenswunsch: Sie befreiten die Bauern aus der Erbuntertänigkeit und der Abhängigkeit von den Gutsherren. Aber es gelang ihnen nicht, die Kluft, die zwischen den Bauern und den Eliten des Imperiums lag, zu überwinden. Im Gegenteil: Sie vergrößerten sie. Die Beamten des Zaren sahen in der Agrarreform eine Wohltat, die der Staat an den Bauern vollbrachte. Im Verständnis der Bauern war sie eine Zumutung. Wie hätten die Bauern auch verstehen können, daß jenes Land, das sie ohnedies in ihrem Besitz wähnten, auf dem ihre Hütten standen, auf dem ihr Vieh weidete, den Gutsherren nunmehr abgekauft werden müsse?[7] Die Beamten des Staates sahen in der Weigerung der Bauern, die Besitzrechte des Adels anzuerkennen, nichts weiter als einen Ausweis für fehlendes Rechtsbewußtsein. Darin zeigte sich die Barbarei, von der sie die Bauern befreien mußten. Nur eröffneten sich den aufgeklärten Bürokraten keine Wege, dem Leben der Bauern neuen Sinn zu verleihen. Sie selbst beraubten sich ihres Einflusses auf das Dorf, als sie die Ordnungsfunktionen der Gutsherren und die Besitzrechte am Land auf die Dorfgemeinde übertrugen und die Mobilität der Bauern einschränkten. Angesichts der Abwesenheit des Staates im Dorf gab es dazu keine Alternative. So aber bestand keine Hoffnung, daß Bauern und Eliten ihre Sprachlosigkeit überwanden. Im Gegenteil: wo der Staat seinen Zivilisierungsanspruch durchzusetzen versuchte, stieß er auf Widerspruch.[8]

Das Recht war der sichtbarste Ausdruck jenes Kulturimperialismus, der auf die Traditionen der Untertanen keine Rücksicht nahm. Es trat aus dem Nichts in die russische Wirklichkeit, als Imitation ausländischer Rechtstradition. Im russischen Kontext fand das fremde Recht keinen Halt. Es war der autokratische Staat, der das Recht schuf und verordnete, es entstand nicht im Konsens. Und deshalb konnte die Regierung es zwar nach Belieben setzen, aber nicht durchsetzen. Das Regelwerk des autokratischen Staates war ahistorisch und traditionsfeindlich, es schöpfte nicht aus Mythen und Überlieferungen, die dem Recht erst jene Verwurzelung verleihen, ohne die es nicht gedeihen kann. Was immer die Bürokraten des Zaren auch verordnen und in Gesetze gießen mochten: es war beliebig austausch- und manipulierbar, weil es das Rechtsbewußtsein der Bevölkerung nicht berührte.[9] Im russischen Dorf setzten sich die überkommenen Formen informeller Rechtsfindung ungebrochen fort.

In einer Welt, die von den Segnungen der Moderne noch kaum betroffen war, die ohne Krankenhäuser, Schulen, Polizisten und Richter auskommen mußte, substituierte die Dorfgemeinschaft, wozu der Staat nicht imstande war. Eine Straftat galt den Bauern als eine Privatangelegenheit, die im Konsens zwischen Täter und Opfer ausgehandelt werden mußte. Es lag im ökonomischen und sozialen Interesse der Dorfgemeinde, Straftäter in die Gemeinschaft zu reintegrieren. Symbolisch geschah dies durch die Anwendung von Schandstrafen und der öffentlichen Bekundung von Reue. Wo abweichendes Verhalten die Stabilität und wirtschaftliche Autarkie des Dorfes zu gefährden drohte, übten sich die Bauerngemeinden jedoch in grausamer Vergeltung. Pferdediebe und Räuber, Fremde, die sich am Eigentum der Dorfbewohner vergriffen, wurden getötet. Fremde zu ermorden, war weniger strafwürdig, als ein Mitglied der Gemeinde zu Tode zu bringen. Und im Kontext der Bauerngesellschaft war tatsächlich nur gerecht, was die Überlebenschancen der Gemeindemitglieder erhöhte.[10] Die Landbewohner waren weder friedfertig noch solidarisch, wie Slawophile und manche Revolutionäre zu glauben schienen. Im Dorf herrschten Trunksucht, Habgier und Gewalt: Männer schlugen ihre Frauen und Kinder, Außenseiter wurden isoliert oder aus der Gemeinde ausgestoßen, im Alkoholrausch kam es zu Schlägereien, die nicht selten tödlich ausgingen. Bauern standen in einem ständigen Konflikt mit den Normen und Rechtsvorstellungen, mit denen ihnen der autokratische Staat entgegentrat. Vom staatlichen Eigentumsrecht hatten die Bauern keinen Begriff. Ihrem Verständnis nach stand nur jenen Eigentum an Land zu, die es auch bearbeiteten. Denn das Land gehörte Gott, der es dem überließ, der es beackerte. Es kam ihnen deshalb nicht in den Sinn, von der Wegnahme fremden Landes abzulassen. Daß die zarischen Gerichte sie bestraften, wenn sie sich am Eigentum der Gutsbesitzer schadlos hielten – dafür brachten sie keinerlei Verständnis auf. Die Rechtsordnung der Bauern endete an den Grenzen des Dorfes, und sofern sie auf Konsens beruhte, war sie auch gerecht.[11]

Liberale faßten Freiheit als Vermögen, sich einer Rechtsordnung zu unterwerfen, welche die Entwicklungsmöglichkeiten aller garantierte. Sozialisten verstanden Freiheit als Emanzipation von ökonomischer Knechtung. Sozialisten wie Liberale bezogen ihre Weltanschauung auf die Gesellschaft, die Bauern hingegen verstanden unter Freiheit die Möglichkeit, sich der Gesellschaft und ihren Regeln zu entziehen, sich aus der staatlichen Rechtsordnung herauszuhalten. Freiheit (volja) hieß, sich hemmungslos zu betrinken, Adlige und ihre Amtsträger zu töten und fremdes Land zu nehmen, das man für das eigene hielt. Deshalb wurde das ahistorische Recht des Staates in der Provinz, jenseits der größeren Städte des Zarenreichs, gemeinhin ignoriert. Daß die Zentralinstanzen dennoch auf seiner Durchsetzung beharrten, hatte dem Recht den Respekt entzogen, den man ihm manchenorts noch entgegenbringen mochte. Wenn die Staatsgewalt nicht entschieden auftrat, gerieten ihre Ansprüche in Vergessenheit. Ansehen erwarb sie nur dort, wo sie sich auf traditionelle Methoden der Konfliktbereinigung und Partizipation einließ und auf die Wirkungsmacht personaler Netze vertraute. Sie zeigte sich im Einsatz von Generalgouverneuren, Statthaltern, Adelsmarschällen, Landhauptleuten und in der Instrumentalisierung traditioneller Autoritäten dort, wo die Macht des Staates sprachlos blieb und nichts ausrichtete. Jenseits von St. Petersburg präsentierte sich das Zarenreich auch am Vorabend des Ersten Weltkrieges immer noch als ein Personenverbandsstaat, der Macht nur auf informellen Kommunikationskanälen weiterzugeben vermochte.[12] Historiker, die ihre Interpretation des Vergangenen aus der Gesetzgebung, aus Verfassungen und Parlamentsdebatten herleiten, werden erfahren, wie Eliten über das Volk dachten. Sie werden aber keinen Begriff von der Begegnung entwickeln, die sich zwischen Herrschenden und Untertanen vollzog. Diese Begegnung war ein kulturelles Mißverständnis, ein Dialog zwischen Tauben, der in den Revolutionen der Jahre 1905 und 1917 in eine gewalttätige Konfrontation mutierte.

Mit dem Beginn der Industrialisierung ergriff die Gewalt- und Konfliktkultur des Dorfes in Gestalt des bäuerlichen Zuwanderers Besitz von der Stadt. Sie kam in interethnischen Konflikten, Judenpogromen und gewalttätigen Ausschreitungen zum Ausdruck, als

Widerlegung jener rechtsgebundenen Freiheit, von der die Eliten des Zarenreiches träumten. Der Pogrom symbolisiert die Essenz des russischen Weges in die Revolution. Es waren die Erfahrungen des Migranten, das Fortleben der bäuerlichen Kultur in der Stadt, die Isolation des Arbeiters vom bürgerlichen Leben, die Schwäche des Staates und die Rücksichtslosigkeit der Unternehmer, schließlich auch die Multiethnizität des Arbeiterheeres, die solcher Protestkultur Kraft und Ausdauer verliehen.[13]

Industrialisierung und Migration sind Synonyme. Überall, wo Großstädte und Industriekomplexe entstehen, wo sich neue Lebensperspektiven eröffnen, wandern Menschen vom Land in die Stadt. So war es auch in Rußland. In den achtziger Jahren des 19. Jahrhunderts, mit dem Beginn des Industrialisierungsbooms, suchten jährlich mehrere hunderttausend Bauern ihr Glück in den Städten und Industriesiedlungen des Zarenreiches. Städte, deren Äußeres den Anschein erweckte, Teil der europäischen Zivilisation zu sein, ertranken im Meer bäuerlicher Zuwanderer. Moskau, St. Petersburg, Odessa, Tiflis und andere Großstädte wurden zu Bauernmetropolen, die von der Gesellschaft der Besitzenden und Gebildeten zwar verwaltet, aber nicht beherrscht wurden. Manche Städte traten aus dem Nichts, als Schöpfung der Industrialisierung, in die moderne Welt. Sie wurden allenfalls von einer kleinen Schar subalterner Staatsbeamter und Kaufleute bewohnt, bevor die Bauernmassen von ihnen Besitz ergriffen. Das Dorf ging nicht in der Stadt auf, es eroberte und unterwarf sie und verlieh ihr ein unverwechselbares Gesicht.

Das Unvermögen der staatlichen Behörden, die Arbeiterschaft in den städtischen Raum zu integrieren, die Arbeiterbezirke mit Schulen, Krankenhäusern, Ärzten und Polizisten zu versorgen, hatte fatale Folgen. Es warf die bäuerlichen Einwanderer auf sich selbst zurück und konstituierte die Fabrik und ihre Umgebung als einen Raum, in dem das staatliche Recht nichts galt. Der dörfliche Lebenszyklus, die Gewohnheiten, Rituale, Feiertage und Konflikte des Dorfes überlebten auch in der Stadt. Das zeigte sich besonders dort, wo sich Arbeiter im Protest übten. Streiks waren gewalttätige Eruptionen, die darauf abzielten, Gerechtigkeit herzustellen, so wie die bäuerlichen Zuwanderer sie verstanden: als Freiheit von jeglicher Ordnung, die nicht in der Kultur des Dorfes ruhte, als Negation der bürgerlichen Gesellschaft. Für langfristige Verbesserungen der Lebensumstände, für politische Reformen und bürgerliche Freiheiten brachten Arbeiter, die im Provisorium lebten, kein Interesse auf. Wer die Brücken nicht hinter sich abgebrochen hatte, konnte zu jeder Zeit in sein Heimatdorf zurückkehren. Arbeiter, die ihre Umgebung verwüsteten, gingen deshalb ein geringes Risiko ein. Unter den gegebenen Umständen war dieses Verhalten zweckrational. So aber kamen Volk und Gesellschaft selbst in den städtischen Metropolen des Zarenreichs nicht miteinander in Berührung.[14]

Die revolutionäre Bewegung war nicht mehr als ein Spiegelbild jener Hilflosigkeit, welche die Staatsgewalt auszeichnete. Sozialrevolutionäre wie Sozialdemokraten standen in den Traditionen der russischen Intelligenzija des 19. Jahrhunderts, die das Volk anbetete, es aber nicht kannte. In ihrer marginalen Randposition und Isolation lieferten sie sich lebensfeindlichen und weltabgewandten Doktrinen aus, die ihre Wahrheit dadurch erwiesen, daß sie den Machthabern mißfielen. Ideen wurden zu Ikonen, der Marxismus zu einer Offenbarung, der sich gegenüber Einwänden als immun erwies. Die Konventionen der Intelligenzija ergaben sich aus literarischen Vorbildern, die in der alltäglichen Begegnung nachgeahmt wurden. Darin ähnelte die Intelligenzija den konservativen und liberalen Eliten, die sich Wirklichkeiten einbildeten, die Arbeiter und Bauern nicht sahen.[15]

Arbeiter und Revolutionäre trennte Herkommen und Überlieferung. Sozialdemokraten standen im Ruf, Zar und Religion zu verhöhnen und überkommene Traditionen zu mißachten. Wo Revolutionäre zum Sturz von Zar und Autokratie aufriefen, von konstituierender Versammlung und sozialistischer Gesellschaftsordnung sprachen, stießen sie auf unverhohlene Ablehnung. Das Verhältnis zwischen Arbeitern und Revolutionären war fragil. Es konnte, wenn der gemeinsam vorgetragene Protest ins Leere lief, in Feindschaft umschlagen. Es war die Gewalt, die es den Revolutionären ermöglichte, ihre Randposition zu überwinden. Wo Revolutionäre Gewalt verübten, Gewalt visualisierten und in ihre Sprache integrierten, distanzierten sie sich von den Eliten des zarischen Staates und ihren kulturellen Codes. Sie sprachen jetzt die Sprache jener, die sie befreien wollten. Stalin, Kaganovič, Ežov, Ordžonikidze, die bolschewistischen Gewalttäter aus der zweiten Reihe der revolutionären Avantgarde, die Revolver, Bauernkittel und Militärstiefel trugen – sie stellten jenen Kontakt zu den Arbeitern her, von dem die europäischen Sozialisten träumten, den sie aber nicht zustande brachten. In der Gewalttat stellte sich ein Gemeinschaftserlebnis her, von dem die europäisierten Eliten und Intellektuellen ausgeschlossen waren.

Die Schwäche und Einflußlosigkeit der Intelligenzija zeigte sich nicht zuletzt in ihrem Unvermögen, den Protest von Arbeitern über eine längere Dauer zu institutionalisieren. Ihr Verlangen, das Zarenreich müsse bis zur letzten Konsequenz demokratisiert werden, lief am Ende auf die Selbstmarginalisierung der Intelligenzija hinaus. Das war es, was der Intelligenzija im Revolutionsjahr 1917 widerfuhr. »Unsere Intelligenz ist reich an Bücherwissen und arm an Wissen über die russische Wirklichkeit. Der Körper liegt auf der Erde, aber der Kopf ist hoch in den Himmel gewachsen – aus der Ferne erscheint bekanntlich alles besser als aus der Nähe«, wie es Maksim Gorkij formulierte.[16]

Der Erste Weltkrieg war der Totengräber des alten und der Geburtshelfer des neuen Regimes. Er war für Rußland die Urkatastrophe, die in den Bolschewismus führte. Rußlands Armeen erlitten Niederlagen, weil sie in den Materialschlachten gegen die überlegenen gegnerischen Streitkräfte nicht bestehen konnten und weil ihre Soldaten nur unzureichend ausgebildet und bewaffnet waren. Schlachten gewann nur, wer über moderne Waffen und Transportwege gebot, wer imstande war, das Gewehr zum Soldaten zu bringen. An solchen Möglichkeiten aber fehlte es dem Zarenreich mehr als den übrigen Staaten, die diesen Krieg führten. Der Krieg löste wirtschaftliche Krisen, Versorgungsengpässe und Hungersnöte aus, die bereits 1915 auch die städtischen Metropolen des Zarenreiches erfaßten. Den Streiks und Hungerrevolten, die, gewalttätigen Eruptionen gleich, Ende 1916 in den Städten des Imperiums ausbrachen, konnte die Staatsgewalt nichts entgegensetzen. Sie konnte nicht einmal mehr

Einfluß auf jene jungen Bauernsoldaten nehmen, die in den städtischen Garnisonen auf ihren Abtransport an die Front warteten. Und weil sich die Truppen an der Front befanden, begegneten Eliten und Bauern einander jetzt unvermittelt, ohne die Mauer der bewaffneten Staatsmaschine, die bislang den Abstand zwischen den Welten gesichert hatte.[17]

Im Ersten Weltkrieg entstand auch in Rußland eine moderne Mobilisierungsdiktatur, die danach strebte, die Bevölkerung für die Zwecke des Militärs zu mobilisieren und vermeintliche Feinde aus der Gesellschaft zu entfernen. Darin nahm sie den bolschewistischen Kommandostaat vorweg. Wo Rekruten aus allen Regionen des Reiches zusammenkamen, Heerscharen von Soldaten vom Hinterland an die Front transportiert wurden, entstanden auch neue Kommunikationsräume. Der Krieg veränderte nicht zuletzt die Wahrnehmung jener Millionen Bauern, die in die Armee eingezogen wurden. Er entwurzelte sie und warf sie in eine fremde Welt. Gleichwohl vermittelte der Krieg diesen Soldaten auch eine Vorstellung von der Größe des Landes und von seiner kulturellen Heterogenität. Die Welt geriet aus den Fugen. So nahmen es nicht nur die Bauern in Uniform wahr, die mit dem Krieg, in den man sie geschickt hatte, nichts anzufangen wußten. Auch die Zivilbevölkerung wurde zu einem Teil des Kriegsgeschehens. Sie geriet in Kontakt mit verwahrlosten und undisziplinierten Soldaten, mit Besatzern, mit Kriegsgefangenen und Flüchtlingen.[18]

Rußland war ein Land auf der Flucht. Der Exodus setzte bereits im zweiten Kriegsjahr ein, als die zarischen Generäle damit begannen, die Grenzregionen von »unzuverlässigen« Bevölkerungsgruppen zu befreien: von Bauern und ethnischen Minoritäten, die im Verdacht standen, für den Feind zu arbeiten. Die Offiziere im zarischen Generalstab träumten von übersichtlichen Landschaften, von ethnisch homogenen Zonen, die von Russen und Slawen, nicht aber von Juden, Deutschen oder Zigeunern bewohnt wurden. Und auch in den Städten im inneren Rußland begann 1915 die Suche nach Feinden, Spionen und unzuverlässigen ethnischen Gruppen.

Auf ihrem Rückzug aus Galizien 1915 vernichtete die zarische Armee nicht nur die Infrastruktur des Territoriums, das sie verließ.

Sie zerstörte die Dörfer und Lebensräume ihrer Bewohner: Getreide, Vieh und sogar die Glocken der Dorfkirchen. Ukrainische Bauern wurden gezwungen, sich der zurückziehenden Armee anzuschließen und sich im inneren Rußland anzusiedeln, gewöhnlich in jenen Dörfern, aus denen das Militär Kolonisten deutscher Herkunft vertreiben ließ. In Galizien tobte das Terrorregiment des Gouverneurs Bobrinskij, der ukrainische Nationalisten, Bischöfe der unierten Kirche und Deutsche nach Sibirien verschicken ließ, um die Region in »russische Erde« zu verwandeln. Juden flohen zu Tausenden, um dem Schicksal der Deportation zu entgehen, wer blieb, wurde in »Geiselhaft« genommen. Anfang Mai 1915 wurden alle Juden der Gebiete Kaunas und Kurland für ihren vermeintlichen Verrat an der russischen Armee aus der Region vertrieben, bis zum Sommer verließen mehr als 200 000 baltische Juden die Region. Für die deutsche Bevölkerung in Galizien gab es kein Pardon. Generalstabschef Januškevič, der das Ziel der ethnischen Säuberung mit besonderem Eifer betrieb, ließ die gesamte deutschsprachige Bevölkerung aus Galizien ausweisen.

Rußlands Städte ertranken im Meer der Soldaten, Flüchtlinge und Ausgestoßenen. Die Behörden konnten die Flüchtlingsströme weder steuern noch kanalisieren. Massen von Heimatlosen verstopften Straßen und Wege, legten das Eisenbahnsystem lahm und behinderten die Operationen des Militärs. Der Gouverneur von Volhynien sah im Sommer 1915 bereits keine andere Möglichkeit mehr, als Kosaken gegen die unkontrollierbaren Massen einzusetzen. Landwirtschaftsminister Krivošein malte Rußlands Zukunft in düsteren Farben: Er sah Hunderttausende von hungernden Elendsgestalten, die, Heuschreckenschwärmen gleich, Felder vernichteten, Wälder abholzten und Panik verbreiteten.

Überall, wo die Lebensverhältnisse unerträglich wurden, brachen Konflikte zwischen Flüchtlingen, Soldaten und den Einheimischen aus. Unter den Übergriffen frustrierter Bauernsoldaten hatten besonders die jüdischen Flüchtlinge zu leiden, deren Trecks nicht selten mit Waffen angegriffen wurden. Im Kaukasus ereigneten sich blutige Pogrome zwischen eingeborenen Muslimen und zugewanderten Armeniern, die bereits vor 1917 mehrere Tausend Todesopfer forderten. Wo die Zahl der Flüchtlinge über das »verträgliche Maß« hinauszuwachsen drohte, entschlossen sich die städtischen Behörden, die unerwünschten Eindringlinge aus der Stadt hinauszudrängen. Der Flüchtling repräsentierte das Chaos und die Anarchie, vor denen sich die Eliten des Zarenreiches so sehr fürchteten, er war ein Synonym für Cholera, Typhus und Kriminalität, und angesichts der Bedrohung, die von den gewaltbereiten jungen Bauernmigranten in den Städten ausging, löste die Vorstellung von der Masseneinwanderung fremder Menschen geradezu panische Furcht aus.[19]

Der Weltkrieg ethnisierte zwischenmenschliche Beziehungen, er visualisierte das Imperium in Gestalt des Flüchtlings und vermittelte seinen Bewohnern eine Vorstellung von der Größe und kulturellen Heterogenität des Vielvölkerreiches. Im Angesicht des Krieges und der kargen Lebensumstände gediehen Haß, Mißgunst und Gewalt. Sobald die Revolution das alte Rußland und seine Machtinstrumente zerstört hatte, zerbrachen auch die institutionellen und mentalen Barrieren, die Menschen noch davon hätten abhalten können, andere Menschen zu verletzen und zu töten. Kurz: der Erste Weltkrieg war auch in Rußland der Geburtshelfer des aggressiven Nationalismus, der ethnischen Säuberung und des Pogroms. Der Flüchtling symbolisierte die Erosion der alten Ordnung, er verkörperte die Unordnung und Unstetigkeit, vor der sich die Generäle des Zaren fürchteten. Und weil der Flüchtling weder Arbeiter noch Bauer, weder Adliger noch Bürger, sondern ein moderner Nomade ohne Halt und Bindung war, fürchteten ihn auch die Sozialisten, die von sozialen Klassen sprachen, wo sich ihnen nur menschliche Haltlosigkeit entgegenwarf.

Revolution

Die Revolution des Jahres 1917 war eine Revolte, die aus dem Verlangen verbitterter und vom Krieg verrohter Menschen hervorging, sich von den Zumutungen des »bürgerlichen« Disziplinierungsmodells zu emanzipieren. Es waren die Bolschewiki, die der Volkswut eine Sprache verliehen und das liberale Verfassungsexperiment auf dem

»Müllhaufen der Geschichte« beerdigten, bevor es überhaupt erprobt wurde. Aber auch die Bolschewiki erlagen der Illusion, im sozialistischen Emanzipationsprojekt sei enthalten, wovon die Arbeiter, die Bauern und die Völker am Rand des Imperiums träumten. Als ihnen schließlich bewußt wurde, worauf es die Revolution des Volkes wirklich abgesehen hatte, setzten sie den Disziplinierungsfeldzug ihrer Vorgänger fort, ungleich gewalttätiger freilich und gefangen in der Vorstellung, wo Menschen ihrer von der Geschichte vorgezeichneten Befreiung zuwiderhandelten, seien Feinde am Werk. Der Bolschewismus war ein Versuch, Licht in die Finsternis barbarischer Untertanen zu bringen. Darin stand er in der Tradition der europäischen Aufklärung und ihrer liberalen russischen Adepten. Aber er ließ es dabei nicht bewenden. Die Bolschewiki waren Eroberer, sie waren Träger einer neuen Zivilisation, Machtmenschen, die sich mit der bloßen Erzwingung von Gehorsam nicht begnügen mochten. Als Angehörige einer Sekte von Alphabetisierten standen sie im Dienst einer heiligen Mission, der sie um jeden Preis zum Erfolg verhelfen wollten. Die bolschewistische Intelligenzija verstand sich als ein Orden von Auserwählten, als Werkzeug des Fortschritts, das die Geschichte auf vorgeschriebenen Bahnen hielt und vollendete. Ihr expansiver und aggressiver Wille zur Macht schöpfte aus eschatologischen Heilserwartungen, aus der Vorstellung, im Vollzug der Revolution werde der entfremdete Mensch zu sich selbst zurückkehren, wahres Wissen erlangen und Erlösung finden.[20] Die exzessive Gewalt, mit der das bolschewistische Experiment über die Untertanen des Imperiums hereinbrach, kam aber nicht allein aus der ideologischen Zurichtung der neuen Machthaber. Sie ergab sich aus den Umständen, unter denen sich das bolschewistische Experiment realisieren wollte.

Die Revolution kam als Aufstand frustrierter und verbitterter Massen zu sich, als Pogrom, der den Geist der europäischen Zivilisation buchstäblich aus dem Land trieb. Als die Staatsmacht im Februar 1917 zusammenbrach, verschwanden mit ihr auch alle bürgerlichen Sicherungen, die das zarische Rußland immerhin noch ausgezeichnet hatte: die lokale Selbstverwaltung, die unabhängige Justiz und die Universität als Biotop europäischer Wissenschaftstradition. Im Sog der Volksgewalt ertrank nicht nur die autokratische Ordnung, in ihm verschwand auch der bürgerliche Gegenentwurf, das Rußland der Intelligenzija und des Liberalismus. In diesem Sinn war die Revolution des Jahres 1917 eine Erhebung, die dem Freiheitsentwurf von Arbeitern und Bauern entsprach. Liberale, die Jahre zuvor noch für die Freiheit des Volkes gestritten hatten, fürchteten sich nunmehr vor der elementaren Volksgewalt. Die öffentliche Gewalttat erniedrigte die Eliten, sie verkehrte die Apartheid der zarischen Ordnung in ihr Gegenteil. Was in den Revolutionen des Jahres 1917 geschah, könnte man als symbolische Verkehrung der Welt beschreiben. Der Karneval des Volkes demonstrierte den Eliten, daß die kulturellen Codes von einst nichts mehr galten. Im Donbass nahmen Arbeiter blutige Rache an Fabrikmanagern, Ingenieuren und Repräsentanten des Staates, die sie für ihr Elend verantwortlich machten. Bewaffnete Arbeiter übten Lynchjustiz auf den Straßen: Sie erschossen Diebe und Hooligans, die sich ihrer Ordnung nicht unterwerfen mochten, und töteten Polizisten des alten Regimes.[21] Bereits im Frühjahr 1917 übernahmen die Arbeiter Fabriken und Bergwerke, die sie ihrem Kontrollregime unterwarfen. Für Gewerkschaften brachten sie keinerlei Interesse auf. Im Gegenteil: hier kam es darauf an, daß sich die alten Herren dem Willen der Arbeiter unterwarfen, sich vor ihnen erniedrigten. Wo Manager in den Fabriken zur Ordnung aufriefen, griffen die Arbeiter zur kollektiven Selbstjustiz. Nicht selten wurden Ingenieure und Manager von der »Justiz« (samosud) der Arbeiter getötet, im besten Fall kamen sie mit einer Schandstrafe davon, so wie sie in den Dörfern über Delinquenten verhängt wurden. Unter diesen Umständen brach die Industrieproduktion jedoch rasch zusammen.

Auf der Straße herrschte die Tyrannei des Volkes. Kriminelle stahlen und raubten, niemand hinderte den Mob jetzt noch daran, hemmungslose Gewalt auszuüben. Im Frühjahr 1917 kehrte der Anarchistenführer Nestor Machno in seine Heimat zurück, nachdem die Provisorische Regierung seine Freilassung aus dem Gefängnis in Petrograd verfügt hatte. Machno fand die Namen jener, die ihn zehn Jahre zuvor bei der Ochrana verraten hatten, in den Akten der lokalen Polizei. Er zerrte einen dieser Verräter aus seinem Haus und erschoß ihn auf der Straße. Den anderen, einen Priester, enthauptete er, ohne daß daran jemand Anstoß genommen hätte.[22] Und auch die Armee des Zaren zerfiel im Frühjahr 1917. Es kam zu gewalttätigen Übergriffen auf Offiziere, Lynchjustiz und massenhaften Desertionen. In dieser Wut schien zugleich die Sehnsucht der Bauernsoldaten nach einer Welt ohne Staat, ohne Adlige, Intellektuelle und Fremde auf, in ihr zeigte sich die Ablehnung der zarischen Erziehungsdiktatur.

Mit den Deserteuren, den verrohten Soldaten und den Saisonarbeitern, die im Sommer 1917 die großen Städte verließen, kam die neue Gewalt auch in die Dörfer. Jetzt schlug den Eliten, den Gutsherren und den verbliebenen Beamten des Zaren auch hier die letzte Stunde. Wo es den Bauern gelang, die Gutsbesitzer zu vertreiben, wurde das Land zu gleichen Teilen an die Bauern verteilt, Weiden und Wälder in die Verfügung der Gemeinden übergeben. Der permanente Pogrom verband die Fronterfahrungen der Soldaten mit der Gewaltkultur des Dorfes zu einem explosiven Gemisch. Die Revolution gab den Unterschichten die Gelegenheit, aus den Ghettos in die Stadtzentren vorzudringen, den öffentlichen Raum der Stadt für sich zu erobern und der »Gesellschaft« ihre Lebensregeln aufzuzwingen. Sie veränderte die Exklusionsbedingungen zugunsten des Volkes. Die Eliten nahmen, was hier geschah, als Rechtsbruch wahr, für die Unterschichten stellte sich das Recht überhaupt erst her.[23] Das zeigte sich nicht zuletzt in der rhetorischen Aufrüstung von Arbeitern und Bauern, die, wenn sie von der »Bourgeoisie« sprachen, all jene meinten, die zur Gesellschaft der Besitzenden und Gebildeten gehörten, die keiner körperlichen Arbeit nachgingen. Der Bourgeois kam aus der Welt, in der auch die Intelligenzija lebte. Die Demokratie, von der Soldaten, Arbeiter und Bauern sprachen, war eine, die auf der Exklusion aller beruhte, die nicht zum werktätigen Volk gehörten. In den Sowjets, die 1917 überall in Rußland entstanden, symbolisierte sich dieses Verständnis: daß nämlich Demokratie nichts anderes sein konnte als eine Herrschaft des werktätigen Volkes. Für die Bauern war die Staatsmaschine ohnedies nichts weiter als eine große Dorfversammlung, die von einem »Hausherrn« regiert werden mußte. So verband sich der »Monarchismus« mit den Gerechtigkeitsvorstellungen des Dorfes.[24]

Wie kam es, daß in diesem Chaos ausgerechnet die Bolschewiki, jener verschworene Bund extremistischer Sektierer, im Oktober 1917 die Macht ergreifen und sie auch behaupten konnte? Weil sie im Gegensatz zu allen anderen politischen Gruppen, die sich in der Revolution Gehör verschafften, der uferlosen Gewalt nicht nur das Wort redeten, sondern sie ins Recht setzten. Lenins Forderung vom April 1917, der Provisorischen Regierung die Macht zu entziehen und sie den Räten zu übertragen, die Kontrolle der Arbeiter über die Fabriken herzustellen und den Bauern zu geben, was sie verlangten, spielte die Gewalt der Straße gegen die Gesetzestreue der gemäßigten Parteien in der Regierung aus. Und die Bolschewiki sprachen eine Sprache, die man dort, wo Menschen in Elend und Schmutz lebten, verstand. Es war eine Rhetorik der Ausgrenzung und der Gewalt, die dem Verständnis der Bauern von der Einrichtung der Welt entgegenkam. Wenn Lenin von Insekten und Ungeziefer, von Wanzen und Abfall sprach, von dem die russische Erde zu reinigen sei, von Angehörigen der ehemaligen Eliten, die mit gelben Zeichen zu markieren und öffentlich zu stigmatisieren seien, von Adligen, die deportiert oder erschossen werden müßten, dann wurde solche Rhetorik von den Bauern als Aufforderung verstanden, jeden, den sie für einen Fremden hielten, aus ihrer kleinen Welt zu eliminieren.[25] Der Terrorist, der in den Bolschewiki schlummerte – er rechnete mit den Ressentiments des Volkes, auch wenn er es am Ende selbst mit Feuer und Schwert heimsuchte.

Zwar gehörten auch die Bolschewiki zur Intelligenzija, aber sie waren radikal und gewalttätig. Je mehr der Lebensstandard absank, je länger der Krieg fortdauerte und die Unzufriedenheit der Stadtbewohner mit den regierenden Sozialisten zunahm, desto leichter fiel es den Bolschewiki, ihre Popularität zu vergrößern. Dabei waren es nicht allein die radikalen Parolen, mit denen sich die selbsternannte Avantgarde des Proletariats Ansehen verschaffte. Die Soldaten und bäuerlichen Arbeiter zog vor allem der gewalttätige Habitus bolschewistischer Revolutionäre an, die Aura des Männlichen, mit denen sich gestiefelte und in Lederjacken gehüllte Revolutionäre umgaben. Georgij L. Pjatakov, der in den Jahren 1917-1919 die Parteiorganisation der Ukraine kommandierte, trat in der Öffentlichkeit stets nur in einem »langen Schafspelz« und einer verwegenen Pelzmütze in Erscheinung. Im Gürtel steckte ein Revolver. Ein englischer Journalist erinnerte sich, Pjatakov habe auf ihn gewirkt wie einer jener Räuber aus den Erzählungen Ševčenkos.[26]

Die Bolschewiki zelebrierten einen Gewaltkult, der sie von den liberalen Versagern und Weichlingen, die das Volk erziehen wollten, es aber nicht verstanden, deutlich abhob. Ihr Gewaltkult stand in einer Tradition, die aus dem Glauben an die Macht der Gewehrläufe schöpfte. Deshalb obsiegten sie in der Auseinandersetzung mit ihren Konkurrenten aus der sozialistischen Bewegung selbst dort, wo ihnen die Arbeiter mit offener Abwehr entgegentraten, wo das Volk die Bolschewiki, wie im Donbass, für Juden und »Bourgeois« hielt.[27] Wo der Sozialismus dem Volk nichts galt, siegte, wer den revolutionären Furor mit Gewalt anreicherte. Darin hatten die Bolschewiki mehr Erfolg als ihre revolutionären Konkurrenten.

Bereits in den Jahren der ersten russischen Revolution hatte sich die radikale Intelligenzija, Sozialrevolutionäre, Anarchisten und Sozialdemokraten, mit Psychopathen, Kriminellen und Räubern geschmückt, die im Namen der Revolution Attentate auf Repräsentanten der zarischen Ordnung, Überfälle und Raubzüge verübten. Einem solchen Denken galt der Verbrecher mehr als der feinsinnige Theoretiker des Sozialismus. Unter solchen Umständen aber wurde die Gewalt zum Selbstzweck, zum einzigen Band, das die extremistische Intelligenzija und die Volkswut miteinander verknüpfte. Der Führer der russischen Liberalen, Pavel Miljukov, sprach von einem »Erdbeben«, das das »unkultivierte und unorganisierte Substrat des russischen Lebens« freigelegt habe.[28]

Der Oktobercoup des Jahres 1917 setzte den demokratischen Experimenten, an denen sich Sozialisten und Liberale versucht hatten, ein jähes Ende. Seine Legitimation fand er auf der Straße. Die Bolschewiki obsiegten, weil sie sich der ungehemmt ausbrechenden Volksfreiheit (narodnaja volja) nicht entgegenstellten. Das neue Regime löste die zarische Justiz und Polizei auf, es erließ Dekrete über den Frieden und den Boden, mit denen es die illegale Landnahme der Bauern ex post ins Recht setzte, und es stellte den nichtrussischen Nationalitäten des Imperiums nationale Selbstbestimmung in Aussicht. Damit aber löste es die verbliebenen Reste staatlicher Ordnung auf. Die Bolschewiki waren Zerstörer. Während ihre Widersacher Auswege in legislativen Verfahren suchten, erstritten sie die Hoheit über die Straße.[29] Hier, im revolutionären Rußland, materialisierte sich Carl Schmitts Diktum, souverän sei, wer über den Ausnahmezustand gebiete. Widerstand, der nicht mit überlegenen Gewaltmitteln auftrat, richtete gegen den Terror der Kommunisten nichts aus.

Bis zum Sommer 1918 herrschte in den großen Städten, wo die Bolschewiki die Macht ergriffen hatten, die Lynchjustiz des Pöbels: Wahllose Erschießungen, Plünderungen und Angriffe auf alle, an denen der Makel des »Bourgeois« haftete, beherrschten den Alltag im Land der Sowjets. Ein Besucher aus der Schweiz sah im Gouvernement Cherson »betrunkene und bis an die Zähne bewaffnete« Revolutionswächter, die Geschäfte plünderten und Lebensmittel raubten. Nicht selten weiteten sich diese Zerstörungen zu interethnischen Konflikten aus, wie etwa in Petrograd oder im südrussischen Städtchen Bachmut, wo sich im September 1917 Plünderungen von Alkoholgeschäften in Judenpogrome verwandelten. Im Kaukasus, in Tiflis, in Baku und Erevan, trat die Revolution als blutiger interethnischer Pogrom in Erscheinung. Und auch in Zentralasien fielen slawische Siedler, Muslime und Nomaden übereinander her.[30] Es waren diese Erfahrungen enthemmter Gewalt, die den Bürgerkrieg in seinen schlimmsten Exzessen überhaupt erst ermöglichten.

Bürgerkrieg

Die Anarchie und der Terror, den die Bolschewiki alsbald über das Land brachten, die Unerträglichkeit der Lebensbedingungen, belebten den Widerstand der Gegenrevolution. Im Sommer 1918 formierten sich die weißen Armeen der zarischen Generäle Kornilov und Alekseev, in Samara an der Wolga entstand eine Gegenregierung, die sich auf die Anfang 1918 von den Bolschewiki aufgelöste Verfassunggebende Versammlung berief, in zahlreichen Städten traten Arbeiter in den Ausstand. Wenngleich die Bolschewiki keine

Gelegenheit ausließen, sich selbst an den Rand des Abgrunds zu bringen, gingen sie auch aus dem Bürgerkrieg siegreich hervor. Es war nicht die Schlagkraft der Roten Armee, die diesen Sieg ermöglichte. Denn die Armee der Bolschewiki war ein Verband von unzureichend ausgebildeten und versorgten Bauernsoldaten. Die Kampfmoral war gering, die zwangsweise rekrutierten Bauern desertierten in großer Zahl, wann immer sich ihnen eine Gelegenheit dazu bot.[31] Auch die Zwangsrequirierungen von Getreide besserten den Ruf der Bolschewiki im Dorf nicht auf. Bereits im ersten Jahr des Bürgerkrieges brachen in vielen Regionen Bauernunruhen aus, die die Einsatzfähigkeit der Roten Armee nachhaltig schwächten. Daß die Armee der Revolution nicht schon in den ersten Monaten ihrer Existenz vollständig zerfiel, verdankte sie dem militärischen Vermögen ehemaliger zarischer Offiziere, die sich in den Dienst der Bolschewiki gestellt hatten und der politischen Inkompetenz der weißen Generäle.

Die Armeen der Weißen waren jenen der Roten militärisch überlegen. Sie zogen aus dieser Überlegenheit aber keinen politischen Nutzen. Das Lager der Gegenrevolution litt an Zerstrittenheit und Konzeptionslosigkeit, miteinander konkurrierende Generäle ließen militärische Erfolge ins Leere laufen. Den Bauern und ethnischen Minderheiten des Imperiums boten die Weißen nichts an, was sie zur Unterstützung ihrer Sache hätte bewegen können. Die weiße Parole vom »einen und unteilbaren Rußland« und das Bekenntnis zur Wiederherstellung der vorrevolutionären Eigentumsordnung erleichterten den Sieg der Bolschewiki über ihre Feinde. Es waren die Bauernhaufen des Partisanenführers Machno, die baschkirischen Regimenter Zeki Validovs und die Furcht der Bauern, mit dem Sieg der Weißen könne die Herrschaft der Gutsbesitzer in ihr Leben zurückkehren, die den Sieg der Bolschewiki im zweiten Jahr des Bürgerkriegs ermöglichten.[32]

Von Anbeginn lebte das Experiment der Bolschewiki von seinen ideologischen Verheißungen. Lenin selbst hatte in seiner 1917 verfaßten Broschüre »Staat und Revolution« den nahen Anbruch der klassenlosen Gesellschaft prophezeit, von der Diktatur des Proletariats, vom Absterben des Rechts und des Staatsapparates phantasiert, freilich mit nur nebulösen Hinweisen darauf, wie solche Programme umzusetzen seien. Die Wirtschaft solle nach dem »Vorbild der Post« organisiert werden, der Staatsapparat auf unumgängliche Repressionsfunktionen beschränkt werden. »Die gesamte Gesellschaft wird ein Büro und eine Fabrik mit gleicher Arbeit und gleichem Lohn sein.« Unter den Bedingungen der kommunistischen Gesellschaft werde »jeder, der die vier Grundrechenarten beherrscht und entsprechende Quittungen ausstellen kann«, an der Verwaltung teilnehmen. Und weil Lenin im Recht nichts weiter sah als einen repressiven Reflex ökonomischer Verhältnisse, galten ihm auch die formalen Sicherungen, die dem menschlichen Leben Halt geben, nichts. Das Recht sei ein Unterdrückungsinstrument des bürgerlichen wie des proletarischen Staates, in der kommunistischen Gesellschaft werde es absterben.[33] Was auf den Seiten von »Staat und Revolution« und anderen Schriften der bolschewistischen Religion zur Sprache kam, stand nicht im Abseits. Es beherrschte nicht nur die Sprache der Revolutionäre, es gab ihrem Denken über das Leben eine Richtung, schließlich motivierte und rechtfertigte es auch ihre Gewalttaten. Was dem gegenwärtigen Menschen absurd erscheinen mag, war für die Bolschewiki ein Handeln aus höherer Einsicht. Es war rational, weil es selbst formulierte Prämissen erfüllte.

Die neuen Machthaber sahen eine andere Welt als zahlreiche ihrer Zeitgenossen. Für sie waren ökonomische Rückschläge, Unzufriedenheit und Kritik nicht Ausweis einer verfehlten politischen Strategie, sondern Werke des Klassenfeindes. Aufgabe der Revolution war es, diese zu entlarven und für immer aus der Welt zu schaffen. Ihre Rechtfertigung fanden sie in den Gesetzen der Weltgeschichte, in deren Auftrag die Bolschewiki Feinde besiegten und Widerstände überwanden. Der Bürgerkrieg bot ihnen die Gelegenheit, Feinde von Freunden zu unterscheiden, Klassenkonflikte zu schüren und so die Entscheidung zwischen den Mächten des Lichts und der Finsternis herbeizuführen. Der Bürgerkrieg war die Generalprobe für den Stalinismus, das Experimentierfeld, auf dem die Bolschewiki ihre Wahnvorstellungen von einer sozial »gereinigten« Welt zur Verwirklichung bringen wollten. In ihm zeigte sich ein Stalinismus vor dem Stalinismus.[34]

Nun trat auch die Gewalt der Gegenrevolution kaum weniger grausam in Erscheinung als der Terror der Bolschewiki. Aber es fehlte ihr an Zielen und Strategien. Zwar verübte die undisziplinierte Soldateska auch auf seiten der Weißen grauenhafte Gewalttaten an Bauern, Arbeitern und Juden. Im Frühjahr 1918 kehrte mit der deutschen Besatzungsarmee das alte Regime in die Donbass-Region zurück. Weiße Offiziere des Hetmans Skoropadskij übten Vergeltung an aufsässigen Arbeitern, die ein Jahr zuvor das Regiment der Manager und Ingenieure abgeschüttelt hatten. Allein in der Siedlung Šachty wurden während des Bürgerkrieges mehr als 8000 Arbeiter von der Gegenrevolution getötet: erschossen oder erschlagen. In den ländlichen Regionen der Ukraine wurden Bauern, die sich in den Besitz von Gutsland gebracht hatten, unter Aufsicht deutscher Soldaten zu Tausenden ausgepeitscht. Im Frühjahr 1919 kehrte der weiße Terror mit den Armeen des Generals Denikin in die Region zurück. Mit ihm kamen auch die alten Fabrikbesitzer und Autoritäten. Kommunisten und rebellische Arbeiter wurden zu Tausenden erschossen oder zur Abschreckung öffentlich aufgehängt. Als sich die Freiwilligenarmee in der zweiten Hälfte des Jahres 1919 in den Süden Rußlands zurückzog, kam es zu Massakern an der jüdischen Bevölkerung. Und auch die Bauernhaufen des ukrainischen Atamans Simon Petljura und des Anarchisten Machno tobten sich in Pogromen aus. Mehr als 50 000 Menschen sollen diesem Terror zum Opfer gefallen sein. Aber der weiße Terror war fragmentiert, seine Intensität und Zielrichtung hing davon ab, in wessen Regie er sich entlud. Die Führer der weißen Bewegung hielt allenfalls ihr Haß auf die kommunistischen Usurpatoren zusammen. Es gab weder eine weiße Regierung noch ein weißes Programm. Und deshalb brachte auch keiner der zahlreichen weißen Führer die Autorität auf, um die Warlords und Kosaken-Atamane in Sibirien, im Vorkaukasus und in der Ukraine zentraler Kontrolle zu unterwerfen. In diesem Sinn war, was weißer Terror genannt werden kann, nichts weiter als ein großes anarchisches Pogrom, der nicht im Dienst höherer Absichten stand.[35]

Der rote Terror ging dem weißen voraus. Er war kein Akt der Selbstverteidigung, der sich in bloßer Vergeltung erschöpfte. Die bolschewistische Gewalt richtete sich nicht gegen tatsächliche Widersacher, sondern gegen Kollektive, die zu Aussätzigen erklärt worden waren: Adlige, Gutsbesitzer, Offiziere, Priester, Kosaken, Kulaken. Dabei kam es für die Bolschewiki überhaupt nicht darauf an, wie die Betroffenen über sich selbst dachten und wie sie zur Revolution standen. Der Feind war einer, der sich selbst nicht kannte, er lebte nur in den Köpfen der Kommunisten. Daraus bezog der bolschewistische Terror seine Maßlosigkeit und Monstrosität. Der neue Stil, dem Recht und bürgerliche Form schon nichts mehr galten, trat vor allem in den Revolutionstribunalen in Erscheinung. Auf diesen Bühnen der Revolution verkündeten die Bolschewiki ihre Weltsicht und Wertmaßstäbe, auf ihnen gaben sie bekannt, wer zu den Freunden und wer zu den Feinden des Volkes zu zählen sei. Angeklagte und Ankläger spielten Rollen, sie waren Schauspieler in einem Melodrama, das von Schuld und Sühne schon nichts mehr wußte.[36] Hier kam es darauf an, Klassenfeinde zu stigmatisieren, nicht, Gerechtigkeit zu üben und Recht zu sprechen. Weil in den Anfangsjahren des Sowjetregimes aber nur wenige Angeklagte die ihnen zugewiesenen Rollen auch übernehmen mochten, weil sich in manchen Revolutionstribunalen von der Volksjustiz oft mehr als vom Glauben der Kommunisten zeigte, zogen die Machthaber es vor, nackten, uninszenierten Terror gegen ihre vermeintlichen Feinde auszuüben. Sein Vollstrecker war die im Dezember 1917 ins Leben gerufene Tscheka (Abkürzung für »Allrussische Außerordentliche Kommission zur Bekämpfung der Konterrevolution und Sabotage«). Grigorij Zinov'ev, Parteichef von Petrograd und Mitglied des inneren Führungskreises, erklärte Ende September 1918 in der Zeitung »Severnaja Kommuna«, wie sich die Kommunisten die Anwendung des Terrors vorstellten: »Um unsere Feinde zu überwinden, brauchen wir unseren eigenen sozialistischen Militarismus. Von der einhundert Millionen zählenden Bevölkerung Sowjetrußlands müssen wir 90 Millionen mit uns nehmen. Was den Rest angeht, so haben wir ihm nichts zu sagen. Er muß vernichtet werden.« Wenig später, im November 1918, veröffentlichte Martyn Latsis, einer der Stellvertreter des Tscheka-Chefs Feliks Dzeržinskij, einen Artikel in der Zeitschrift »Krasnyj terror« (Der rote Terror). In ihm erklärte er, womit in Zukunft noch zu rechnen sei: »Wir führen nicht Krieg gegen einzelne. Wir vernichten die Bourgeoisie als Klasse. Während der Untersuchung suchen wir nicht nach Beweisen, daß der Beschuldigte in Worten und Taten gegen die Sowjetmacht gehandelt hat. Die ersten Fragen, die gestellt werden müssen, lauten: Zu welcher Klasse gehört er? Was ist seine Herkunft? Was ist seine Bildung und sein Beruf? Und es sind diese Fragen, die das Schicksal des Beschuldigten bestimmen sollten. Darin liegen die Bedeutung und das Wesen des roten Terrors.«[37]

Latsis sprach die Sprache des bolschewistischen Terroristen. Zugleich nahm er das Glaubensbekenntnis des Stalinismus vorweg: daß es Aufgabe der Revolution sei, feindliche Kollektive wie Unkraut zu vertilgen und den gesellschaftlichen Körper auf diese Weise von seinen Infektionen zu befreien. Die russische Revolution war die Geburtsstunde des totalitären Zeitalters, sie war die Erbsünde, aus der sich die modernen Diktaturen und Ideologien hervorbrachten. Sie verknüpfte das Menschenglück mit der physischen Vernichtung von Menschen. Die Bolschewiki führten die staatlich organisierte Tötung stigmatisierter Kollektive, wie sie den Stalinismus und den Nationalsozialismus auszeichnete, als Möglichkeit überhaupt erst in die Praxis der modernen Politik ein. Im russischen Bürgerkrieg brachte sie sich erstmals zur Anwendung. So löste sich die Gewalt, die Menschen anderen Menschen seit jeher zugefügt hatten, vom Kampfgeschehen. Sie verlor ihre Unschuld.

Der Terror begann unmittelbar nach dem Oktoberumsturz. Im November 1917 wurden die Mitglieder der liberalen Partei der Konstitutionellen Demokraten für vogelfrei erklärt, Anfang Januar 1918 töteten Matrosen der Roten Garde die prominenten Kadetten-Führer Šingarev und Kokoškin auf bestialische Weise. Wenige Monate später weiteten die Bolschewiki ihren Terror auf streikende Arbeiter und renitente Bauern aus, ließen Oppositionelle verhaften und erschießen. Unter diesen Umständen sah der sozialrevolutionäre Volkskommissar für Justiz, Isaac Steinberg, schon nicht mehr, welchen Zweck sein Ministerium noch erfüllen sollte. »Wozu haben wir dann aber überhaupt ein Volkskommissariat für Justiz? Nennen wir es doch einfach ›Kommissariat für soziale Ausrottung‹ und kümmern wir uns nicht mehr darum.« Lenin brachte für solche Kritik kein Verständnis auf. Die Revolution stand im Dienst der Vernichtung, dem Volkskommissariat für Justiz fiel deshalb die Aufgabe zu, sich an der »sozialen Ausrottung« zu beteiligen.[38]

Aber erst im Spätsommer 1918, als linke Sozialrevolutionäre Attentate auf den Tscheka-Chef von Petrograd Urickij und auf Lenin selbst verübten, verlor der Terror jedes Maß. Obgleich die Attentäter aus den Reihen der Sozialrevolutionäre stammten, begann die Tscheka im September 1918 damit, zur Vergeltung Angehörige der wohlhabenden Schichten zu töten. Erschießung von Geiseln – so nannten die Bolschewiki diese Strategie, feindliche Klassen in kollektive Haft zu nehmen. Am 5. September 1918 gab die Regierung die Einrichtung von Konzentrationslagern (konclager) bekannt, in die sie »Klassenfeinde« und »Mitglieder weißgardistischer Organisationen« einsperren lassen wollte.[39] Auf solch einen Gedanken konnte freilich nur kommen, wer davon überzeugt war, im Widerstand einzelner Individuen zeige sich die verborgene Macht feindlicher Kollektive. Wo Menschen aufbegehrten, sahen die Bolschewiki Kulaken, Bourgeois, ehemalige Gutsbesitzer, zarische Offiziere und Adlige, sie sahen keine Individuen, sondern Klassen, die sich in Individuen zum Vorschein brachten. Die Klasse gehörte nicht dem Menschen, der Mensch gehörte vielmehr der Klasse. Diese schlichte Sicht auf die Welt verführte die Bolschewiki, Terror gegen jedermann auszuüben und den Ausnahmezustand zum Regierungsprinzip zu erheben.

In Moskau wurden im September 1918 25 ehemalige zarische Minister und höhere Beamte und 765 sogenannte »Weißgardisten« erschossen. Lenin selbst zeichnete die Listen mit den Namen der Opfer ab. In Kursk tötete die Tscheka einen Dumaabgeordneten, den lokalen Adelsmarschall und alle ehemaligen Polizisten und Angestellten der lokalen Selbstverwaltung. Wenig später weitete das Regime seine Mordaktionen auch auf andere Städte aus.[40] Nach dem Abzug der weißen Truppen aus Südrußland und dem Uralgebiet in der zweiten Hälfte des Jahres 1919 begannen die bolschewistischen Kommissare mit der systematischen Verfolgung der »Ehemaligen«. Offiziere der weißen Armee, Adlige, Angehörige der bürgerlichen Schichten wurden registriert und erschossen. In den Städten Odessa, Kiev, Rostov am Don, auf der Halbinsel Krim und im Uralgebiet fielen den summarischen Erschießungen der Tscheka Tausende von Menschen zum Opfer. Auf der Halbinsel Krim vollzog sich das Ende des Bürgerkrieges als ein Drama von apokalyptischen Ausmaßen. Im Frühsommer 1920, während des Rückzuges der geschlagenen weißen Armeen, versammelten sich hier mehr als 200 000 Menschen, die darauf hofften, sich vor den nachrückenden Bolschewiki in Sicherheit bringen zu können. Nicht allen gelang die Flucht über das Schwarze Meer. 50 000 der zurückgebliebenen Flüchtlinge wurden von den Soldaten der Roten Armee ermordet. Sevastopol schrieb sich in das Gedächtnis der Zeitgenossen als eine »Stadt der Gehängten« ein. Trockijs Nachfolger im Amt des Kriegskommissars, Michajl Frunze, fand, hier seien unverzichtbare Dienste am Sozialismus geleistet worden. Er schlug den Tschekisten Evdokimov, dessen Einheit in nur wenigen Tagen 12 000 Menschen getötet hatte, für einen höheren Orden vor.[41]

An der Urheberschaft solchen Terrors ließ die politische Führung in Moskau keinen Zweifel. Die Bolschewiki bekannten sich zu ihren Taten, jede Tötungsaktion mußte in der kommunistischen Presse bejubelt, die Namen der Opfer veröffentlicht werden. Lenin selbst trieb die Schergen der Tscheka zu Höchstleistungen bei der Vernichtung von Feinden an. Als im August 1918 im Gouvernement Nižni-Novgorod Unruhen ausbrachen, sandte Lenin dem Vorsitzenden des lokalen Exekutivkomitees ein Telegramm, das genaue Anweisungen enthielt, wie solche Unzufriedenheit zu bekämpfen sei: Der Vorsitzende des Exekutivkomitees solle eine Diktatur errichten, »Massenterror einführen, Hunderte von Prostituierten erschießen und deportieren« lassen. Wer im Besitz von Waffen sei, müsse sofort getötet werden, »Menschewiki und unzuverlässige Elemente« seien aus der Region fortzuschaffen. Die lokale Tscheka handelte ohne Verzug, sie tötete 40 Personen, Offiziere, Beamte und Priester, und nahm 700 weitere »Ehemalige« als Geiseln. Auch auf militärische Fragen fand Lenin sogleich terroristische Antworten. Um den Vormarsch des weißen Generals Judenič auf Petrograd abzuwehren, müßten 10 000 »Bourgeois« vor die Maschinengewehre der Arbeiter gestellt und einige Hundert von ihnen erschossen werden. Als im Sommer 1918 türkische Truppen auf Baku zumarschierten, gab Lenin den lokalen

Bolschewiki den Befehl, Baku bis auf die Grundmauern niederbrennen zu lassen, sollten sich die Feinde der Stadt nähern. Was mit der Zivilbevölkerung in diesem Fall geschehen sollte, ließ er unbeantwortet. Es interessierte ihn nicht.[42]

Lenin war ein bösartiger Schreibtischtäter, der menschliche Tragödien, Leid und Elend ignorierte. Aber er war kein Zyniker der Macht, dem ideologische Erwägungen nichts bedeuteten. Er und seine Ordensbrüder aus der bolschewistischen Partei befanden sich auf einem Kreuzzug, sie waren Glaubenskrieger, die eine heilige Mission zu erfüllen hatten. Die Bolschewiki vollstreckten die Geschichte, erbarmungs- und mitleidlos. Dafür stand nicht zuletzt der Vorsitzende der Tscheka Feliks Dzeržinskij, ein polnischer Adliger, der die meiste Zeit seines Lebens in zarischen Gefängnissen zugebracht hatte. Der »eiserne Feliks« sah sich als »proletarischer Jakobiner«, der einen hingebungsvollen Dienst an der Revolution verrichtete. Der deutsche Expressionist Arthur Holitscher, der 1920 mit der Absicht nach Rußland reiste, sich vom Kommunismus betören zu lassen, beschrieb den »eisernen Felix« als jemanden, der »das Entsetzliche, aber unumgänglich Nötige« vollbrachte, der den menschlichen Abfall fortschaffte.[43] Dzeržinskij hätte den Vorwurf, er sei ein gewissenloser Mörder, wahrscheinlich nicht einmal verstanden.

Auf die Kollaboration der Bevölkerung konnte ein Regime, das beanspruchte, den Willen des Volkes zu exekutieren, nicht verzichten. Die Aufspürung und Vernichtung von Feinden war nicht allein eine Angelegenheit der Regierung, sie mußte zu einem Anliegen aller werden. Dann erst würde sich die Revolution in das Bewußtsein der Untertanen einschreiben. Bucharin sprach davon, »daß wir jetzt alle Agenten der Tscheka werden müssen«. Im Sowjetreich war der Denunziant ein Ehrentitel. Der Verfolgungswahn und die Spionagemanie, wie sie in der Stalin-Ära zu Perfektion getrieben wurden, wurzelten im Bürgerkrieg. Es war die Erfahrung der Bolschewiki, von Feinden umgeben und isoliert zu sein, die diesem Verfolgungswahn stets neue Nahrung gab.[44]

Der rote Terror führte die ideologischen Obsessionen der Bolschewiki mit der Gewaltkultur des Volkes zusammen. In der Person des Tschekisten brachten sie sich zur Synthese. Verrohte Matrosen und Soldaten, die in ihrem Haß auf Brillenträger, Gebildete, Liberale und Wohlgenährte alle Maßstäbe verloren, die sich die Welt nur als immerwährendes Spektakel der Gewalt vorstellen konnten, Kriminelle, Hooligans und psychisch Kranke – aus diesem Kreis rekrutierte die Tscheka ihren Nachwuchs. Wie dieser sein Handwerk verrichtete, zeigte sich bereits zu Beginn des Jahres 1918. In Evpatoria, einem Städtchen am Schwarzen Meer, inszenierten die lokalen Kommunistenführer ein Theater des Schreckens. Der Parteisekretär erteilte den Auftrag, ehemalige Offiziere der zarischen Armee und Angehörige der »Bourgeoisie« in Listen einzutragen. Das blutige Werk der Vernichtung überließ er den in Evpatoria stationierten Matrosen. Dabei kam es zu grausamen Exzessen. Die Matrosen ertränkten ihre Opfer im Meer, sie schnitten ihnen Ohren, Nasen und Geschlechtsorgane ab, bevor sie sie töteten. An manchen Orten spielten Musikorchester auf, während die Tschekisten ihre Opfer töteten. Der Vorsitzende der Tscheka in Char'kov Saenko suchte die Opfer nicht nur selbst aus, er pflegte sie auch selbst zu foltern und zu erschießen. Gewöhnlich betäubte er sich mit Alkohol und Kokain, bevor er seine Mordlust befriedigte. Überall, wo Tschekisten im Dienst der Revolution den Klassenfeind vernichteten, kam es zu unbeschreiblichen Grausamkeiten, die von der bolschewistischen Dramaturgie schon nichts mehr erkennen ließen. Die Opfer wurden in siedendes Wasser geworfen, gehäutet, gepfählt, bei lebendigem Leib verbrannt oder begraben oder in winterlicher Kälte nackt auf die Straße getrieben und mit Wasser übergossen, bis sie zu Eissäulen erstarrten. In Penza ließ der Vorsitzende der Tscheka, ein 20jähriger, psychisch kranker Mann, die Opfer in Säcke einnähen und in Eislöcher werfen.[45] Nirgendwo aber tobte der Terror unerbittlicher als in der Donbass-Region. In Kamensk, einer Siedlung östlich von Lugansk, hieben die Roten Garden die weißen Offiziere, die in ihre Hände gefallen waren, mit ihren Säbeln in Stücke. Die Gesichter der mißhandelten Offiziere seien nur noch eine »Masse blutigen Fleisches« gewesen, wie sich ein ausländischer Beobachter erinnerte.[46] Hier kamen Arbeiter und Bolschewiki einander näher, ohne daß sie Einigkeit darüber erzielt hätten, wie das revolutionäre Werk fortzusetzen sei.

Es gehört zu den Rätseln des roten Sieges, daß er sich unter Umständen vollzog, die den Bolschewiki stets neue Feinde zuführten. Er war ein Gewaltakt, der mit der Partizipation des Volkes schon nicht mehr rechnete. Von der Arbeiterkontrolle, die in den Fabrikkomitees zum Ausdruck kam, blieb schon Anfang 1918 nichts mehr. Firmenpleiten, eine ausufernde Inflation und der Stillstand der Produktion verwandelten die Kontrolle der Arbeiter über die Fabriken in ein stumpfes Schwert. Wo nichts hergestellt wurde, gab es auch nichts zu kontrollieren. Die bolschewistische Regierung begegnete der wirtschaftlichen Katastrophe mit der Verstaatlichung der Fabriken und der zentralen Regulierung des Handels. Lenin und seine Getreuen beherrschte die absurde Vorstellung, die Versorgung der Bevölkerung und die Kontrolle des Landes seien erst durch eine zentral organisierte Warendistribution angemessen zu verwirklichen. Die Regierung unterband deshalb den freien Handel. So unterbrach sie aber zugleich die Versorgung der Städte mit lebensnotwendigen Waren, ohne die versprochene zentrale Belieferung zu organisieren. Denn die Bauern weigerten sich, den Beschaffungskommandos der Bolschewiki ihre Getreideüberschüsse unentgeltlich auszuliefern. Aus dem Elend gab es kein Entrinnen.[47]

Sogenannte »Sackmenschen«, Stadtbewohner und Bauern, die individuell Waren aus den Dörfern herbeischafften, sicherten das nackte Überleben. Seit dem Frühjahr 1918 verließen Zehntausende von Arbeitern die Städte und Industriezentren im zentralen Rußland und kehrten in die Dörfer zurück, aus denen sie einst gekommen waren. Petrograd verlor allein im Jahr 1918 850000 Menschen, mehr als die Hälfte aller ehemaligen Bewohner der Stadt. Moskau büßte 40 Prozent seiner Bevölkerung in den Jahren des Bürgerkrieges ein. So stand es um alle urbanen Zentren des Zarenreiches, wenngleich die kleineren Städte unter dem Bevölkerungsrückgang weniger litten als die Metropolen. Zurück blieb, wer über keinerlei Bindungen im Dorf gebot. Wer blieb, ertränkte sein Elend im Alkohol, stahl oder versuchte sein Glück auf dem Schwarzmarkt. Unter solchen Umständen brach die Arbeitsdisziplin völlig zusammen. Manche Fabriken wurden durch den alltäglichen Diebstahl der Arbeiter, die sich nahmen, was sie ohnedies für ihr Eigentum hielten, vollständig demontiert.

Das Verbot des freien Handels und die zwangsweise Requirierung von Getreide waren vom Standpunkt der Effizienz ein geradezu selbstmörderisches Unterfangen. Die Bolschewiki hielten an ihm fest, wenngleich sie auf diese Weise ihr eigenes Überleben aufs Spiel setzten.[48]

Überall dort, wo die Lebensverhältnisse unerträglich wurden, bekundeten Arbeiter ihre Unzufriedenheit und ihren Protest, in manchen Städten gelang es den geächteten Menschewiki sogar, die Mehrheit in den Sowjets für sich zurückzuerstreiten. Mit den oppositionellen Sozialisten verfuhr das Regime in der gewohnten Weise: Es ließ ihre Zeitungen verbieten und löste die Sowjets auf, in denen sich die Mehrheitsverhältnisse zum Nachteil der Bolschewiki verändert hatten. Zwar schien den Arbeitern das Schicksal der Menschewiki und Sozialrevolutionäre einerlei zu sein. Vom Protest gegen die neuen Machthaber aber ließen sie nicht ab. Im März 1919 traten 10000 Arbeiter der Petrograder Putilov-Werke in den Ausstand. Ihre Vertreter beklagten die Diktatur der Bolschewiki und das System der »Leibeigenschaft«, dem sich die Arbeiter unterwerfen müßten. Als die Situation außer Kontrolle geriet, begab sich Lenin in Begleitung Zinov'evs selbst in die Putilov-Fabriken am Rande der Stadt. Es war das erste Mal, daß Lenin mit Arbeitern sprach, die er sonst nur aus Büchern kannte. Lenins Rede ging im Protestgeschrei unter. Am Ende entsandten die Bolschewiki Panzerwagen und bewaffnete Tscheka-Einheiten in die Arbeiterbezirke. 200 Streikführer wurden ohne Verfahren erschossen, Hunderte von Arbeitern verhaftet. In Astrachan richteten die Bolschewiki ein furchtbares Massaker unter den Arbeitern an. Der zuständige Militärkommissar, Sergej Kirov, gab seinen Truppen den Befehl, die Stadt einzunehmen. Mehr als 3000 Arbeiter wurden von der Soldateska erschossen oder in der Wolga ertränkt.[49]

Nun hätten die Bolschewiki diese Krise durch die Wiederherstellung marktwirtschaftlicher Mechanismen beheben können. Sie hätten die Verstaatlichung des Handels, der Industrie und die Getreiderequirierungen beenden können. Das freilich hätte bedeutet, mit dem System des Kriegskommunismus zu brechen. Davon mochte das Regime jedoch nichts hören. Statt dessen setzte es Zwang und Terror ein, um Probleme zu lösen, die es selbst geschaffen hatte. Denn der Sozialismus, so wie ihn die Bolschewiki verstanden, war ein höherer Bewußtseinszustand, den nur erreichte, wer sich das Kulturniveau der Machthaber aneignete. Proletarier zu sein hieß, die Feste der Bolschewiki zu feiern, ihre Sprache zu sprechen und ihre Kleidung zu tragen und der Feind jener zu sein, die an diesem Leben keinen Gefallen finden mochten. Das Proletariat war der Beweger der Geschichte, der Messias, der die Menschheit ans andere Ufer führte. Aber dieser Messias war einer, der sich von seinen »russischen« Makeln befreit hatte. Lenin und Trockij sahen in russischen Arbeitern rückständige, barbarische Kreaturen, an denen die Kultur des Dorfes haftete. Aufgabe der Bolschewiki war es, Bauernarbeiter eiserner Disziplin zu unterwerfen und in Proletarier zu verwandeln. Im Bürgerkrieg versuchten die Bolschewiki, ihre Vorstellungen vom kasernierten Sozialismus in die Tat umzusetzen. Ende 1919 wartete Trockij mit der Empfehlung auf, die Arbeiterschaft zu militarisieren und auf diese Weise an den Betrieb zu binden. Der russische Arbeiter müsse gezwungen werden, seine Pflichten gegenüber der sozialistischen Ordnung zu erfüllen. Trockij träumte von Armeekompanien, die auf der Grundlage von Produktionseinheiten organisiert werden sollten. Arbeiter waren Soldaten des Sozialismus, die an Fronten Produktionsschlachten gewannen. Das Volkskommissariat für Arbeit verlor in diesem Konzept seine raison d'être, an seine Stelle trat das Kriegskommissariat. Es stellte Arbeiterheere auf und unterwarf sie zentraler militärischer Kontrolle. Arbeiter, die desertierten, wollte Trockij in Strafbataillone oder Konzentrationslager verschicken lassen. Die Kritik prominenter Gewerkschaftsführer, mit der Militarisierung der Arbeit werde der Geist der Sklaverei nach Rußland zurückkehren, hielt Trockij für das »armseligste und elendste liberale Vorurteil«. Die Sklavenwirtschaft sei zu ihrer Zeit produktiv gewesen. Unter den russischen Bedingungen sei sie unverzichtbar.[50]

Am Ende scheiterte aber auch Trockij an den Umständen, die den Bolschewiki alsbald neue Strategien aufzwangen. Zwar gelang es, Kompanien zum Arbeitsdienst abzustellen, um Holz zu fällen und Straßen zu bauen. Aber es mißlang, Arbeiter und Bauern, die nicht in der Armee dienten, zentraler Kontrolle zu unterwerfen. Statt dessen brachte die Militarisierung eine Verschärfung des Terrors. Zu Beginn des Jahres 1920 gab Trockij die Anweisung, das Kriegsrecht auf Eisenbahnstrecken zu verhängen und jeden Eisenbahnarbeiter vor ein Revolutionstribunal zu stellen, der es an der nötigen Disziplin fehlen ließ. Allein zwischen Februar und Juli 1920 wurden 3666 Arbeiter und Angestellte der Eisenbahn von Revolutionstribunalen abgeurteilt.

Die Gefängnisse in Moskau, Petrograd, Tula und Ivanovo füllten sich mit Arbeitern, selbst am Arbeitsplatz regierte nunmehr der rote Terror: Tschekisten überwachten die Arbeit in den Fabriken und verhafteten alle, die sich den Anordnungen des Regimes nicht beugen mochten. Als die Arbeiter im Sommer 1920 und im Februar 1921 abermals in den Ausstand traten, die Matrosen der Festung Kronstadt vor den Toren Petrograds revoltierten, ließ das Regime schwere Geschütze auffahren. Es bot Militär gegen die Streikenden auf und ließ Tausende von Arbeitern in Konzentrationslager verschicken. Die Partei der Menschewiki hörte im Sommer 1920 auf zu bestehen, nachdem die Tscheka ihre führenden Mitglieder verhaftet hatte. Der Matrosenaufstand von Kronstadt wurde im März 1921 blutig niedergeschlagen, auf Anweisung des Petrograder Parteichefs Zinov'ev wurden mehr als 2000 Matrosen ohne Gerichtsverfahren erschossen. Aufständische, die dieses Massaker überlebten, wurden auf die Inselgruppe Solovki in ein Konzentrationslager verschleppt.[51]

Die Entscheidung über die Zukunft des bolschewistischen Experiments fiel in den Dörfern. Während des Bürgerkrieges entsandten die Bolschewiki bewaffnete Arbeiterbrigaden und Armeeinheiten, um Getreide für die Versorgung der Städte und des Militärs zu requirieren. Ohne die Unterstützung der Bauern aber konnte eine solche Strategie nicht zum Erfolg führen. Die Bolschewiki benötigten Verbündete. Und weil die Kommunisten an die Kraft sozialer Konflikte glaubten, weil sie überzeugt waren, auch im russischen Dorf zeige sich der Gegensatz von Arm und Reich, kam ihnen der Gedanke, arme gegen wohlhabende Bauern aufzubringen. Sie übersahen freilich, daß die sozialen Zuschreibungen der Kommunisten im Leben der Bauern keine Entsprechung fanden. Es gab unter den armen Bauern kein Bewußtsein, das man proletarisch hätte nennen können.

Die patriarchalischen Bindungen der Bauern waren stärker als die sozialen Unterschiede, die zwischen ihnen bestanden. Wohlhabende Bauern wurden nicht nur gefürchtet, sie galten den ärmeren Bauern als Mittler zwischen dem Dorf und der Außenwelt, als Beschützer aller Bewohner des Dorfes. Kulaken, wie die einflußreichen Bauern von den Dorfbewohnern genannt wurden, behüteten die lokalen Traditionen, sie verfügten über traditionelles Wissen und das Vermögen, jenen Bauern, denen es an wirtschaftlicher Potenz fehlte, ein Überleben im Dorf zu sichern. Wer sich gegen den Kulaken erhob, entzog der Lebenswelt des Dorfes ihre Kraft. So kam es, daß dem Ruf der Bolschewiki nur wenige Bauern folgten. Die Komitees der Dorfarmut, mit deren Hilfe die Bolschewiki den Klassenkampf inszenieren wollten, bestanden zumeist aus landlosen oder zugewanderten Arbeitern aus den Städten. Bisweilen setzten sie sich einfach aus Kriminellen zusammen, die im Auftrag der Kommunisten Bauerndörfer überfielen.[52]

Hinzu kamen die bewaffneten Überfälle von Tscheka-Einheiten und Armee-Regimentern, die den Bauern ihre Getreideüberschüsse abnehmen sollten, mit denen das Regime seine Streitkräfte ernährte. Die Requirierungen, die im Winter 1918 begannen, erstreckten sich vor allem auf die Gouvernements der Mittleren Wolga, auf Saratov, Samara und Penza, nach dem Sieg über die Weißen wurden sie auch auf das Schwarzerdegebiet ausgeweitet. Die Beschaffungskommandos nahmen den Bauern bisweilen nicht nur ihre gesamte Ernte, sondern auch ihr Saatgut ab. Wo die Brigaden erschienen, verbreiteten sie Angst und Schrecken. Bauern wurden ausgepeitscht, ihre Kinder und Frauen als Geiseln genommen, um die letzten Reserven aus den Dörfern herauszupressen. Lenin selbst erteilte den lokalen Kommunisten detaillierte Anweisungen, wie mit renitenten Bauern zu verfahren sei. Dem Parteikomitee von Penza gab er im August 1918 den Rat, es müßten »nicht weniger als hundert offenkundige Kulaken, Reiche, Blutsauger aufgehängt werden«, öffentlich, »im Umkreis von hundert verst«, damit die Bauern begriffen, daß die Sowjetmacht grausam zu strafen verstehe.[53]

Am Ende gewannen die Bolschewiki nichts. Sie trieben die Bauern dort, wo der Hunger die Widerstandskraft noch nicht gebrochen hatte, in die Rebellion. In der Ukraine und in den Gouvernements Samara, Penza und Simbirsk erhoben sich Bauern und Kosaken bereits im Frühjahr 1919 gegen die Herrschaft der Bolschewiki. Zwischen 1918 und 1920 töteten aufgebrachte Bauern mehr als 20 000 Mitglieder der Beschaffungsbrigaden. Und sie erlegten sich dabei keinerlei Zurückhaltung auf. Wo Kommunisten in einen Hinterhalt der Bauern gerieten, wurden sie auf bestialische Weise getötet: gekreuzigt, lebendig begraben, in Stücke gerissen. In der Ukraine und in den Gouvernements an der Mittleren Wolga konnten sich die Beschaffungsbrigaden nur noch in Begleitung bewaffneter Einheiten in die Dörfer wagen. Aber erst im Herbst 1920 weiteten sich die Rebellionen zu Bauernkriegen aus. Die Bauernarmee des Anarchistenführers Nestor Machno übte zu dieser Zeit die eigentliche Herrschaftsgewalt in den Steppen der südlichen Ukraine aus. Sie zählte 15 000 Bewaffnete in ihren Reihen. Auch in den Gouvernements Voronež, Saratov, Samara, Simbirsk und Penza formierten sich Hunderte kleiner Bauernarmeen, die die Kommunisten das Fürchten lehrten. Im Gouvernement Tambov verwandelte sich die Rebellion, die von dem linken Sozialrevolutionär Aleksandr Antonov angeführt wurde, in einen Volksaufstand. Die Bauernunruhen erfaßten schließlich auch die Steppenregion nördlich des großen Kaukasusgebirges und Westsibirien, wo zeitweise mehr als 60 000 Bauern unter Waffen standen. Der anfängliche Erfolg der Bauernheere beruhte nicht zuletzt darauf, daß sich ihnen Deserteure aus der Roten Armee anschlossen. Sie versorgten die Aufständischen nicht nur mit Waffen, sondern auch mit militärischem Wissen. Die Bauern operierten im Schutz der Dörfer, sie konnten sich jederzeit von Soldaten in Bauern und von Bauern in Soldaten verwandeln. Und sie kannten das Terrain, das die gegnerischen Truppen erst für sich erkunden mußten. Hinzu kam, daß die kommunistischen Funktionäre in Panik die Dörfer verließen, in der Region Tambov liefen zahlreiche lokale Amtsträger sogar zu den Bauern über. Jeder Versuch der roten Kommandeure, die Dörfer für sich zurückzuerobern, mußte unter diesen Bedingungen scheitern.[54]

Nirgendwo trat die Rebellion der Bauern im Namen der weißen Gegenrevolution auf. Die Revolution der Bauern war eine Erhebung, die dem Freiheitsverständnis des Dorfes entsprach: Frieden, Land und Freiheit vom Staat und seinen Beamten. Die Bolschewiki repräsentierten in diesem Verständnis die Gegenrevolution. »Es leben die Bolschewiki! Tod den Kommunisten«, »Es lebe die Sowjetmacht. Nieder mit den Bolschewiki und den Juden«, – solche Losungen konnte man von den Bauern jetzt auch hören. Viele Bauern waren offenkundig überzeugt, Bolschewismus und Kommunismus seien Gegensätze.[55]

Nun beschränkten sich die rebellischen Bauern nicht darauf, Rache an ihren Peinigern zu nehmen und sie auf furchtbare Weise zu Tode zu bringen. Sie zerstörten die Infrastruktur: Brücken, Eisenbahngleise und Telegraphenmasten, die die Dörfer mit der Außenwelt verbanden. Sie trachteten danach, alle Voraussetzungen zu zerstören, auf die sich die Macht der Fremden stützten konnte. Die Orte der Herrschaft, Polizeiwachen, Gerichtsgebäude, die Büros der Partei und auch die Schulen, in denen das Regime seine Lehren verkündete, wurden in Brand gesetzt. In manchen Regionen des Imperiums brach die Staatsmacht zu Beginn des Jahres 1921 zusammen. Es lag aber in der Natur der bäuerlichen Rebellion, daß sie sich über die lokalen Lebensräume nicht hinausbegab. Keinem der Bauernführer wäre es je in den Sinn gekommen, die Bolschewiki auf ihrem eigenen Territorium zu vernichten, ihnen nachzusetzen und sie aus der Hauptstadt zu vertreiben. Ihr Interesse galt ausschließlich dem Dorf, aus dem sie kamen. Sobald die Staatsmacht vertrieben und die ursprüngliche Freiheit wiederhergestellt war, erlahmte ihr Enthusiasmus. Darin lag zugleich die Ursache für die Niederlage der Bauern im Kampf gegen die Bolschewiki begründet.

Aber erst im Winter 1920, nach dem Ende des Bürgerkrieges, brachte das Regime die Kraft auf, die Bauernrebellionen auch niederzuschlagen. Im Juni 1921 erließ das Zentrale Exekutivkomitee der RSFSR eine Verfügung, die den Terror gegen die Bauern offiziell ins Recht setzte. Wer sich weigerte, den Sicherheitsbehörden seinen Namen zu nennen, wer »Banditen« Unterschlupf gewährte oder deren Eigentum versteckte, sollte umstandslos erschossen werden.[56] Um die Bauernrebellen zur Aufgabe zu zwingen, ließen die roten Kommissare die Bewohner ganzer Bauerndörfer verhaften und als Geiseln in Konzentrationslager bringen. Für jeden getöteten Kommunisten wurden Dutzende von Bauern erschossen. Ende Juni 1921 befanden sich über 50 000 Bauern in den Konzentrationslagern von Tambov. Am Ende setzte die Rote Armee Flugzeuge und Gasbomben gegen die aufständischen Bauern ein, um sie in den Sümpfen, in die sie geflüchtet waren, »auszuräuchern«.[57]

Feindliche Kollektive gab es überall. Im Januar 1919 warf das Don-Büro der Partei erstmals die Frage auf, was angesichts des raschen Vormarsches der Roten Armee mit den Kosaken im südlichen Rußland geschehen solle, die die Kommunisten auf der Seite der Weißen wähnten. Neun Tage später schon fand das Organisationsbüro des Zentralkomitees in Moskau eine Antwort auf diese Frage. Der einzig mögliche Weg, so befand die Parteiführung in einer Instruktion, die sie den nachgeordneten Organen zustellte, sei ein »erbarmungsloser Kampf« gegen die Kosaken, der zu ihrer »vollständigen Vernichtung« führen müsse.

Kosaken standen im Ruf, potentielle Verbündete der Gegenrevolution zu sein, wenngleich ihr Interesse nur darin bestand, keinen Staat zu haben, weder einen roten noch einen weißen. Bereits Ende Februar 1918 hatten die Bolschewiki das Gebiet der Don-Kosaken mit systematischem Terror heimgesucht. Sie töteten die Offiziere der Kosaken, konfiszierten das Getreide und trieben das Vieh weg, bevor sie die Siedlungen in Brand setzten. Aber erst im Februar 1919, nach blutigen Auseinandersetzungen mit aufständischen Kosakeneinheiten, begannen die Bolschewiki damit, das eliminatorische Programm ins Werk zu setzen. Das Revolutionstribunal der 8. Armee verurteilte allein im Februar 1919 mehr als 8000 Kosaken zum Tode. Die Täter gerieten in einen Blutrausch, zu Tausenden wurden Kosaken erschossen oder als Geiseln genommen.

Bereits im April 1919 erteilte Lenin die schriftliche Anweisung, die Don-Kosaken zu deportieren und auf ihrem Land Bauern aus den zentralrussischen Gouvernements anzusiedeln. Der Vormarsch der weißen Armeen verhinderte die Ausführung dieses Plans. Erst 1920 setzten die Bolschewiki ihr Vorhaben auch in die Tat um. 300 000 Kosaken wurden aus ihrer Heimat vertrieben: Sie endeten in den Konzentrationslagern der Umgebung oder wurden als Zwangsarbeiter in die Kohlegruben des Donbass verschleppt.[58]

Für die Bolschewiki war, was hier geschah, nichts weiter als der Beginn einer größeren Säuberung, mit deren Hilfe sie die Gesellschaft von »menschlichem Abfall«, vom »Unkraut« befreiten. Im Bürgerkrieg schlug auch der Religion die letzte Stunde. Das Regime übte erbarmungslosen Terror gegen Geistliche aller Konfessionen aus, es ließ Kirchen schließen und Klöster niederbrennen. Niemand hat die Geistlichen gezählt, die dieser Gewaltorgie zum Opfer fielen. Wo die Religion eine Form der Lebensführung war, wie bei den orthodoxen Juden und Muslimen, erstreckte sich der Terror nicht allein gegen die Geistlichen. Er richtete sich gegen alle Mitglieder »rückständiger« Gemeinschaften. So kam es, daß sich der revolutionäre Furor auch an ethnischen Gruppen austobte. Die Judenpogrome der Roten Armee wurden von den bolschewistischen Kommissaren nicht unterbunden, wo sich diese Gewalt gegen »rückständige« Gemeinden richtete. Das galt auch für die Muslime und die nomadischen Völker des Imperiums. In den Konflikten an der Peripherie des Imperiums aber schien bereits auf, daß die Bolschewiki Macht zwar beanspruchten, aber nicht ausübten. Sie konnten sich jenen, die sie beherrschen wollten, nicht mitteilen. Wo sie Gewalt ins Werk setzten, wurden sie ihrer nicht mehr Herr. Blutrachefehden, interethnische Konflikte und Pogrome, die von den Absichten der Kommunisten schon nichts mehr erkennen ließen, wiesen den Bolschewiki die Rolle von isolierten Außenseitern zu. Wo die blutigen interethnischen Konflikte und Stammeskriege außer Kontrolle gerieten, verlor das Zentrum am Ende auch seine Schiedsrichterfunktion. Unter solchen Umständen blieb der Anspruch der Bolschewiki, die Gesellschaften des Imperiums zu verändern, unerfüllt.

In den Exzessen des Bürgerkrieges wurde der Stalinismus zur Welt gebracht. Diese Exzesse folgten einer Rationalität, die an der Herstellung von Ordnung keinen Gefallen fand. Im Bürgerkrieg verbanden sich die eschatologischen Heilserwartungen und Wahnvorstellungen der Bolschewiki mit den Gewaltkulturen des Imperiums zu einer Synthese. Es waren diese Erfahrungen exzessiver Gewalt, die den stalinistischen Funktionär hervorbrachten. Es ist wahr: Lenin, Bucharin, Zinov'ev, Trockij und ihr intellektueller Anhang waren skrupellose Gewalttäter. Aber sie hatten kein unmittelbares, körperliches Verhältnis zur Gewalt, für sie war der Terror nichts weiter als eine Abstraktion, eine Auseinandersetzung, die zwischen imaginierten Klassen ausgetragen wurde. Von der Volksgewalt, die durch diesen Terror angeregt wurde, hatten sie keinen Begriff. Für den stalinistischen Funktionär war die Gewalt das Lebenselixier. Ruhm und Ehre zeigten sich ihm in reicher Beute, in verwüsteten Landschaften und in der Zahl der vernichteten Feinde. Dieser Funktionär kam gewöhnlich aus einfachen Verhältnissen, seine Heimat waren die Arbeiterviertel und Dörfer des Imperiums. Er hatte Jahre seines Lebens im Untergrund, in zarischen Gefängnissen oder in der Verbannung zugebracht. Seine Stunde kam, als der Bürgerkrieg begann, als das Regime nach Vollstreckern, Gewalttätern und Terroristen rief, die von der Vernichtung der Feinde nicht nur sprachen, sondern sie auch ins Werk setzten. Stalin, Molotov, Kaganovič, Vorošilov, Mikojan, Ordžonikidze, Kirov, Ežov – sie verkörperten den politischen Stil, die Sprache und den Habitus des stalinistischen Funktionärs. Stalin, jener »wunderbare Georgier«, wie Lenin ihn genannt hatte, war ihr Idol. Er vereinigte alle Eigenschaften, die im Kreis dieser Funktionäre etwas galten: Schlichtheit, Entschlossenheit, Gewalttätigkeit.[59]

Bürgerkrieg und Terror richteten nicht nur Verwüstungen und seelische Verheerungen an. Rußland verlor seine geistige und politische Elite. Wer überlebte, suchte sein Glück im europäischen Ausland. Berlin, Prag und Paris – das waren die Orte, an denen sich das alte Rußland neu konstituierte.[60] Das neue Rußland war ein Land des Terrors. Die Kollektivierung der Landwirtschaft, die Disziplinierung von Arbeitern, die Verfolgung bürgerlicher Spezialisten und die Deportation ethnischer Kollektive, Verfahren des Terrors, die dem Stalinismus seinen Namen gegeben haben, wurden im Bürgerkrieg ans Licht der Welt gebracht. Der Stalinismus schöpfte aus der Kultur des Bürgerkrieges, er war ein Bürgerkrieg mit anderen Mitteln.[61]

II. Ruhe vor dem Sturm

Die Bolschewiki siegten. Sie brachen den militärischen Widerstand der weißen Armeen, erstickten Bauernunruhen und Streiks in blutigem Terror. Vom Erfolg der Kommunisten kündete nicht zuletzt die Wiederherstellung des Vielvölkerimperiums, das zu Beginn der Revolution in seine Bestandteile zerfallen war. Mit der Okkupation Georgiens durch die Rote Armee im Frühjahr 1921 feierte das Imperium seine Wiedergeburt. Nur konnten sich die Sieger ihres Triumphes nicht erfreuen. Im Strudel der Gewalt und des Terrors verging nicht nur das alte Rußland, in ihm verschwand am Ende auch der Ordnungsentwurf der Bolschewiki.

Krieg und Terror hinterließen unauslöschbare Spuren der Verwüstung. Im Winter 1921/22 kam der Hunger in die russischen Dörfer, in den Gouvernements an der Mittleren Wolga starben die Bauern zu Hunderttausenden. Mitglieder amerikanischer Hilfsorganisationen, die sich zu dieser Zeit in der Region aufhielten, sahen Bauern, die apathisch in ihren Hütten lagen und den Tod erwarteten, die Ratten, Mäuse und Hunde schlachteten und am Ende vor Verzweiflung ihre eigenen Kinder aßen. Was der Hunger nicht vollbrachte, erledigten Typhus und Cholera. 1920 litten mehr als zwei Millionen Menschen in Zentralrußland an Typhus, in den Städten breiteten sich Cholera und Syphilis mit rasender Geschwindigkeit aus. In der zweiten Hälfte des Jahres 1921 verließen mehrere Millionen Bauern ihre Dörfer, um dem Hunger zu entgehen und eine neue Welt zu gewinnen. Nomaden gleich, ohne Ziel und Heimat, bewegten sich die Flüchtlingsströme von Ort zu Ort. Im Gouvernement Samara zogen hungernde Bauern wie Wolfsrudel umher, aßen selbst die Eingeweide verendeter Tiere und ernährten sich von Blättern und Sträuchern. Manche dieser Unglücklichen begingen Selbstmord, bisweilen töteten Eltern ihre Kinder, um sich selbst am Leben zu erhalten. Der Kosak N. M. Borodin erinnerte sich drei Jahrzehnte später, was er am Ende des Bürgerkrieges im Donbass zu sehen bekam. Die Menschen seien »wie Herbstfliegen gestorben«. Katzen und Hunde seien von den Straßen verschwunden und verzehrt worden. In der Arbeitersiedlung Šachty habe eine alte Frau Menschenfleisch auf dem Basar angeboten, in Kamensk seien Kannibalen verhaftet und vor Gericht gestellt worden.

Das Massensterben zerstörte Familien, es brachte Kinder um ihre Eltern und es hinterließ unauslöschliche Spuren im Gedächtnis der Überlebenden. Zu Beginn des Jahres 1922 berichtete ein englischer Augenzeuge, der im Nansen-Hilfskomitee arbeitete, in der »Times«, was sich zu dieser Zeit in den Gouvernements Saratov und Samara zutrug. Er habe verlassene Dörfer gesehen, Leichen, die auf den Straßen lagen und von Hunden angefressen worden seien, in manchen Gegenden seien bis zu 100 Menschen am Tag gestorben.[1]

Der Bürgerkrieg hinterließ mehr als sieben Millionen Waisenkinder, die ziellos umherirrten. Im Gouvernement Simbirsk lebten Kindergruppen in Wäldern und ernährten sich von Gras. Eine amerikanische Beobachterin, die an einer Bahnstation mit solchen Kindern in Kontakt kam, erlitt einen Schock. Sie sah Kinder, die mit aufgedunsenen Bäuchen um Brot bettelten. Ganze Armeen dieser hungernden und verzweifelten Kinder strömten in die Städte Zentralrußlands, um hier ein Unterkommen zu finden. Noch am Ende des Jahres 1923 stammten 70 Prozent aller Straßenkinder der Stadt Moskau von der Mittleren Wolga.[2] Diese traumatisierten Kinder lebten am Rand der städtischen Gesellschaft, sie ernährten sich vom Abfall, der auf den Straßen liegenblieb, von Diebstahl und von Raubüberfällen.

Rußlands Städte waren am Ende des Bürgerkrieges nur noch ein Schatten ihrer selbst, entvölkert, ausgestorben. Ihre Bewohner wurden auf die nackte Existenz zurückgeworfen. Viele dieser Städte lagen in Ruinen, im Uralgebiet und im Kaukasus erinnerten schwelende Brandruinen daran, daß hier einmal Menschen gewohnt hatten. Was die Bevölkerung des westlichen und mittleren Europas in den Jahren nach dem Ende des Ersten Weltkrieges zu ertragen hatte, war harmlos im Vergleich zu diesen Schrecken.

Zum Erbe des Bürgerkrieges gehörte eine ausufernde Gewaltkriminalität. Niemand fand es jetzt noch bemerkenswert, daß Menschen töteten und getötet wurden. In den Dörfern, jenseits der großen Städte, regierte das Faustrecht. Im Kaukasus, in Sibirien und in manchen Regionen der Ukraine übten Räuberbanden und versprengte Gruppen von Flüchtlingen die Hoheitsgewalt aus. So war es auch im Donbass, wo sich Flüchtlinge, Deserteure und ehemalige Bauernrebellen zu mächtigen Banden zusammenschlossen, die der Staatsgewalt keine Ruhe ließen. Keine andere Stadt des Imperiums litt unter dieser Bandengewalt mehr als Baku. Am Tag gehörte die Stadt den Bolschewiki und ihrer Miliz, in der Nacht fiel sie den Räubern, die aus den umliegenden Dörfern kamen, in die Hand.[3] Mehr als sechs Jahre des Krieges und des Bürgerkrieges hinterließen auch in den Seelen Spuren der Verheerung. Im täglichen Überlebenskampf verlor die alte Gewißheit, der Mensch sei des Menschen Freund und es seien die Verhältnisse, die ihn zur Schlechtigkeit verführten, an Überzeugungskraft. Hier wurde der Mensch auf seine nackte Existenz reduziert. Und diese Existenz lebte von der täglichen Entmenschlichung der anderen. Die sozialdarwinistische Rhetorik der Bolschewiki hatte eine Entsprechung in den Erfahrungen des Bürgerkrieges, wenngleich die Feindkategorien der Machthaber und die Feindwahrnehmungen der Bevölkerung nur selten zur Deckung kamen.

Zu Beginn des Jahres 1921 hatten Lenin und seine engsten Vertrauten die Einsicht gewonnen, daß Macht nur erlangte, wer sich mitzuteilen wußte, wer über Institutionen und Menschen gebot, die diese Mitteilung verkündeten. Auf eine solche Mitteilung konnten Revolutionäre, die das Bewußtsein ihrer Untertanen neu einrichten wollten, nicht verzichten. Begegnungen dieser Art gelangen jedoch nur, wenn die Objekte der Macht im Frieden mit sich und ihrer Umwelt lebten, wenn sie Hunger und Elend überwanden und ihrem Leben einen neuen Halt zu geben vermochten. Wenigstens Lenin hatte diesen Zusammenhang begriffen. Denn auf dem X. Parteitag, der Anfang März 1921 begann, gab er das Signal zum Rückzug. Neue Ökonomische Politik (NEP) – so hieß die Zauberformel, mit der sich das Regime aus der selbstverschuldeten Krise zu bringen gedachte.

Worin bestand die Essenz dieser Neuen Ökonomischen Politik? Man könnte darauf eine einfache Antwort geben: in der ökonomischen und politischen Stabilisierung des Vielvölkerreiches, in der

Wiederherstellung marktwirtschaftlicher Wirtschaftsweisen, im Friedensschluß des Regimes mit den Bauern und der Herstellung kultureller Autonomie für die nichtrussischen Völker an der Peripherie des Imperiums. Man könnte die NEP als Rückzug der Bolschewiki aus dem Leben der Untertanen bezeichnen, als Besinnung auf einen Pragmatismus, der den Lebensentwürfen der Untertanen Raum ließ. So ist es bisweilen auch gesehen worden. Der Stalinismus sei keine unausweichliche Konsequenz des bolschewistischen Oktobercoups gewesen, die Neue Ökonomische Politik müsse als Ausweis für die Alternativen verstanden werden, die in der bolschewistischen Partei mehrheitsfähig gewesen seien. So lautet das Argument jener, die in der Neuen Ökonomischen Politik mehr sahen als einen taktisch begründeten Rückzug. Nun läßt sich dagegen zweierlei einwenden: Erstens gaben die Bolschewiki ihr Ziel, sozialistische Verhältnisse in der Sowjetunion einzuführen, nicht auf. Und deshalb wurde eine Absage an den Sozialismus auch nie formuliert. Die Debatte über den richtigen Weg zum Sozialismus, wie sie sich in den zwanziger Jahren in der Partei entfaltete, war kein Streit über Sinn und Unsinn jener Diktatur des Proletariats, von der die Bolschewiki stets gesprochen hatten. Sie war eine Debatte darüber, auf welchem Weg sozialistische Verhältnisse auf angemessene Weise einzurichten seien. Zweitens gab es über den Zweck der Revolution keinen Dissens, der ökonomischen Regeneration folgte keine Pluralisierung und Demokratisierung der politischen Ordnung. In den zwanziger Jahren verschwand nicht nur die verbliebene sozialistische Opposition aus dem politischen Leben des Landes. Das Regime entmachtete die Sowjets als Medien der Volksgewalt und verwandelte sie in Exekutivorgane des Rates der Volkskommissare, Presse, Schulen und Universitäten wurden gleichgeschaltet. Widerstand ahndete das Regime auch jetzt mit mitleidloser Verfolgung, mit Massenerschießungen und Deportationen. Und auch auf die Beseelung der Untertanen mochten die Bolschewiki nicht verzichten. Im Versuch, das Netz der Macht über die Gesellschaften des Imperiums auszuwerfen, sie von innen aufzubrechen, suchten die Bolschewiki nach stets neuen Wegen des Eingriffs: Alphabetisierungs- und Säkularisierungskampagnen, der Einsatz moderner Propagandamittel, die Reform des Ehe- und

Familienrechts, die Gründung proletarischer Bildungsanstalten und die Revolutionierung von Kunst, Literatur und Architektur – das alles gehörte zu jener Epoche, die den Namen Neue Ökonomische Politik trägt.[4]

Es war die Kluft, die sich zwischen den Ansprüchen der Bolschewiki und den Lebenswelten jenseits der Metropolen eröffnete, die die Partei isolierte und als einen Raum eigenen Rechts konstituierte. In dieser Isolation gedieh der Stalinismus. Man könnte also, um die Neue Ökonomische Politik auf einen angemessenen Begriff zu bringen, von der Inkubationszeit des Stalinismus sprechen. In ihr wurden jene Voraussetzungen geboren, aus denen sich am Ende jener gewalttätige Amoklauf hervorbrachte, den wir Stalinismus nennen.

Wirtschaft

Die Neue Ökonomische Politik kam mit dem X. Parteitag im Frühjahr 1921. Unter dem Eindruck der Bauernunruhen, der Arbeiterstreiks und der Meuterei der Matrosen von Kronstadt beugte sich wenigstens Lenin der Einsicht, daß Macht nur gewann, wer Unterstützung für sich mobilisieren konnte. Und die Mehrheit der bolschewistischen Führer folgten ihm in dieser Einschätzung. Lenin verlor das Ziel sozialistischer Planwirtschaft nicht aus den Augen. Aber er sah jetzt ein, daß es einen Zusammenhang zwischen der Kaufkraft der Bauern und der Produktion der Industrie gab. Wenn die Bauern des Landes nichts produzierten, weil ihnen der Staat nur als Räuber entgegentrat, dann gab es am Ende auch niemanden, der Steuern zahlte und jene Produkte kaufte, die die Industrie herstellte. Nunmehr wurden die willkürlichen Getreiderequirierungen durch eine im voraus festgelegte Naturalsteuer ersetzt, die den Bauern Rechtssicherheit geben sollte. Es kam also darauf an, Austauschbeziehungen zwischen Stadt und Land herzustellen und die Bauern zur Produktion und zum Konsum zu ermuntern. Auf diesem Wege hofften Lenin und seine pragmatischen Anhänger auch die Versorgungskrise in den Städten überwinden zu können. Die Bauern durften die erwirtschafteten Überschüsse behalten, freien Handel betreiben und

Lohnarbeiter einstellen. Den Staatsbetrieben erlaubte das Regime, ihre Fabriken an Privatpersonen zu verpachten sowie Finanzierung und Logistik in den Firmen in private Hände zu geben. Im Juli 1921 wurde sogar die Gewerbefreiheit für Handwerker und kleinindustrielle Betriebe wiederhergestellt. Gleichwohl kam auch diese Reform nicht ohne sozialistische Sicherungen aus, die gewährleisteten, daß die Zugeständnisse nicht in ökonomische Umwälzungen mündeten. Das Regime ließ zwar den freien Handel wieder zu, aber es konnte sich nicht dazu entschließen, das Eigentum an Grund und Boden wiederherzustellen. Statt dessen förderte es die Entstehung von zentral gelenkten Kooperativen, die als Produktionsgenossenschaften den Warenaustausch zwischen Stadt und Land organisieren sollten.

Die Verstaatlichung der Großbetriebe, also jener Unternehmen, die mehr als 20 Arbeiter beschäftigten, blieb erhalten. Die zentrale Lenkung der Wirtschaftsunternehmen durch den Obersten Volkswirtschaftsrat (VSNCh) entfiel, weil sie schwerfällig und ineffektiv war, aber es kam zu keiner Entbürokratisierung der wirtschaftlichen Strukturen. Statt dessen wurden Unternehmen, die der gleichen Branche angehörten, zu sogenannten Trusts zusammengefaßt, die im Besitz des Staates blieben, aber eigenständig wirtschaften und planen durften (chozrasčet).

Die Erfolge zeigten sich bereits wenige Monate nach Einführung der neuen Gesetze. Wo die Bauern Überschüsse produzierten, trugen sie sie auf die Märkte. 1923 waren die Marktbeziehungen zwischen Stadt und Land wiederhergestellt. Es waren die NEP-Leute, die diesen Wandel zustande brachten, Kleinhändler, die bereits vor der Revolution den Handel mit den Bauern monopolisiert hatten und nun auf Vertriebswege und Kontakte zurückgreifen konnten, die außer ihnen niemand kannte. Der Absatz der Industriewaren kam erst zum Durchbruch, als es den Trusts gelang, eigene Handelssyndikate zu gründen und Waren in staatlichen Läden zu verkaufen. Das ausgeglichene Verhältnis zwischen den Preisen für Industriewaren und Agrarprodukte geriet jedoch 1923 in ein Mißverhältnis, als die Preise für Industriegüter stiegen und die Bauern darauf mit Kaufabstinenz antworteten. Die Arbeiter bezahlten das Absatzproblem mit Lohneinbußen und Entlassungen. In den großen Industriezentren kam es deshalb bereits wieder zu Streiks und gewaltsamen Ausschreitungen. Schon jetzt sahen manche Bolschewiki keine andere Lösung mehr, als die Krise mit staatlichen Eingriffen zu beenden. Trockij, der Marktwirtschaft für Chaos hielt, fand, der Markt müsse durch Planung reguliert werden. Diese Planung müsse im Dienst der Industrialisierung stehen. Im Politbüro fand er mit diesen Vorschlägen in den Jahren 1924 und 1925 noch keine Zustimmung. Die Industrie, so lautete das Credo der von Stalin vertretenen Mehrheit, solle die Selbstkosten senken, die Produktion rationalisieren und auf diese Weise die Warenpreise reduzieren.[5]

Als im Herbst 1925 deutlich wurde, daß die Privilegierung der Bauern das Gegenteil dessen bewirkte, was die Bolschewiki eigentlich erreichen wollten, als ihnen zu Bewußtsein kam, daß sie die »Anarchie« des Marktes keiner Kontrolle unterwerfen konnten, kam es zu einem Kurswechsel in der Wirtschaftspolitik. Die Diskrepanz zwischen niedrigen Agrar- und hohen Industriepreisen, die künstlich am Leben gehalten wurde, hielt die Bauern vom Verkauf ihrer Produkte ab. Sie konsumierten, was sie erwirtschafteten, anstatt ihre Produkte den staatlichen Aufkäufern abzuliefern. Kluge Ökonomen wären den Bauern entgegengekommen und hätten die Anreize für den Verkauf des Getreides erhöht. Die Bolschewiki aber phantasierten von der absoluten Kontrolle, von einer Diktatur des Proletariats, die sich nicht den Launen der Bauern und ihrer Wirtschaftsweise unterwarf. Bereits auf dem XIV. Parteitag im Dezember 1925 erging der Auftrag an die Oberste Planbehörde »Gosplan«, Entwicklungspläne für die zukünftige Zentralwirtschaft zu erarbeiten. Der XV. Parteitag im Dezember 1927 verkündete den neuen Kurs offiziell. Er verabschiedete einen Fünfjahrplan für die Industrialisierung des Landes und empfahl, die Landwirtschaft staatlicher Kontrolle zu unterwerfen. Molotov sprach erstmals von der »Kollektivierung der agrarischen Produktion«, um zu demonstrieren, von welcher Wirtschaftsweise die Parteiführung jetzt noch etwas erwartete.[6]

1925 brach auch für die Industrie eine neue Zeit an. Der Oberste Volkswirtschaftsrat erstritt seine Hoheit über die Industrie zurück, und bereits im Sommer 1927 verloren die staatlichen Trusts ihre autonomen Lenkungsfunktionen. Fortan wurden die Branchen der sowjetischen Industrie den Abteilungen des Volkswirtschaftsrates untergeordnet, Gosplan entwickelte sich zu dieser Zeit zu einer zentralen Planbehörde, die schon nicht mehr für die Einführung der Planwirtschaft warb, sondern nur noch von ihrer Maximierung sprach. Es verstand sich in diesem Konzept von selbst, daß nun auch die wirtschaftliche Unabhängigkeit der Landwirtschaft aufgehoben werden mußte. Das geschah 1928, mit dem Beginn der gewaltsamen Kollektivierung.

Was zwischen 1928 und 1932 geschah, war freilich nicht allein ein Resultat ökonomischer Erwägungen. Die Bolschewiki fühlten sich nicht nur den Kräften des Marktes ausgeliefert, sie empfanden sich als Fremde inmitten einer feindlichen Umwelt, die ihnen nichts zu sagen hatte und die sie nicht unterwerfen konnten. Es gab eine Kommunistische Partei, es gab Sowjets und Geheimpolizisten. Aber die Bolschewiki übten jenseits der großen Städte keine Herrschaft aus. Diese Erfahrung trieb die Bolschewiki in die Isolation, durch sie entwickelte sich in ihnen eine Belagerungsmentalität, die tiefe Spuren im Herrschaftsstil und in der Organisation der Partei hinterließ.

Bauern

Der bolschewistische Terror schöpfte aus dem improvisierten Überfall und nicht aus staatlicher Intervention. Zur Verstetigung des zentralen Zugriffs hätte es eines Apparates bedurft, über den die neuen Machthaber nicht geboten. Als Lenin und seine engsten Mitstreiter zu Beginn des Jahres 1921 den Entschluß faßten, den Krieg gegen die Bauern einzustellen, brachten sie sich zugleich um die Macht. Es war das Dilemma der Kommunisten, daß es ihrer Diktatur an institutionellen Voraussetzungen fehlte. Als die Beschaffungskommandos und Tscheka-Brigaden abzogen, verschwand mit ihnen auch der Kommunismus aus den Dörfern. Es dürfte den Bolschewiki ein schwacher Trost gewesen sein, daß von den alten Eliten, den Gutsbesitzern, Landhauptleuten, Friedensrichtern und Polizisten, ebensowenig blieb wie von den kommunistischen Autoritäten. Die dünne Decke der »Zivilisation«, wie sie die Obrigkeit des späten Zarenreiches repräsentierte, zerriß unter dem Druck der Volksgewalt. Für die führenden Bolschewiki zeigte sich hier das Nichts, die Barbarei, die außerstande war, ihr Leiden selbst zu diagnostizieren und zu heilen. Was für die Obrigkeit nichts war, bedeutete den Bauern alles. Für sie erfüllte sich jetzt das Verlangen, ganz bei sich zu sein und von einer Freiheit zu kosten, die von der Beugung des Menschen unter das Joch des Staates nichts wußte. Was zu Beginn der zwanziger Jahre geschah, war nichts weiter als der Abschluß jener Volksrevolution, die der Bürgerkrieg nur unterbrochen hatte. Das Dorf wurde auf sich selbst zurückgeworfen und von staatlicher Gängelung befreit. Es erlangte eine Souveränität, die es niemals zuvor besessen hatte. Der Streit um die kulturelle Hegemonie im Dorf setzte sich freilich auch in den zwanziger Jahren ungebrochen fort. Nur kamen die Bolschewiki auf dem dornenreichen Weg friedlicher Machteroberung nicht ans Ziel. Statt dessen führte er sie am Ende des Jahrzehnts in den Terror zurück. Woraus bestand die Welt, durch die dieser Weg hindurchlief?

Das Leben der Bauern war primitiv, schmutzig und kurz. Es ruhte in der Abgeschiedenheit der dörflichen Welt. Ihre konservative Resistenz schöpfte aus einer rigiden Sozialdisziplin, wie sie Gemeinschaften eigen ist, die auf die Fähigkeit zur Selbstversorgung vertrauen und sich gegen Feinde wehren müssen. Außenseiter und Fremde hatten in dieser Welt keinen Platz. Nur wer sich der symbolischen Ordnung des Dorfes, wie sie in Kulthandlungen und in der Bereinigung von Konflikten nach außen trat, bedingungslos unterwarf, konnte ein Mitglied der Bauerngemeinde sein. Die Erfahrungen des Bürgerkrieges hatten die Bauern in ihrem Urteil bestärkt, daß von jenen, die nicht im Dorf lebten, stets nur Unheil drohte. Im Angesicht der Gewalt, die von außen über die Bauern hereinbrach, gab es nur den Weg des inneren Rückzugs. Die traditionelle Ordnung des Dorfes erwies sich unter diesen Umständen als Ort der Geborgenheit und der Stabilität. Bestehende Traditionen verfestigten sich, und mit ihnen wuchs die Autorität jener, die solche Traditionen auslegten und gegen Anwürfe von außen schützten.

Der Bürgerkrieg zerstörte nicht nur die überkommenen Herrschaftsstrukturen und Ordnungen, er vernichtete jenen kümmerlichen Rest von Infrastruktur und Kommunikation, der das Dorf mit der Außenwelt verband. Der Transport von Gütern und Menschen fiel weit unter das Vorkriegsniveau zurück, 1922 beförderte die russische Eisenbahn nur noch die Hälfte der Passagiere, die 1913 noch mit ihr gefahren waren. Es waren die sogenannten »Sackmenschen«, fliegende Händler, die die Städte mit Lebensnotwendigem versorgten. Der Händler wurde zum Fußgänger.

Nicht allein Entvölkerung und Verwüstung erschwerten es den Bolschewiki und ihren Gefolgsleuten, Einfluß zu nehmen und Kontrolle auszuüben. Zahlreiche Regionen waren unzugänglich, ihre Bewohner existierten außerhalb jener Welt, welche die Kommunisten für zivilisiert hielten. Selbst im nördlich von Moskau gelegenen Gouvernement Tver lebten manche Bauern noch in völliger Abgeschiedenheit. Zwar durchquerte der Expreßzug Moskau-Leningrad die Region, aber nur wenige Dörfer waren überhaupt durch Straßen mit der Bahnlinie verbunden. An der Peripherie des Imperiums, im Ural, in Sibirien, in Zentralasien und im Kaukasus, kamen die Bauern mit der Außenwelt nur dann in Kontakt, wenn sie in der Nähe der großen Eisenbahnmagistralen lebten, wenn feindliche Stämme, Räuberbanden oder die Polizei des Sowjetstaates ihr Territorium durchquerten. Die Bergregionen des Kaukasus blieben für den Staat und seine Beamten faktisch unerreichbar. In den Kaukasusrepubliken Georgien, Armenien und Azerbajdžan gab es nur wenige Straßen, manche Regionen waren mit den administrativen Zentren überhaupt nicht verbunden. Von der Existenz der Sowjetmacht erfuhren die Dorfbewohner »zufällig«, von »Vorbeifahrenden«, wie sich ein prominentes Mitglied des Transkaukasischen Gebietsparteikomitees Ende 1923 empörte.[7]

Unter diesen Bedingungen kam es zu keinem Kontakt zwischen Dorf und Staat, der über persönliche Begegnungen hinausging. Und weil es weder Radios noch Zeitungen gab, die von der Existenz der Bolschewiki kündeten, schwieg im Dorf die Stimme der Macht. Was die bolschewistischen Zeitungen zu verkünden hatten, war für die Bauern des Imperiums ohne Bedeutung. Ein Korrespondent, der für die 1923 gegründete »Krest'janskaja gazeta« (Bauernzeitung) arbeitete, beklagte, auf seinen Reisen durch die Dörfer Zentralrußlands habe er keine Leser entdecken können. Statt dessen verließen sich die Bauern auf Informationen, die ihnen die örtlichen Priester und umherreisende Sackmenschen übermittelten. Im Dorf regierte das Gerücht. Gerüchte verbreiteten sich rascher als jede Zeitungsnachricht. Man werde jedem Bauern eine Sondersteuer auferlegen, der eine Zeitung abonniere, England habe Rußland den Krieg erklärt, und es stehe zu befürchten, daß man die Dorfbewohner in die Armee zwingen werde, die Franzosen hätten Nikolaj II. zu ihrem Zaren erwählt – so dachten die Bauern über die große Politik, die fernab des Dorfes von Fremden entworfen wurde.[8]

Rußlands Bauern lasen nicht. Von den Segnungen jener Sowjetmacht, von der die Bolschewiki phantasierten, bekamen sie nur wenig zu sehen und zu hören. Wenngleich die Regierung bereits Mitte der Zwanziger Jahre damit begann, die Alphabetisierung der Bevölkerung voranzutreiben, Schulen zu eröffnen, scheint sie mit diesem Vorhaben doch nur wenig erfolgreich gewesen zu sein. Die offiziellen Daten verkündeten beeindruckende Erfolge. Im internen Schriftverkehr aber sprachen die führenden Bolschewiki offen über die Mißerfolge ihrer Kampagnen, die am Ende nur wenige Bauern erreichten. Dabei war es nicht allein die konservative Resistenz der Bauern, die dem Aufklärungsprojekt der Bolschewiki enge Grenzen zog. Es fehlte an Personen, die imstande gewesen wären, die Gabe des Lesens und Schreibens unter den Bauern zu entwickeln. Mit den Geistlichen verschwand nicht nur das Ohr des Staates aus dem Dorf. Mit ihnen verlor die Regierung auch eines ihrer wenigen Einflußmittel. Auch fehlte es an Lehrbüchern und Lehrkräften, die die Bauern im Gebrauch des Lesens und Schreibens hätten unterweisen können. Manche Lehrer waren kaum klüger als jene, die sie unterweisen sollten.[9]

Was für die Alphabetisierungskurse gesagt werden kann, gilt auch für die Schule des Sowjetstaates. Sofern Bauern sie überhaupt besuchten, teilte sich ihnen aber nur ausnahmsweise mit, worauf es die Bolschewiki eigentlich abgesehen hatten. Wo die Dorfbewohner die verordnete Sprache des Regimes im Munde führten, gaben sie eine Kostprobe ihrer Fähigkeit zur mechanischen Wiedergabe des Gelernten. Von der Aneignung der hegemonialen Kultur durch die Bauern aber konnte nirgendwo die Rede sein. Lenin sah darin freilich nur ein technisches Problem. Für ihn zeigte sich in der russischen Misere nicht mehr als ein Mangel an technischer Raffinesse. Die Elektrifizierung Rußlands, von der Lenin träumte – »Kommunismus ist Elektrifizierung plus Sowjetmacht« – war ein Vehikel, auf dem der Fortschritt ins Dorf vordrang. Elektrisches Licht tauchte nicht nur die Hütten in hellen Schein, es erhellte auch den Verstand der Bauern. Wer seine Abende im Schein des Lichts verbringe, so glaubte wenigstens Lenin zu wissen, werde Bücher lesen und sich vom Alkoholismus befreien. Die Elektrifizierung verwandele Säufer in Leser. Im Wettstreit mit dem Buch aber obsiegte gewöhnlich der Wodka. Die Bolschewiki gehörten zu einer Sekte von Alphabetisierten, deren expansionistische Utopien an der Apartheid zerbrachen, die das Dorf von den Eliten trennte. Analphabetentum und Kulturdualismus verurteilten die Bolschewiki zu einer Sprachlosigkeit, die sie am Ende in den Terror trieb.

Und auch vom Recht des Staates hatten die Bauern keinen Begriff. In den meisten Regionen trat der strafende Arm des Staates nur sporadisch in Erscheinung. Mitte der zwanziger Jahre gab es im Gouvernement Tver nicht mehr als 250 Polizisten. Der Amtsbezirk eines Milizionärs umfaßte ein Gebiet von etwa 150-200 km². Er verrichtete seinen Dienst zu Fuß. Die Polizisten des Sowjetstaates waren ungebildet, unterbezahlt und korrupt, sie standen in niedrigem Ansehen und geboten dort, wo sie sich den Bauern als Vertreter einer fremden Staatsmacht zu erkennen gaben, über keinerlei Autorität. Das Recht des Staates war traditionsfeindlich, es hatte keine Entsprechung im Rechtsbewußtsein der Bauern und es war unbekannt. Wo es in Erscheinung trat, wurde es von Justizbeamten überbracht, die das Recht als Quelle der Bereicherung verstanden. Im schlimmsten Fall kam das Recht in Gestalt des unbestechlichen Gralshüters der Revolution ins Dorf, dem die Konfliktkultur der Bauern nichts bedeutete. Ihm konnten sich die Dorfbewohner nur entziehen, wenn sie Widerstand leisteten.[10]

Stadt und Dorf trennte auch am Ende der zwanziger Jahre eine tiefe kulturelle Kluft. Bauern glaubten an Magie und Wunder, sie riefen höhere Mächte an, die sie von bösen Geistern befreiten, suchten Rat bei »Medizinmännern«, Wunderheilern und Wahrsagern. Im Dorf regierten Alkohol und Gewalt, religiöse Kulthandlungen und kirchliche Feiertage bestimmten den Lauf des Lebens. Und seit die orthodoxe Amtskirche in den Wirren der Revolution zerfallen war, wählten die Bauern ihre Geistlichen selbst aus. Zwar unternahmen die Bolschewiki den Versuch, Tradition und Glauben im Verweis auf ihre Unwissenschaftlichkeit zu bekämpfen. Aber sie hatten mit dieser Propaganda, die in Form fahrender Kinos und Stelltafeln in die Dörfer kam, keinen Erfolg, weil die Bauern in der Religion nicht nach Antworten suchten, die den Sinn des Lebens veränderten, sondern nach solchen, die ihn bestätigten.[11]

Wie zu wirtschaften, wie zu feiern und zu streiten sei, das entschied die Dorfversammlung, die von den angesehenen Mitgliedern der Gemeinde dominiert wurde. Die Bolschewiki aber sahen in der Bauerngemeinde eine Klassengesellschaft in nuce, mit wohlhabenden Kulaken, aufstrebenden Mittelbauern, unterdrückten, landlosen Arbeitern und armen Bauern. Nun teilte sich den Kommunisten nicht mit, daß die Regeln und Normen, die die bäuerliche Gemeinschaft zusammenhielten, von der Familie und ihrem Bedürfnis nach Subsistenzsicherung ausgingen. Konflikte um Land und Einfluß entbrannten zwischen Familien und ihrer Klientel, nicht aber zwischen sozialen Gruppen.

Nach der Enteignung des Gutsbesitzes fiel das Land an die Bauern, die es im Agrarkodex von 1922 zur Nutzung zugesprochen bekamen. Über die abschließende Verteilung aber bestimmte die Dorfgemeinde, der alle männlichen Hofbesitzer angehörten. Die zugesprochene Landmenge hing von der Zahl der Esser ab, die zu einer Familie gehörten, über die Zuteilung der entsprechenden Landstücke entschied das Los. So kam es, daß kinderreiche Familien bessere Aussichten hatten, ihre Subsistenzsicherung erfolgreich zu betreiben als Familien ohne Nachwuchs. Wohlstand und Einfluß hingen also von der Zahl der Kinder, vom Heiratsverhalten und von der Sterblichkeit ab. Mißernten, Viehsterben oder unvorhergesehene Todesfälle konnten eine angesehene Familie in den Ruin treiben. Umgekehrt konnte es ärmeren Bauern durch eine geschickte Heiratspolitik, durch Kinderreichtum und harte Arbeit gelingen, ihren

Status im Dorf zu verbessern. Unter diesen Umständen wurde die Ehe zu einem Zweckbündnis, das zwischen Familienoberhäuptern ausgehandelt wurde. Und auch die Eheleute verstanden ihre Gemeinschaft als eine Verabredung zum Zweck der Subsistenzsicherung, die beiden Partnern abverlangte, sich dem Lebenszyklus des Dorfes unterzuordnen. Das bolschewistische Verständnis von Ehe orientierte sich am Prinzip freier Partnerwahl. Deshalb fanden auch die Familiengesetze des Sowjetstaates keinen Halt in der Kultur des Dorfes.

Nun hat es nicht an Versuchen gefehlt, von außen auf die Bauern durch Aufklärungs- und Propagandakampagnen einzuwirken, die periodisch wiederkehrten und den Dorfbewohnern ins Gedächtnis riefen, wer die Macht für sich beanspruchte. Aber die Kommunisten benötigten eine ständige Vertretung im Dorf, über die sie sich bemerkbar machen konnten. Dorfsowjets, Komsomolzen und Kommunisten – das waren die Instrumente, mit denen das Regime die neue Ordnung auch im Dorf verankern wollte. Der Dorfsowjet vertrat die Staatsgewalt: er überwachte die Einhaltung der Gesetze, kümmerte sich um die Eintreibung von Steuern, die Rechtspflege und den Straßenbau. Als staatliche Aufsichtsbehörden, denen der Staat und nicht die Dorfversammlung vorschrieb, wie Verwaltung auszuüben sei, konnten sich die Sowjets keine Autorität erobern. Weil die Vorsitzenden der Sowjets nur selten im Einvernehmen mit der Dorfversammlung handelten, die Obrigkeit aber auf ihrer Seite wußten, gefielen sie sich in selbstherrlicher Pose. Nicht selten schlüpften die Amtsträger des Staates in die Rolle von kleinen Despoten, die die Dorfbewohner schikanierten und bedrohten. Die meisten Sowjetfunktionäre waren überfordert, inkompetent und außerstande zu erfassen, worauf es die Kommunisten in der nächstgelegenen Provinzhauptstadt abgesehen hatten.[12] Sie verwechselten die Aufgaben der Parteizellen mit jenen der Sowjets, versorgten ihre Verwandten mit Pfründen in der Lokalverwaltung, unterschlugen Steuergelder. Und weil viele Sowjetfunktionäre weder lesen noch schreiben konnten, den Sinn zentraler Anordnungen nicht verstanden, blieb unerledigt, worum die übergeordneten Instanzen sie gebeten hatten. Die Bauern ignorierten den Dorfsowjet. Sie berieten auf der Dorfversammlung, dem »schod«, wonach ihnen der Sinn stand.

Mit dem Instrument der Sowjetwahlen versuchte das Regime seit 1926, Anhänger zu mobilisieren und Bauern in loyale Untertanen zu verwandeln. Sowjetwahlen verfolgten nicht den Zweck, parlamentarische Verfahren und repräsentative Ordnungen im Leben der Bauern zu verpflanzen. Sie waren ein Mittel zur Feinderkennung und ein Medium der Mobilisierung. Wahlen beruhten gleichermaßen auf Inklusion wie auf Exklusion. Die Wahlen zu den Dorfsowjets dienten dem Zweck, arme Bauern gegen Kulaken und Popen aufzubringen und Konflikte zu provozieren. Denn die Wahlen begannen gewöhnlich mit der öffentlichen Stigmatisierung der Klassenfeinde. Kulaken, Geistliche, ehemalige Amtsträger des alten Regimes, mußten benannt und in Listen eingetragen werden, die sie als Feinde ohne Wahlrecht auswiesen. Die Rede vom verderblichen Einfluß der Kulaken aber blieb den Bauern einfach unverständlich. Sobald die Komsomolbrigaden und Aktivisten der Partei das Dorf verlassen hatten, fielen die Sowjets wieder in sich zusammen.

Nirgendwo zeigte sich die Ohnmacht der Kommunisten deutlicher als im Dorf: wo die Partei nicht ständig in Erscheinung trat, hinterließen ihre Kampagnen keine Wirkung. Es kam deshalb darauf an, den Ausnahmezustand in Permanenz zu inszenieren, denn nur so bestand eine Hoffnung, daß die Machtansprüche der Bolschewiki im Gedächtnis der Untertanen haftenblieben. Deshalb wiederholten sich die Kampagnen Jahr um Jahr, gewöhnlich anläßlich der neuen Feiertage, die das Regime zu Beginn der zwanziger Jahre eingeführt hatte.[13]

Von den Dorfkommunisten, den Augen und Ohren des Regimes, durfte die Parteiführung kaum mehr erwarten als von den Sowjets. Nur wenige Dörfer geboten auch über eine kommunistische Parteizelle. Wo solche Zellen entstanden, setzten sie sich zu einem großen Teil aus Zugewanderten zusammen, aus demobilisierten Rotarmisten, Arbeitern und subalternen Angestellten, die es in die Provinz verschlagen hatte. Die Bauern mißtrauten den Fremden, die sich ungebeten in ihr Leben einmischten und ihnen vorschrieben, wie zu feiern, wie zu arbeiten und was zu glauben sei. Gewöhnlich sahen die Bauern in den kommunistischen Funktionären nichts weiter als die Personifizierung einer fremden Obrigkeit, die Steuern erhob und mit einer Sprache zu ihnen sprach, die sie nicht verstanden. Kurz: Kommunisten kamen von einem anderen Planeten, die Bauern hätten sie womöglich ausgelacht, wären sie nicht Agenten einer Macht gewesen, die sie fürchteten.

Die Neue Ökonomische Politik führte vom Sozialismus weg. Sie warf die Bauern auf sich selbst zurück und konstituierte das Dorf als einen Raum, in dem die Staatsgewalt nichts galt. Die Bolschewiki mußten die Erfahrung machen, daß mit der Rehabilitierung der bäuerlichen Wirtschaftsweise auch die an sie gebundenen Herrschaftsverhältnisse überlebten. Von sozialistischen Formen der Arbeit, von der Lebensweise des »modernen« Menschen, so wie sie die Bolschewiki propagierten, hatten die Bauern keinen Begriff. Und auch vom Klassenkampf mochten sie nichts hören. Die Bolschewiki übten keine Macht aus, sie konnten den hegemonialen Diskurs nicht aus seiner hermetischen Einhegung befreien, sie zerbrachen an dem Versuch, das Netz der Macht über die Dörfer auszuwerfen.

Arbeiter

Als der prominente Menschewik Fedor Dan im Januar 1922 aus einem Moskauer Gefängnis entlassen wurde, traute er seinen Augen nicht. Was er auf den Straßen der Hauptstadt sah, erinnerte ihn an die letzten Jahre vor dem Ausbruch des Ersten Weltkrieges. Er sah beleibte Neureiche, die ihren Wohlstand ungeachtet des Elends, das überall in Rußland herrschte, schamlos zur Schau stellten. In den Auslagen der Geschäfte sah man Süßigkeiten, Früchte und Luxusgüter jeder Art. Moskaus Theater und Konzerthallen erstrahlten in altem Glanz, das Publikum trug Pelze und schmückte sich mit Diamanten. Händler, die zwei Jahre zuvor noch als »Spekulanten« verfolgt worden wären, präsentierten öffentlich ihren Reichtum. Dan erinnerte sich, er habe auf den Straßen bereits wieder die Anrede »barin« hören können. So hatte er sich die Anfänge des Sozialismus nicht vorgestellt. In der bolschewistischen Partei war die Abneigung gegenüber der Neuen Ökonomischen Politik, die solchen Reichtum hervorrief, kaum geringer. Aleksandr Barmin, ein junger Kommunist, empfand körperlichen Schmerz angesichts des Rückzugs, den die Partei nunmehr antrat. Er und seine Genossen hätten den neuen Kurs für einen Verrat an der Revolution gehalten und seien bereit gewesen, die Partei zu verlassen.

Das Regime privilegierte die Bauern, um über den Export von Getreideüberschüssen jene Devisen zu erhalten, die es für die Industrialisierung des Landes benötigte. Zur Privatisierung des Handels gab es deshalb keine Alternative. Gleichwohl glaubten Lenin und mit ihm die führenden Bolschewiki, im Wettbewerb mit den staatlichen Kooperativen werde der freie Handel sukzessiv verschwinden. Von der Realität waren solche Prognosen indessen weit entfernt. Es waren die Nep-Leute (Nepmany), fliegende Händler und Kaufleute, die Städte wie Dörfer mit Konsumgütern aller Art versorgten. Weil am Ende selbst die Staatsunternehmen keinen anderen Ausweg mehr sahen, als ihre Produkte über private Händler auf den Markt zu werfen, geriet die Parteiführung in Panik. Sie spürte den schwindenden Einfluß des Staates auf die Wirtschaft, sie fürchtete, um die Getreideüberschüsse der Bauern gebracht zu werden. Seit 1926 kehrte das Regime allmählich zu den repressiven Strategien zurück. Es belegte Nep-Leute mit Sondersteuern und Abgaben, stigmatisierte Händler und Kaufleute als »sozial fremde Elemente« und trieb sie auf diese Weise in die Illegalität. 1928 rief die Führung schließlich zur »Liquidierung der Nep-Leute« auf.[14]

Die Neue Ökonomische Politik stand im Dienst des wirtschaftlichen Wiederaufbaus. Es kam darauf an, die Leistungskraft der Industrie zu steigern. Dieses Ziel aber widersprach den egalitären Gerechtigkeitsvorstellungen der Arbeiter ebenso wie den ideologischen Verheißungen der Partei. Die wirtschaftliche Rechnungsführung (chozrasčet), auf die das Regime die Trusts verpflichtete, und das Prinzip des Einmannmanagements (edinonačalie), die Rationalisierung der Produktion und die Einführung tayloristischer Arbeitsmethoden in den Fabriken veränderten den Lebensrhythmus in den großen Städten des Imperiums. Denn mit dem Siegeszug des »Kapitalismus« kamen nicht nur ausländische Maschinen und Ingenieure, die Herrschaft des Managers über den Arbeiter in die Fabrik zurück. Die »Amerikanisierung« der Industrie, wie die Rationalisierung der Produktion genannt wurde, führte zur Schließung unrentabler Betriebe, zur Entlassung von Arbeitern und zur Differenzierung der Löhne. Und sie zerrüttete das ohnedies angespannte Verhältnis zwischen Arbeitern und Kommunisten.

Mit dem Beginn des wirtschaftlichen Aufschwungs im Jahre 1923 strömten Tausende demobilisierter Soldaten, Arbeiter, die während des Bürgerkrieges in die Dörfer geflüchtet waren, und junge bäuerliche Zuwanderer in die Städte auf der Suche nach Einkommen und Fortkommen. Arbeiter lebten in baufälligen Mietskasernen, in Baracken am Rande der Städte oder in Holzverschlägen und Erdhütten.

Arbeiter, die im Elend lebten, brachten für das Rationalisierungsprogramm der Bolschewiki kein Verständnis auf. Es erhöhte die Produktionsraten und senkte die Produktionskosten, aber es trug nichts zur Erhöhung des Lebensstandards bei. Der Unmut der Arbeiter richtete sich vor allem gegen die bürgerlichen Spezialisten und ausländischen Fachleute, die in großer Zahl in die Industriebetriebe zurückkehrten. Diese Spezialisten lebten in komfortablen Häusern, kauften in besonderen Geschäften ein und erhielten Sonderzulagen. Im Donbass wurden selbst jene Spezialisten an ihre alte Wirkungsstätte zurückgebracht, die während des Bürgerkrieges gemeinsame Sache mit den Weißen gemacht hatten. Hier trafen Arbeiter nicht selten auf ihre alten Vorgesetzten, deren anmaßende Arroganz und Selbstherrlichkeit vielen noch im Gedächtnis haftete. Es durfte niemanden überraschen, daß die Mehrheit der Arbeiter dem neuen Kurs mit Ablehnung begegnete, weil er ihnen als Verrat an den Errungenschaften der Revolution erschien. Die Kommunisten sprachen von der Diktatur des Proletariats, in Wahrheit aber herrschte in den Industriestädten der Sowjetunion die Diktatur der Manager und Kommunisten. So verging auch nach 1921 kein Jahr ohne Streiks und gewalttätige Eruptionen. Arbeiter traten in den Ausstand, um höhere Löhne zu erstreiten. Im Zentrum des Protestes aber stand stets die Forderung nach Gleichberechtigung, nach Herstellung einer Gerechtigkeit, wie sie die Revolution des Jahres 1917 verheißen hatte.

Zu dieser Zeit veränderte sich auch das Bild der Arbeiter vom Kommunisten. Die kommunistischen Führer umgaben sich mit der Aura der Macht, sie präsentierten sich als proletarische Kommandeure, die Arbeiterbrigaden befehligten. In den Augen der Arbeiter aber wurden sie zu Komplizen bürgerlicher Spezialisten, zu Sachwaltern kapitalistischer Methoden der Produktion, die von der Senkung der Produktionskosten, von der Amerikanisierung der Industrie, von Taylorismus und Fordismus sprachen, darüber aber die sozialen Belange der Arbeiter aus dem Blick verloren. An die Stelle der Arbeiterkontrolle, wie sie die Revolution propagiert hatte, trat nunmehr die Diktatur des Managers und des Ingenieurs. Unter diesen Umständen nahmen die Arbeiter auch die Gewerkschaften und Fabrikzellen der Kommunistischen Partei nicht länger als ihre Interessenvertretungen wahr. Kommunisten waren Despoten, die Proletarier im Namen des Proletariats knechteten und dem Diktat bürgerlicher Spezialisten unterwarfen. Sie übten Verrat an der Revolution.[15]

Bisweilen griffen Arbeiter die Feindrhetorik der Bolschewiki auf und kehrten sie gegen die Machthaber selbst. Ihnen galten nicht allein die Spezialisten als Klassenfeinde, auch die Kommunisten, die mit den »buržui« des alten Regimes scheinbar im Bunde standen, gehörten nunmehr in die Kategorie des Feindes. Diese Kategorie war freilich variabel und offen. Die Grubenarbeiter in den Bergwerken des Donbass sahen nicht nur eine Allianz von Kommunisten und Managern, sie unterschieden zwischen »wahren« Kommunisten, die auf der Seite der Arbeiter standen, und jüdischen Ausbeutern, die sich als Kommunisten tarnten, um ihr böses Werk ungehindert zu verrichten. Die Grubenarbeiter einer Siedlung im Donbass waren jedenfalls überzeugt, der Jude Trockij sei im Begriff, sich zum Zaren ausrufen zu lassen und die Macht an sich zu reißen. So stand es in einem Bericht der GPU aus dem Jahre 1925. »Die Juden haben die Macht in ihre Hände genommen und wollen ihren eigenen jüdischen Zaren einsetzen.«[16]

Kommunisten und Arbeiter sahen Feinde, sie glaubten an Verschwörungen. Darin liegen die Ursachen für die Bereitschaft der Bevölkerung, den absurden Verschwörungsszenarien, die von der

Parteiführung in den Jahren der Kulturrevolution und des Großen Terrors entworfen wurden, Glauben zu schenken. Die Neue Ökonomische Politik war auch für die Parteiführung in Moskau nichts weiter als ein Kompromiß auf Zeit. In den Führungsgremien der Partei gab es ständige Konflikte zwischen den gemäßigten, pragmatisch eingestellten und den radikalen Kräften über die Frage, wie mit den Spezialisten umzugehen sei. An der Parteibasis überwogen ohnedies die radikalen Positionen, vor allem im Donbass und in Baku, wo die Aufsässigkeit der Arbeiter über das gewohnte Maß hinausging. Oftmals beteiligten sich die Kommunisten an den Streiks der Arbeiter, um den Kontakt zu jenen, in deren Namen sie sprachen, nicht zu verlieren. Schon in der ersten Hälfte der zwanziger Jahre wurden hier mehrere Schauprozesse gegen Ingenieure und Manager inszeniert, denen man vorwarf, die Produktion zu sabotieren, Unfälle absichtlich herbeizuführen. 1926 mußte sich mehr als die Hälfte aller Techniker und Ingenieure des Donbass vor Gericht verantworten. So war es auch in Baku. Auf den Ölfeldern in den Außenbezirken der Stadt häuften sich Unfälle und Explosionen, weil die Arbeiter mit der modernen importierten Technik nicht umzugehen verstanden. Für die lokalen Kommunisten gab es keinen Zweifel, daß solche Unfälle vom Klassenfeind verursacht wurden. Auch hier gerieten Dutzende von Spezialisten auf die Anklagebank.[17] Arbeiter und Kommunisten fanden so zu einer gemeinsamen Sprache: die einen übten Rache und Vergeltung, lebten ihre Ressentiments aus, die anderen frönten ihren ideologischen Obsessionen. Man könnte auch sagen, daß sich hier bereits das Strukturprinzip des Stalinismus zeigte.

Nationale Frage

Rußland war ein Vielvölkerreich. Diese Wahrheit teilte sich den Bolschewiki erst mit, als sie ihre Herrschaft auch auf die Peripherie des Imperiums ausweiteten. Die bolschewistische Partei war ursprünglich ein Verbund von Russen und russifizierten Juden, von Stadtmenschen, die den Bauernvölkern des Imperiums nichts zu sagen hatten. Für die Muslime des Kaukasus, für Tataren und Baschkiren, für die

Nomaden Zentralasiens und die kleinen Völker Sibiriens brachten die Revolutionäre anfangs nur geringes Interesse auf. Das islamische Milieu und die bolschewistische Partei hatten einander überhaupt nichts mitzuteilen.

Nun siegten die Bolschewiki aber nicht nur in den Städten des europäischen Rußlands, sie gewannen auch die asiatische Peripherie für das Imperium zurück. Mit der Wiederherstellung des zarischen Vielvölkerreiches verwandelte sich der Sozialismus in ein imperiales Projekt, die Machthaber mußten jetzt eine Antwort auf die Frage finden, wie die Idee des Sozialismus mit der Heterogenität der Sprachen, Religionen und Kulturen in Übereinstimmung gebracht werden konnte.

Zwar gab es in der bolschewistischen Partei unter den »linken« Intellektuellen Vorbehalte gegen eine Nationalisierung des sozialistischen Projekts. Lenin sah indessen weiter als die radikalen Internationalisten in seiner Partei. Für ihn war das nationale Selbstbestimmungsrecht nicht bloß eine Fassade, die errichtet werden mußte, um die Eliten der nichtrussischen Völker ruhigzustellen. »Bei uns gibt es Baschkiren, Kirgisen, eine Reihe anderer Völker, und in Beziehung zu ihnen können wir eine Anerkennung nicht verweigern. Wir können sie keinem der Völker verweigern, die in den Grenzen des früheren Rußländischen Reiches leben", wie Lenin den Delegierten des VIII. Parteitages zurief.[18]

Auf dem Höhepunkt des Bürgerkrieges, im Frühjahr 1919, verwandelte sich die nationale in eine existentielle politische Frage. Finnland, Polen, die Ukraine und die transkaukasischen Gouvernements waren aus dem rußländischen Staatsverband ausgetreten und hatten sich für unabhängig erklärt, die weiße Bewegung kontrollierte den größten Teil der asiatischen Peripherie. Unter diesen Bedingungen darauf zu bestehen, den Klassenkampf gegen die Nation auszuspielen, hieß, Wunsch und Wirklichkeit miteinander zu verwechseln. Lenin jedenfalls beugte sich der bitteren Einsicht, daß in manchen Regionen des Imperiums die nationalen alle übrigen Identifikationen überschrieben. »Man muß den Verstand verloren haben, um die Politik des Zaren Nikolaj fortzusetzen«, so rief er seinen Widersachern zu.[19] Am Ende setzte Lenin auch in der nationalen

Frage seinen Willen gegen alle Widerstände durch, freilich im Wissen um die Zustimmung, die ihm aus den Reihen der bolschewistischen Funktionäre erwuchs. Denn während des Bürgerkrieges verwandelte sich die Partei in eine multiethnische Organisation, sie hörte auf, eine politische Heimat nur für Russen und Juden zu sein. Damit aber veränderte sich auch das Verhältnis der Kommunisten zu den Völkern, über die sie Herrschaft ausüben wollten. Es war kein Zufall, daß Lenin den Georgier Stalin mit dem Amt des Volkskommissars für Nationalitätenfragen betraute. Die Partei gab darin zu erkennen, daß sie die Umgestaltung des Vielvölkerimperiums nicht mehr nur für eine Angelegenheit des russischen Zentrums hielt, daß an ihr alle Völker beteiligt wurden, die dieses Imperium bewohnten.

»Einwurzelung« (korenizacija), so nannten die Bolschewiki ihr Konzept der Indigenisierung und Nationalisierung der Herrschaft, wie es auf dem XII. Parteitag im Frühjahr 1923 beschlossen wurde. Die Bolschewiki gründeten die politische Organisation des Imperiums auf das Prinzip der Ethnizität, sie teilten die Sowjetunion in Republiken, autonome Republiken, autonome Gebiete und Kreise ein. Nationale Minderheiten erhielten Kulturautonomie und Minderheitenrechte, nicht nur in der Rußländischen Sowjetrepublik, sondern in allen nationalen Republiken, die auf dem Territorium der Sowjetunion entstanden. Nunmehr wurden Einheimische von Einheimischen regiert, abgeurteilt und unterrichtet: in nationalen Sowjets, nationalen Gerichten und nationalen Schulen.

Das Konzept der Einwurzelung folgte nicht allein pragmatischen Erwägungen, wie der sprachlichen Vermittlung des sozialistischen Projekts an der Peripherie. Es ergab sich nicht zuletzt aus der Überzeugung der führenden Bolschewiki, die Russen müßten für ihre vormalige Vorrangstellung und ihren Chauvinismus büßen.

Russen gehörten nunmehr einer Unterdrückernation an, wenngleich die russischen Bauern vor 1917 den herrschenden Eliten kaum näher gewesen waren als die Dorfbewohner in den nichtrussischen Regionen des Reiches. So kam es, daß Russen jenseits der slawischen Kernrepubliken nicht nur das Stigma des Bauern, sondern auch den Makel des Großmachtchauvinisten zu tragen hatten. Diese Strategie künstlicher Zurücksetzung lastete schwer auf der sowjetischen

Nationalitätenpolitik. Sie bewirkte, daß sich die russische Kulturnation negativ als Verbund von Unterdrückern konstituierte. Und wo Russen in einen Konflikt mit jenen gerieten, die ihnen im Arbeitsleben vorgezogen wurden, beriefen sie sich auf die sozialen Zuschreibungen der Bolschewiki. Russen waren Proletarier, Nichtrussen vor allem Nichtrussen.[20]

Das System der Nationalisierung und Quotierung feierte vor allem dort große Triumphe, wo die Kultur der »Rückständigkeit« regierte, wo sich für die Bolschewiki das Leben vergangener Jahrhunderte zeigte. Ukrainische und georgische Bauern, kasachische und turkmenische Nomaden mußten ihre Rückständigkeit überwinden, sie mußten zu Proletariern werden, damit der Sozialismus auch zu ihnen kommen konnte. Im Verständnis wenigstens der führenden Kommunisten waren Nationen Hüllen, in denen sich dieser Fortschritt vom Kapitalismus zum Sozialismus fortbewegte. So kam es, daß Modernisierung und Nationalisierung jenseits der von Russen bewohnten Territorien in einen unauflösbaren Zusammenhang gerieten. Im März 1921 erklärte Stalin dem Plenum des X. Parteitages, die Entwicklung von Nationalkulturen sei eine »Verpflichtung für die Kommunisten«. Die Homogenisierung der ethnischen Landkarten sei unausweichlich. Man könne »nicht gegen die Geschichte gehen«.[21] Zwar sprach Stalin von sozialistischen Inhalten in nationalen Formen. In praxi aber schrieben die Bolschewiki den Untertanen nicht nur soziale, sondern auch ethnische Identitäten zu. Sie kategorisierten und hierarchisierten die Bevölkerung und statteten Klassen wie Nationen mit unverwechselbaren Eigenschaften aus.[22]

Die Indigenisierung der Partei- und Staatsverwaltung, die Privilegierung ethnischer Minderheiten und einheimischer Idiome gegenüber den Russen und der russischen Sprache, brachte die Machthaber in Moskau in die Abhängigkeit von Übersetzern, die an der Eigenständigkeit ihrer Heimatregion mehr Gefallen fanden als am Sozialismus. Die »korenizacija« brachte den Nationalismus, den sie überwinden helfen wollte, an manchen Orten überhaupt erst hervor. Im Alltag in den multiethnischen Metropolen des Imperiums gewannen ethnische Konflikte an Intensität, weil die Bolschewiki ethnische Kollektive mit Privilegien ausstatteten und in eine Hierarchie der Wertigkeit stellten. Mit dieser Privilegierung aber setzten die Bolschewiki jene Traditionen ins Recht, die sie überwinden wollten. Sozialistisch in der Form, national im Inhalt – so könnte man diese Wirklichkeit auch beschreiben. Die Indigenisierung entfernte die Randgebiete vom Sozialismus, sie warf in den Republiken die berechtigte Frage auf, wozu die Nation zu ihrem Glück noch Kommunisten brauchte. Sie überließ die Interpretationshoheit und die kulturelle Hegemonie den »Ehemaligen«: »bürgerlichen« Eliten wie in der Ukraine und in Weißrußland, Stammesführern, Clanchefs und islamischen Geistlichen im Kaukasus und in Zentralasien. Und weil auch die Nationalkommunisten im Ruf standen, an der Nation größeren Gefallen zu finden als am sozialistischen Zukunftsentwurf, weil sich in den Nachbarländern der Sowjetunion: im Iran, in der Türkei, in Polen und Finnland, attraktive Gegenmodelle nationaler Emanzipation zeigten, geriet die Zentralregierung in Moskau Ende der zwanziger Jahre in Panik. Sie fürchtete um ihren Einfluß, um ihre Macht und mit ihr um das Vermögen, sich in das Bewußtsein der Untertanen einzuschreiben. Deshalb geriet das Zentrum in einen tödlichen Konflikt mit den Geistern, die es selbst gerufen hatte: mit Nationalkommunisten, die von nationaler Selbstbestimmung, aber nicht vom Sozialismus träumten, mit Arbeitern, die nicht Teil einer Arbeiterklasse sein wollten, der auch Fremde angehörten, mit den Sachwaltern jener Traditionen, die die Nation überhaupt erst konstituierten.[23]

Partei und Ideologie

Die Bolschewiki erbten nicht nur das Imperium, barbarische Völker und renitente Bauern. Sie konnten nicht einmal den neuen Institutionen trauen, die die Revolution ans Licht der Welt gebracht hatte. In den Sowjets gab es weder »klassenbewußte« Proletarier noch zureichend ausgebildete Fachkräfte, auf die das Regime der Revolution sich hätte verlassen können. So kam es, daß die Regierung des Sowjetstaates – der Rat der Volkskommissare – nicht aus den Sowjets, sondern aus der Partei hervorging. Nicht einmal die Ministerien, die nunmehr »Volkskommissariate« hießen, brachten die Kommunisten vollständig unter ihre Kontrolle. Vom Anspruch, Exekutive der proletarischen Diktatur zu sein, waren die Volkskommissariate weit entfernt. In ihnen regierte auch noch Mitte der zwanziger Jahre der Sachverstand der zarischen Beamten.[24] Nun sollten die vorrevolutionären Angestellten nicht mit der Autokratie verwechselt werden, der sie dienten. Zahlreiche Amtsträger des alten Regimes waren Anhänger jener Lehren, die sie zu Verbündeten des neuen Regimes werden ließen. Im Verständnis der Bolschewiki aber konnte es eine Diktatur des Proletariats, die ohne Proletarier auskam, zu nichts bringen. Wo »bürgerliche Spezialisten« über die Einrichtung des Sozialismus befanden, regierten für die Bolschewiki Illoyalität und Ungehorsam. Deshalb konnte der Staatsapparat seinen Zweck nur erfüllen, wenn er kontrolliert wurde. Diese Kontrollfunktion fiel der Partei zu. Die Partei war Kontroll- und Interventionsinstrument zugleich, sie ermöglichte es den Bolschewiki, Renitenz zu brechen und den latenten Widerstand der alten Eliten in den Behörden des Sowjetstaates zu neutralisieren. Und sie gab den Machthabern die Möglichkeit, das Vielvölkerreich zu verklammern. Denn mit der Dezentralisierung und Indigenisierung der Verwaltung hatte sich das Regime jener Kraft beraubt, die es benötigte, um auch an der Peripherie des Reiches noch wahrgenommen zu werden. So wie der Zar das alte Rußland symbolisch zusammengehalten hatte, ruhte die Einheit des Imperiums in der Partei. In der öffentlichen Inszenierung gaben die führenden Bolschewiki ihre Partei als Orden der Auserwählten, als effizientes Herrschaftsinstrument aus. Nur sollte die Inszenierung nicht mit der tatsächlichen Wirksamkeit der bolschewistischen Macht verwechselt werden. Der Einheitsdiskurs täuschte über die Brüchigkeit der Macht hinweg, er verschleierte nur die Hilflosigkeit, mit der die führenden Bolschewiki ihrer Umwelt begegneten. So wie die Inszenierung der Autokratie als Allmachtsdiskurs die Schwäche der politischen Macht nach außen hin verdeckte, diente auch die kommunistische Inszenierung der Aufrechterhaltung einer Fassade, hinter der sich nichts verbarg.[25] Nur so wird verständlich, weshalb die Debatten, die das Führungsgremium der Partei in den zwanziger Jahren entzweiten, in die Einmanndiktatur führten. Denn diese

Debatten bewegten sich auf unsicherem Grund, sie hatten keine kulturelle und soziale Verankerung jenseits des bolschewistischen Milieus. Und deshalb nahmen die meisten Bolschewiki, was anderenorts als Meinungsaustausch toleriert worden wäre, als Bedrohung ihrer institutionellen Existenz wahr.

Worum ging es in diesen Debatten? Um Einfluß und Macht, so könnte man antworten. Aber dieser Kampf um Einfluß und Macht war mit unterschiedlichen Auffassungen darüber verbunden, auf welche Weise sozialistische Lebensverhältnisse in der Sowjetunion einzurichten seien. Der Streit um den richtigen Weg begann bereits 1923, als der Chef der Kommunistischen Internationale und der Petrograder Parteiorganisation, Grigorij Zinov'ev, und sein Alter ego, Lev Kamenev, sich gegen die Lichtgestalt der Revolution, Lev Trockij, verbündeten. Gemeinsam mit dem damals noch unbedeutenden Generalsekretär der Partei, Josif Stalin, arbeiteten sie systematisch an der Demontage des charismatischen Revolutionsführers. Als Lenin im Januar 1924 verstarb, brach der Machtkampf offen aus.

Trockij verhielt sich in der Auseinandersetzung mit seinen Widersachern so, wie man es von ihm erwartete. Er ignorierte die Konkurrenten, weil er sie für einfältig, talentlos und ungeschickt hielt. Trockij nahm nicht einmal die Gelegenheit wahr, sich am Sarg Lenins als Nachfolger des Revolutionsführers zu präsentieren. Er weilte, als Lenin starb, an der Schwarzmeerküste, um eine geheimnisvolle Krankheit auszukurieren.[26] Statt dessen trat Stalin an seiner Stelle als Trauerredner auf und gab den Zuhörern eine Kostprobe seines Talents, Meinungen in Glaubensartikel zu überführen.

Trockij blieb nicht nur der Trauerfeier fern. Er glänzte stets dann durch Abwesenheit und Untätigkeit, wenn es darauf ankam, die eigene Stellung gegen konkurrierende Anwürfe zu verteidigen. Er vertraute seinem Nimbus als Organisator der Oktoberrevolution und militärischer Führer des Bürgerkrieges. Trockij konnte sich offenkundig nicht einmal vorstellen, daß jene Mittelmäßigen, die ihn umgaben, seinen Sturz herbeiführten. So kam es, daß Trockij sich zwar unablässig in einer rhetorischen Akrobatik übte, die den einfachen Parteimitgliedern nichts sagte, das Alltagsgeschäft des

Politischen aber seinen Widersachern überließ. Er zog es vor, das Leninsche Testament, in dem der kranke Revolutionsführer Stalin als Grobian und Gefahr für die bolschewistische Partei beschrieben hatte, nicht gegen die Konkurrenten zu verwenden. Unter diesen Umständen aber gab es für ihn keine Aussicht, Lenin als Revolutionsführer zu beerben.

Die Debatte zwischen Stalin und Trockij entzündete sich an der Frage, mit welcher Strategie es der Partei gelingen könne, dem Sozialismus in der Sowjetunion zum Durchbruch zu verhelfen. Trockij verlangte, die Revolution müsse über die Grenzen der Sowjetunion hinausgetragen werden. Der Sozialismus sei als Gesellschaftsordnung in der Sowjetunion nur lebensfähig, wenn er sich im Weltmaßstab zum Durchbruch bringe. »Permanente Revolution«, so hieß die Losung, mit der Trockij in die Auseinandersetzung eintrat. Das Konzept der permanenten Revolution war nichts weiter als eine geschickte Ausrede, die bemäntelte, daß die Machtergreifung der Bolschewiki vor der Zeit gekommen war. Nach orthodoxer Lesart konnte eine sozialistische Revolution, der es an sozialen und ökonomischen Voraussetzungen fehlte, nicht obsiegen. Trockij löste diesen Widerspruch auf: die Revolution der Bolschewiki werde sich nur halten können, wenn die fortgeschrittenen Länder des Westens sie als Signal verstanden, wenn die Arbeiter in Deutschland, England und Frankreich sich vom revolutionären Furor mitreißen ließen und ihre »bürgerlichen« Regierungen stürzten. So werde die Revolution über sich hinausgetrieben und in die entwickelten kapitalistischen Staaten getragen. Von dort sollte sie zurück nach Rußland gelangen in Form einer Aufbauhilfe, ohne die sich die sozialen und ökonomischen Voraussetzungen des Sozialismus in Rußland nicht herstellen ließen.

Trockij, Preobraženskij, Pjatakov und andere radikale Bolschewiki warben für einen raschen Ausbau der Schwerindustrie, für die Beendigung der Neuen Ökonomischen Politik, die die Landwirtschaft, nicht aber die Industrie zu privilegieren schien. Im Traum von der permanenten Revolution gab es für die russischen Bauern und ihre Bedürfnisse keinen Platz. In ihm erschienen den Bolschewiki klassenbewußte Proletarier und zivilisierte Europäer, die in gigantischen Industrielandschaften lebten. Dieser Traum konnte Wirklichkeit nur werden, wenn sich die europäischen Industriestaaten auf die Höhe der Zeit brachten und dem jungen Sowjetstaat halfen, sich fortzuentwickeln.

Für Trockijs Argumente sprach, daß sie sich auf die Schriften Lenins und die vorherrschende Stimmung unter den führenden Bolschewiki berufen konnten. Für Lenin wie für Trockij war eine Revolution, die Deutschland, das Mutterland der organisierten Arbeiterbewegung, überging, eine Fehlkonstruktion. So dachten selbst Zinov'ev und Kamenev über die bolschewistische Strategie. Nur zeigten sie dies nicht offen, weil ihnen die Entfernung Trockijs aus dem Zirkel der Macht wichtiger erschien als die Durchsetzung ihrer politischen Anliegen. Es war Stalin, dem die Rolle des ideologischen Gegenspielers zufiel. Er erinnerte Trockij daran, daß die Revolution in Europa ausgeblieben war, daß sich die kapitalistischen Wirtschaftssysteme stabilisiert, die demokratischen Ordnungen im Westen erholt hatten. Es gab deshalb überhaupt keine Alternative zum »Sozialismus in einem Land«, wie Stalin seine Strategie, die Revolution auf die Sowjetunion zu beschränken, nannte. Denn in letzter Konsequenz lief das Ausbleiben der permanenten Revolution auf die Delegitimierung der Oktoberrevolution hinaus. Das Überleben der russischen Revolution von der europäischen Revolution abhängig zu machen hieß, auf die Entwicklung des Sozialismus überhaupt zu verzichten. Wer aber strebte eine solche Selbstdemontage ernsthaft an? Stalin warb deshalb für eine Strategie, die im Inneren auf ökonomische Stabilisierung und Staatsbildung, nach außen auf Friedenssicherung und Kooperation mit den sozialistischen Parteien der benachbarten Länder hinauslief. Diese Volksfrontpolitik verpflichtete die Kommunisten, mit sozialdemokratischen und »bürgerlichen« Parteien zu kooperieren, um auf diesem Weg die Voraussetzungen für eine zukünftige sozialistische Revolution herzustellen.

Im Streit mit Trockij siegte Stalin. Er ließ den populären Revolutionär aus dem Amt des Kriegskommissars entfernen und seine Anhänger aus dem Zentralkomitee ausschließen. 1926 kam auch das politische Ende Zinov'evs und Kamenevs, als sie nicht nur die Argumente Trockijs übernahmen, sondern sich mit ihrem ehemaligen Intimfeind gegen Stalin verbanden. Zuletzt bäumte sich die vereinigte Opposition noch einmal auf, als Großbritannien 1927 die diplomatischen Beziehungen zur Sowjetunion aufkündigte und es so schien, als stünde ein Krieg bevor. Im gleichen Jahr verübte die Kuomintang-Regierung des Tschiang-Kai-tschek an den verbündeten Kommunisten ein grausames Massaker, das sich 1928 in Shanghai noch einmal wiederholte. Auch dieses Ereignis schien den Gegnern der Volksfrontstrategie recht zu geben. Dessen ungeachtet setzte sich Stalin auch in dieser Frage gegen seine Kritiker durch. Zinov'ev und Kamenev verloren sukzessiv ihre Ämter in der Parteiführung, in der Position des Chefs der Kommunistischen Internationale wurde Zinov'ev durch Bucharin ersetzt, im Politbüro nahmen Kalinin, Vorošilov, Molotov, Kuibyšev und Rudzutak die Posten der Ausgestoßenen ein, als Kandidaten rückten die Stalinisten Ordžonikidze, Kaganovič, Andreev, Kirov, Čubar, Kosior und Mikojan in das höchste Gremium der Partei ein. Zinov'ev, Kamenev und Trockij wurden 1927 aus der Partei ausgeschlossen, Trockij hielt Stalin immerhin für so gefährlich, daß er ihn 1928 nach Kazachstan verbannen und dann in die Türkei abschieben ließ.

Ende der zwanziger Jahre wandte sich Stalin gegen seine ehemaligen Verbündeten Bucharin, Rykov und Tomskij, gegen jene kommunistischen Führer, die es mit der Privilegierung der Bauern hielten. Stalin hatte sich bereits 1926 dazu entschlossen, dem Experiment der NEP ein Ende zu bereiten. Es konnte deshalb nicht ausbleiben, daß er mit Bucharin in einen Konflikt über die Frage geriet, wie die Industrialisierung des Landes auf angemessene Weise einzurichten sei. Dabei näherte sich Stalin den Positionen Trockijs und Zinov'evs an, ohne indessen deren politische Rehabilitierung zu betreiben. Kurz: Stalin war jetzt ein Trotzkist, der ohne Trockij auszukommen glaubte. 1929 war der Einfluß der »rechten Opposition«, wie Stalin seine neuen innerparteilichen Gegner nannte, gebrochen, 1930 wurden Bucharin, Rykov und Tomskij endgültig aus dem inneren Kreis der Macht verbannt. Im Gegensatz zu Trockij und Zinov'ev aber behielten sie ihre Sitze im Zentralkomitee, denn sie hatten Selbstkritik geübt und sich Stalin bedingungslos unterworfen.[27]

1929 schon stand der Alleinherrschaft Stalins nichts mehr im Weg. Freilich: er mußte zu jener Zeit noch Rücksicht nehmen auf seine

Anhänger, aber es gab schon keinen Streit mehr. Nichts verwies deutlicher auf diesen Wandel als der Kult um die Person Stalins, der 1929, anläßlich seines fünfzigsten Geburtstages erstmals öffentlich sichtbar und spürbar wurde.[28] Seitdem verstummte die Kritik innerhalb der Parteiführung. Stalin wurde zum Alleinherrscher, wenige Jahre später schon wagte es niemand mehr, überhaupt noch Zweifel an dem zu äußern, was Stalin jeweils als Generallinie der Partei ausgegeben hatte. Am Ende konnte der Diktator selbst die Mitglieder des Politbüros verhaften und töten lassen, ohne daß ihn daran jemand gehindert hätte.

Wie kam es, daß sich ausgerechnet Stalin, der im Kreis der führenden Bolschewiki nichts galt, am Ende gegen alle Widersacher durchsetzte und sich die Partei unterwarf? Denn selbst die engsten Vertrauten Stalins bekannten ex post, in den Jahren der Revolution und des Bürgerkrieges habe ihnen der Name Stalin nichts gesagt.[29] Erstens gab die institutionelle Verfassung der Partei nach dem Bürgerkrieg Stalin alle Möglichkeiten, die er für die Beseitigung seiner Gegner benötigte, zweitens veränderte die Aufnahme neuer Mitglieder das Gesicht der Partei und proletarisierte es, drittens diskreditierte das Fraktionsverbot von 1921 Widerspruch als Abweichung, und viertens stellten die Kanonisierung der Ideologie und die Einführung strenger Disziplinierungsrituale in der Parteiführung Abweichler ins Abseits.

In den zwanziger Jahren veränderte sich auch die Organisationsstruktur der Partei. Vor dem Ausbruch des Bürgerkrieges war die bolschewistische Partei nichts weiter als ein Verbund von Gesinnungsgenossen und Freunden, der vom Zentralkomitee in Moskau zusammengehalten wurde. Als eigentliche Schaltstelle der Macht galt der Rat der Volkskommissare, nicht die Parteiführung. Lenin war Regierungschef, er war nicht das Oberhaupt der Partei, denn ein solches gab es überhaupt nicht. Erst als der Partei während des Bürgerkrieges neue Mitglieder und Aufgaben zuwuchsen, erhielt sie auch eine Struktur, die sich diesen Aufgaben gewachsen zeigte. Neben das Zentralkomitee traten nunmehr das Politische Büro, das Organisationsbüro, das Sekretariat und die Zentrale Kontrollkommission. Zwar blieb das Zentralkomitee de jure das bedeutendste legislative und administrative Gremium der Partei. Gleichwohl kam es bald zu einer schleichenden Entmachtung des Zentralkomitees. Das Politbüro, dem ursprünglich die Aufgabe zufiel, zwischen den Sitzungen des Zentralkomitees die Alltagsgeschäfte der »Regierung« zu betreiben, entwickelte sich zur eigentlichen Schaltstelle der Macht. 1924, nach der Neukonstituierung des Vielvölkerreiches, ersetzte das Politbüro den Rat der Volkskommissare faktisch als Regierung der Sowjetunion. Im Organisationsbüro und im Sekretariat konzentrierte sich die Verwaltung der Partei. In ihnen wurden die Sitzungen des Politbüros vorbereitet und die Personalpolitik der Partei entschieden.

Stalin war nicht nur Mitglied des Politbüros und des Organisationsbüros. 1922 wurde er vom Zentralkomitee zum Generalsekretär ernannt. Dieses Amt gab ihm die Möglichkeit, sich das Sekretariat mit seinen Unterabteilungen unterzuordnen und im verborgenen an der Ausweitung seiner Machtposition zu arbeiten. Lenin hatte in der Auseinandersetzung mit der Arbeiteropposition und anderen innerparteilichen Kritikern selbst nach Wegen gesucht, den Orden der Auserwählten zu disziplinieren. Wie stets, wenn Lenin Krisen aufscheinen sah, beantwortete er sie mit einer Verschärfung institutioneller Kontrolle. Sekretariat und Zentrale Kontrollkommission – Schiedsgericht und Säuberungsorgan der Partei – sollten diese Kontrolle ausüben. Lenin war offenkundig überzeugt, jenem »Bürokratismus«, wie er die Ineffizienz und den Despotismus der Verwaltung nannte, durch eine Vermehrung der Behörden begegnen zu müssen. Und es war Stalin, der diese institutionelle Kontrolle der Institutionen personifizierte. Im Sekretariat dienten Stalin von Anbeginn zwei willfährige und ergebene Diener: Vjačeslav Molotov und Valerian Kuibyšev. Wie Stalin auch kamen Molotov und Kuibyšev aus dem Unterschichtmilieu des zarischen Imperiums, sie waren jung und ehrgeizig und taten alles, um die Macht ihres Gönners und Protektors gegen Anwürfe von außen abzusichern. Bis zum Ende des Zweiten Weltkrieges galt Molotov als zweiter Mann in Staat und Partei. Kuibyšev bekleidete seit 1923 zusätzlich das Amt des Vorsitzenden der Zentralen Kontrollkommission, der obersten Disziplinarbehörde der Partei. So gewann Stalin nicht nur eine totale Kontrolle über den Apparat, er konnte sogar Einfluß auf die Parteigerichtsbarkeit nehmen. Wo Kommunisten zu Parteisekretären ernannt, aus Ämtern versetzt, degradiert oder belobigt wurden, zeigte sich fortan Stalins Handschrift.

Das Sekretariat verknüpfte die Provinzkomitees der Partei mit dem Zentrum, es vervielfältigte sich selbst, indem es auf jeder administrativen Ebene seine Filialen eröffnete. Die Sekretäre der lokalen Parteikomitees wurden fortan vom Sekretariat des Zentralkomitees ernannt und seiner Disziplinargewalt untergeordnet. Nunmehr verwandelte sich die Wahl der Parteiführer in eine Formalität. So kam es, daß sich die Parteisekretäre in den Provinzen nicht mehr nur auf ihre Gefolgsleute verlassen konnten. Sie traten jetzt in ein Klientelverhältnis zu den Mitgliedern des Sekretariats ein. Und weil Stalin nur solche Kommunisten in einflußreiche Posten befördern ließ, die ihm oder seinen Gefolgsleuten nahestanden, veränderte sich die Struktur der Partei binnen weniger Jahre. Stalin ordnete die personalen Netze in den Provinzen in seinen Apparat ein und verwandelte sie in effiziente Interventionsinstrumente des Zentrums. Kommunisten vom Schlage Trockijs oder Zinov'evs fanden eine solche Tätigkeit langweilig, sie befriedigte nicht ihre Eitelkeit und ihre Ruhmsucht. Stalin hingegen liebte die Arbeit im Sekretariat der Partei, sie gab ihm die Ausdauer und die Kraft, die er benötigte, um seine Ziele zu verwirklichen.

Bereits zu Beginn des Jahres 1923 griff er die Kritik Lenins an der Bürokratisierung der Partei auf und nutzte sie für die Reorganisation der Leitungsgremien. Auf dem XII. Parteitag im April 1923 setzte er eine personelle Erweiterung des Zentralkomitees von 27 auf 40 und der Zentralen Kontrollkommission von fünf auf 50 Mitglieder durch. In der offiziellen Begründung hieß es, es sei unumgänglich, die Führungsgremien aufzufrischen, zu verjüngen und zu proletarisieren. Nur so könne es gelingen, der schleichenden Bürokratisierung der Partei Einhalt zu gebieten. Ein Jahr später, anläßlich des XIII. Parteitages, kam es zu einer abermaligen Vergrößerung der Führungsorgane: die Zahl der ZK-Mitglieder wuchs auf 53 Mitglieder und 34 Kandidaten, in die Zentrale Kontrollkommission wurden 151 Mitglieder entsandt. Schwerer wog indessen, daß

Stalin bereits zu dieser Zeit die Mitglieder des Zentralkomitees und der Zentralen Kontrollkommission zu gemeinsamen Sitzungen einberief, obwohl eine solche Erweiterung des engeren Führungskreises gegen die Parteistatuten verstieß. An der Zusammensetzung des Politbüros änderte sich anfangs nichts. Stalin isolierte seine Gegner im obersten Führungsorgan, ohne sie herausfordern zu müssen. Er vergrößerte das Zentralkomitee und die Parteitage, setzte »seine« Leute in die Parteikomitees in der Provinz ein und beraubte die übrigen Mitglieder des Politbüros so allmählich des Milieus, das sie unterstützte.[30]

Die Sowjetunion war ein Personenverbandsstaat, in dem Macht errang, wer auf der Klaviatur der persönlichen Beziehungen zu spielen verstand. Das galt für die Partei mehr als für die Staatsbehörden, denn im Orden der Bolschewiki dienten keine Staatsbeamten, sondern Revolutionäre, die auf die Verwaltung des Status quo nichts gaben. Die Kommunistische Partei war ein Verbund, der von personalen Netzen und Gefolgschaftshierarchien, nicht von abstrakten Regeln und Gesetzen zusammengehalten wurde. Verwandtschaft, Treue, Ehre und Loyalität – das waren die Grundlagen, auf die sich die neue Ordnung gründete. Lenin, Lunačarskij und Sverdlov versorgten ihre engsten Freunde und Verwandten mit Pfründen in der Verwaltung und in der Partei. Die Ehefrauen der führenden Kommunisten fanden ein Unterkommen in den Frauenabteilungen der Partei oder im Volksbildungskommissariat. Dieser Herrschaftsstil zeigte sich nicht allein in den zentralen Organen des Sowjetstaates. Mehr noch als im Zentrum waren die Kommunisten in der Provinz durch freundschaftliche oder verwandtschaftliche Bande miteinander verknüpft, sie grenzten ihre Einflußbereiche nach außen ab und gaben Störenfrieden, die aus dem Zentrum zu ihnen gesandt wurden, zu verstehen, daß ihre Einmischung unerwünscht sei. An keinem anderen Ort entfaltete das System der Gefolgschaft eine solche Kraft wie an der asiatischen Peripherie des Imperiums, wo Stämme und Clans Besitz von der Partei ergriffen. In den Provinzen regierte das System der »Beziehungen« (blat), des Nepotismus und der Zuwendungen. Die lokalen Funktionäre blieben nicht zuletzt deshalb auf sich allein gestellt, weil das Zentrum seine Kommunisten nicht entlohnen konnte und weil die zentralen mit den lokalen Netzen anfangs in keiner Verbindung standen.[31]

Die bolschewistische Partei besaß vor der Revolution kaum mehr als 10 000 Mitglieder. Erst mit der Oktoberrevolution wuchs ihre Zahl auf ein beträchtliches Maß, etwa 400 000 sollen es Ende 1917 gewesen sein. Wer vor 1917 von der Macht ausgeschlossen war, konnte sie nunmehr für sich erobern: Mitglieder des revolutionären Untergrunds, junge Männer, Arbeiter und Bauern, Ungebildete, Nichtrussen und Frauen. In den Wirren des Bürgerkrieges veränderte sich die Zusammensetzung der lokalen Parteikomitees. Tod, Flucht, Einberufungen zum Militär und der ständige Wechsel des Einsatzortes versetzten die Partei in einen Zustand permanenter Unruhe. Und auch das menschliche Gesicht der Partei veränderte sich in diesen Jahren. In der zweiten Hälfte des Jahres 1919 strömten Tausende neue Mitglieder in die Partei, zumeist junge, im Krieg gestählte Männer, die die alten Bolschewiki alsbald in den Hintergrund drängten.

1922, am Ende des Bürgerkrieges, gehörten der Partei noch 12 000 Altbolschewiki an, die einst im Untergrund für die revolutionäre Sache gestritten hatten. Nunmehr bekamen sie Konkurrenz von jenen, die erst in den Jahren des Bürgerkrieges der Partei beigetreten waren. Wie sehr die alte Garde in Bedrängnis geriet, zeigte sich im Dezember 1921, als die Parteiführung beschloß, stets nur solche Kommunisten zu Sekretären der Gouvernementskomitees zu ernennen, die bereits vor 1917 der Partei angehört hatten.[32] Am Ende des Jahres 1923 kam im engeren Führungskreis der Gedanke auf, den Anteil von Arbeitern unter den Parteimitgliedern zu erhöhen, um so die bürokratischen Strukturen aufzubrechen, über die nicht zuletzt Lenin öffentlich Klage führte. Eine solche Proletarisierung nutzte Stalin und seinen Gefolgsleuten, die sich von Arbeitern und Bauern mehr erhofften als von der alten Intelligenzija. Als Lenin im Januar 1924 starb, gab Stalin dem Rekrutierungsprogramm eine neue Bezeichnung, mit der es sich von selbst legitimierte: Lenin-Aufgebot (Leninskij prizyv), so lautete die Anwerbungskampagne, die der Partei bis 1925 mehr als 500 000 Arbeiter aus der Produktion zuführte. 1926 weitete das Sekretariat diese Aktion auf die Anwerbung von

Bauern aus. Mit ihnen kamen nicht zuletzt Zehntausende von Nichtrussen in die Partei, die den Sozialismus in der Sprache und im Stil ihrer Heimat an der Peripherie verwurzeln sollten.[33]

Das Stalinsche Patronagesystem und Gefolgschaftswesen gründete sich auf einen Stil, der den bolschewistischen Revolutionären der ersten Stunde, den Debattierern und Kaffeehaussozialisten vom Schlage Trockijs, Radeks und Bucharins, nichts mehr sagte. Stalins Gefolgsleute kamen von unten, aus einem Milieu der Armut und der Gewalt. Sie sprachen eine gemeinsame Sprache und sie erkannten in ihrem Habitus einander als Mitglieder einer verschworenen Gemeinschaft. Mitte der zwanziger Jahre setzten sich diese Aufsteiger auch in der Parteiführung durch. Stalin, der die Ernennung der Sekretäre in den Provinzen verantwortete und die Zusammensetzung der Parteitage manipulierte, holte seine Gefolgsleute in den engeren Kreis der Macht. Der ideologische Standort dieser Kommunisten war dabei von untergeordneter Bedeutung. So sprach der Georgier Beso Lominadze, der zur Gefolgschaft Stalins gehörte, während der innerparteilichen Auseinandersetzungen nicht deshalb für Trockij, weil er dessen Ansichten und Gepflogenheiten teilte, sondern weil er glaubte, es sei notwendig, daß das Zentralkomitee kontrovers über eine Sache diskutiere. Mental stand er auf der Seite Stalins.[34]

Nikita Chruščev erinnerte sich, wie er Stalin anläßlich des XIV. Parteitages 1925 erstmals in Moskau begegnete. Chruščev hatte erwartet, eine entrückte Persönlichkeit zu treffen, umgeben von den Insignien der Macht. Statt dessen trat ihm der Generalsekretär in proletarischer Schlichtheit entgegen, in bescheidenem Gestus und demokratischer Attitüde. Und auch die Sprache des Georgiers bestach nicht durch intellektuelle Brillanz. Stalin habe ihn im Habitus und in der Sprache an seinesgleichen erinnert. Chruščev beeindruckte der handfeste Arbeitsstil des Diktators. Stalin habe sich um jedes Detail der Regierungsarbeit gekümmert. In der öffentlichen Inszenierung sei Stalin vergöttlicht worden, im privaten Umgang habe er sich auf irdisches Niveau begeben. Anastas Mikojan erinnerte sich, wie er Stalin 1923 in seiner kleinen Wohnung auf dem Moskauer Kreml-Areal aufsuchte. Stalins Behausung sei »einfach« gewesen, sein Arbeitszimmer klein. Und auch im Urlaub an der kaukasischen Schwarzmeerküste habe Stalin auf jeglichen Luxus verzichtet. Er habe seine engsten Gefolgsleute, mit denen er einen vertraulichen Umgang pflegte, in seine Wohnung und auf seine Datschen eingeladen, damit sie mit ihm aßen und tranken. Besonders enge Freunde wie Ordžonikidze oder Mikojan nahmen nicht nur an den nächtlichen Gelagen teil, die Stalin ausrichtete. Sie durften auch die Nacht im Haus des Diktators verbringen. Mikojan fiel bei solchen Gelegenheiten die Rolle des »tamada« zu, des kaukasischen Zeremonienmeisters, der während der Zusammenkünfte die traditionellen Trinksprüche ausbrachte.[35]

Stalins Gefolgsleute: Ordžonikidze, Mikojan, Molotov, Vorošilov und Kaganovič, um nur die wichtigsten unter ihnen zu nennen, bestachen durch ihren proletarischen Lebensstil, ihren Männlichkeitskult und die gewalttätige Sprache, die sie von den Theoretikern und Rednern in der Parteiführung unterschied. Das mag an einer unbedeutenden, aber bezeichnenden Episode deutlich werden. Im Juni 1929 kam es auf einer Sitzung des Politbüros zwischen Bucharin und Vorošilov zu einer heftigen Auseinandersetzung über die Frage, auf welche Weise die Komintern in China nach dem Massaker der Kuomintang an den Kommunisten weiter verfahren solle. Bucharin warf dem Kriegskommissar Vorošilov vor, er sei für die Unterstützung der chinesischen Nationalisten in der Kuomintang noch eingetreten, als diese bereits damit begonnen hätten, die Kommunisten niederzumetzeln. Vorošilov brachte dieser Vorwurf sogleich in Rage: »Lügner, Schweinehund, dir gehört eins in die Fresse«, so beendete der Kriegskommissar, was er für eine unzulässige Debatte hielt. Stalins Freund Ordžonikidze schreckte auch vor körperlicher Gewalt nicht zurück. Im Sommer 1922, als Ordžonikidze mit georgischen Kommunisten in Tiflis über die Frage beriet, welchen Status die Republik Georgien im sowjetischen Staatenbund erhalten sollte, beklagte sich einer der anwesenden Kommunisten über den diktatorischen Stil Ordžonikidzes. Er vergaß nicht, hinzuzufügen, dieser sei nichts weiter als der »Arsch Stalins«. Ordžonikidze warf den Tisch um und schlug dem Kritiker mit der Faust ins Gesicht. Stalins Gefolgsleute hatten keine Skrupel, Gewalt einzusetzen, denn sie kamen aus einer Welt, in der körperliche Gewalt oftmals die einzige Möglichkeit zur

Steigerung der eigenen Macht war. Stalin liebte die Gewalt, und er schätzte den Gewaltmenschen. Wer zum inneren Kreis der Macht gehören wollte, mußte nicht nur den Strapazen der stalinistischen Stoßarbeit gewachsen sein, die zu Beginn der dreißiger Jahre auch in die Verwaltung einzog. Ihm durfte, um es in Stalins Worten zu sagen, die Hand nicht zittern.[36]

Im feinen Gespinst der Ideologie fanden sich Stalins Anhänger nicht zurecht. Für sie reduzierte sich die Essenz des Sozialismus auf die Vernichtung und Überwindung von Feinden und auf die Herstellung einer Gerechtigkeit, die vom Ressentiment lebte. Trockij, Bucharin, Zinov'ev, Pjatakov und Radek, die Theoretiker der Partei, verachteten den Generalsekretär und seine einfältigen Gefolgsleute. »Wilde Division« – so nannten Trockij und die »europäischen« Bolschewiki von der linken Opposition in Anspielung auf die muslimischen Soldaten der zarischen Armee jenen Verbund von Aufsteigern, die im Zentralkomitee und im Politbüro auf der Seite Stalins standen. Hier zeigte sich nicht nur die Geringschätzung, die der intellektuelle Bolschewismus dem einfachen Volk entgegenbrachte, in solcher Rede kam auch zum Ausdruck, wie russische und jüdische Intellektuelle über die asiatischen Völker des Imperiums und ihre Vertretung in der Partei dachten.[37] Es durfte deshalb schon niemanden mehr verwundern, daß die Nationalkommunisten für Stalin Partei ergriffen, als es um die Frage ging, wer die Macht in der Parteiführung ausüben sollte.

Stalin nahm unter den Seinen die Rolle des Lehrers und Vaters ein. Mikojan, Ordžonikidze, Kaganovič oder Vorošilov waren hilflose Dilettanten, die sich für überfordert hielten, die ihre Redemanuskripte und Zielvorstellungen von Stalin redigieren ließen, bevor sie sich mit ihnen an die Öffentlichkeit wagten. Mikojan erinnerte sich, er habe, als Stalin ihn 1926 aufforderte, in das Politbüro einzutreten und das Amt des Volkskommissars für Außenhandel einzunehmen, abgelehnt: »Ich ergriff sofort das Wort und sprach mich gegen meine Kandidatur aus und begründete das damit, daß ich für eine solche Rolle nicht tauglich sei.« Stalin beantwortete solches Zögern gewöhnlich mit dem Hinweis, die mangelnde Ausbildung seiner Schützlinge werde durch ihre praktische Erfahrung, ihre Nähe zur »Realität« aufgewogen. In der Gesellschaft Mikojans, Kaganovičs, Ordžonikidzes und Vorošilovs wirkte Stalin, der keine höhere Schule besucht hatte, wie ein gebildeter Mann. So wuchs ihm in diesem Kreis allmählich die Rolle eines Übervaters zu. Zu Beginn der dreißiger Jahre bezeichnete Kaganovič Stalin in einem Brief an Molotov als »unseren Vater«. »Wir als Mitglieder des Zentralkomitees stimmen für Stalin, weil er einer von uns ist«, so brachte das Mitglied des Politbüros Jan Rudzutak auf dem Plenum des ZK im Januar 1933 auf den Begriff, worin für ihn die Essenz der Diktatur bestand.[38]

Wie aber kam es, daß sich die innerparteilichen Kritiker nicht nur geschlagen gaben, sondern sich auch öffentlich unterwarfen, am Ende sogar ihrer Selbstauslöschung zustimmten, die Stalin für sie erdacht hatte? Man wird dieses scheinbar irrationale Verhalten der Parteiführer nur im Verweis auf die Isolation, in der sich die Bolschewiki befanden, verstehen können. Die Bolschewiki sahen sich als Orden der Auserwählten inmitten von Feinden, die ihre Festung bestürmten. Diese Festung hielt den Angriffen von außen nur stand, wenn jene, die in ihr lebten, nicht miteinander stritten, wenn sie sich einer Disziplin unterwarfen, die Abweichungen mit sozialer Ächtung bestrafte. Das Parteimitglied gehörte dem Kollektiv und seinen Regeln, es handelte im Bewußtsein, daß jede Verfehlung dem Feind nutzte, der nur darauf wartete, die bolschewistische Festung zu erobern. Auf Betreiben Lenins faßte der X. Parteitag 1921 den Beschluß, oppositionelle Strömungen innerhalb der Partei nicht länger zu dulden. Alle Fraktionen mußten aufgelöst werden, wer sich diesem Beschluß widersetzte, konnte vom Zentralkomitee mit einer Parteistrafe belegt oder aus der Partei ausgeschlossen werden. Fortan übte sich die Parteiführung in der Inszenierung von Einheitsritualen, mit denen die Führer einander ihre Treue unter Beweis stellten. Ausgerechnet Trockij, dessen introvertierter Individualismus sich jeglicher Disziplinierung entzog, verlieh dem kollektivistischen Credo auf dem XIII. Parteitag im Mai 1924 eine Sprache:

»Genossen, keiner von uns will oder kann gegen die Partei recht behalten. Letztlich hat die Partei immer recht, denn sie ist das einzige historische Instrument, das dem Proletariat zur Lösung seiner Grundprobleme gegeben ist ... Ich weiß, daß niemand gegen die Partei recht behalten kann. Es ist nur möglich, mit der Partei und durch die Partei recht zu haben, denn andere Wege zur Verwirklichung dessen, was recht ist, hat die Geschichte nicht geschaffen.«[39]

Was hier geschah, war nichts weiter als ein Akt sozialer Disziplinierung, der Abweichungen von der Norm mit dem Ausschluß aus der Gemeinschaft bestrafte. Nunmehr unterwarfen sich die Mitglieder der Partei nicht nur den Beschlüssen des Politbüros, sie sprachen eine verordnete Sprache und übten Selbstkritik, sobald sie in den Verdacht gerieten, Abweichler zu sein. Wo Glaubenssätze in der stetigen Wiederholung des Ritus eingeübt wurden, bedurfte es eines Zeremonienmeisters, der über die Einhaltung des Rituals wachte. Es war Stalin, dem diese Rolle zufiel, und es war kein Zufall, daß der künftige Diktator einst das Priesterseminar in Tiflis besucht hatte. Eine Kostprobe seines Talentes, Glaubenssätze in Formeln zu gießen, die klangen, als stammten sie aus einem Gebetbuch, gab Stalin anläßlich der Beerdigung Lenins im Januar 1924. Er leistete einen Schwur, das Vermächtnis des Revolutionsführers zu erfüllen. Unmittelbar nach dem Tod Lenins begann die Parteiführung damit, Fabriken, Schulen, Straßen und Plätze nach dem verstorbenen Revolutionsführer zu benennen. Petrograd, die Wiege der Revolution, wurde in Leningrad umgetauft, Lenin selbst einbalsamiert und seine Leiche in einem Mausoleum auf dem Roten Platz in Moskau zur Schau gestellt.[40] Lenin erhielt postum den Status eines Heiligen der Revolution, seine Schriften wurden kanonisiert und sakralisiert. Sie durften zitiert, aber nicht mehr kritisiert werden. Lenin erhielt postum die Qualität eines Religionsstifters zugewiesen. Wer sich in der Partei zu Gehör bringen wollte, mußte sein Anliegen im Verweis auf die Werke Lenins vortragen. Und es war Stalin, der als Generalsekretär und großer Manipulator am Ende darüber befand, wie und was zu sprechen sei. Jetzt kam die Rede vom Leninismus auf. Sie bezeichnete einen Kanon von Glaubenssätzen, dem sich jedes Mitglied der Partei bedingungslos zu unterwerfen hatte. Wer gegen Stalin und seine Anhänger sprach, verstieß gegen das Gebot der Einheit. Er übte Verrat am Leninismus und den vorherrschenden Lehren, die von der Mehrheitsfraktion in den Rang von göttlichen Gesetzen erhoben wurden. Die Rededuelle, die in den zwanziger Jahren auf den Parteitagen und Plena des Zentralkomitees ausgetragen wurden, verrieten Meinungsverschiedenheiten, aber sie kannten nur noch eine Sprache. Man rief sich Zitate aus den Werken Lenins zu, begründete seine Thesen im Verweis auf Aussprüche des verstorbenen Führers und kleidete sein Anliegen in eine standardisierte Rhetorik, die an scholastische Dispute des Mittelalters erinnerte. Und weil niemand die kanonisierten Regeln in Frage stellte, weil, von wenigen Ausnahmen abgesehen, niemand danach strebte, die monolithische Fassade der Partei niederzureißen, mußten jene, die im Machtkampf unterlagen, Reue zeigen und Sünden bekennen. Sünden beging, wer gegen den Glaubenskanon und die jeweils herrschende Generallinie der Partei verstieß. Er konnte im Orden nur verbleiben, wenn er Selbstkritik übte und Besserung gelobte. Darin liegen die Ursachen für das entwürdigende und groteske Schauspiel von Kritik und Selbstkritik, das sich in den dreißiger Jahren auf allen Ebenen der Parteiorganisation durchsetzte. In der Selbstkritik vollzog der Delinquent ein Selbstreinigungsritual. Sie diente dazu, Feinde zu entlarven und Reumütige in die Gemeinschaft zu reintegrieren.[41] An der Errichtung des geistigen Gefängnisses, das alle Parteimitglieder in Haft nahm, hatten die führenden Bolschewiki selbst mitgewirkt. Sie konnten die Regeln deshalb nicht außer Kraft setzen, wenn sie sie selbst bedrohten.

Weil niemand anders auftreten konnte als in der verordneten Sprache und im verordneten Ritual der Freundschaft, brachten die führenden Bolschewiki einander stetiges Mißtrauen entgegen. Wo Schwüre und Bekenntnisse abgegeben wurden, regierte der Verdacht. Der eingeübte Sprachgebrauch verriet Kritiker und Abweichler als Lügner, die Loyalität nur vortäuschten, um nicht verstoßen zu werden. Der Verfolgungswahn gedeiht nur dort, wo sich Wahrheiten hinter verordneten Lügen verbergen und am Ende nicht mehr zu entscheiden ist, was die Vortäuschung vom Bekenntnis unterscheidet. Darin liegt nicht zuletzt die Ursache für die groteske Spionagemanie und den Verfolgungswahn, der Stalin und seine Helfer in den dreißiger Jahren ergriff. Dieser Wahn führte in den stalinistischen Massenterror.

III. Kulturrevolution

Neue Menschen

Die stalinistische Kulturrevolution war ein Versuch, einen Menschen zu schaffen, dem das überkommene Leben nichts mehr galt, der sich der neuen Ordnung ganz verschrieb, familiäre und religiöse Bindungen abwarf und zu innerer Selbstreinigung fand. Dieser Mensch besiegte den Feind, der in ihm wohnte, er brannte alles Fremde aus sich heraus und zivilisierte sich selbst. Am Ende dieses Prozesses der Selbstwerdung stand der neue Mensch. Der neue Mensch vergaß. Er kam von nirgendwo. In »Literatur und Revolution« formulierte Trockij 1923, wie dieser Mensch beschaffen sein sollte:

»Der Mensch wird endlich daran gehen, sich selbst zu harmonisieren. Er wird es sich zur Aufgabe machen, der Bewegung seiner eigenen Organe – bei der Arbeit, beim Gehen oder im Spiel – höchste Klarheit, Zweckmäßigkeit, Wirtschaftlichkeit und damit Schönheit zu verleihen. Er wird den Willen verspüren, die halbbewußten und später auch die unterbewußten Prozesse im eigenen Organismus: Atmung, Blutkreislauf, Verdauung und Befruchtung zu meistern, und wird sie in den erforderlichen Grenzen der Kontrolle durch Vernunft und Willen unterwerfen. Das Leben, selbst das rein physiologische, wird zu einem kollektiv experimentellen werden. Das Menschengeschlecht, der erstarrte homo sapiens, wird erneut radikal umgearbeitet – und unter seinen eigenen Händen – zum Objekt kompliziertester Methoden der künstlichen Auslese und des psychophysischen Trainings werden. Das liegt vollkommen auf der Linie seiner Entwicklung ... Der Mensch hat zuerst die dunklen Elementargewalten aus der Produktion und der Ideologie vertrieben, indem er die barbarische Routine durch wissenschaftliche Technik und die Religion durch Wissenschaft verdrängte. Dann hat er das Unbewußte aus der Politik vertrieben, indem er die Monarchie und die Stände durch die Demokratie und den rationalistischen Parlamentarismus, schließlich durch die Transparenz der Sowjetdiktatur ersetzte. Am schlimmsten hat sich die blinde Naturgewalt in den Wirtschaftsbeziehungen festgesetzt – aber auch von dort vertreibt sie der Mensch durch die sozialistische Organisation der Wirtschaft. Dadurch wird ein grundlegender Umbau des traditionellen Familienlebens ermöglicht. ... Der Mensch wird sich zum Ziel setzen, seiner eigenen Gefühle Herr zu werden, seine Instinkte auf die Höhe des Bewußtseins zu heben, sie durchsichtig klar zu machen, mit seinem Willen bis in die letzten Tiefen des Unbewußten vorzudringen und sich so auf eine Stufe zu erheben – einen höheren gesellschaftlich-biologischen Typus, und wenn man will – den Übermenschen zu schaffen. ... Der Mensch wird unvergleichlich viel stärker, klüger und feiner, sein Körper wird harmonischer, seine Bewegungen werden rhythmischer und seine Stimme wird musikalischer werden. Die Formen des Alltagslebens werden eine dynamische Theatralik annehmen. Der durchschnittliche Mensch wird sich bis zum Niveau eines Aristoteles, Goethe oder Marx erheben. Und über dieser Gebirgskette werden neue Gipfel aufragen.«[1]

Für die Bolschewiki war, was Proletariat genannt wurde, ein höherer Bewußtseinszustand, eine Attitüde dem Leben gegenüber, die der barbarische russische Mensch nicht aus sich hervorbringen konnte. Zum Proletarier wurde, wer die Last der Vergangenheit von sich warf, aus sich heraustrat und wahres Wissen über sich und die Welt erlangte, aus der er kam. Der Proletarier war einer, der sich im Stadium des Selbstbewußtseins befand, um es mit den Worten Hegels zu sagen. Nur so wird verständlich, daß die Bolschewiki von der Züchtung des neuen Menschen überhaupt sprechen konnten, eines Menschen, der aus dem Laboratorium der Revolution hervorging. Nun stand dieses Denken in einer aufgeklärten Tradition, die sich nicht auf den Marxismus beschränkte. Es war der romantische Antikapitalismus der Avantgarde und des Expressionismus, der sich hier ebenso zeigte wie der revolutionäre Furor der Bolschewiki. Arbeiter und Unterschichten waren Projektionen des idealen Intellektuellen, Rebellen, die die verlorene Einheit der Menschheit wiederherstellten, indem sie der falschen Welt, die der Kapitalismus repräsentierte, die Maske herunterrissen. Bereits vor der Revolution phantasierten Avantgardekünstler und Wissenschaftler von der Synchronisierung

Rußlands mit dem europäischen Westen durch Architektur, Wissenschaft und Theater. Der Chemiker Vernadskij wollte die Menschen wissenschaftlich umgestalten und regte die Gründung einer zentralen Akademie an, in der Intellektuelle an der Umarbeitung des Menschen arbeiten sollten. Nietzsche und Wagner – das waren die Helden der Avantgarde. Ihre Theatertheorie entlarvte die Realität des Alltags als leeren Schein. Das Theater hatte die Aufgabe, die inneren Kräfte und Emotionen der Menschen freizulegen, die Sprechweisen dem Rhythmus und dem Gestus der Körper zu unterwerfen. Was Trockij 1923 über den neuen Menschen zu sagen hatte, speiste sich also nicht allein aus marxistischem Fortschrittsdenken. Aber erst nach der Revolution des Jahres 1917 kamen die Konzepte der Avantgardekünstler und der Bolschewiki zusammen: in der Revolutionierung der Ausdrucksformen und der praktischen Instrumentalisierung des Theaters. Die Bolschewiki entdeckten die revolutionäre Kraft, die vom Theater in einer Gesellschaft von Analphabeten ausgehen konnte. Das Theater berührte die menschliche Seele, es konnte Menschen, wenn es sie ergriff, in religiöse Verzückung versetzen. Aufklärung und Beseelung – das war es, was die Bolschewiki und die Avantgardekünstler miteinander verband. In den Massenaufführungen des Jahres 1920, als Evreinov den »Sturm auf den Winterpalast« in Petrograd unter freiem Himmel aufführen ließ und dabei die Stadt in eine Bühne verwandelte mit Tausenden von Schauspielern und 100 000 Zuschauern, kamen die ästhetischen Vorstellungen der Avantgarde, der Wunsch der Intellektuellen, sich mit dem Volk zu verschmelzen und die Aufklärungs- und Beseelungsphantasien der Bolschewiki zusammen. Die frühen sowjetischen Experimente in Theater und Film setzten sich zum Ziel, Emotionen zu »konstruieren«, Bewegungen und Effekte zu kontrollieren, um auf diese Weise nicht nur die Schauspieler abzurichten, sondern auch die Zuschauer in einer Weise zu manipulieren, daß sie für das Projekt des neuen Menschen ansprechbar wurden.[2]

Die Bolschewiki schöpften nicht nur aus dem Fundus des Marxismus und dem Denken Nietzsches und Wagners. Was vom »Übermenschen« zu halten war, das erklärte ihnen die moderne Naturwissenschaft. Niemand brachte es im Kreis der führenden Bolschewiki zu größerem Ansehen als der Physiologe Pavlov, der, Trockij gleich, die Menschheitsgeschichte als einen Prozeß verstand, in dem das Bewußtsein die tierischen Bedürfnisse des Körpers zum Verstummen brachte. Disziplinierung und Zurichtung des Menschen lagen in der Hand des Menschen selbst, und es waren die Bolschewiki, die im Namen der Geschichte solche Zurichtung ins Werk setzten. Der Genetiker Aleksandr Serebrovskij stellte 1929 eine Verbindung zwischen der Züchtung des neuen Menschen und dem Regime der Bolschewiki her. Die Frage, wie »die Auslese in der menschlichen Gesellschaft zu organisieren«, sei, werde »zweifellos nur im Sozialismus« beantwortet werden können, »nach der endgültigen Zerstörung der Familie, dem Übergang zur sozialistischen Erziehung und der Trennung von Liebe und Zeugung«. Denn biologisch, so der Genetiker, sei die Liebe nichts weiter als »die Summe unbedingter und bedingter Reflexe.«

Gorkij stimmte in dieser Frage mit Lenin überein. Er sah freie, den Zwängen enthobene Menschen, die als erste und letzte Instanz des Lebens nichts anerkannten als sich selbst, die frei waren, ungebunden und emanzipiert. Wie aber konnte der Kommunismus, so fragten sich beide, mit einer »Masse von menschlichem Material« errichtet werden, das Jahrhunderte lang von »Sklaverei, Leibeigenschaft und Kapitalismus verdorben« worden war. Ihre Antwort auf diese Frage ließ an Eindeutigkeit nichts zu wünschen übrig. Barbaren wurden zu neuen Menschen, wenn sich die Umwelt, in der sich diese Menschen bewegten, in eine Disziplinierungsmaschine verwandelte. Die »Amerikanisierung« der Produktion und die Befreiung der Arbeiter von der Last der Vergangenheit widersprachen einander nicht länger. Denn wo Arbeiter zu einem Rädchen im großen Getriebe wurden, entstand auch der neue Mensch.[3]

Solche Abrichtung beschränkte sich freilich nicht allein auf die Standardisierung und Mechanisierung der Produktionsabläufe. Der neue Mensch war ein Kämpfer, der seinen Körper stählte, der allen Widerständen trotzte, die die Natur bereithielt. Von der Erziehung des Körpers sprachen die militärischen Vordenker der Revolution bereits während des Bürgerkrieges. Der rote Soldat war nicht nur ein Kämpfer aus Überzeugung, der sich einer Sache ganz hingab. Er übte sich in Todesverachtung, Zähigkeit, Gewandtheit, Kraft und Ausdauer – Eigenschaften, die Männer und Sieger auszeichneten.

Die bolschewistischen Führer waren Gewalttäter. Für sie war die Gewalt das Lebenselixier der Gesellschaft. Als der deutsche Sozialdemokrat Karl Kautsky Kritik an der Gewalttätigkeit der Bolschewiki übte, erntete er Verachtung. Kautsky sei ein Mann der Feder ohne festen Willen, wie Trockij dem Theoretiker des Marxismus entgegnete. Die Bolschewiki hingegen waren Männer der Tat und der Gewalt. Es war die Bestimmung des Proletariers, getötet zu werden und zu töten. Darin lag die grausame Logik des Klassenkampfes, der sich die neuen Machthaber bedingungslos unterwarfen. Sie hatten keinen Begriff von der Destruktivität ihres Gewaltkultes, denn sie brachten die Gewalt nicht unter Kontrolle, sondern entfachten sie in den Untertanen. In der Roten Armee erlernten die Rekruten vor allem das Handwerk des Tötens. Der Soldat war mutig, nervenstark und brutal. Er kannte nur noch zwei Welten: jene der Freunde und jene der Feinde. Und die Ausbildung in der Armee sollte ihm dabei helfen, diese Feinde zu erkennen und im Kampf auf Leben und Tod zu vernichten. Von der traditionellen Aufgabe des Militärs und der Geheimpolizei, äußere und innere Bedrohungen abzuwehren und Gewalt einzudämmen, hatten die Bolschewiki schon keinen Begriff mehr. Der bolschewistische Tötungskult betrieb die systematische Enthemmung des Soldaten. So schrieben sich die Bolschewiki freilich auch in das Gedächtnis der Untertanen ein: als Männer der Gewehre, die, wo sie in Erscheinung traten, Tod und Verderben brachten. Wo jedoch die Gewalt Besitz von den Körpern der Untertanen ergriff, führte sich die Idee der Disziplinierung ad absurdum. Das war das Dilemma, dem die Bolschewiki nicht entgingen.[4]

Schlachtfelder eröffneten sich den neuen Menschen nicht allein im Krieg. Das Leben selbst war ein Krieg: gegen äußere und innere Feinde, gegen Rückständigkeit und Barbarei, die sich in den Köpfen der Untertanen festgesetzt hatten. Nur ein gesunder Körper brachte die Kraft auf, Bewährungsproben zu bestehen und sich von Verdorbenheit zu befreien. Kranke Körper verweigerten sich den Signalen, die das Bewußtsein an sie aussandte, ihre Mechanik gehorchte keiner rationalen Ordnung. Der neue Mensch disziplinierte seinen Körper, verwandelte ihn in eine standardisierte, willenlose Maschine und lieferte ihn dem Kollektiv aus. Als Trockij 1920 davon sprach, die Arbeit müsse militarisiert werden, verband er pragmatische Erwägungen mit utopischen Entwürfen des Menschen. Sein Nachfolger im Amt des Kriegskommissars, Michajl Frunze, fand, die Zurichtung des »Menschenmaterials« sei für die Armee des Sowjetstaates von größerer Bedeutung als die Entwicklung moderner Waffensysteme. Denn wo der eiserne Wille gestählter Proletarier regierte, konnte es Niederlagen schon nicht mehr geben.

Der Körperkult der Bolschewiki zeigte sich nicht zuletzt in der öffentlichen Visualisierung des neuen Menschen, auf Plakaten und in Propagandabroschüren. Sie präsentierten, wo sie den neuen Menschen abbildeten, athletische Körper mit erotischer Ausstrahlung. An den Feiertagen des Regimes bekam man die neuen Menschen auch auf dem Roten Platz in Moskau zu sehen, wenn gestählte und leicht bekleidete sowjetische Sportler, Maschinen gleich, an den Parteiführern vorbeimarschierten. Körper, die sich auf die Höhe der Zeit bringen wollten, mußten gepflegt werden. Daran arbeiteten die bolschewistischen Ideologen und ihre Verbündeten aus Wissenschaft und Militär. N.S. Semaško, Volkskommissar für Gesundheit und enger Mitstreiter Lenins, fand in der Sowjetunion nichts, was ihn zu dem Urteil hätte veranlassen können, hier werde der neue Mensch geboren. 1926 publizierte er eine Schrift mit dem Titel »Wege der sowjetischen Körperkultur«, in der er seine Abscheu vor dem russischen Leben bekundete. Rußland fehlte eine Kultur der Körperhygiene, wie Semaško sie im europäischen Exil kennengelernt hatte, wo Menschen ihre Betten lüfteten, ihre Körper wuschen und ihre Kleidung reinigten. Rußlands Bevölkerung sei »barbarisch«, ohne Verständnis für die elementaren Regeln der Körperpflege.[5]

Gesunde Körper bedurften sorgfältiger Pflege. Der Genuß von Alkohol, das Fasten an religiösen Feiertagen, sexuelle Ausschweifungen, der Verzicht auf Leibesertüchtigung und tägliche Hygiene setzten dem Körper zu und schädigten das sozialistische Kollektiv. So kam es, daß die Kulturrevolutionäre nicht nur den Glauben und die Gebete der Untertanen in das Reich der Barbarei verbannten, sondern auch die an sie gebundenen Körperrituale wie die Geißlerprozessionen der schiitischen Muslime, das Ritualbad orthodoxer Juden und das Fasten der Christen aus der Welt schaffen wollten. Der Feldzug gegen die Religion war nicht nur ein Kampf um die Seelen, er war auch ein Kampf um die Körper der Untertanen. Im Agitationstheater der Bolschewiki zeigte sich dieser Kampf en miniature. »Die Arbeiter bauen eine neue Gesellschaft auf, ohne selbst neue Menschen geworden zu sein, gesäubert vom Schmutz der alten Welt, stehen sie bis zu den Knien in diesem Schmutz«, wie es in einer zeitgenössischen Propagandaschrift hieß.[6] Seit der Mitte der 1920er Jahre versuchten die Machthaber, den Bauern im Medium künstlich inszenierter Prozesse zu demonstrieren, was es bedeutete, sich der neuen Lebensweise (novyj byt') zu verschreiben. Schmutzige Kochtöpfe und verlauste Kleider wurden auf die Anklagebank gebracht und, wenn sich ihre »Schuld« erwies, zu lebenslänglicher Zwangsisolation verurteilt. Menschen, die in solchem Schmutz lebten, sollten erkennen, daß ein Leben im Schmutz nicht nur ihre Gesundheit ruinierte, sondern auch dem Körperideal des modernen Menschen widersprach.[7]

Neue Menschen sprachen die Sprache der Bolschewiki, sie feierten ihre Feste und lebten das moderne Leben, so wie die Machthaber es sich vorstellten. Bereits in den frühen zwanziger Jahren führte das Regime neue Rituale ein, mit denen es die Bevölkerung an die sozialistische Ordnung zu binden hoffte. Ihnen kam es darauf an, daß den alten Ritualen neue folgten, daß die Organisation des Alltagslebens nicht zur Privatsache verkam. Es gab nicht nur »rote Hochzeiten« und »rote Beerdigungen«. Das Regime führte ein Surrogat der christlichen Taufe ein. »Oktobern«, so wurde diese Praxis in der Sprache der Machthaber genannt. Eltern, die ihre Kinder kommunistisch taufen ließen, bekannten sich zur Ordnung der Bolschewiki. Dieses Bekenntnis brachte sich nicht zuletzt in den Namen zum Ausdruck, die die Kinder erhielten. Der Phantasie waren keine Grenzen gesetzt: man hieß jetzt Bebelina oder Marks, Engelina oder Robespierre mit Vornamen. Beliebt waren Komposita wie Melor (Marx-Engels-Lenin-Oktoberrevolution) und Revmir (Revolution und Frieden). Manche ließen ihren Nachwuchs Traktorina, Tekstil, Okean (Ozean) oder Milicija rufen, um zu demonstrieren, welcher

Welt sie sich nunmehr verschreiben wollten. Wer nicht verstand, worauf es hier ankam, aber nicht im Abseits stehen mochte, wählte einen Namen, der einen ausländischen, geheimnisvollen Klang hatte: Markiza, Embryo oder Vinaigraitte.[8]

Die Bolschewiki begriffen, daß sie die Köpfe und Herzen der Untertanen nur erreichten, wenn sie sich in der Welt der Emotionen einen Platz verschafften, wenn sie sich in die Feste einschrieben, die das Volk feierte. In den religiösen Festen aber kamen die Bolschewiki nicht vor, wenn die Untertanen sich vergnügten, wurden die Bolschewiki zu Ausgeschlossenen. An Ostern, Pfingsten und Weihnachten, während der islamischen Fasten- und Opferwochen, im schiitischen Trauermonat oder während des jüdischen Pessachfestes blieben die Machthaber stumm. Das galt letztlich auch für jene zahlreichen Feste der russischen Bauern, die aus der Gewohnheit kamen und den Lebensrhythmus des Dorfes bestimmten. Wo Bauern Feste feierten, zeigte sich für die Bolschewiki das Versagen der sozialistischen Ordnung. Denn das Fest war nicht nur ein Ereignis, das eine Verbindung der Bauern zu den Vorfahren und ihren Traditionen herstellte. Das Fest war ein fixer Punkt im Kalender der Dorfbewohner, es gab dem Lebenszyklus des Menschen eine Richtung, es strukturierte das Zeitgefühl, Vergangenheit, Gegenwart und Zukunft. Revolutionäre, die von der Veränderung des Menschen und seiner Gewohnheiten träumten, mußten sich dieser Feste bemächtigen. Das war schon deshalb unumgänglich, weil die Bauern während dieser Feste Alkohol im Übermaß tranken, sich Ausschweifungen hingaben und die staatliche Ordnung der Lächerlichkeit preisgaben. Und mit der Migration Hunderttausender Bauern in die Städte und auf die Großbaustellen des Kommunismus zu Beginn der dreißiger Jahre kamen die Feste, die Gewohnheiten und Bräuche des Dorfes in die Stadt. Es kam deshalb für die Bolschewiki darauf an, den Festkalender des Volkes neu einzurichten. Der »internationale Frauentag«, der Maifeiertag und der Tag der Revolution, Sportfeste und sozialistische Erntefeiern sollten die alten Bräuche verdrängen. Deshalb wurden die neuen Feiertage zeitlich so positioniert, daß sie mit den alten konkurrierten. In den größeren Städten schien das Konzept der Bolschewiki aufzugehen. Denn an den Festtagen des Sozialismus wurde nicht gearbeitet, es gab Aufmärsche und Paraden, an denen die Bevölkerung teilnehmen mußte. Nicht jeder, der an den Tribünen vorbeilief, auf denen sich die Führer dem Volk zur Schau stellten, teilte auch die Weltsicht dieser Führer. Aber er wurde mobilisierbar, und er vergaß mit der Zeit, worauf es die alten Feste abgesehen hatten, wenn sie nicht mehr gefeiert und ihr Sinn nicht mehr verstanden wurde. Solch eine Entleerung der Köpfe konnte aber nur dort gelingen, wo Traditionen in Texten aufbewahrt und weitergegeben wurden. Wo mündliche Überlieferungen das Geschehen ausrichteten, setzten sich die Bolschewiki nicht durch, vor allem wenn es ihnen an Interpreten ihres Gesellschaftsentwurfes fehlte. Das bolschewistische Fest blieb ein Fest der Städte, aber auch hier war es doch nichts weiter als ein Zwangsfest, in dem die neue Obrigkeit sich die Bevölkerung zu unterwerfen suchte. Es war die Vermischung der traditionellen mit den neuen Festen, die Entpolitisierung der bolschewistischen Feiern durch die Bevölkerung, die den Fremdzwang am Ende in einen Selbstzwang überführte.[9]

Neue Menschen lebten in neuen Städten. Von Anbeginn versuchten die Bolschewiki, den Städten des Imperiums ein neues Antlitz zu geben, um die Bewegungen der Untertanen, die in ihnen lebten, zu lenken und zu kontrollieren. Die Innenstädte verödeten. So war das alte Moskau mit seinem undurchsichtigen Gewirr von Gassen, Hinterhöfen und unbeleuchteten Plätzen ein Ort, der den Untertanen gehörte. Was dort geschah, entzog sich der Kontrolle durch die Staatsmacht. Die Umgestaltung der Städte war für die Bolschewiki eine Frage der Macht. Es verschwanden die Symbole des alten Regimes aus dem Straßenbild, die imperialen Denkmäler wurden durch kommunistische ersetzt, Reklameschilder durch Propagandaplakate, deren Anblick sich niemand mehr entziehen konnte. Der öffentliche verwandelte sich in einen politischen Raum, in dem das Regime der Bevölkerung seine Vision vom neuen Leben mitteilte: auf Plätzen und breiten Straßen, die nicht mehr zum Verweilen einluden, auf denen sich Bolschewiki und Volk zu Bedingungen begegneten, die die Obrigkeit bestimmte. Als die Läden, die Versicherungen und Banken, die Kaufhäuser und Cafés aus dem Stadtzentrum verschwanden, wich auch das Leben aus ihm. Die Boulevards, auf denen die Stadt sich selbst darstellte, verödeten. Mit ihrem Tod starb auch der Spaziergang als Freizeitvergnügen des Bürgers. Städte wie St. Petersburg verwandelten sich statt dessen in Museumslandschaften. Wer einmal sowjetische Plätze gesehen hat, auf denen sich dem Betrachter nichts als gähnende Leere zeigte, weiß, welcher Abgrund durch das Verschwinden der Märkte und Geschäfte aufgerissen wurde. Die Leere schuf Distanz, auf den Straßen und Plätzen kam es zu keinen Begegnungen mehr, sie verwandelten sich nunmehr in monströse Aufmarschplätze, auf denen das Regime seine Gewalt über die Bevölkerung zum Ausdruck brachte. Die sowjetische Architektur war eine Architektur der Unterwerfung, die den öffentlichen Raum »verstaatlichte« und den Untertan durch Kontrolle und Beaufsichtigung zu disziplinieren versuchte.

Und als das Regime gegen Ende der zwanziger Jahre in Moskau und in anderen großen Städten »Kultur- und Erholungsparks« einrichtete, erhob es damit auch den Anspruch, das Freizeitverhalten der Untertanen zentraler Lenkung und Kontrolle zu unterwerfen. Es kam darauf an, die bäuerlichen Migranten, die in den großen Städten lebten, nicht nur an ihren Arbeitsplätzen, während der sowjetischen Feiertage, sondern auch in ihrer Freizeit zu beaufsichtigen und zu bevormunden. Doch nicht überall, wo es die Bevölkerung entmündigte, übte es auch wirklich Macht aus. Wo Kontaktzonen aufgehoben und Begegnungen zwischen Bolschewiki und Arbeitern nur noch in standardisierter Form, in Clubs, Parteizellen, auf Fabrikversammlungen und während der Aufmärsche anläßlich der Staatsfeste, stattfanden, konnte sich das Regime auf seine Kommunikationskanäle schon nicht mehr verlassen. Denn die Untertanen, die mit der inszenierten Lüge leben mußten, logen zurück, wenn die Machthaber sie zum öffentlichen Sprechen aufforderten. Die Bolschewiki konnten die Kommunikationsbedingungen nach Belieben verändern, sie monopolisierten die Medien und wachten darüber, daß die jeweils ausgegebenen Sprachregelungen und Lebenshaltungen eingehalten wurden. So aber beraubte sich die Macht ihrer Wirkungen, weil sie in den öffentlichen Räumen Auftrittsverbote verhängte und weil sie den Untertanen abverlangte zu preisen, was nicht existierte. Die Bolschewiki herrschten über die Räume der Lüge, im privaten Raum, in der Küche, aber geboten ihnen die Untertanen Schweigen. Hier regierten der Spott und der Alkohol.[10]

Wo sich ihnen das Private nicht im Schein der Öffentlichkeit zeigte, fanden die Bolschewiki keine Ruhe. Von Anbeginn versuchten sie deshalb, auch den Wohnraum der Untertanen zu verstaatlichen, Wohnungen in Orte des sozialistischen Kollektivs zu verwandeln. Seit den frühen zwanziger Jahren entstanden in allen großen Städten der Sowjetunion Kommunalwohnungen, in denen gewöhnlich mehrere Familien untergebracht wurden. Die »kommunalka« war eine Sowjetunion en miniature, in ihr zeigten sich alle Leiden der stalinistischen Gesellschaftsordnung. Sie war ein Ort der Destruktivität: sie zwang Fremde, miteinander zu leben, Toilette, Küche und Bad gemeinsam zu nutzen. In der Kommunalka gediehen Mißtrauen, Furcht und Haß.

Ende 1927, als der Zuwanderungsdruck auf die großen Städte zunahm, begann das Regime mit der Ausquartierung von Menschen aus ihren Wohnungen. Niemand durfte jetzt noch mehr als acht Quadratmeter Wohnraum beanspruchen. Es waren die Vorsitzenden der Hauskomitees, die den Rayon-Sowjets mitteilten, welcher Wohnraum noch zu vergeben war. Mit dieser Funktion fiel den Vorsitzenden der Hauskomitees auch die Kontrolle über das Privatleben der Bewohner zu. Sie überprüften den Wohnraum in den Häusern, kontrollierten, wer sich illegal in der Stadt aufhielt, und denunzierten, wer keine Erlaubnis besaß, sich in der Stadt niederzulassen. Die Vorsitzenden der Hauskomitees waren der verlängerte Arm des stalinistischen Terrorapparates. Das zeigte sich bereits im April 1929, als die Regierung eine Verordnung erließ, die die lokalen Sowjets anwies, alle ehemaligen Hausbesitzer aus ihren Wohnungen zu vertreiben. Die Vorsitzenden der Hauskomitees sollten den Geächteten die Nachricht überbringen und den frei werdenden Wohnraum an Arbeiter vergeben. Zu Beginn der dreißiger Jahre wurden allein in Leningrad Tausende von »sozial fremden Elementen« aus ihren Wohnungen vertrieben. Furcht und Mißtrauen zogen in die Kommunalwohnungen ein, der geringste Anlaß konnte zu einer Denunziation und Vertreibung führen. In den Jahren des Großen Terrors entglitten die Denunziationen jeglicher Kontrolle. Der Exzeß brachte sich nicht zuletzt aus der kollektiven Solidarhaftung hervor, die das Regime unter den Bewohnern der Kommunalwohnungen einführte. Die Bewohner einer Kommunalka mußten einen »Bevollmächtigten« und einen »Volksrichter« wählen, die im Auftrag des Regimes Ordnung in den Wohnungen herstellten und die Bewohner eiserner Disziplin unterwarfen. Vandalismus, staatsfeindliche Äußerungen und asoziales Sozialverhalten sollten angezeigt und mit der Entfernung des Beschuldigten aus der Wohnung geahndet werden. Nun gelang dem Regimes eine solche Disziplinierung nur ausnahmsweise. Aber es veränderte den Alltag der Untertanen, es säte Furcht und Mißtrauen, es erzeugte ein System des ständigen Verdachts, des Hasses und der Fremdenfurcht. Darin zeigte sich das häßliche Antlitz des Stalinismus.[11]

Nirgendwo tobte der Kampf um die Seelen heftiger als im sowjetischen Orient, im Kaukasus und in Zentralasien. Hier, im proletariatsfreien Raum, kam der neue Mensch aus der kulturrevolutionären Retorte. Der neue Mensch war einer, dessen Sprache, Kleidung und Gewohnheiten ihn als Europäer auswiesen, so wie die Bolschewiki ihn sich vorstellten. Europäer trugen proletarische Kleidung, Anzüge und Schirmmützen, sie hörten die Musik des Europäers und sie schrieben im lateinischen Alphabet. Kurz: wer in den Kreis der neuen Menschen aufgenommen werden wollte, mußte sich von den finsteren Ritualen der Vergangenheit befreien, Religion und Tradition hinter sich lassen. Es begann mit der Latinisierung der Schriftsprachen. Dieses Projekt der »Modernisierung«, das an der islamischen Peripherie, in Azerbajdžan, geboren wurde, ergriff am Ende der zwanziger Jahre alle turksprachigen und islamischen Völker der Sowjetunion. Die Latinisierung der Schriftsprachen erleichterte die Alphabetisierung dort, wo die Bevölkerung überwiegend aus Analphabeten bestand, denn im Gegensatz zur arabischen ordnete die lateinische Schrift Buchstaben und Silben einzelnen Lauten zu. In Tatarstan und bei den Krimtataren aber verwandelten sich Zehntausende von Lesekundigen in Analphabeten. Einwände, die von besonnenen Sprachreformern vorgebracht wurden, stießen in den zuständigen Parteigremien in Baku und Moskau auf taube Ohren. Das lateinische Alphabet trennte die Muslime von der

Überlieferung, es »erzieht sie zum Kampf gegen die Unwissenheit, gegen die religiöse Betäubung, es bringt sie der großen Sache des sozialistischen Aufbaus näher«, wie es die Zeitschrift des Nationalitätensowjets formulierte. Darin lag seine revolutionäre Kraft: daß es Mullahs in Analphabeten verwandelte, daß das Buch des Propheten unlesbar wurde und daß die Untertanen vergaßen. Die Latinisierung zerstörte Traditionen.[12]

Die islamischen Gesellschaften an der sowjetischen Peripherie waren Gesellschaften ohne Proletariat, ohne Klassengegensätze, aus denen sich neue Menschen hervorbringen ließen. Im sowjetischen Orient substituierten Frauen all jene Funktionen, die im europäischen Teil der Sowjetunion Proletariern und Kommunisten zufielen. Frauen gehörten nur ihrem Geschlecht, sie waren Unterdrückte, die in Finsternis und Sklaverei lebten. Es war deshalb die Aufgabe der Revolution, sie aus der patriarchalischen, männlich dominierten Welt zu befreien und darin die Gesellschaften des Orients selbst von ihrem Leiden an der Rückständigkeit zu erlösen. Frauen galten den Bolschewiki als Schlüssel zur Veränderung der Gesellschaften an den Rändern der Sowjetunion. Denn Frauen monopolisierten die Erziehung der Kinder, sie hielten die Erinnerung an die Traditionen der Vorväter wach und dienten den Geistlichen als Mittler des Religiösen. Wer die Seelen der Frauen gewann, dem gehörte die Gesellschaft.

1927 hob die Zentralregierung in Moskau die Geltung der Scharia in Zivilverfahren auf, annullierte die traditionellen islamischen Eheverträge, stellte die Vielehe und die Verheiratung Minderjähriger unter Strafe. Wer Frauen entführte oder ihnen Gewalt antat, mußte nunmehr mit staatlichen Sanktionen rechnen. Die eigentliche Auseinandersetzung zwischen den Bolschewiki und der islamischen Welt aber entzündete sich um die Verschleierung der Frauen. Denn für die Machthaber im Zentrum wie an der Peripherie zeigte sich in der Verhüllung auch die Isolation der Frauen vom gesellschaftlichen Leben. Für die Bolschewiki gab es keinen Zweifel, daß mit den Symbolen auch die Ordnungen fallen mußten, die sie repräsentierten. Der Kampf um die Gleichberechtigung der Frauen war deshalb vor allem eine symbolische Auseinandersetzung. Die Komsomolbrigaden, die anläßlich der Sowjetwahlen in die Dörfer einfielen, zwangen die Bauern, ihre Frauen in der Öffentlichkeit zu präsentieren und ihnen den Schleier, den »parandža« oder den Tschador, abzunehmen. Auf diese Weise wurden mehrere zehntausend Frauen entschleiert und in die Dorf- und Stadtsowjets aufgenommen. Für die Bolschewiki wurden diese Frauen »befreit«, sie wurden zu gleichberechtigten Mitgliedern der Gesellschaft, und wo Frauen die Gelegenheit ergriffen und das Protestangebot der Machthaber annahmen, verwandelten sie sich in Revolutionäre. Die Aktivisten aus den Städten achteten deshalb darauf, daß Feinde, die aus den Dorfgemeinden ausgestoßen werden sollten, Mullahs, Kulaken und Clanführer, von Frauen denunziert wurden. Frauen seien ehrlicher und mutiger als Männer, weil sie auf der Seite der Unterdrückten stünden, wie die Kommunisten im Kaukasus einander versicherten.

Die kulturrevolutionären Kampagnen in Zentralasien und im Kaukasus säten Gewalt und ernteten Widerstand. Es kam zu gewaltsamen Übergriffen auf Frauen, die den Schleier von sich geworfen hatten oder der Partei beigetreten waren. In Uzbekistan wurden zwischen Frühjahr 1928 und Frühjahr 1929 fast 400 Frauen getötet. Frauen wurden verstümmelt, vergewaltigt, kollektiven Schandstrafen ausgesetzt oder aus der Dorfgemeinschaft verstoßen. Die Bolschewiki reagierten auf die Orgie der Gewalt, die bis in das Jahr 1930 anhielt, mit einer Verschärfung der Repressionen. Sie entsandten fliegende Standgerichte in die betroffenen Regionen, ließen Männer, die Frauen getötet oder vergewaltigt hatten, hinrichten und inszenierten Schauprozesse als Lehrstücke, in denen sie der Bevölkerung vorführten, wie das Regime mit Konterrevolutionären und Klassenfeinden umging. Für die Bolschewiki waren diese Frauen nicht ermordet worden, sie waren im Kampf gegen die Konterrevolution gefallen.

Das Emanzipationsprojekt der Bolschewiki scheiterte. Es zerbrach nicht allein an der Gewalt, die die lokale Gesellschaft an Außenseitern und Stadtmenschen verübte. Widerstand kam nicht zuletzt von den betroffenen Frauen selbst. Denn jenseits der dörflichen Sphäre gab es für entschleierte Frauen keine alternative Lebensperspektive. Die Bolschewiki übersahen, daß Männer und Frauen einander nicht als Unterdrücker und Unterdrückte begegneten. Und weil das Programm der Entschleierung und Emanzipation Frauen »entehrte« und sexueller Gewalt aussetzte, fand es auch unter den einheimischen Amtsträgern keine Freunde. Kommunisten, die ihre Autorität nicht verlieren mochten, konnten keiner Strategie zustimmen, die ihre eigenen Töchter und Frauen der Lächerlichkeit und Entehrung preisgab. Die Kulturrevolution im sowjetischen Orient kriminalisierte Sitten und Gebräuche, sie war ein Angriff auf jene Kulturnationen, die die Bolschewiki wenige Jahre zuvor noch privilegiert hatten. Nunmehr verwandelte sich die Rückständigkeit einer Nation von einem Vorzug in einen Makel. So kam es, daß am Ende auch der Widerstand der »Rückständigen« gegen den kulturrevolutionären Feldzug des Zentrums national aufgeladen wurde. Gebräuche, die in der täglichen Verrichtung nicht auf ihren Sinn hin befragt wurden, erhielten eine neue Bedeutung. Sie wurden reflexiv. An ihnen erkannten sich Muslime, Buddhisten, Türken, Uzbeken, Kazachen und Jakuten als Angehörige einer Gemeinschaft von Aussätzigen. Einen Schleier zu tragen und religiöse Bräuche auszuüben, hieß jetzt, nationalen Widerstand zu leisten. Stalin und seinen Gefolgsleuten entging dieser Zusammenhang nicht. Es war die Resistenz, die aus den nationalen Randgebieten kam, die sie am Ende der dreißiger Jahre dazu veranlaßte, Terror nicht nur gegen »sozial fremde Elemente«, sondern auch gegen ethnische Kollektive auszuüben.[13]

Feinde

Der Bolschewismus war eine säkularisierte Religion, eine solche freilich, die andere Religionen nicht neben sich ertragen konnte. Wo Glocken erklangen und der Muezzin vom Minarett herabrief, wo Priester und Laien heilige Texte auslegten und Rituale verwalteten, zeigte sich den Bolschewiki nichts weiter als ihre Ohnmacht, ihr Unvermögen, die Köpfe der Untertanen vom geistigen Unrat der Vergangenheit zu befreien. Deshalb verfolgten die Bolschewiki die Religionen des Imperiums und ihre Sachwalter mit Abscheu und Haß. Eine Verständigung zwischen den Welten konnte es nicht geben, weil die Bolschewiki die religiöse Sicht auf die Welt für eine ideologische Verschleierung der wahren Verhältnisse hielten. Für die Bolschewiki konnte es nur ein Wissen und eine Auslegung der Welt geben, und die vertraten sie selbst.

Mit der Revolution des Jahres 1917 kam auch die Trennung von Staat und Kirche. Die Kirchenschulen wurden aufgelöst und dem Volkskommissariat für Bildung unterstellt, die Familiengerichte der Kirche aufgelöst, Eheschließung und Scheidung den Gesetzen der weltlichen Macht unterworfen. Die Religion wurde zur Privatsache. Manche dieser Neuerungen empfanden anfangs selbst die orthodoxen Geistlichen als eine Wohltat, denn sie befreiten sie von staatlicher Bevormundung und Gängelung. Nicht wenige Geistliche brachten der Revolution sogar Sympathie entgegen. Die Illusion, es könne am Ende doch ein Einvernehmen zwischen der Kirche und der Revolution geben, währte freilich nicht lange. Für die Bolschewiki erschöpfte sich, was Säkularisierung genannt wurde, nicht allein in der Trennung von Kirche und Staat. Ihnen kam es darauf an, daß die Untertanen ihrem Glauben abschworen, daß sie sich öffentlich von ihrer Kirche abwandten.

In den Jahren des Bürgerkrieges kam es bereits zu gewaltsamen Übergriffen auf die orthodoxen Geistlichen, die ihres Wahlrechts beraubt und als Volksfeinde stigmatisiert wurden. Wo der rote Terror tobte, waren Priester und Nonnen seine ersten Opfer. Das Regime nahm die Hungernot des Jahres 1922 zum Anlaß, den Besitz der Kirchen zu konfiszieren, Glocken einschmelzen zu lassen, Reliquien zu zerstören und Ikonen zu stehlen unter dem Vorwand, den Hungernden zu helfen. Lenin kam es darauf an, die Kirche und ihre Würdenträger als Agenten des Kapitalismus zu diskreditieren, als Schmarotzer, die sich auf Kosten des hungernden Volkes bereicherten. Im März 1922 brachen in der Industriestadt Šuja im Gouvernement Ivanovo-Voznesensk Arbeiterunruhen aus, als die lokale Tscheka den Kirchenbesitz beschlagnahmte und geweihte Gegenstände auf die Straße werfen ließ. Der Arbeiteraufstand wurde im Maschinengewehrfeuer erstickt, die Anführer der Rebellion hingerichtet. Der Sekretär des lokalen Parteikomitees kleidete die Ereignisse in eine Verschwörungstheorie: Es bestehe kein Zweifel, daß der Widerstand von »monarchistischen Popen und Sozialrevolutionären« entfacht worden sei.[14] Lenin sah stets nur einen Ausweg. Er erteilte im März 1922 die Anweisung, nicht weniger als »ein Dutzend Vertreter der lokalen Geistlichkeit, des lokalen Kleinbürgertums und der lokalen Bourgeoisie« zu verhaften und erschießen zu lassen. Die Tötungsaktion müsse, so Lenin, auch auf die Stadt Moskau und die übrigen geistlichen Zentren des Landes ausgeweitet werden. Es müsse rasch und entschlossen gehandelt werden, noch bevor man im Ausland von den Gewalttaten erfahren und protestieren könne. Von den Bauern gehe keine Gefahr aus, denn Hungernde seien nicht imstande, Widerstand zu leisten.

Im Frühjahr 1922 wurden in allen größeren Städten Sowjetrußlands Prozesse gegen orthodoxe Bischöfe und Priester inszeniert, die für die Angeklagten gewöhnlich mit dem Todesurteil endeten. Die Mitglieder des Politbüros legten das Strafmaß im voraus fest und entschieden auch über die Begnadigungsgesuche. Anfang Juli 1922 verurteilte das Revolutionstribunal den Metropoliten von Petrograd, Veniamin, und mehrere höhere Geistliche wegen konterrevolutionärer Aktivitäten zum Tod. Wenn es an der Entschlossenheit des Regimes, Widerstand zu brechen, noch Zweifel gab, so zerstreuten sie sich, als das Politbüro eine Begnadigung des Metropoliten ablehnte. In den Jahren 1922 und 1923 wurden mehr als 8000 orthodoxe Geistliche getötet, wie viele von ihnen in Lagern und Gefängnissen verschwanden, ist nicht bekannt. Dieser Terror richtete sich gegen jüdische ebenso wie gegen christliche Geistliche. Zurückhaltung übten die Bolschewiki in den islamischen Regionen der Sowjetunion, wo das Regime ohne die Vermittlung einheimischer Eliten nicht einmal zu Wort gekommen wäre. Deshalb begann hier der Terror gegen die islamische Geistlichkeit erst am Ende der zwanziger Jahre.[15]

Mit dem Beginn der Neuen Ökonomischen Politik und der Indigenisierung der Lebensverhältnisse stellten die Machthaber ihre terroristischen Überfälle auf die Kirche vorübergehend ein. Im Juni 1923 stimmte das Politbüro der Freilassung des Patriarchen Tichon aus dem Gefängnis zu, nachdem dieser sich von seinen »antisowjetischen« Aktivitäten der Vergangenheit öffentlich distanziert hatte und gelobte, sich fortan loyal gegenüber der Sowjetmacht zu verhalten. Nunmehr versuchte das Regime, die religiösen Würdenträger unter seine Kontrolle zu bringen. Die »Reformer« gaben ihrer Institution den Namen »Lebendige Kirche« (živaja cerkov), sie bekannten sich zur Sowjetmacht und zur Demokratisierung der Kirchenhierarchien. Mit Unterstützung der GPU gelang es der »Lebendigen Kirche«, zahlreiche Bistümer mit ihren Bischöfen zu besetzen, aber sie hatte als Kirche der Kollaboration in den Gemeinden keinen Erfolg. Ihre Geistlichen wurden abgelehnt. Auch der Versuch, konkurrierende jüdische und islamische Amtskirchen einzurichten, scheiterte an der Resistenz der Gläubigen. Die »Reformkirchen« zerfielen, weil es ihnen an Anhängern fehlte. Sie verschwanden in der Versenkung, als der Geheimdienst sie nicht mehr für seine Zwecke benötigte.[16]

An die Stelle roher Gewalt trat die Inszenierung des vorbildlichen Lebens. Die populäre Broschüre, die Theateraufführung, die antireligiöse Agitation und der fiktive Schauprozeß (agitsudy) – das waren die Instrumente, mit denen die Bolschewiki ihre Botschaft unter das Volk bringen wollten. Die Bolschewiki glaubten, die Attraktivität der neuen Lebensweise werde sich durch ihre bloße Demonstration von selbst erweisen. Wer genau hinschaute, wie das wahre Leben vorgelebt wurde, konnte am Alten kaum mehr festhalten. Denn Widerstand gegen das, was als das schlechthin Vernünftige galt, konnte es nicht geben. Am Ende stand der neue Mensch. Er sprach eine revolutionäre Sprache, feierte revolutionäre Feste und betete die säkulare Religion der Bolschewiki an. Ein solcher Mensch war für die Botschaft der überkommenen Traditionen nicht mehr ansprechbar, weil er sie nicht mehr verstand. Auf diesem Weg in die kulturelle Hegemonie aber mußte sich der bolschewistische Diskurs gegen Konkurrenten durchsetzen.

Die Bolschewiki scheiterten in ihrem Bemühen, der Religion und ihren Hütern die Kontrolle über die bäuerliche Gesellschaft zu entreißen. Die neue Lebensweise (novyj byt') fand keinen Zuspruch, selbst in den Städten lebten die Traditionen des Dorfes bisweilen ungebrochen fort. Zweierlei schien dies zu verursachen: einerseits die Verbäuerlichung der Staats- und Parteiorgane in den zwanziger Jahren, andererseits die Zählebigkeit der dörflichen Streit- und Festkultur in den großen Städten, die den in eine fremde Welt geworfenen Bauernmigranten einen Halt gab. Hinzu kam, daß die Amtskirche weder in der orthodoxen Christenheit noch im Islam über einen Einfluß gebot, wie ihn evangelische oder katholische Priester in ihren Gemeinden ausübten. Wo Gemeinden ihre Geistlichen verloren, führten sie die Verwaltung des Ritus in eigener Regie fort. In der Volksfrömmigkeit hatte die Amtskirche ohnedies keinen Platz. So aber konnte das Regime seine Ansprüche nicht verwirklichen. Warum aber führte dieses Versagen in den Terror? Weil sich den Bolschewiki in Mißerfolgen und Rückschlägen nicht nur das Versagen der Disziplinierungstechniken, sondern auch die Handschrift bösartiger Feinde zeigte. Denn wer sich dem Unvermeidlichen, dem schlechthin Vernünftigen unter sozialistischen Lebensumständen in den Weg stellte, bewies damit nur, daß er zu den Feinden des Fortschritts gehörte. Wo die Machthaber Mißstände entdeckten und existentielle Krisen diagnostizierten, begaben sie sich sogleich auf die Suche nach verborgenen Klassenfeinden. Die Kulturrevolution war nicht nur eine gewalttätige Unterwerfung der Bevölkerung, ein Feldzug gegen das Rußland der »Kakerlaken und Ikonen«. Sie entsprach den Erwartungen Stalins und seiner Gefolgsleute ebenso wie den Sehnsüchten junger Kommunisten, die vom Anbruch der neuen Zeit träumten.

Was mit der Jahreswende 1927/28 überall in der Sowjetunion begann und in der Literatur über den Stalinismus Kulturrevolution genannt wird, war ein Kampf um die Seelen der Untertanen, ein Feldzug um Deutungshoheit, der sich bis in die späte Stalin-Zeit fortsetzte. Die Kulturrevolution war keine Episode, sie war das Signum des Stalinismus. Für die Bolschewiki wurde in der Kulturrevolution nicht nur das Gedächtnis der Gesellschaft geleert und neu konfiguriert, sondern auch die Feinde aus ihr entfernt. Die kommunistischen »Ingenieure der Seele« (Stalin) konnten ihr Werk doch nur verrichten, wenn jene, die die Deutungshoheit bislang für sich beansprucht hatten, aus den Schaltstellen der Macht verschwanden. Der Aufenthalt des Feindes war das Kollektiv, die Parteiführung konnte sich Feinde nur als Agenten sozialer Großverbände vorstellen. So wie der Freund dem Proletariat gehörte, lebte der Feind in der Gesellschaft der »Ehemaligen«, der Gutsbesitzer, Kapitalisten und Kulaken.[17] Und weil es aus der Gemeinschaft der Stigmatisierten kein Entrinnen gab, triumphierte die Revolution am Ende als Feldzug der Vernichtung. So verband sich die Kulturrevolution, der Traum vom neuen Menschen, mit einer terroristischen Gewaltorgie. Diese Symbiose von Kulturrevolution und Gewalt heißt Stalinismus.

Im Sommer 1928 gewann der Angriff des Regimes auf die Religion und ihre Sachwalter überall in der Sowjetunion an Intensität. Die »Pravda« verkündete im Dezember 1928, die Zeit der friedlichen Koexistenz sei vorüber, nunmehr müsse die Gewalt über die Religion triumphieren. Jetzt legten sich die Propagandisten des Gottlosenverbandes keinerlei Zurückhaltung mehr auf. Religiöse Vereinigungen wurden unter staatliche Aufsicht gestellt, Kirchen geschlossen und die Verrichtung religiöser Rituale mit Strafen bedroht. Das Regime führte für eine kurze Zeit sogar die ununterbrochene Arbeitswoche ein und schaffte den Sonntag als Ruhetag ab. Statt dessen nahm es seine Agitation für die sowjetischen Feiertage wieder auf. Gewöhnlich kam es, wenn die Feiertage miteinander konkurrierten, marschierende Kommunisten Prozessionen von Gläubigen begegneten, zu gewalttätigen Auseinandersetzungen. Während des Kollektivierungsfeldzuges wurden, wo Kolchosen entstanden, auch die Kirchen und Moscheen geschlossen, Ikonen »erschossen« und die Glocken eingeschmolzen. Fortan sollten die Bildnisse Lenins und Stalins in den »schönen Ecken« zu den Bauern sprechen.

Mit dem Beginn der Kulturrevolution schlug auch den Geistlichen die letzte Stunde. Sie wurden als »sozial fremde Elemente« stigmatisiert und mußten von den Sowjets in Listen eingetragen werden, die sie als Vogelfreie auswiesen. Während der kulturrevolutionären Exzesse verloren Zehntausende von Priestern, Mullahs, Mönchen und Schamanen Freiheit und Leben. Niemand hat die ermordeten und deportierten Geistlichen gezählt, wahrscheinlich kamen in den späten zwanziger und dreißiger Jahren 80 000 Geistliche aller Konfessionen ums Leben. Das Regime schaffte konkurrierende Interpreten des Geschehens aus der Welt, es tötete, um die Religion zum Schweigen zu bringen. Tatsächlich gelang es den Bolschewiki, die Religion aus dem öffentlichen Leben in den größeren Städten der Sowjetunion zu verbannen, aber sie konnten die Volksreligiosität, zumal in den Dörfern, nicht zum Verstummen bringen. Das zeigte sich nicht zuletzt während der gewalttätigen Auseinandersetzungen zwischen Kommunisten und Bauern zu Beginn der Kollektivierung. Selbst in den Kolchosen bewahrte sich manches vom Alten in neuen, sowjetischen Formen.[18]

Die Kulturrevolution war nicht nur ein Feldzug gegen die Mittler des Religiösen, sie war überhaupt ein Kampf gegen die alten Eliten, gegen die »byvšie ljudi«, die die Revolution des Jahres 1917 um ihr soziales Prestige gebracht hatte. Nun drohte ihnen nicht nur das Ende ihrer bürgerlichen Existenz, sondern auch die physische Auslöschung. Wer zu den Feinden gehörte, für den gab es jetzt kein Erbarmen mehr. Zwischen 1928 und 1931 ergoß sich eine Welle der Gewalt über die Institutionen des Landes. Angehörige der alten Eliten wurden zu Tausenden aus den Ministerien, Sowjets, Schulen und Universitäten ausgeschlossen. Manchenorts wurden Lehrer aus dem Dorf getrieben, weil ihre Väter Geistliche gewesen waren. Untertanen, die das Wahlrecht eingebüßt hatten, verloren ihren Arbeitsplatz, sie verwirkten ihr Anrecht auf Lebensmittelkarten, und man warf sie aus ihren Wohnungen. Die Kinder der »sozial fremden Elemente«, wie die Feinde nunmehr genannt werden mußten, erhielten keinen Zugang zu den höheren Bildungsanstalten des Landes. Nicht einmal auf die Staatsangehörigkeit kam es den Bolschewiki dabei an. Kein anderer Staat hätte seinen Staatsangehörigen die bürgerlichen Rechte aberkannt und sie Ausländern zuerkannt, wenn sie dem Regime als Proletarier galten, wie es in der Sowjetunion geschah.

Die bolschewistische Gesellschaft war eine Gesellschaft der Selektion, die Feinde in ihrer Mitte entlarvte und aus sich herausbrannte. Wer ein Mitglied der sowjetischen Gesellschaft sein wollte, mußte beweisen, daß er nicht zu ihren Feinden gehörte. Die Ausgestoßenen hatten das Recht, Klage gegen ihre Stigmatisierung zu führen, sie konnten bei den Sowjets und den zuständigen Parteiorganen die Wiederherstellung ihrer Rechte beantragen. Tausende von »lišency« wurden zwischen 1928 und 1934 rehabilitiert. Aber jeder dieser Rehabilitierten mußte zuvor nachweisen, weder ein Kulak noch ein Angehöriger der ehemaligen Elite gewesen zu sein. Darin aber bestätigten die Opfer die tatsächliche Existenz der Feindgruppen. Der Feind war eine gesellschaftliche Konstruktion, die Arbeit am Feind war eine Arbeit, an der sich auch die Opfer beteiligten. Und weil niemand mehr aussprach, was viele wußten: daß nämlich der Feind nur in der Einbildung der Bolschewiki lebte, konnten die Machthaber ihren eigenen Wahnvorstellungen nicht mehr entkommen. Im täglichen Plebiszit wurden sie ihnen bestätigt.

Es war das Dilemma der bolschewistischen Gewaltherrschaft, daß sie die Feinde selbst erzeugte, die sie sodann ihrer Verfolgung aussetzte. Zu Beginn der dreißiger Jahre, nach den Gewaltexzessen der Kollektivierung, wuchs die Zahl der Enteigneten, Stigmatisierten und Vertriebenen ins Unermeßliche. In den Städten und auf den Baustellen des ersten Fünfjahrplanes irrten Zehntausende enteigneter und entrechteter Menschen umher, Kulaken und Händler, die nicht nur ihren Besitz, sondern auch ihren Paß und ihre bürgerlichen Rechte verloren hatten. Diese Menschen lebten in ständiger Furcht vor Entdeckung und Verhaftung, sie hielten sich illegal in ihren Wohnungen auf, und sie nahmen Rechte und Vergünstigungen in Anspruch, die ihnen nicht zustanden. Sie wurden zu Kriminellen, die, wenn sie während der periodisch wiederkehrenden Razzien entdeckt wurden, mit Inhaftierung und Ausweisung rechnen mußten. Dann verwandelten sich verborgene in demaskierte, in sichtbare und benennbare Feinde. Entwurzelte, gebrandmarkte und geächtete Menschen waren eine ständige Bedrohung, weil sie dem Regime mit Ablehnung und Feindseligkeit begegneten, weil sie keinen Halt im Leben fanden. Der eingebildete Feind wurde zum wahren Feind. Darin sahen die führenden Bolschewiki freilich nichts weiter als eine Bestätigung ihrer Weltsicht.

Seit der Mitte der dreißiger Jahre konnte der Feind dem Stigma, das ihm die soziale Herkunft eintrug, nicht mehr entfliehen. Kein Bekenntnis zum Sozialismus konnte überzeugend genug sein, um das Kainsmal der Klasse von sich abzuwaschen. Das zeigte sich nach der Ermordung des Leningrader Parteichefs Kirov im Dezember 1934, als das Regime Tausende von Menschen aus der Stadt ausweisen oder erschießen ließ, die im Ruf standen, Verwandte von Kulaken, Adligen, Priestern oder ehemaligen Beamten des Zaren zu sein. Das Proletariat war eine Erbengemeinschaft, der nicht beitreten konnte, wer als Sohn oder Tochter des Feindes zur Welt gekommen war. Der Sozialismus stalinistischer Prägung war eine Diktatur der Eltern über ihre Kinder.[19]

Nun war, was Kulturrevolution genannt wurde, nicht einfach ein Verfahren, das von der Bevölkerung und ihren Wünschen absah. Was hier geschah, durfte auch als Antwort auf die Ressentiments junger Kommunisten und Arbeiter verstanden werden. Stalins Aufforderung, Feinde zu entlarven und zu jagen, fiel auf fruchtbaren Boden. In den Schulen und Universitäten denunzierten Studenten und Komsomolzen »bürgerliche« Professoren als »sozial fremde Elemente«, kommunistische Dozenten jagten die parteilose Intelligenzija aus den Hörsälen. Als Angehöriger der »Intelligenzija« bezeichnet zu werden, wurde in diesen Jahren zu einem Schimpfwort. Und auch die NEP-Leute, jene Kleinhändler, die es zu bescheidenem Wohlstand gebracht hatten, die Beamten in den Ministerien, wurden von aggressiven Kulturrevolutionären um ihre Arbeit, bisweilen auch um ihre Freiheit gebracht. In den Jahren 1929 und 1930 wurden 164 000 Angestellte von den Säuberungskommission des Volkskommissariats der Arbeiter- und Bauerninspektion aus ihren Ämtern in der Staatsverwaltung entlassen. Allein im Bezirk Irkutsk trieben die kommunistischen Eiferer Anfang 1928 mehr als 800 Beamte des alten Regimes aus den Behörden und ersetzten sie durch Kommunisten und Arbeiter aus der lokalen Industrie. In den Akademien und Universitäten setzten sich nunmehr ideologische Eiferer gegen etablierte Wissenschaftler durch, in den Fabriken nahmen proletarische Aufsteiger den Platz der vertriebenen und verhafteten bürgerlichen Ingenieure ein. Zu Beginn des zweiten Fünfjahrplanes waren bereits mehr als die Hälfte aller Fabrikdirektoren ehemalige Arbeiter. In Universitäten und Schulen herrschte das System der Quotierung, das Arbeitern und ihren Kindern eine bevorzugte Behandlung bei der Vergabe von Studienplätzen zuteil werden ließ. Es waren die proletarischen Aufsteiger (vydvižency), die dem stalinistischen System ihr unverwechselbares Gesicht verliehen. Ohne die Segnungen der Kulturrevolution wären die Lebenswege Chruščevs, Brežnevs, Kosygins und Gromykos, die von ganz unten kamen, anders verlaufen. Sie dankten es der Parteiführung durch vorauseilenden Gehorsam und bedingungslose Loyalität. Der Aufsteiger war auch ein Täter.[20]

Die tägliche Inszenierung von Hexenjagden lebte von der Denunziation. Der stalinistische Untertan war wachsam, er war ein Denunziant, der, wenn er seine Loyalität unter Beweis stellte, Freunde und

Verwandte vergaß. Das Denunziantentum war die Lebensform des bolschewistischen Enthusiasten, der Denunziant wurde in Liedern besungen und ihm wurden Denkmäler gesetzt. Der Kult um den Denunzianten begann Ende 1932, während der gewalttätigen Auseinandersetzungen zwischen Bauern und Kommunisten, als es für die Bolschewiki darauf ankam, Unterstützung auch in den Dörfern für sich zu mobilisieren. Im September 1932 tötete eine Gruppe von Bauern im Dorf Gerasimovka in der Uralregion einen elfjährigen Jungen, der ein Jahr zuvor seinen eigenen Vater als Getreidespekulanten denunziert und der GPU ausgeliefert hatte. Für den Vater des Jungen hatte die Denunziation tödliche Folgen: Er wurde in ein Konzentrationslager im nördlichen Ural verschleppt und im Winter 1932 anläßlich einer Massenerschießung von Häftlingen durch die GPU wahrscheinlich ermordet. Der Denunziant hieß Pavlik Morozov. Seinen Tod nahmen die lokalen Kommunisten zum Anlaß, blutige Rache zu nehmen. Sie nahmen den Großvater, die Großmutter, einen Onkel und einen Cousin Morozovs als Geiseln und sperrten sie in das örtliche Gefängnis ein. Im November 1932 kamen Kommunisten, GPU-Leute und Komsomolzen aus der benachbarten Stadt nach Gerasimovka, um dort einen Schauprozeß gegen die Verhafteten zu inszenieren. Sie forderten die Bewohner des Dorfes auf, sich vor den eigens herbeigeschafften Propagandaplakaten aufzustellen, und zwangen sie, die Erschießung der Delinquenten zu verlangen. Der Schauprozeß endete nach wenigen Stunden. Alle Beschuldigten, auch die Großeltern Pavlik Morozovs, wurden zum Tode verurteilt und von den GPU-Schergen sofort erschossen.

Pavlik Morozov aber war kein Bolschewik, er war ein elfjähriger Bauernjunge, der seinen Vater bei der Obrigkeit denunzierte, weil dieser dem Dorf den Rücken gekehrt und seine Familie in Armut und Elend zurückgelassen hatte. Gleichwohl nahm das Regime den Tod des jungen Denunzianten zum Anlaß, einen Heldenkult ganz besonderer Art zu inszenieren. Bereits unmittelbar nach der Ermordung des Jungen verkündete der stellvertretende Vorsitzende des Zentralen Büros der Jungen Pioniere, Vasilij Archipov, in der »Pionerskaja Pravda«, Pavlik Morozov müsse »zu einem leuchtenden Beispiel für alle Kinder der Sowjetunion werden«. Das Zentralkomitee des Komsomol beschäftigte sich schon im Dezember 1932 mit der Frage, welchen Nutzen das Regime aus der »Heldentat« Morozovs ziehen könne. Wie stets kam die Anregung von Stalin. Denn im gleichen Monat übte das Mitglied des Politbüros Pavel Postyšev in seinem Namen Kritik an der Arbeit der Jugendorganisation. Ihr fehle es an der nötigen Entschlossenheit bei der ideologischen Erziehung der sowjetischen Jugend. Es war Pavlik Morozov, der junge Denunziant, den die Parteiführung jetzt in den Rang eines Vorbildes erhob. In den Jahren des Großen Terrors wurde Pavlik Morozov mit propagandistischem Aufwand zum Märtyrer der sozialistischen Sache, zum Vorbild der sowjetischen Jugend erkoren. Hunderte von Büchern und Broschüren beschrieben seine Heldentat, Schulen, Dörfer, Schiffe und Bibliotheken wurden nach ihm benannt, der Kulturpalast der Roten Pioniere in Moskau trug seinen Namen. Es gab Pavlik-Morozov-Museen, Morozov-Sporttrophäen und zahlreiche Morozov-Statuen. Bis 1991 stand im Zentrum Moskaus ein Bronzedenkmal, das den Denunzianten abbildete.

Der neue Mensch war nicht nur eine proletarische Lichtgestalt, er war auch ein Denunziant. Aber dieser Denunziant verfolgte nur ausnahmsweise die Interessen des Regimes, wenn er andere Menschen bei der Obrigkeit anschwärzte. Denunzianten handelten aus verletzter Ehre, aus Habgier und Mißgunst. Die Denunziation war eine Waffe, mit der die Untertanen sich der Feinde des Alltags erwehrten, sie gab der Bevölkerung die Möglichkeit, den strafenden Arm des Staates für eigene Interessen zu instrumentalisieren. Wer den Unterdrückungsapparat anrief, wer Stalin und seinen Paladinen Briefe schrieb, hoffte durchzusetzen, was auf dem Weg der regulären Beschwerde nicht zu erreichen war. Die Denunziation versetzte nicht nur die Bevölkerung in Angst und Schrecken. Auch die Parteifunktionäre wußten um die Macht, die in einer Denunziation verborgen lag, sie konnte zum Verlust von Ämtern und Einfluß führen. In den späten dreißiger Jahren war eine Denunziation nicht selten auch ein Todesurteil. Der stalinistische Denunziant war einer, dessen Niedertracht nur selten den Interessen der Funktionäre diente, die das Denunziantentum anbeteten. Er diente nicht dem System, er beteiligte sich vielmehr an dessen unablässiger Selbstdestruktion.

Darin aber zeigte sich der Denunziant als ein gelehriger Schüler Stalins, dem es gefiel, wenn stabile Verhältnisse erschüttert wurden und die Funktionäre des Sowjetstaates vor Angst vergingen.[21]

Vom Geist der neuen Zeit kündeten auch die Schauprozesse, die das Regime in Szene setzte, um Feinde zu benennen und öffentlich zu überführen und um seine Sicht auf die Welt der Bevölkerung zu präsentieren. Schauprozesse waren Bühnen, auf denen ein Drama aufgeführt wurde, ein Konflikt zwischen den Mächten des Guten und des Bösen, der mit der Niederlage des Bösen endete. Dieses Melodrama war nichts weiter als ein Plagiat jenes Umgangsstils, der auch in den parteiinternen Auseinandersetzungen gepflegt wurde. In ihm zeigten sich der Bevölkerung nicht nur der ideologische Gehalt und die Sprache des Bolschewismus. Der Schauprozeß vermittelte den Zuschauern und Zuhörern eine optische Vorstellung von der psychischen und physischen Beschaffenheit des Feindes und er verwies auf die Regeln, die den bolschewistischen Diskurs der Macht zusammenhielten. Der Schauprozeß war ein Erziehungsinstrument, ein Medium, über das die kommunistische Führung den Untertanen mitteilte, wie sie über sich und die Welt dachte.

Im Mai 1928 führte das Regime der Bevölkerung den Schauprozeß neuen Typs erstmals vor, als es mehrere russische und deutsche Ingenieure und Techniker aus der Region Šachty im Donbass nach Moskau bringen und vor Gericht stellen ließ. Der Staatsanwalt erhob gegen die angeklagten Spezialisten den Vorwurf der Sabotage und Verschwörung gegen die sozialistischen Ordnung. Elf der 53 Angeklagten wurden im Juli 1928 aufgrund erpreßter Geständnisse zum Tod verurteilt. Wenig später veranstaltete das Regime auch in anderen Industriestädten des Imperiums solche Schauprozesse. Sie schienen die Existenz eines weitverzweigten Netzes von Verschwörungen zu belegen. Und sie zeugten von der Wachsamkeit der proletarischen Justiz, die jeden Versuch, die bestehende Ordnung zu untergraben, im Keim erstickte. Symbolisch kam dies durch die Arbeitervertreter zum Ausdruck, die neben den Richtern saßen und mit ihrer Anwesenheit die strafende Diktatur des Proletariats repräsentierten.

Die Angeklagten übten Reue, sie übertrafen einander in absurden Selbstbeschuldigungen und ritualisierten Schuldbekenntnissen, die vor allem auf die ausländischen Prozeßbeobachter unglaubwürdig wirkten. Aber diese Reue eröffnete den Angeklagten keinen Ausweg. Das Stalinsche Skript sah bereits keine Wiederaufnahme der reuigen Sünder in die Gesellschaft mehr vor. Wer das Stigma des Volksfeindes trug, wer dem Regime als Sündenbock für eine verfehlte Industrialisierungsstrategie diente, konnte nicht als geläuterter Feind in die Gesellschaft zurückkehren. Die Dramaturgie des Schauprozesses verlangte von den Angeklagten, sich öffentlich zu bekennen und unter der Regie des Staatsanwalts Rollen zu spielen. Im öffentlichen Geständnis bekannte sich der Volksfeind zu seiner Bösartigkeit. Andrej Vyšinskij, Stalins furchtbarer Jurist, der den Vorsitz in diesem Prozeß führte, bezeichnete Angeklagte, die ihre Reue mit der Bitte um Wiederaufnahme in die Gesellschaft verbanden, als »Judaspack«, das Nachsicht nicht verdiene. Nicht einmal die Verteidiger der Angeklagten wichen vom Skript ab. Sie unternahmen keinen Versuch, die Glaubwürdigkeit der Anklagebehörde zu erschüttern, sondern ergriffen Partei für den Staatsanwalt.

Der Šachty-Prozeß erteilte den Zuschauern eine Lehre: daß nämlich Krisen von Feinden hervorgerufen wurden, daß die Loyalität des Arbeiters dem Regime und nicht der Familie oder der Verwandtschaft gehörte. Brüder denunzierten einander vor Gericht als Saboteure, der Sohn eines der Angeklagten gab in der Zeitung »Krasnyj Šachter« (Der rote Grubenarbeiter) bekannt, er werde den mit Schande befleckten Namen seines Vaters ablegen und künftig den Namen Šachtin tragen. Allein in der Sprache, in der das Regime über die Angeklagten sprach, kam der neue Stil zum Ausdruck, der Reue und Strafe, aber keine Vergebung mehr kannte. Schädlinge, Ungeziefer, Insekten, Bakterien, menschlicher Abfall, das waren die Begriffe, die zur Markierung der Feinde eingesetzt wurden, vor Gericht ebenso wie in der amtlichen Presse. Die Gesellschaft erschien als ein Körper. Dieser Körper war von Bakterien befallen und infiziert. Man mußte die Geschwüre herausschneiden, um ihn zu heilen. Von Anbeginn hatten Lenin, Zinov'ev, Lunačarskij und andere prominente Bolschewiki von Abfall, von Insekten und Bakterien gesprochen, wenn sie die Existenz des Klassenfeindes auf Begriffe brachten. Nunmehr kam die Rede von der Desinfizierung der Gesellschaft in den Gerichtssaal und auf die Seiten der Zeitungen. Ende Mai 1928 erklärte der Journalist Zaslavskij in der »Pravda«, was unter einem »Schädling« (vreditel') zu verstehen sei. Er verglich die Angeklagten mit Insekten, die sich an der Saat eines Bauern vergingen, mit »Bakterien«, die »Seuchen« verursachten.

Das bolschewistische Regime entmenschlichte den Feind, es sprach ihm alle Rechte ab, die Menschen zugestanden werden können. Diese Sprache brachte es nicht nur in den Leitartikeln der Parteipresse zur Prominenz. Sie mußte von Arbeiterbelegschaften in den Fabriken des Landes eingeübt und ausgesprochen werden. Die Spezialisten seien zu vernichten und »die UdSSR vom Abfall zu reinigen«, so konnte man es auf den inszenierten Arbeiterversammlungen hören. Die Rede von Bakterien und Schädlingen schuf eine Distanz zwischen jenen, die töteten, und jenen, die getötet wurden. Dem Terror ging die Entmenschlichung der Opfer voraus. Darin ähnelte der Stalinismus dem Nationalsozialismus.

Nun könnte man einwenden, was hier zur Anschauung gebracht wurde, habe die Untertanen unberührt gelassen, weil es sie entweder nicht erreichte oder nicht interessierte. Die sorgfältige Inszenierung des Prozesses durch die GPU ließ solches Desinteresse als Möglichkeit aber nicht zu. Es kam darauf an, eine Öffentlichkeit zu erzeugen, die sich im Gerichtssaal zu einem mächtigen Anklagechor erhob. Die Geheimpolizei gab die Eintrittsbillets aus und sorgte dafür, daß das Publikum nach jedem Verhandlungstag ausgetauscht wurde. Auf diese Weise konnten mehr als 100000 Besucher das Geschehen im Gerichtssaal miterleben. Die Wirkung des Šachty-Prozesses war freilich größer als die Zuschauerzahlen suggerierten, denn er füllte die Zeitungen, kam in die Kinos und mußte in den Schulen, den Fabriken und Arbeiterclubs »diskutiert« werden. Es gab nur wenige Orte, die von diesen schändlichen Vorführungen verschont blieben. Was bekamen die Untertanen zu sehen, denen dieser Film gezeigt wurde? Man sah einen selbstbewußten Ankläger, der die Sache des Staates und der Arbeiter verteidigte, die Angeklagten beschimpfte und Lehren aus dem Geschehen zog. Die Angeklagten erweckten den Eindruck von armen Sündern, die mit gesenkten Köpfen vor den Richtern standen und bitter bereuten. Wann immer sie ins Bild kamen, wurden Untertitel eingeblendet, die den Zuschauer darüber aufklärten, daß hier ein Schädling zu sehen sei. Der Šachty-Prozeß visualisierte die manichäische Ideologie der Bolschewiki und vermittelte den Untertanen eine neue Sicht auf die Welt. Feinde gab es überall, auch wenn diese Feinde sich nicht zu erkennen gaben, im verborgenen wirkten. Unter solchen Umständen wurden Wachsamkeit und Denunziation zur ersten Bürgerpflicht.[22]

Der Schauprozeß war der Kern der stalinistischen Kulturrevolution. Man könnte auch sagen, daß die Bolschewiki Öffentlichkeit als Schauprozeß inszenierten und die Gesellschaft dem Ritual von Beschuldigung, Reue und Bestrafung unterwarfen.

Was in der Sowjetunion der dreißiger und vierziger Jahren geschah, die Ermordung und Deportation mehrerer Millionen Menschen, erschöpfte sich nicht in der Vernichtung des Klassenfeindes. Der Terror des Regimes traf jeden, er schonte niemanden, weder Arbeiter noch Bauern. Denn auch Freunde konnten, wenn sie nicht an sich arbeiteten, jederzeit zu Feinden werden. Auf die Höhe des neuen Menschen brachte sich nur, wer den inneren Feind vollständig aus sich herausbrannte. Die Sowjetunion aber war barbarisch, in ihr lebten Arbeiter, Bauern und Nomaden, deren Lebensweisen den Bolschewiki zu Bewußtsein brachten, daß ihr Sozialismus auf Einbildung beruhte. Es gab eine Diktatur des Proletariats, Proletarier gab es nicht. Deshalb verwandelte sich, was als Kulturrevolution und Kampf um die Seelen begonnen hatte, in einen Krieg gegen die bäuerliche Bevölkerung des Imperiums. Dieser Krieg begann 1929, als das Regime den Entschluß zur Zwangskollektivierung der Landwirtschaft faßte, und er setzte sich in unterschiedlicher Intensität bis in die späten vierziger Jahre fort.

Dabei stand den Bolschewiki nicht der Sinn nach der Bewältigung ökonomischer Krisen. Sie führten Krieg. Warum sonst hätten sie Bauern ihrer Freiheit berauben und in Kolchosen einschließen, mehrere Millionen Landbewohner töten und deportieren, Nomaden vertreiben und verhungern lassen sollen? Denn obgleich die Kollektivierung Chaos und Anarchie über die Sowjetunion brachte, die Landwirtschaft in den Ruin trieb, eine Hungersnot apokalyptischen Ausmaßes auslöste und die Versorgung der Städte mit Lebensmitteln gefährdete, hielten Stalin und seine Kamarilla an ihrem Feldzug gegen das Dorf unbeirrt fest.

Die Kollektivierung war der letzte Akt in einem Drama, das 1917 begonnen hatte. Sie war der gewaltsame Versuch, jenes Rußland der »Ikonen und Kakerlaken«, wie Trockij es einmal genannt hatte, aus der Welt zu schaffen. Die Kolchose war das Instrument, mit dem diese Unterwerfung vollbracht werden sollte. Sie nahm den Bauern die Früchte ihrer Arbeit, führte sie in die Leibeigenschaft zurück, aus der sie der Zar befreit hatte, und unterwarf sie mentaler und materieller Knechtung. Wo sich Bauern widersetzten oder sogar Widerstand leisteten, wurden sie erschossen, in schwarze Listen eingetragen und als Kulaken aus den Dörfern vertrieben. An der Mittleren Wolga, in der Ukraine und im Kaukasus gingen Einheiten der Roten Armee mit Artillerie und Giftgas gegen rebellische Bauern vor. Allein im Kaukasus verloren bei den Massakern des Jahres 1930 mehrere zehntausend Menschen ihr Leben.[23]

Stalin und seine Gefolgsleute trieben die Sekretäre der nachgeordneten Parteiorgane zu Höchstleistungen bei der Verfolgung renitener Bauern an. Molotov erklärte auf einer Versammlung von Parteiführern im Februar 1930, man solle Bauern, die Widerstand leisteten, wie Katzen in Flüssen ersäufen und ihre Familien zersetzen. »Der Kulak muß deportiert werden; er ist nichts weiter als ein Schwein. Deportiert ihn«, so brachte Nikolaj Ežov im September 1935 vor einer Versammlung von Parteisekretären in Moskau auf den Begriff, wie er über das Verhältnis zwischen Bauern und Kommunisten dachte.[24]

In der Ukraine und in Kazachstan brachen Hungersnöte aus, denen 1933 Hunderttausende von Menschen zum Opfer fielen. Diese Katastrophe schien die Mitglieder des Politbüros nicht zu berühren. Im März 1933 erhielten Stalin, Molotov und Kaganovič aus dem Apparat des Zentralkomitees einen Bericht über die Hungersnot in der Ukraine. Es seien »Fälle von Kannibalismus« aufgedeckt worden, in einem Dorf habe eine Bäuerin den Leichnam ihres Ehemannes »verspeist«, im Dorf Ruda ein neunjähriger Junge vor Hunger den Verstand verloren und seine vierjährige Schwester getötet und gegessen. Schließlich habe die Hungersnot auch die Arbeiter in den Städten

Uman und Žitomir heimgesucht. Molotov las den Bericht. Er fand aber offenkundig nur bedenkenswert, daß auch die Arbeiter in den Städten hungerten, denn diese Information unterstrich er mit einem schwarzen Stift. Das Schicksal der hungernden Bauern schien ihm einerlei zu sein. »Ins Archiv«, schrieb Molotov in großen Buchstaben an den Rand des Berichts.

So erging es auch den Berichten, die das Zentrum aus anderen Regionen der Sowjetunion erreichten. Im März 1933 wandte sich der kazachische Kommunistenführer und stellvertretende Regierungschef der RSFSR, T. R. Ryskulov, an Stalin, um ihn über die Folgen der Kollektivierung in Kazachstan aufzuklären. Zwar gab sich Ryskulov Mühe, die drastische Verringerung des Viehbestandes in Kazachstan auf die »bösartige Schlachtung ... durch die Bejs« zurückzuführen. Aber er gab auch zu bedenken, daß die gewaltsame Seßhaftmachung, die Umsiedlung mehrerer zehntausend Nomaden und die Konfiszierung des Viehs im Zuge der Fleischbeschaffungen diesen Widerstand erst ermöglicht habe. Die kazachischen Nomaden lebten unter freiem Himmel, ohne Vieh und Obdach, zur Feldarbeit fehlten ihnen die Bereitschaft und die Mittel. In einigen Rayons hätten sich hungernde Nomaden gegen die Kommunisten erhoben, Tschekisten und Beschaffungskommandos angegriffen. Manchenorts hätten die Hungernden Eisenbahnzüge überfallen und ausgeraubt, um sich mit Lebensmitteln zu versorgen. Stalin las, seiner Gewohnheit nach, auch diesen Bericht aufmerksam. Die Unterstreichungen belegen sein Interesse an dieser Angelegenheit. Aber er gab keine Anweisung, dem Wahnsinn Einhalt zu gebieten. Stalin las die Berichte, die ihm die Mitglieder des Büros zustellten, aber er fand, Mitleid sei ein Zeichen von Sentimentalität. Das Regime bewahrte Schweigen über die Hungersnot, die sowjetische Presse erwähnte sie mit keinem Wort. Sie fabulierte statt dessen über Hungersnöte in Polen und in der Tschechoslowakei. Als der Schriftsteller Michajl Šolochov den Mut fand und sich bei Stalin über die unmenschliche Behandlung der Bauern beklagte, antwortete ihm der Diktator, was in den Dörfern geschehe, sei in Wahrheit ein Hungerstreik, mit dem die Bauern den sozialistischen Staat in die Knie zwingen wollten. Stalin sah nur Wirklichkeiten, die er selbst inszeniert hatte. Nikita Chruščev erinnerte sich, wie er Stalin nach dem Ende des Zweiten Weltkrieges davon berichtet habe, daß hungernde Bauern in der Ukraine den Verstand verloren hätten und zu Kannibalen geworden seien. »Sie sind ein Waschlappen«, so entgegnete ihm Stalin, »die lügen Ihnen die Hucke voll, um an Ihre Sentimentalität zu appellieren! Die wollen Sie mit solchen Berichten doch nur dazu zwingen, die Vorratsreserven verteilen zu lassen.«[25]

Aus der Rhetorik, mit der das Regime seine Untaten rechtfertigte, sprach Haß: Haß auf die »zählebige, gemeine Wirklichkeit«, wie Maksim Gorkij die Lebenswelt der Bauern genannt hatte. »Verrecken« solle sie, mit der Wurzel ausgerissen werden und »aus dem Gedächtnis der menschlichen Seele« für immer verschwinden, so formulierte es der Dichter des Kommunismus in einem seiner autobiographischen Romane. Und auch Stalin und seine Anhänger dachten über die Lebenswelt der Bauern nicht anders als Gorkij. Sie hielt ihnen einen Spiegel vor, in dem sie ihre eigene Vergangenheit erkannten, an der sie gelitten hatten und von der sie sich befreit glaubten. Aus der mitleidlosen Zerstörungswut der stalinistischen Gewalttäter sprach nicht zuletzt der Selbsthaß von bäuerlichen Aufsteigern. Nichts bringt einen Menschen mehr auf als dies, daß ihm seine eigene tiefste Erniedrigung plötzlich im Spiegel entgegentritt. Ein Kommunist, der in einem Waldstück in der Nähe eines ukrainischen Dorfes flüchtige Bauern aufbrachte, sah schon keine Menschen mehr. Er sprach von »Kulakenwelpen«. Andere wollten »Seife aus den Kulaken« machen, sie wollten die »Kulakenbrut erschießen« und von der »Erdoberfläche hinwegfegen«. Im rechtsfreien Raum, ausgestattet mit revolutionärer Legitimation, entledigten sich die Täter jeglicher Hemmungen. An manchen Orten spielten Blasorchester auf, während die Schergen des Regimes den Bauern das Getreide abnahmen und Kulaken zur Deportation aussonderten. In einigen Regionen im Kaukasus kam es zu Scheinexekutionen und Massenvergewaltigungen. Der Vergewaltiger unterwarf nicht nur die Frau, an der er sich verging. Er demonstrierte seine Macht auch gegenüber dem Dorf, in dem das Opfer lebte. Die Mitglieder der städtischen Brigaden und GPU-Einheiten demonstrierten, daß ihnen die Bauern weniger galten als das Vieh, das sie in den Dörfern konfiszierten. Mitleid konnte es nicht geben, denn was hier geschah, war der Vollzug einer »historisch notwendigen Tat«, wie sich Kopelev an seine eigene Rolle während der Kollektivierung erinnerte. Der Enthemmung der Täter ging die Entmenschlichung der Opfer voraus.[26]

Mehr als zwei Millionen Bauern wurden in den Jahren der Kollektivierung um Hab und Gut gebracht und nach Sibirien und Zentralasien deportiert, mehr als 30000 Menschen von sogenannten GPU-Trojki zum Tode verurteilt und erschossen. Mit der Deportation der Kulaken zwischen 1930 und 1933 wuchs auch die Zahl der Arbeitslager und Verbanntenkolonien. Das Regime entdeckte die Zwangsarbeit als Mittel der sozialistischen Produktionsweise und als Verfahren, Menschen umzuerziehen, zu isolieren oder durch Arbeit zu vernichten. Die Kollektivierung war die eigentliche Geburtsstunde des GULag, denn sie ermöglichte es dem Sicherheitsapparat, Menschen nach Bedarf zu stigmatisieren, zu verhaften und als Arbeitssklaven zu verschicken. Dieser Terror kam auch nach dem Abschluß der Kollektivierung nicht zu einem Ende. Eigentlich hörte er nie auf. Das Regime bestrafte Arbeitsverweigerung, Beschädigung von Maschinen und Kolchosinventar mit Haft und Verbannung. Und seit die Höfe der Bauern in Staatsbesitz überführt worden waren, gehörten auch die Früchte der Arbeit nicht mehr den Bauern. Im August 1932 erließ die Regierung ein Gesetz zum »Schutz des sozialistischen Eigentums«, das den »Diebstahl« von Kolchoseigentum mit dem Tode oder der Einschließung in ein Konzentrationslager bestrafte. In der Sowjetunion wurden in den Jahren 1932 und 1933 mehr als 16000 Bauern auf der Grundlage dieses Gesetzes zum Tode verurteilt, mehrere zehntausend Menschen wegen des Diebstahls von Tomaten oder Getreideähren in Konzentrationslager eingewiesen. Wo solcher Terror nichts ausrichtete, Bauern Widerstand leisteten, ließ das Regime das gesamte Eigentum der Kolchose konfiszieren und die Bewohner deportieren. Pavel Postyšev, der ukrainische Parteichef, sah in solchem Terror vor allem eine »Waffe«, eine »Methode der Umerziehung«, mit der das Regime die Bauern lehrte, was vom Sozialismus und der Kolchose zu halten sei.[27]

Um den Zustrom flüchtender Bauern in die Städte und auf die Großbaustellen zu kanalisieren und zu kontrollieren, führte die

Regierung im Dezember 1932 die internen Pässe, wie sie bis zu den Stolypinschen Agrarreformen in Rußland bestanden hatten, wieder ein. Kolchosbauern erhielten keinen Paß, sie wurden an die Scholle gebunden. Und wer ohne Erlaubnis in der Stadt lebte, keiner geregelten, »nützlichen« Arbeit nachging, mußte damit rechnen, aus ihr ausgewiesen zu werden. Abel Enukidze, der Sekretär des Zentralen Exekutivkomitees und Vertraute Stalins, fand, die »sinnlose« und »überflüssige« Wanderung vom Dorf in die Stadt müsse nunmehr unterbunden, »Parasiten-Elemente« und »sozialer Müll« aus den Städten entfernt werden. Allein in Moskau wurden 1933 mehr als 300 000 Menschen als »sozial fremde Elemente« registriert und aus der Stadt ausgewiesen – ohne Paß, ohne Lebensmittelkarten, nur mit der Kleidung, die sie am Leib trugen. Zugleich untersagte das Regime es den hungernden Bauern, die Kolchosen zu verlassen, in manchen Regionen schirmten Kordons der GPU die Dörfer ab. Das Regime versuchte dem Exodus eine neue Richtung zu geben. Es führte den Hungergebieten neue Hungernde zu, anstatt Belastungen von ihnen zu nehmen.

Nun verwandelte die Kollektivierung Bauern nicht in Proletarier, sie degradierte sie allenfalls zu Untertanen zweiter Klasse, die an die Scholle gebunden und nach Belieben ausgeplündert werden konnten. Das Regime schaffte Priester und Kulaken aus der Welt und drängte sich in die Lebenswelt der Kolchosbauern, es unterwarf das Dorf seiner Gewalt, aber es brachte aus ihm keine neuen Menschen hervor. Im System der Apartheid, das die Kolchose repräsentierte, zeigte sich nicht die Wirkung der Macht. In ihm gedieh allenfalls der Gehorsam verschreckter Bauern. Die Bolschewiki schrieben sich in das Bewußtsein der Bauern als Gewalttäter und Teufel in Menschengestalt ein.[28]

Nur eine industrialisierte Gesellschaft konnte auch eine sozialistische sein. Daran hatten die Bolschewiki niemals den geringsten Zweifel gelassen. Ihre Revolution erfüllte nur dann einen Zweck, wenn sie sich in den Gang jener Geschichte einschrieb, zu der die Bolschewiki gehörten. Denn Geschichte war europäische Geschichte, sie war eine Geschichte, die sich erst im industrialisierten Überfluß aufhob. Für die Bolschewiki kam es darauf an, die Industrialisierung über sich hinauszuführen und ihr eine sozialistische Form zu geben. Denn die Modernisierung der Wirtschaft war kein Selbstzweck, sie schuf die Voraussetzungen für den Eintritt der Menschheit in den Sozialismus. Stalin hatte selbst verkündet, wie er die Zukunft der Sowjetunion sah: Rußland sei seiner Rückständigkeit wegen in der Vergangenheit immer wieder geschlagen und gedemütigt worden, und auch jetzt sei ihm der Westen um Jahrhunderte voraus.

»Die Geschichte des alten Rußlands bestand unter anderem darin, daß es wegen seiner Rückständigkeit fortwährend geschlagen wurde. Es wurde geschlagen von den mongolischen Khans. Es wurde geschlagen von den türkischen Begs. Es wurde geschlagen von den schwedischen Feudalen. Es wurde geschlagen von den polnisch-litauischen Pans. Es wurde geschlagen von den japanischen Baronen. Es wurde von allen geschlagen wegen seiner Rückständigkeit ... Wir müssen diese Distanz in zehn Jahren durchlaufen. Entweder wir bringen das zuwege, oder wir werden zermalmt.«

Die Sowjetunion warf aber nicht nur ihre Rückständigkeit von sich. Seine Menschen befreiten sich von der Anarchie des Marktes, von überkommenen Lebensformen. Sie wurden eins mit dem großen Kollektiv der neuen Menschen. Die Industrialisierung besiegte nicht nur die Rückständigkeit, an der die Sowjetunion litt, sie schuf Städte, wo armselige Siedlungen die Landschaft verdarben, sie verwandelte die Wildnis in Industrieparks, in denen Bauern zu Proletariern wurden.

Die sowjetische Industrialisierung folgte der Logik einer Machtökonomie. Ihr galt politischer Wille mehr als ökonomische Rationalität. Das ist auch der Grund, warum die Industrialisierung der Sowjetunion auf die Konsumbedürfnisse der Bevölkerung keine Rücksicht nahm. Sie war eine Raubökonomie, die Mensch und Natur ausplünderte und ihnen nichts zurückgab als gigantische Staudämme, Wasserkraftwerke und Industrielandschaften, in denen Stahl, Panzer und Eisenbahnschienen hergestellt wurden, in der Arbeiter und Häftlinge Gold schürften, Wälder rodeten und Kohle förderten. Die sowjetische Industrie kündete von der Macht des bolschewistischen Staates, von seiner Fähigkeit, militärische Höchstleistungen zu vollbringen, Städte und industrielle Komplexe aus dem Boden zu stampfen und von der Kraft des bolschewistischen Menschen, für den es schon keine Hürden mehr gab, die er nicht überspringen konnte. Der sowjetische Mensch war ein Tatmensch, er stürmte unüberwindliche Festungen und brach Produktionsrekorde. Aber er übte Konsumverzicht und ordnete seine Bedürfnisse jenen des Staates unter. Was über die Ausbeutung der Bauern in den Kolchosen gesagt werden kann, gilt auch für das Leben in den Städten und auf den Großbaustellen des Kommunismus: Hier wurden Menschen unterworfen und zum Ruhm des sozialistischen Staates ausgebeutet. In diesem Sinn war der Stalinismus eine Form des internen Kolonialismus, der die Ausbeutung der Untertanen in den Dienst höherer Ziele stellte. Die Bolschewiki propagierten das Menschenglück, sie schufen eine ökonomische Moral, die Wohlstand als Geschenk des Staates ausgab. Aber ihr Wirtschaftsstil produzierte elende Verhältnisse. Dieser Virus zerfraß das wirtschaftliche System der Sowjetunion, weil er die gesellschaftliche Utopie, von der die Bolschewiki sprachen, im Alltag unablässig widerlegte.[29]

Die sowjetische Wirtschaft war eine Kommandowirtschaft, aber sie war keine Planwirtschaft, in ihr wurde der Plan zum Verschwinden gebracht. Für die Parteiführung war der Plan nichts weiter als eine Zielvorgabe, die es zu übertreffen galt. Fabrikdirektoren, Manager und Arbeiter waren Offiziere und Soldaten, die Schlachten an Produktionsfronten gewannen. Wo die neueste Technik zum Einsatz kam und von bolschewistischen Kommandeuren bewegt wurde, zeigte sich den Machthabern der Sieg der neuen Ordnung. Für Stalin, Ordžonikidze und andere bolschewistische Führer war die Industrialisierung nicht nur ein Beleg für die Überlegenheit moderner Technik. Sie war vor allem ein Ausweis für den Willen der Bolschewiki, Berge zu versetzen und Festungen zu stürmen. Wer mit der Geschichte im Bund stand, konnte im Kampf um die Modernisierung des Landes nicht versagen. Wo die politischen Führer Versagen, schändliches Zurückbleiben und Zaghaftigkeit diagnostizierten, sahen sie das Werk bösartiger Feinde. In den Jahren des ersten und zweiten Planjahrfünfts gab es schon keine ökonomisch informierten Debatten mehr. Die utopischen Vorgaben der politischen Führung mußten um jeden Preis erfüllt werden, auch wenn die einzelnen Branchen sich dabei bis an den Rand des Abgrundes brachten.

Die Stoßarbeiterkampagnen, sozialistischen Wettbewerbe und Säuberungen zerrütteten die Produktion, überlasteten Maschinen und Material und führten zur Produktion von Ausschußware. Nicht selten mußten Staudämme und Kraftwerke, Häuser und Fabriken unmittelbar nach ihrer Fertigstellung wieder abgerissen werden, weil sie zwar in der Zeit fertig geworden waren, aber nicht hielten, was die Pläne versprachen. Was in der Bekleidungs- und Lebensmittelindustrie hergestellt wurde, war von einer Qualität, die jeder Beschreibung spottete. Stalin und seine Gefolgsleute sahen in solchen Mängeln nichts weiter als das Versagen der leitenden Kader, Sabotage, Verschwörung und das Wirken von Feinden, die die sowjetische Ordnung zerstören wollten. Ordžonikidze, der seit 1932 das Amt des Volkskommissars für Schwerindustrie bekleidete, ließ Manager und Direktoren, die die Planvorgaben der Regierung nicht erfüllten, ihres Postens entheben, bisweilen wurden sie auch verhaftet. Entschuldigungen und Rechtfertigungen mochte Ordžonikidze überhaupt nicht hören. Auf einer Versammlung von Managern im Herbst 1934 erklärte er: »Wir werden solche Leute nicht anhören, die sagen, daß unsere Materialien nicht geliefert worden sind, denn wir sagen, daß ein guter Manager, ein guter Fabrikdirektor, ein guter Techniker weiß, wie man die Dinge organisiert und wie man die erforderlichen Resultate erzielt. ... Unsere Ausrüstung, unsere Fabriken sind darauf vorbereitet, der Sowjetunion zu dienen, sie sind darauf vorbereitet, massenweise Tonnen von Metall zu produzieren. Was hält sie davon ab? Schlechte Arbeit.«

Stalin konnte sich auch in dieser Frage nur terroristische Strategien vorstellen. Als sich im August 1930 Geldmangel in den Städten bemerkbar machte, wies er Molotov an, den »Apparat des Volkskommissariats für Finanzen und der Staatsbank ... gründlich zu säubern« und »unbedingt zwei, drei Dutzend Schädlinge aus diesen Apparaten zu erschießen, darunter zehn Kassierer verschiedenster Art«. Im gleichen Brief verlangte er, es müßten »Schädlinge in der Fleischindustrie« erschossen und in der Presse darüber berichtet werden. Wenige Wochen später wollte Stalin das Volkskommissariat mit »Leuten aus der GPU« besetzen lassen und dort »eine Kontrolle durch Ohrfeigen« einführen.

Dieser Kommandostil zerrüttete nicht nur die Produktionsabläufe in den Industriebetrieben der Sowjetunion, er verstrickte Direktoren und Manager in mörderische Konflikte mit konkurrierenden Unternehmen und Volkskommissariaten um knappe Ressourcen und isolierte die sowjetischen Industriekomplexe voneinander. In der unablässigen Inszenierung des Chaos erzeugte das Regime Systemkrisen, die es dann als Werke von Feinden wahrnahm.

Wer sich den Aufbauzielen des Regimes verschrieb, wer tat, was die politischen Führer verlangten, konnte dieses Chaos für sich nutzen, um in den Besitz von Privilegien zu gelangen. Rote Manager und Ingenieure, Stachanov-Stoßarbeiter, die es an »Wachsamkeit« und politischem Aktivismus nicht fehlen ließen, bekamen Orden, Auszeichnungen und Prämien, sie erhielten Automobile, Luxusgüter und komfortable staatliche Wohnungen, und sie kauften in separaten Geschäften ein, die bereithielten, was Bauern und Arbeiter kaum je zu Gesicht bekamen. Die Industrialisierung der Sowjetunion erzeugte nicht nur Chaos und Anarchie, sie gab Tausenden von Aufsteigern eine neue Lebensperspektive: proletarischen Ingenieuren, die ihre Ausbildung auf einer jener zahlreichen Arbeiterfakultäten erhalten hatten, jungen Kommunisten aus dem Arbeiterstand, die über keine andere Fähigkeit verfügten, als die Tagesparolen des Regimes auszurufen. Und auch unter den Arbeitern zeigte sich bisweilen jener Enthusiasmus, ohne den die Mobilisierung von Tausenden nicht möglich gewesen wäre: Komsomolzen und junge Arbeiter, die sich beim Bau der Metro, von Staudämmen und Wasserkraftwerken verausgabten. Nur speiste sich dieser Enthusiasmus nicht aus den Quellen der bolschewistischen Ideologie. Ingenieure wollten ihre Träume von der Modernisierung und Technisierung des Landes verwirklichen, Komsomolzen Abenteuer erleben und die Lebensweise der Väter und Vorväter von sich werfen, Arbeiter ihren Ressentiments gegen Manager und bürgerliche Spezialisten freien Lauf lassen. Und für die Kommunisten erfüllte sich jetzt ein Lebenstraum: die Verwirklichung jener Diktatur des Proletariats, für die sie einst in die Revolution gezogen waren.

Das bolschewistische Projekt der Industrialisierung erschöpfte sich nicht in der Modernisierung von Wirtschaft und Infrastruktur. Es schuf neue Menschen. Der Beginn des ersten Fünfjahrplanes war die Geburtsstunde des Proletariats. So sahen es die führenden Bolschewiki. Diesem Ziel ordneten sie alle ökonomischen Erwägungen unter. Man könnte auch sagen: Die Industrialisierung war nicht mehr als ein Vehikel zur Herstellung einer sozialistischen Gesellschaft, so wie die Bolschewiki sie sich erträumten.[30]

Die Städte und Großbaustellen des Kommunismus waren Orte der Ambivalenz, Schnittstellen der Sprachen und Lebensstile. Mit dem Beginn der Zwangskollektivierung verließen Hunderttausende Bauern aus allen Regionen des Imperiums ihre Heimatdörfer, um sich vor den Terrorkommandos in Sicherheit zu bringen und das nackte Überleben zu sichern. Die Sowjetunion sei zu einem gigantischen »Nomadenlager« geworden, so brachte »Sergo« Ordžonikidze, Mitglied des Politbüros und Volkskommissar für Schwerindustrie, auf den Begriff, was hier geschah. Fabriken, Bergwerke und Baustellen, Barackensiedlungen füllten sich mit Menschen, die nach wenigen Monaten schon wieder neue Wege suchten.

Unter diesen Umständen führte sich das Projekt der Bolschewiki, Städte aus dem Boden zu stampfen und Menschen in sozialistische Mustergesellschaften einzuschreiben ad absurdum. Im Provisorium, in der industrialisierten Wildnis gediehen keine sozialistischen Formen der Zivilisation. Und auch in den gewachsenen Industriestädten Moskau, Leningrad und Baku entstand nichts, was dem Traum der Kommunisten auch nur annähernd entsprochen hätte. Das Proletariat verschwand im Sog der Bauernmassen. Und wo die bäuerlichen Migranten unter sich blieben, an den Rändern der großen Städte, endete auch der Einfluß der Bolschewiki und ihrer Institutionen. Noch Mitte der dreißiger Jahre waren die Vororte Moskaus nicht mit dem Zentrum verbunden, es gab weder Krankenhäuser noch Schulen. Und auch die Polizei des Staates wagte sich über die Grenzen des Stadtzentrums nur selten hinaus.

Was die Kulturrevolution aus den Städten hätte verbannen sollen, kehrte nun in sie zurück: exzessiver Alkoholismus, die Sitten und Gebräuche des russischen Dorfes und die Gewalt, mit der die Bauern ihre Konflikte lösten. Wenngleich sich den Arbeitern keine Rückzugswege in die Dörfer mehr eröffneten, wie sie vor der Kollektivierung noch bestanden hatten, brachte sich der kommunistische Lebensentwurf im Arbeitermilieu nur selten zur Anerkennung. Wo sich die Bolschewiki durchsetzten, neue Feiertage einführten und Arbeiter zur Teilnahme an den Massenveranstaltungen der Partei nötigten, errichteten sie Fassaden, Inszenierungen, die den Lebensstil des Dorfes verdeckten, aber nicht beseitigten.

In den dreißiger Jahren veränderten nicht nur die Städte ihr Antlitz, auch die Industrie zerbrach unter dem Ansturm bäuerlicher Zuwanderer. Die Fluktuation in den Betrieben zerstörte jegliche Form rationaler Produktion. Ungelernte Arbeiter, die sich in den Lebens- und Arbeitsrhythmus der Stadt nicht einfügten, zerrütteten den Produktionsablauf. Bummelei, Alkoholismus und die mutwillige Zerstörung von Werkzeugen und Maschinen waren noch das Geringste, was es hier zu beanstanden gab. Wo es zu Unfällen und Produktionsausfällen kam, zeigte sich den Bolschewiki das Werk des Feindes. Vermeintliche Sabotage beantworteten sie mit Gewalt, mit der Verhaftung und Erschießung von Fabrikdirektoren und Ingenieuren. Wo das Regime Gewalt gegen die Angehörigen der alten Eliten ausübte, von Feinden, Saboteuren und ausländischen Spionen sprach, schürte es den Haß des Volkes gegen Gebildete und Brillenträger, gegen Menschen mit weichen Händen, die weiße Hemden und gestärkte Kragen trugen. Hier setzte sich der Kulturkonflikt des späten Zarenreiches fort, mit dem Unterschied freilich, daß ihn die Regierung nunmehr selbst in Szene setzte.[31]

Nur standen die Bolschewiki den Arbeitern kaum näher als jene Fabrikdirektoren und Ingenieure, die sie verhaften oder töten ließen. Und so trat der Sozialismus auch in den Städten und auf den Großbaustellen des Kommunismus als Zivilisationsdiktatur in das Leben der Untertanen. Sozialistische Wettbewerbe, die Organisation von Stoßarbeiterbrigaden sollten Arbeiter zu Höchstleistungen anspornen. Wer versagte, zurückblieb, Maschinen ruinierte oder die Arbeitsdisziplin untergrub, mußte mit dem Schlimmsten rechnen. Militarisierung der Arbeit – so hatte Trockij in den Jahren des Bürgerkrieges umrissen, wie barbarische Arbeiter in disziplinierte Proletarier zu verwandeln seien. Nun griffen die Bolschewiki auf dieses Konzept zurück, ohne freilich seinen Autor zu nennen. Verlust des Arbeitsplatzes, Zwangsarbeit und Lagerhaft – das waren die Strafen, die das Regime im Sommer 1940 für Bummelei am Arbeitsplatz, Trunksucht und die Produktion von Ausschußwaren verhängen ließ. Allein zwischen Juni und September 1940 wurden 906 824 Arbeiter auf der Grundlage dieses barbarischen Gesetzes verurteilt: 755 440 wegen Bummelei, 131 718 wegen unerlaubter Entfernung vom Arbeitsplatz und 2949 Arbeiter dafür, daß sie solche Disziplinlosigkeit nicht zur Anzeige gebracht hatten. Die Volksgerichte schreckten nicht einmal davor zurück, Minderjährige für Verstöße gegen die Arbeitsdisziplin zu Zwangsarbeit zu verurteilen. In Moskau wurden selbst Universitätsprofessoren bestraft, die zu spät zur Arbeit erschienen waren. Mehr als 80 Prozent der Verurteilten erhielten Gefängnisstrafen zwischen zwei und vier Monaten. Bis zum Beginn des Krieges im Juni 1941 wurden mehr als drei Millionen Arbeiter auf der Grundlage dieser Disziplinargesetze von sowjetischen Gerichten abgeurteilt.

Das Regime band die Arbeiter an die Fabrik, so wie es Bauern in Kolchosen einsperrte, es begegnete Arbeitern, aus deren Lebensweise die Kultur des Dorfes sprach, mit Verachtung. Der polnische Offizier Gustav Herling sah 1940, als er nach seiner Haftentlassung durch die Stadt Sverdlovsk lief, wie ein ordensgeschmückter sowjetischer General mit seinen Stiefeln nach Soldaten trat, die auf dem Gehweg saßen und mit Hämmern das Eis aufschlugen.[32] Diese kleine Episode sagt über das Verhältnis zwischen den Bolschewiki und ihren Untertanen mehr als jede gelehrte Abhandlung, die über den Stalinismus geschrieben worden ist.

IV. Terror

Kollektivierung und Industrialisierung waren menschliche und ökonomische Katastrophen. Sie zerstörten Lebensentwürfe und Traditionen, sie entwurzelten Millionen von Menschen, beraubten sie ihrer überkommenen Bindungen. Die Kolchosbauern wurden an die Scholle, die Arbeiter durch drakonische Disziplinargesetze an die Fabrik gebunden. Mehrere Millionen Menschen fristeten eine erbärmliche Existenz in den Sondersiedlungen und Konzentrationslagern der Sowjetunion. In der medialen Inszenierung der Sowjetunion kam dieses Elend nicht vor. Das Regime monopolisierte und ideologisierte Bildung und Information, es moralisierte die Ökonomie und verwandelte die Beziehungen zwischen Herrschern und Untertanen in eine Theateraufführung, die der Bevölkerung vermittelte, nach welchen Regeln und in welcher Sprache Gehorsam zu leisten war. Unter den Bedingungen einer gleichgeschalteten Medienlandschaft internalisierten am Ende selbst manche Gegner des Regimes die zentral verordneten Sprach- und Regelwerke. Wer Kritik vorbrachte, mußte sie im Gewand kommunistischer Rhetorik vorbringen. Er mußte sich dabei einer ritualisierten Sprache bedienen, die die Welt in Freunde und Feinde einteilte und die kommunistische Partei als Orden von Auserwählten und Märtyrern einer heiligen Sache präsentierte.

Die Partei galt fortan als Erlöser und Retter des Volkes. Jede Wohltat mußte als Werk bolschewistischer Kreativität besungen werden. Für die Werktätigen, in deren Namen die Revolutionäre einst gesprochen hatten, gab es in diesem Konzept nichts weiter zu tun, als der Führung ihren Dank auszusprechen. Spätestens mit dem Beginn der Kollektivierung und den Schrecken des Terrors traten die Wahrnehmung der Wirklichkeit und ihre Interpretation durch die Bolschewiki auseinander. Die Untertanen wurden mit einer realen und einer inszenierten Welt konfrontiert. Und weil die Presse von einer Realität berichtete, die es nicht gab, richteten sich die Untertanen darin ein, daß es eine Welt der Lüge und eine der Wahrheit gab. Die inszenierte Lüge verfolgte den Zweck, das alltägliche Chaos zu rationalisieren, Eliten an das Regime zu binden und Menschen zu zwingen, nicht von den Regeln bolschewistischer Weltauslegung abzuweichen. Es waren der Stalin-Kult und die täglich eingeübten Rituale der Realitätsverweigerung, die die neue Ordnung in die Köpfe der Untertanen verpflanzen sollten. Diesem Zweck diente auch die Moralisierung der Ökonomie, die als Geschenk der Partei und ihres Führers Stalin ausgab, was von den Untertanen selbst erwirtschaftet worden war. Arbeiter, Bauern und Wissenschaftler leisteten einen Dienst an der Partei, sie arbeiteten aus Dankbarkeit. Jetzt erhielt auch der Zeitbegriff eine ganz neue Dimension: Zukunft, Gegenwart und Vergangenheit wurden zu Kunstprodukten ohne Wirklichkeitsbezug. Fortan gab es nur noch eine solche Zukunft, die die Parteiführung selbst entworfen hatte.

Die Untertanen kamen mit der Sprache und dem Stil der Bolschewiki nicht nur auf den Seiten der Parteipresse in Berührung. Seit Mitte der zwanziger Jahre konfrontierte das Regime die Bevölkerung mit eliminatorischen Praktiken, die den Sowjetbürgern in Erinnerung riefen, wer nicht Mitglied der neuen Ordnung sein durfte. Diesem Zweck dienten vor allem die periodisch wiederkehrenden Kampagnen zur Vorbereitung der Sowjetwahlen. Wahlen waren Akklamationsrituale, die Integration bloß simulierten, denn die Entscheidung, wer und wie zu wählen sei, stand nicht im Ermessen der Wähler. Während der Kampagnen mußten die Untertanen eine Entscheidung darüber treffen, wer von den Wahlen, die das Regime veranstaltete, ausgeschlossen bleiben mußte. Seit Anbeginn der bolschewistischen Herrschaft mußten die Untertanen lernen, Feinde zu markieren und mit Aussätzigen zu leben. Die Stigmatisierten waren das Strandgut der sozialistischen Umgestaltung. Sie trugen die Verantwortung für das Elend, in das die Bolschewiki ihre Untertanen gebracht hatten. Deshalb konnte man sie ungestraft aus ihren Wohnungen verjagen, sie aus Dörfern und Städten ausweisen und in Lager einsperren. Aussätzige visualisierten den Feind, von dem die Bolschewiki sprachen, und sie ermöglichten es den Untertanen, ihren Zorn über die Verhältnisse, in denen sie leben mußten, von den Mächtigen auf die Ohnmächtigen umzuleiten. Aber auch für jene, die sich für Proletarier und Anhänger des Regimes hielten, gab es keine Sicherheit, jeder konnte am Ende stigmatisiert und verhaftet werden. Wo der Verdacht aufschien, regierte die Furcht. Auf dem Höhepunkt des stalinistischen Terrors zählten vier Millionen Menschen zur Kategorie der »lišency«. Die sozialistische Gemeinschaft triumphierte in der Exklusion ihrer Feinde. Feinde wie Freunde mußten an diesem Verfahren der alltäglichen Stigmatisierung teilnehmen: Freunde, indem sie Feinde benannten und anzeigten, Feinde, indem sie die Existenz der bösen Mächte bestätigten.[1]

An der Generallinie der Partei und an den Signalen der politischen Führer, die für Kommunisten und Sowjetbürger die jeweils letzten Wahrheiten entwarfen, konnte man erkennen, wer als Feind zu gelten hatte und welches Verhalten ihm entgegenzubringen sei. Das Leben richtete sich fortan nach Signalen, die aus der Ferne kamen, nach Zeichen, die ihre Adressaten zwangen, sich menschenfeindlichen Verhaltensregeln zu unterwerfen. Die alltägliche Inszenierung einer bipolaren Welt und die unablässige Stigmatisierung von Menschengruppen gruben sich wenigstens im städtischen Raum tief in das Bewußtsein der Sowjetbürger ein. Sie spalteten Wahrnehmung und Sprache und sie säten Mißtrauen: gegen Fremde und Ausländer, gegen Arbeitskollegen, Freunde und Verwandte. Die alltägliche visuelle und semantische Stigmatisierung, der sich niemand entziehen konnte, war das Kennzeichen der stalinistischen Zivilisation. Sie band die Untertanen des Sowjetimperiums aneinander, ohne sie miteinander zu verbinden.

Hannah Arendt sprach von der Atomisierung der Gesellschaft, um die Machtlosigkeit und die Vereinzelung des Menschen im totalitären Zeitalter auf den Begriff zu bringen. Mit Foucault könnte man auch vom Menschen als einer Schaltstelle des bolschewistischen Diskurses, von der Macht als einer Wirkung sprechen. Für die Bolschewiki wurzelte der Mensch schon nicht mehr in der Gemeinschaft, aus der er kam. Er war nur noch auf eine Ordnung fixiert, die im anderen den potentiellen Feind ausmachte. Untertanen, die sich der bolschewistischen Ordnung ganz hingaben, verloren jene moralischen Bindungen, die sie unter anderen Umständen in die Lage versetzt hätten, dem Wahnsinn Einhalt zu gebieten. Die Bolschewiki wurden zu reißenden Wölfen. Sie richteten sich und ihre Untertanen ab, sie konditionierten sich für den Terror, für die Abrechnung mit den Feinden.

Wie aber war es möglich, daß dort, wo das Individuum hinter den bolschewistischen Inszenierungen verschwand und sich in der öffentlichen Ausübung des kommunistischen Rituals selbst auslöschte, wo es der Selbstabrichtung schon nicht mehr bedurfte, Massenterror ausgeübt wurde? Wenn sich das Regime gegen Feinde schon nicht mehr durchsetzen mußte, worin bestand dann die Ratio des Terrors? Was erwarteten Stalin und seine Helfer von der Gewalt, die sie über die Sowjetunion brachten, wenn sie mit ihr keine Resistenz mehr überwinden wollten? Auf diese Fragen weiß eine Interpretation, die den Stalinismus in den Seelen der Untertanen verortet, keine Antwort. Arendt, Friedrich und andere Theoretiker des Totalitarismus sahen im Terror ein Instrument, mit dem die Herrschenden Furcht und Schrecken erzeugten, um die Gesellschaft in einen Zustand ständiger Erregung zu versetzen und potentielle Quellen zivilen Widerstands im Keim zu ersticken. Der Terror brach jeden Versuch individueller Selbstkonstituierung ab. Er hielt das totalitäre Regime in Form. Manche Historiker und Sowjetologen gaben sich auch mit schlichteren Antworten zufrieden: Der Terror sei aus dem Hirn des Diktators gekommen, Stalin habe ihn entfacht, um seine persönliche Macht auszuweiten und Konkurrenten auszuschalten, so konnte man es in der älteren Geschichtsschreibung über den Stalinismus lesen. Deshalb sei die Gewaltorgie am Ende über sich hinausgewachsen. Es waren die sogenannten »Revisionisten«, die darin eher einen Ausweis für die Unkontrollierbarkeit der Gewalt sahen. Ihnen galt der Terror als ein Ereignis, das aus der Gesellschaft kam, sich durch Interessenkonflikte am Leben erhielt und deshalb von den politischen Führern nicht mehr unter Kontrolle gebracht werden konnte. In ihrem Verständnis verselbständigte sich, was keinen Autor hatte.

Während die einen der Inszenierung bolschewistischer Allmachtsphantasien erlagen, die bolschewistische Repräsentation der Wirklichkeit für die Wirklichkeit der Untertanen hielten, stellten die anderen die Durchsetzungsfähigkeit der Despotie überhaupt in

Frage. Und auch die These, Stalin habe angesichts der Kriegshysterie potentielle Spione und Feinde präventiv beseitigen wollen, weiß am Ende doch keine Antwort auf die Frage, wie es kam, daß mit den Terrorbefehlen der politischen Führung Kulaken, Kriminelle, obdachlose Kinder und Häftlinge, die sich bereits in den Lagern befanden, aus der Welt geschafft wurden.[2] Über den historischen Ort des Stalinismus und den Verstehenshorizont der führenden Bolschewiki, über die Bedingungen, unter denen Kommunisten und Untertanen einander wahrnahmen, hatten solche Interpretationen nichts zu sagen. Wenn Rationalität bedeutet, daß selbst formulierte Prämissen erfüllt werden, dann müssen sich die Historiker den Voraussetzungen zuwenden, die den Handlungen der stalinistischen Täter eine Struktur verliehen. Nur so wird für uns ein vergangenes Handeln verstehbar, das der Gegenwart irrational erscheint.

Die führenden Bolschewiki sahen eine Welt, die von Feinden bewohnt wurde. Der innere Feind gab sich in der Lebensweise zu erkennen. Seine Heimat war das Bewußtsein, deshalb ließ er sich nur durch innere Selbstreinigung, durch Selbstaufklärung und Umerziehung überwinden. Der äußere Feind zeigte sich in der Person des Kulaken, des »sozial fremden Elementes«, des Ausländers und des Saboteurs und Spions, der sich hinter der Maske des Kommunisten verbarg. Es waren die Feinde, die sich in die Partei eingeschlichen hatten, die das Volk daran hinderten, auf dem Weg der Selbstreinigung zu sich selbst zu finden. Deshalb konnte auch die Bewußtwerdung des Menschen nicht ohne Terror ins Werk gesetzt werden. Der Terror kam aus dem Verlangen, jene Ambivalenz aus der Gesellschaft herauszubrennen, die das bolschewistische Projekt täglich widerlegte. Er war ein »reinigendes Gewitter«, er befreite die Gesellschaft endgültig vom »Unkraut«, das in den Jahren der Kulturrevolution und der Kollektivierung nur unvollständig entfernt worden war. Molotov gab in seinen Gesprächen mit dem sowjetischen Journalisten Feliks Čuev in den siebziger Jahren eine eigene Erklärung für die terroristischen Exzesse: Die Massentötungen des Jahres 1937 seien nicht der »Willkür der Führung« entsprungen. Man müsse sie »als Fortsetzung der Revolution unter schwierigen internationalen Bedingungen« verstehen.[3]

Das Jahr 1937 war nicht der Beginn, sondern der Höhepunkt des kommunistischen Terrors. Er brach aus mehreren, anfangs nicht miteinander verbundenen Repressionsstrategien hervor, die im besinnungslosen Amoklauf der Jahre 1937 und 1938 zusammenliefen: erstens aus der physischen Auslöschung der politischen Führungselite, die sich zu Beginn der dreißiger Jahre als Möglichkeit abzeichnete und nach der Ermordung des Leningrader Parteichefs Kirov im Dezember 1934 blutige Wirklichkeit wurde; zweitens aus den Parteisäuberungen der Jahre 1933 und 1935 und der mit ihr verbundenen Zerschlagung personaler Netze seit dem Frühjahr 1937; drittens aus der Massentötung von Kulaken, Priestern, Angehörigen der vorrevolutionären Eliten, Kriminellen und Lagerhäftlingen zwischen Sommer 1937 und Herbst 1938; und viertens aus der Verhaftung und Tötung von Ausländern, Angehörigen ethnischer Minoritäten und der Deportation von Völkern.

Der Terror bewegte sich in konzentrischen Kreisen vom inneren Kreis der Macht nach außen. Niemand konnte sich dieser Gewalt entziehen, die sich durch alle Schichten der Gesellschaft fraß. Das Individuum verschwand. Es gehörte nur noch dem Kollektiv. Sobald das Kollektiv in Verdacht geriet, auf der Seite des Feindes zu stehen, war es auch um die Menschen geschehen, die ihm angehören mußten. Freilich: ohne die destruktive Energie und Bösartigkeit Stalins und seiner Helfer wäre diese monströse Gewalt kaum denkbar gewesen. Wie Stalin und seine Helfer als Menschen gewesen seien, das sollte für Historiker, die den Ursachen des Terrors auf der Spur sind, nicht länger im Abseits stehen.

Moskauer Schauprozesse

Am Nachmittag des 1. Dezember 1934 fiel der Parteichef von Leningrad, Sergej Mironovič Kirov, einem Attentat zum Opfer. Der Attentäter, Leonid Nikolaev, hatte sich dem Parteichef unbemerkt genähert. Denn er war im Besitz eines Parteiausweises, als er um 13.30 Uhr das Hauptquartier der VKP in Leningrad betrat. Um 14.30 verließ er das Gebäude. Um 16.30 kehrte er zurück. Als er Kirov aus seinem Büro kommen sah, holte Nikolaev einen Revolver aus seiner Manteltasche hervor und tötete den Leningrader Parteichef mit mehreren Schüssen. Nikolaev wurde, bevor er seinem Leben selbst ein Ende setzen konnte, von den NKVD-Wachen, die sich in der Nähe befanden, überwältigt und verhaftet.

Nikolaev, der erst 30 Jahre alt war, kam aus einer Arbeiterfamilie. Seit 1923 arbeitete er als Schlosser in mehreren Fabriken Leningrads. 1923 trat er schließlich der Partei bei, der er seit 1932 auch in administrativen Funktionen diente: Als Referent für Industriefragen im Leningrader Gebietskomitee, als Inspektor für Preiskontrolle im Volkskommissariat für die Arbeiter- und Bauerninspektion und zuletzt als Instrukteur im Institut für Parteigeschichte. Die Personalakten porträtieren den jungen Mann als Faulenzer, Querulanten und Intriganten, der sich mit nichts zufrieden gab und keine Gelegenheit ausließ, um Eingaben und Beschwerden an die Obrigkeit zu verfassen. Im Frühjahr 1934 weigerte er sich, einem Parteiauftrag Folge zu leisten. Das zuständige Komitee schloß ihn daraufhin aus den Reihen der VKP aus, bald darauf verlor Nikolaev auch seine Arbeitsstelle im Institut für Parteigeschichte. Zwar wurde er wenig später wieder in die Partei aufgenommen. Seine Beschäftigung im Institut aber mußte er aufgeben. In seiner Verzweiflung nahm er seine Gewohnheit, Eingaben zu schreiben, wieder auf: Er schrieb an den Sekretär des Leningrader Stadtparteikomitees, im Juli 1934 wandte er sich an Kirov, im August bekam auch Stalin einen Brief. Alle Versuche des Querulanten, Aufmerksamkeit zu erregen, schlugen fehl. Niemand antwortete ihm. Nikolaev gab unmittelbar nach seiner Verhaftung an, er habe zu Beginn des Monats November den Entschluß gefaßt, ein Attentat auf den Parteichef von Leningrad zu verüben. Er habe seine Lage nicht länger ertragen können, ohne Arbeit und ohne »moralische Unterstützung« habe er keinen anderen Ausweg mehr gesehen, als Kirov zu töten. Nichts deutete darauf hin, daß Nikolaev angestiftet worden war.

Für die Tschekisten im Leningrader NKVD war der Attentäter nichts weiter als ein williges Werkzeug verborgener Feinde. Wo Unzufriedenheit, Renitenz und Widerstand aufschienen, zeigte sich ihnen die Macht der Verschwörung. Die Suche nach Verschwörern und Klassenfeinden begann bereits unmittelbar nach der Verhaftung des Täters. Noch bevor das Politbüro in Moskau eine Entscheidung darüber getroffen hatte, wer für diese Bluttat verantwortlich zu machen sei, begab sich das Leningrader NKVD auf die Suche nach ehemaligen Weißgardisten, die es hinter dem Attentat vermutete. Die Tschekisten überprüften verdächtige Ausländer und suchten nach Verbindungen zwischen Nikolaev und Angehörigen der vorrevolutionären Elite, die in der Kartei des Geheimdienstes registriert waren. Genrich Jagoda, Stalins Volkskommissar für Innere Angelegenheiten, sah nicht weiter als seine Untergebenen in Leningrad. Als er mit dem stellvertretenden NKVD-Chef der Stadt, Fomin, über die Bluttat sprach, befragte er ihn auch nach der Kleidung des Attentäters: Ob sie aus heimischer oder ausländischer Produktion stamme, wollte Jagoda wissen. Nikolaj Bucharin fabulierte von ausländischen Geheimdiensten, die sich Nikolaevs bedient hätten, um ihr böses Werk gegen die Sowjetunion zu verüben. Das Verschwörungsszenario des NKVD blieb nicht ohne Folgen. In den ersten Dezembertagen des Jahres 1934 wurden 103 Personen, die aus Polen, Finnland, Rumänien und Litauen stammten und sich illegal in der Sowjetunion aufhielten, verhaftet und erschossen, ohne daß Anklage gegen sie erhoben worden wäre.

Stalin dachte über die Welt nicht anders als die Tschekisten. Nur zeigten sich für ihn Feinde nicht nur jenseits der Festungsmauern, hinter der sich die politische Führung verschanzte. Er sah Feinde, die die Partei für sich eroberten, die in den engsten Kreis der Macht vordrangen, um die Sowjetunion und ihr politisches System zu destabilisieren und zu zerstören. Deshalb gab er auf die Frage, wie auf die Ermordung des Leningrader Parteichefs zu reagieren sei, andere Antworten als Jagoda, der das überkommene Denkmodell vertrat, wonach zu den Feinden gehörte, wer keinen Parteiausweis besaß. Er beauftragte deshalb nicht den NKVD, sondern den ZK-Sekretär Nikolaj Ežov mit der Untersuchung des Falls. Molotov erinnerte sich, er und einige Mitglieder des Politbüros seien im Dienstzimmer Stalins gewesen, als der Leningrader NKVD-Chef Medved angerufen habe, um die Ermordung Kirovs mitzuteilen. Stalin habe ihn als »Trottel« beschimpft und aufgelegt.[4] Am Abend kam Jagoda in den

Kreml. Er nahm an den Beratungen des Politbüros teil und hörte sich an, was Stalin über die Ermittlungen im Fall Kirov zu sagen hatte. Noch am gleichen Tag fuhren Stalin und seine engsten Vertrauten aus dem Politbüro mit dem Nachtzug nach Leningrad. Vom Bahnhof aus begaben sich Stalin, Molotov und Vorošilov in das städtische Krankenhaus, um den Leichnam Kirovs in Augenschein zu nehmen. Erst Stunden später kamen sie in den Smolnyj, das Hauptquartier der Leningrader Parteiorganisation, um sich über die Untersuchungen des NKVD selbst ins Bild zu setzen. Ein Mitarbeiter des Leningrader Komsomolkomitees, der sich zu dieser Zeit im Gebäude aufhielt, erinnerte sich an den Auftritt Stalins, der den Anwesenden Furcht und Schrecken einjagte. »Es war im Hauptkorridor. Ich sehe eine Gruppe von Personen kommen. Ich sehe in der Mitte Stalin. Vor Stalin ging Genrich Jagoda her, mit einem Revolver in der erhobenen Hand, und er gab das Kommando: ›Alle mit dem Gesicht zur Wand! Hände an die Hosennähte!‹«[5]

Stalin selbst verhörte den Attentäter, wie sich ein NKVD-Mann später erinnerte. Nikolaev hatte auch dem Generalsekretär nichts von Belang mitzuteilen: Er sei über seine Entlassung aus dem Institut für Parteigeschichte verärgert gewesen, er habe keinen anderen Ausweg mehr gesehen, als den Parteichef von Leningrad zu erschießen. Von solchen Motiven wollte Stalin nichts hören. Er forderte den Attentäter auf, Komplizen und Auftraggeber zu nennen und versprach ihm, man werde ihn, wenn er mit dem NKVD kooperiere, am Leben lassen.[6] Das NKVD tat, was Stalin verlangte: Es verhaftete Freunde und Arbeitskollegen Nikolaevs und stellte eine Verbindung zwischen ihnen und ehemaligen kommunistischen Oppositionellen her. Ende Dezember 1934 warteten die Zeitungen mit einer neuen Version auf: Nikolaev sei kein Einzeltäter, sondern Mitglied einer Verschwörung, Trockij, Zinov'ev und Kamenev seien ihre geistigen Führer gewesen. Nikolaev gestand, was ihm vorgeworfen wurde, wohl auch, weil er hoffte, daß man ihm am Ende das Leben schenken werde. Stalin beging auch in diesem Fall Wortbruch. Am 29. Dezember 1934 wurden Nikolaev und 13 seiner vermeintlichen Komplizen zum Tode verurteilt und hingerichtet. Gleichwohl waren Stalin und seine Helfer keine Zyniker der Macht. Sie glaubten, was sie anderen unterstellten. So bedrängten der Generalstaatsanwalt Andrej Vyšinskij und der stellvertretende NKVD-Chef der UdSSR, Jakov Saulovič Agranov, die Verurteilten Minuten vor ihrer Hinrichtung noch, die Namen der Auftraggeber zu nennen.

Mit der Hinrichtung des Attentäters und der Erschießung vermeintlicher Komplizen gaben sich Stalin und die Mitglieder des Politbüros nicht zufrieden. Im Anschluß an den Prozeß kamen Leningrader NKVD-Leute auf mysteriöse Weise ums Leben, andere wurden verhaftet, erschossen oder strafversetzt. 1937 wurden die letzten Tschekisten, die mit diesem Fall in Berührung gekommen waren, erschossen.

Die Ermordung des Leningrader Parteichefs war nicht die Geburtsstunde des Terrors. Aber sie veränderte die Atmosphäre im Führungskreis der Partei. Der Tod warf jetzt auch in der Partei seine Schatten voraus. Der Grundsatz, getötet werden dürfe nur, wer außerhalb der Partei stand, führte sich ad absurdum, als Stalin und seine Helfer den Feind in den eigenen Reihen ausmachten. »Wir erschießen zu wenig«, wie sich Kaganovič auf einem Plenum des Zentralkomitees im Jahre 1933 beklagte.[7] Angesichts des blutigen Krieges, den die Partei gegen die Bevölkerung führte, konnte es für jene, die Ränke schmiedeten und den Führern nach dem Leben trachteten, kein Pardon mehr geben. Abweichungen, die in den zwanziger Jahren durch Unterwerfung und Reue gesühnt werden konnten, verwandelten sich in todeswürdige Verbrechen. Dem Opfer half jetzt auch nicht mehr, Besserung zu geloben. Es hatte sich vollständig zu unterwerfen, zu kapitulieren und an der Legitimation des eigenen Unterganges mitzuwirken. Auf dieses Verfahren hatten sich alle Mitglieder des Führungskreises geeinigt. Jetzt konnten jene, die in Verdacht gerieten, nicht verweigern, was sie anderen abverlangt hatten.[8] Stalin nutzte die kommunistischen Inquisitionsrituale, um vermeintliche Feinde, die sich in die Partei eingeschlichen hatten, aus dem Weg zu räumen. Das zeigte sich bereits 1932, als Kritik am Führungsstil Stalins im Kreis prominenter Bolschewiki geübt wurde.

Im Frühjahr zirkulierte eine sogenannte »Plattform« des 1930 aus der Partei ausgeschlossenen M.N. Rjutin in den Reihen der Partei, die Stalin als skrupellosen Intriganten und Diktator diskreditierte. Im September wurde Rjutin verhaftet und zu zehn Jahren Lagerhaft verurteilt, seine Komplizen verloren ihre Parteimitgliedschaft und endeten im Gefängnis. Wenig später, im November des gleichen Jahres, gerieten der Volkskommissar für Handel der RSFSR, N. B. Eismont, und der Altbolschewik N. V. Tolmačev in das Visier der Geheimpolizei. In Eismonts Wohnung hatten sich am Tag der Revolutionsfeierlichkeiten mehrere prominente Bolschewiki versammelt und über eine Ablösung Stalins als Generalsekretär gesprochen. Stalin erfuhr, was sich in der Wohnung des Volkskommissars zugetragen hatte, und ordnete die Verhaftung Eismonts und seiner Freunde an.[9] Der prominente Altbolschewik und Anhänger Trockijs, A. P. Smirnov, der zum Freundeskreis des gestürzten Volkskommissars gehörte, entging der Verhaftung. Er wurde im Januar 1933 vor das Zentralkomitee geladen, dessen Mitglied er war, um Rechenschaft abzulegen und Reue zu üben. Denn wenige Tage zuvor hatte Stalin einen Bericht der GPU erhalten, der Smirnov als Kopf einer Verschwörergruppe und Agenten Trockijs bezeichnete. Smirnov verurteilte die »konterrevolutionären« Reden Eismonts. Es gebe niemanden, der Stalin wirklich ersetzen könne. Man müsse den Verstand verloren haben, solch eine Forderung zu erheben. Nur wer im Lager des Feindes stehe, so Smirnov, könne solche Worte sprechen. Er selbst habe Stalin immer »geliebt« und liebe ihn noch. Angesichts der äußeren Bedrohung sei jede politische Aktion, die sich hinter dem Rücken der Führung vollziehe, ein parteifeindlicher Akt. »Das ist völlig klar.« Smirnov gestand Fehler ein, übte Reue und gelobte Besserung.[10]

Mit solchen Reuebekenntnissen gaben sich Stalin und seine Helfer im Zentralkomitee nicht zufrieden. Sie verlangten von den Delinquenten, Schuld einzugestehen und die Wahrheit der Anschuldigungen zu bestätigen. Es kam darauf an, daß die Beschuldigten die Regeln, deren Geltung sie bestritten hatten, in einem Unterwerfungsritual bestätigten und so die Einheit im Führungskreis der Partei wiederherstellten. Was auf den Sitzungen des Zentralkomitees in den dreißiger Jahren geschah, war nichts weiter als der Versuch, die Mitglieder dieses Gremiums durch die Wiederholung von Ritualen strikter Disziplin zu unterwerfen und abweichendes Verhalten mit

Ächtung zu bestrafen. Darin zeigte sich von den Disziplinierungstechniken des Dorfes mehr als mancher glaubt. M.F. Škirjatov, der Vorsitzende der Zentralen Kontrollkommission der Partei, sprach von Verschwörungen, die auf »Partys«, in »Taxis« und auf geheimen Versammlungen verabredet würden, auf denen ehemalige Oppositionelle Verbindungen knüpften und gegen die Führung intrigierten. Angesichts der wütenden Angriffe des Klassenfeindes sei jeder Gedanke, der die Einheit der Partei in Frage stelle, jeder Witz und jede Anekdote bereits ein Verbrechen, das bestraft werden müsse. Von den Mitgliedern der ehemaligen Opposition, so Škirjatov, erwarte die Parteiführung, daß sie ihre Verbindungen zu den Kritikern Stalins auf »bolschewistische Art« offenlegten. Hier kam es nur noch darauf an zu bestätigen, was die Stalinsche Führung jeweils als Verbrechen ausgab. Diese Praxis führte am Ende in die Selbstzerstörung des Zentralkomitees.

In den Jahren 1933 und 1934 hatte es noch zaghafte Versuche gegeben, die strafenden Befugnisse der GPU einzudämmen und die Justiz auf Verfahren zu verpflichten, die sich an Gesetzen und geregelten Prozeduren orientierten. Jetzt nahmen sie ein jähes Ende. Was die Geheimpolizei zuvor an Befugnissen eingebüßt hatte, erhielt sie 1935 wieder zurück. Es war Andrej Vyšinskij, Stalins furchtbarer Jurist, der die Regeln, für die er als Generalstaatsanwalt der Sowjetunion selbst gestritten hatte, in Stalins Auftrag wieder außer Kraft setzte. Vyšinskij wirkte im Kreis der Stalinschen Gefolgsleute wie ein Fremdkörper: gewandt, intelligent und gebildet, unterschied er sich von den dumpfen und primitiven Gewalttätern aus dem Politbüro. Stalin vertraute ihm. 1903 hatte er mit Vyšinskij eine Gefängniszelle in Baku geteilt und ihn, obgleich er im Jahr der Revolution noch auf der Seite der Menschewiki gestanden hatte, gefördert. Als Generalstaatsanwalt der Sowjetunion gab Vyšinskij dem Justizapparat eine neue Struktur, er rehabilitierte das Recht als Regulativ menschlicher Beziehungen und versuchte, den Einfluß von professionell ausgebildeten Juristen, Staatsanwälten und Richtern auf die Innenpolitik zu stärken. Zwischen 1932 und 1935 vertrat Vyšinskij die Belange des Rechts gegenüber der GPU und dem NKVD und setzte sich zeitweise auch gegen die rechtsnihilistischen Auffassungen des radikalen Volkskommissars für Justiz Nikolaj Krylenko durch. Noch zu Beginn des Jahres 1936 verlangte Vyšinskij von Molotov, die strafenden Befugnisse des NKVD zu beschränken. Der Generalstaatsanwalt hatte gegen die Anwendung von Gewalt nichts einzuwenden. Aber er wollte diese Gewalt in den Händen der Justiz wissen. Dieses Anliegen entsprach dem Bedürfnis nach Rechtssicherheit und Ordnung, wie es nicht zuletzt die Diener des Staatsapparates artikulierten.[11] Und auch die Debatte über die Stalin-Verfassung, die 1935 begann, wurde von vielen Untertanen als Versuch verstanden, das Leben in eine Ordnung zu bringen und das Chaos der vergangenen Jahre hinter sich zu lassen. Bereits im Mai 1933 hatten Stalin und Molotov die Deportation von Kulaken eingestellt. Das barbarische Gesetz zum Schutz des sozialistischen Eigentums vom August 1932 kam nur selten noch zur Anwendung, im August 1935 verkündete das Regime eine Amnestie für alle Kolchosbauern, die zu weniger als fünf Jahren Lagerhaft verurteilt worden waren, in manchen Gegenden wurden die Fälle jener Bauern, die zu Unrecht verurteilt worden waren, sogar wieder aufgenommen.[12]

Doch Stalin und seine Clique fanden an einer solchen Ordnung keinen Gefallen. Wachsamkeit konnte für sie nur gedeihen, wo der Verdacht regierte. Die Ermordung des Leningrader Parteichefs Kirov gab ihnen die Gelegenheit, ihrer Mordlust freien Lauf zu lassen. Und es war Andrej Vyšinskij, der ihnen dabei half, den Gerichtssaal in ein Theater des Schreckens zu verwandeln.

Moshe Lewin sprach einst von zwei Modellen in einem, vom Nebeneinander gewaltloser und gewalttätiger Strategien, Herrschaft auszuüben, die für ihn die Essenz des Stalinismus symbolisierten.[13] Zwar herrschte in den Debatten des Zentralkomitees und in der inszenierten Diskussion über die neue Verfassung nicht das Diktat der körperlichen Gewalt. Gleichwohl zeigte sich in ihr ein Stil und eine Sprache, die Kommunisten wie Untertanen täglich zu Bewußtsein brachten, daß ihre Freiheit und ihr Leben an einem seidenen Faden hingen. Jenseits der großen Städte, in den Dörfern und auf den Großbaustellen, hatte der Terror ohnedies niemals aufgehört.

Am 1. Dezember 1934 ließ Stalin eine Verordnung ausfertigen, die es dem NKVD erlaubte, zu töten und zu deportieren, ohne daß es dafür noch eines Urteils bedurft hätte. Nun konnte, wer in Verdacht geriet, bis zu fünf Jahre in ein Lager eingewiesen werden. Stalin selbst verfaßte eine Direktive, die in Strafverfahren mit »terroristischem« Hintergrund schon keine Verteidigung und Kassationsbeschwerden mehr zuließ. Die Verfahren vor dem Militärtribunal des Obersten Gerichts sollten noch am Tag der Anklageerhebung beendet, Todesurteile sofort vollstreckt werden. Wenig später, im April 1935, wurde die Anwendung der Todesstrafe auf Jugendliche ausgeweitet. Wer das zwölfte Lebensjahr erreicht hatte, konnte nunmehr erschossen werden.[14]

Unmittelbar nach der Ermordung Kirovs wurden die ehemaligen Widersacher Stalins, Zinov'ev und Kamenev, verhaftet und in einem Geheimprozeß zu je zehn Jahren Haft verurteilt. Die Geheimpolizei warf ihnen eine Beteiligung am Mord vor. Zinov'ev hatte immerhin bis in das Jahr 1926 das Amt des Parteichefs von Leningrad bekleidet und war in den innerparteilichen Auseinandersetzungen um seine Parteimitgliedschaft gebracht worden. Wen sollte es noch wundern, daß er für diese Schmach Vergeltung übte? Was mit einem Verdacht begann, weitete sich zu einer monströsen Verschwörung aus. In den Parteiorganisationen Leningrads und anderer Städte wurden Anhänger Zinov'evs und Kamenevs aufgespürt, endlich auch die Parole ausgegeben, es müßten Trotzkisten und ehemalige Abweichler aus der Partei ausgeschlossen und verhaftet werden. Tatsächlich hatte sich Trockijs Sohn, Sedov, im Ausland mit ehemaligen Mitgliedern der bolschewistischen Opposition getroffen, und sie sprachen während dieser Treffen auch über politische Alternativen. Nur war, was während dieser Zusammenkünfte besprochen wurde, nichts weiter als ein Gedankenaustausch marginalisierter Intellektueller, die in der Partei schon keine Rolle mehr spielten.[15] Der ZK-Sekretär Ežov, der die Operationen gegen die ehemaligen Oppositionellen leitete, aber sah bereits weiter. Er lieferte dem mißtrauischen Generalsekretär, wonach dieser verlangte: Neue Informationen über Feinde und Spione, die sich in den inneren Kreis der Macht eingeschlichen hatten.

Im Sommer 1935 ließ die Geheimpolizei 110 Angestellte der Kreml-Verwaltung verhaften. Diese hätten, so hieß es in dem Bericht, der Stalin zugestellt wurde, die politischen Führer der Sowjetunion im Kreml festsetzen und töten wollen. Trockij und Zinov'ev hätten dazu den Auftrag erteilt. Jetzt fiel auch Avel Enukidze, Stalins Freund und Gefolgsmann aus Georgien, der die Kreml-Administration leitete, in Ungnade. Ežov beschuldigte ihn nicht nur mangelnder Wachsamkeit. Enukidze habe die Signale, die vom Kreml-Kommandanten ausgesandt worden seien, ignoriert und den Feinden die Tore des Kreml geöffnet. Der Beschuldigte versuchte, sich zu rechtfertigten. Aber niemand wollte die Rechtfertigungen Enukidzes hören. Die Mitglieder des Politbüros bestanden auf seiner vollständigen Unterwerfung. Auf dem Plenum des Zentralkomitees vom 6. Juni 1935 verlangten Ežov, Kaganovič und Jagoda, Enukidze müsse für sein Versagen streng bestraft werden. Stalin schwieg, wie es seiner Gewohnheit entsprach. Enukidze übte Selbstkritik, er bestätigte, was der NKVD ihm vorwarf und wurde aus der Partei ausgeschlossen. Anna Larina, Bucharins Witwe, erinnerte sich, Enukidze habe dieses Opfer bringen müssen, weil er über die Umstände, die Svetlana Allilueva, Stalins zweite Frau, 1932 in den Selbstmord getrieben hatten, zu viel wußte. Aber er blieb am Leben, weil es Stalin zu dieser Zeit noch gefiel, seine schützende Hand über die Freunde aus dem Kaukasus zu halten. Der Tod kam erst Ende 1936 in den Führungskreis der Partei. Und es waren die führenden Bolschewiki, die selbst an ihrer Demontage mitwirkten.[16]

Im Sommer 1936 fand in Moskau der erste von drei Schauprozessen gegen prominente Mitglieder der Kommunistischen Partei statt. Zu den Hauptangeklagten gehörten Zinov'ev und Kamenev, im Februar 1937 ließ Stalin einen weiteren Prozeß gegen den Altbolschewiken Grigorij Pjatakov und führende Wirtschaftsfachleute der Partei inszenieren. Eineinhalb Jahre vergingen, bis am Ende auch Nikolaj Bucharin, Aleksej Rykov, der Nachfolger Lenins im Amt des Regierungschefs, der ehemalige NKVD-Chef Genrich Jagoda und die uzbekischen Nationalkommunisten Faizullah Chodžaev und Akmal Ikramov auf die Anklagebank gerieten. Dieser dritte Schauprozeß, der im Sommer 1938 stattfand, war zweifellos der Höhepunkt in einer Serie von Verfahren, die der Bevölkerung und dem Ausland die Partei als einen Ort von Verschwörern und Verrätern präsentierte.

Die Vorwürfe konnten absurder kaum sein. Man warf den Angeklagten vor, sie hätten geplant, Stalin und die Mitglieder des Politbüros zu töten. Trockij, die Gestapo, die Geheimdienste Polens und Großbritanniens hätten ihnen dazu den Auftrag erteilt. So sei nicht nur die Industrieproduktion systematisch sabotiert worden. Die Angeklagten hätten Unfälle und Anschläge auf Baustellen, in Fabriken und bei der Eisenbahn organisiert. Im Auftrag fremder Geheimdienste seien in den nationalen Republiken Pläne zur Zerschlagung der Sowjetunion und zum »Verkauf« der Randregionen an das Ausland geschmiedet worden.[17] Für die Angeklagten konnte es deshalb kein Mitleid geben. Im Prozeß gegen Bucharin, Rykov und andere im März 1938 übertraf sich Vyšinskij noch einmal selbst, als er vom Gericht verlangte, das »verfluchte Otterngezücht« müsse »zertreten«, die Angeklagten wie »räudige Hunde erschossen« werden. Unter der Führung »unseres geliebten Führers und Lehrers, des großen Stalin«, so beendete er seine Brandrede, werde die Welt vom »letzten Schmutz und Unrat der Vergangenheit« gesäubert.[18]

Die Angeklagten wurden unmittelbar nach der Urteilsverkündung erschossen, ihre Angehörigen inhaftiert oder getötet. Nur wenige kamen fürs erste mit dem Leben davon, wie etwa Radek, Sokolnikov und Rakovskij, die zu Gefängnisstrafen verurteilt wurden und wenig später im Lager starben.

Was versprachen sich Stalin und seine Helfer von den plumpen Inszenierungen, die prominente Bolschewiki und ehemalige Mitstreiter Lenins als Spione ausländischer Geheimdienste und Auftragsmörder im Dienste Trockijs porträtierten? Ihnen kam es darauf an, daß ihre Anschauungen zu Anschauungen aller wurden, daß sich ihre Wachsamkeitsrhetorik in den Sprachschatz und die Lebenswelt von Kommunisten und Untertanen gleichermaßen einschrieb. Am Ende sollten die Inszenierungen für sie zur Realität werden. Wenn der Feind selbst im Zentralkomitee und in den Volkskommissariaten sein Unwesen trieb, dann gab es keinen Grund mehr, an seiner Existenz zu zweifeln. Er konnte überall sein. Deshalb mußten die sowjetischen Untertanen und die öffentliche Meinung im europäischen Ausland erfahren, welchen Bedrohungen sich die Sowjetunion aussetzte. Nur so wird der Eifer verständlich, mit dem Stalin und seine Helfer an der Inszenierung der Prozesse arbeiteten. Stalin überwachte die Vorbereitungen der Prozesse, er gab Anweisungen, wie mit den Verhafteten umzugehen und wie die Verhandlungen zu führen seien. Schließlich schrieb er das Skript des Dramas mehrmals um und ließ die Gefolterten in sein Arbeitszimmer im Kreml kommen, wo sie mit ihren erzwungenen Aussagen konfrontiert und »Zeugen« gegenübergestellt wurden. Im August 1936 etwa entschied Stalin, die bereits beschlossene Verhaftung Karl Radeks aufzuschieben und ihm statt dessen die Gelegenheit zu geben, einen »Artikel gegen Trockij« in der »Izvestija« zu veröffentlichen.[19]

Was in den Moskauer Schauprozessen zur Sprache kam, war nichts weiter als ein inszeniertes Gespräch mit verteilten Rollen. Manchen ausländischen Beobachtern kam es vor, als unterhielten sich Ankläger und Angeklagte miteinander. Der vorsitzende Richter, der farblose Militärjurist Vasilij Ulrich, nahm in diesem Spiel nur eine Nebenrolle ein. Mit Ausnahme des ehemaligen ZK-Sekretärs und sowjetischen Botschafters in Berlin, Krestinskij, der seine Aussage aus der Voruntersuchung im Bucharin-Prozeß widerrief, wich niemand vom verabredeten Skript ab. Wer nicht gestand, wurde mit den erzwungenen Aussagen von Freunden und Mitarbeitern konfrontiert oder von den Tschekisten gefoltert. Stalin selbst erteilte die Anweisung, wer nicht gestehe, müsse geschlagen werden. So geschah es auch mit Krestinskij, nachdem er es gewagt hatte zu widerrufen. Man drohte den Verhafteten nicht nur mit Schlägen, Schlafentzug und anderen Formen der Folter. Die Tschekisten nahmen die Verwandten ihrer Opfer als Geiseln und erpreßten auf diese Weise die gewünschten Geständnisse.[20]

Nun wäre aber, was hier geschah, ohne die mentale Verfassung der meisten Bolschewiki kaum verständlich. Die Angeklagten setzten die Unterwerfungsrituale, die sie bereits auf den Plenarsitzungen des Zentralkomitees in den frühen dreißiger Jahren einstudiert hatten, im Gerichtssaal fort. Sie erwiesen der Partei einen letzten Dienst, als ehemalige Mitglieder einer Schar von Auserwählten, als Soldaten der Revolution, die auf sich nahmen, was andere zu verantworten hatten. Denn daß es Feinde gab, die die sozialistische Ordnung bedrohten, daran mochten auch die Angeklagten nicht zweifeln. Indem sie zugaben, was die Parteiführung von ihnen verlangte, stellten sie die Ordnung wieder her, der sie ihr gesamtes Leben gewidmet hatten. Karl Radek schrieb hysterische Briefe an den großen Führer, noch bevor man ihn verhaftete und anklagte. Er gab sich bereitwillig dafür her, Bucharin und Rykov und auch die führenden Generäle der Sowjetarmee zu denunzieren. Der ehemalige Anhänger Trockijs und Stellvertreter Ordžonikidzes im Volkskommissariat für Schwerindustrie, Pjatakov, bot sich Stalin als Henker an, bevor er selbst verhaftet wurde: Er werde die Verurteilten des ersten Moskauer Schauprozesses und seine Ehefrau erschießen, um seine Loyalität zu beweisen. Und auch Bucharin, Theoretiker und »Liebling« der Partei, gab, als er in Ungnade zu fallen drohte, hysterische Bekenntnisse ab. Er bestritt, ein Spion und Verräter zu sein, aber er räumte Fehler ein. Auf dem ZK-Plenum Anfang Dezember 1936 stritt Bucharin alle Vorwürfe, er habe mit Zinov'ev, Pjatakov und anderen führenden Bolschewiki terroristische Anschläge auf die Führer der Partei verabredet, ab. Aber er bestätigte die Existenz der Verschwörung, als er den Mitgliedern des Zentralkomitees zurief, er, Bucharin, habe sich zu keiner Zeit mit den »Saboteuren« und dem »Abschaum« eingelassen.[21]

Am 20. Februar 1937, unmittelbar vor dem Beginn jenes ZK-Plenums, das seine Verhaftung beschließen sollte, wandte sich Bucharin an Stalin, der einst sein Freund und Weggefährte gewesen war. Er habe Schuld auf sich geladen, als er Ende der zwanziger Jahre gegen die Generallinie der Partei aufgetreten sei, so beteuerte er. Er habe sich ihm gegenüber versündigt, weil er die objektive Wahrheit des Stalinschen Standpunktes nicht »verstanden« habe. »Aber ich bin überzeugt, wenn ich, sogar damals, an einem Ort gewesen wäre, an dem Dir Gefahr gedroht hätte, ich hätte Dich mit meinem ganzen Körper verteidigt.« In den letzten Jahren sei er von der Generallinie der Partei niemals mehr abgewichen. Für seine Sünden habe er gebüßt. »Jetzt liebe ich Dich wirklich von ganzem Herzen.« Bucharins Selbsterniedrigung kannte schon keine Grenzen mehr. Das Mißtrauen Stalins hielt er jetzt für ein Zeichen von »Weisheit«, von unerreichter Voraussicht. Es werde eine neue, noch größere Zeit anbrechen. Stalin sei die Verkörperung dieser neuen Zeit, er sei der

»Weltgeist«, von dem Hegel einst gesprochen hatte.[22] Solche Kniefälle aber schienen Stalin nicht zu beeindrucken. Während der Plenarsitzung des Zentralkomitees Ende Februar 1937 wurden Bucharin und Rykov verhaftet, wenngleich sie auch dort vom offiziellen Skript abwichen und bestritten, was ihnen Ežov und die Schergen des NKVD zur Last legten.

Stalin schwankte. Er wartete bis zum Ende des Jahres 1937, bevor er die Entscheidung traf, die prominenten Bolschewiki vor Gericht zu bringen. Denn solange Bucharin und Rykov lebten, mußten die übrigen Mitglieder des Zentralkomitees und des Politbüros damit rechnen, daß Stalin ihnen vergab und sie gegen die herrschende Elite in Stellung brachte.[23] Und auch jetzt, im Dezember 1937, hatte Stalin über das Schicksal Bucharins noch nicht entschieden. So wie er Zinov'ev und Kamenev versprochen hatte, man werde sie am Leben lassen, sollten sie öffentlich gestehen, so ließ er auch Bucharin im unklaren darüber, worauf es am Ende hinauslaufen werde. Im Dezember 1937 schrieb der »Liebling der Partei« dem Diktator einen letzten Brief aus dem Gefängnis. Er wiederholte, was er auf der Plenarsitzung des Zentralkomitees im Februar 1937 gesagt hatte, bestritt die gegen ihn erhobenen Vorwürfe. Aber er sah ein, daß »große Ideen« und »große Interessen« individuelle Bedürfnisse nivellierten, daß Stalin angesichts der »universal-historischen Aufgaben«, die auf seinen Schultern lasteten, Opfer verlangen müsse. Seine, Bucharins, Aufgabe bestand nur noch darin, den Feind zu repräsentieren, der sich dem Lauf der Geschichte entgegenwarf. Es habe für ihn keine andere Wahl gegeben, als die ihm zur Last gelegten Verbrechen zu gestehen. Denn anderenfalls wäre der Eindruck entstanden, er habe sich dem Willen der Partei nicht beugen, nicht kapitulieren wollen. Aber Bucharin wollte sein Los erleichtern. Er gab die Hoffnung, Stalin möge sein Leben retten, nicht auf. Man solle ihn in die USA verbannen, unter Aufsicht eines Tschekisten. Dann könne er öffentlich eine Kampagne zur Popularisierung der Schauprozesse betreiben und einen Vernichtungskrieg gegen Trockij führen. Seine Frau könne während dieser Zeit als Geisel in der Sowjetunion zurückbleiben. »Aber wenn Du den geringsten Zweifel hast, dann verbanne mich in ein Lager in Pečora oder Kolyma, selbst für 25 Jahre. Ich könnte dort folgendes schaffen: eine Universität, ein Museum für lokale Kultur, technische Stationen usw., Institute, eine Gemäldegalerie, ein ethnographisches Museum, ein zoologisches und ein botanisches Museum, eine Lagerzeitung und eine Zeitschrift.«[24] Gemäldegalerien im GULag – auch diese Absurdität gehörte zu einem Denkstil, der von der Wirklichkeit der Untertanen schon nichts mehr wußte.

Bolschewiki vom Schlage Zinov'evs und Bucharins waren Fanatiker, sie lebten in einer Welt von Verschwörungen und Feinden. Stalins Welt war auch ihre Welt. Sie rationalisierten, was ihnen angetan wurde, als Teil jenes bolschewistischen Einheits- und Unterwerfungsrituals, an dessen Perfektionierung sie selbst mitgewirkt hatten. Sie konnten nicht verweigern, was sie anderen stets abverlangt hatten. Im Schauprozeß wurden die Rituale der bolschewistischen Führung, so wie sie im Zentralkomitee eingeübt wurden, der Öffentlichkeit vorgeführt.[25]

In der Atmosphäre des Verdachts gediehen stets neue Verschwörungstheorien, die von eifrigen NKVD-Leuten und Denunzianten im Wissen entworfen wurden, daß sie dem Tyrannen im Kreml gefielen. Sie arbeiteten dem Führer entgegen. Am 23. August 1936, als die Urteile im Prozeß gegen Kamenev und Zinov'ev verkündet wurden, schrieb Nadežda M. Lukina, die erste Ehefrau Bucharins, einen Brief an Stalin. Sie teilte ihm mit, daß sie im Dezember 1934, anläßlich der Beerdigung Kirovs auf dem Roten Platz gesehen habe, wie Kamenev, das »widerwärtige Scheusal«, mit dem georgischen Kommunistenführer »Budu« Mdivani gesprochen habe. Dabei habe er ihn mit »unverhohlener Schadenfreude« angelächelt, so, als habe er Freude über den Tod Kirovs zum Ausdruck bringen wollen. Das Gesicht Mdivanis habe sie nicht erkennen können. Sie könne deshalb nicht sagen, wie dessen Reaktion gewesen sei. Warum aber hätte Kamenev Mdivani anlächeln sollen, wenn er in ihm nicht einen Bundesgenossen gesehen hätte? Sie, Lukina, habe diese Szene gesehen und es nicht über sich gebracht, darüber Schweigen zu bewahren. »Mit einem Wort, Ihnen nicht zu schreiben, das konnte ich nicht.«[26] Wenig später gab Stalin die Anweisung, Mdivani sei zu verhaften.[27] Was Stalin in Tausenden von Briefen, Telegrammen und Dossiers zu lesen bekam, war nichts weiter als eine Bestätigung der großen Verschwörung, an deren Entwurf er selbst täglich arbeitete.

Ob Stalin an die Existenz der Verschwörungen, die Ežov und Vyšinskij für ihn inszenierten, glaubte – diese Frage muß unbeantwortet bleiben. Aber er sprach im Kreis der Vertrauten nicht anders als in der Öffentlichkeit über Feinde und Verschwörungen, obgleich er sich in Gegenwart der Täter und Mithelfer schon nicht mehr rechtfertigen mußte. Wahrscheinlich waren die inszenierten Verschwörungen für Stalin bereits 1936 zu einer Wirklichkeit geworden, der er nicht mehr entkam. Unmittelbar nach der Hinrichtung Kamenevs schrieb er Kaganovič einen Brief, in dem er die physische Vernichtung der ehemaligen Oppositionellen als Präventivmaßnahme rechtfertigte. Kamenev habe über seine Ehefrau Kontakt zum französischen Botschafter hergestellt. »Ich glaube, daß Kamenev auch beim englischen, deutschen und amerikanischen Botschafter sondierte. Das bedeutet, daß Kamenev diesen Ausländern die Pläne zur Verschwörung und zur Ermordung der Führer der VKP eröffnen sollte. Das bedeutet auch, daß Kamenev ihnen diese Pläne bereits eröffnet hatte, denn sonst hätten die Ausländer nicht damit angefangen, mit ihm über die zukünftige sinowjewistisch-trotzkistische ›Regierung‹ zu reden.«[28]

Stalin war ein Überzeugungstäter. Und seine Gehilfen waren es auch. Darauf deuten auch die Mordbefehle der Jahre 1937 und 1938 hin, denen mehrere hunderttausend Menschen zum Opfer fielen und mit denen der Diktator die Sowjetunion an den Rand des Abgrunds führte. Stalin selbst gab eine Kostprobe seines Verfolgungswahns, als er dem amerikanischen Botschafter 1946 erklärte, warum die Sowjetunion den Norden Irans besetzt hielt: Die Ölfelder von Baku lägen in der Nähe der sowjetisch-iranischen Grenze und seien »leicht verwundbar«. Sein Geheimdienstchef Berija habe ihm versichert, »daß Saboteure – und sei es nur ein Mann mit einer Schachtel Streichhölzer – jederzeit ernsthafte Schäden verursachen können«.[29] Kaganovič sah auch 50 Jahre nach diesen Ereignissen keinen Grund, von den Verschwörungstheorien der Vergangenheit abzurücken. Stalin sei ein »großer Stratege« gewesen. Er habe die Gefahr erkannt, die von den Verrätern innerhalb der Parteiführung, von der »Untergrundarbeit und den Konspirationen« ausgegangen sei. »Vielleicht waren sie keine Spione«, wie Kaganovič einräumte, »aber sie hielten es für möglich, eine Vereinbarung gegen das Volk zu treffen.«[30]

Der Terror brachte sich nicht aus dem Hirn des Diktators hervor, er kam aus dem Verlangen der Bolschewiki, die Gesellschaft von ihren Feinden zu befreien und Ambivalenz in Eindeutigkeit zu verwandeln. Aber es war das krankhafte Mißtrauen Stalins, der Verfolgungswahn und die Atmosphäre des Verdachts am Hof des Tyrannen, die dem Terror eine ungeahnte Dynamik verliehen und ihn im Jahr 1937 über die Grenzen der Partei hinaustrieben.

Parteisäuberungen

Die Moskauer Schauprozesse waren dramatische Inszenierungen, die der Bevölkerung und dem europäischen Ausland mitteilten, wie die führenden Bolschewiki über sich und ihre Umwelt dachten. Aber diese Inszenierung war nur die sichtbare Seite des Terrors. Er ergab sich aus den Säuberungen der frühen dreißiger Jahre und der Überzeugung Stalins und seiner Komplizen, daß die feudalen Klientelverhältnisse und Patronagesysteme, die das Zentrum mit den Provinzen der Sowjetunion verknüpften, als Instrumente zentraler Intervention versagt hatten.

Die Säuberung (čistka) war ursprünglich ein Verfahren, mit dem sich die Kommunistische Partei von unzuverlässigen Mitgliedern befreite, von Karrieristen, politisch Verdächtigen und Versagern. Ein solches Verfahren wurde seit 1921 praktiziert, als unblutige Veranstaltung, die allenfalls mit dem Ausschluß der betreffenden Personen, nicht aber mit ihrer physischen Vernichtung endete. In den dreißiger Jahren, als das Gift des Verdachts in die Partei eindrang, mutierten die Säuberungen zu Hexenjagden. Die Wahrnehmung, von Feinden und Saboteuren umgeben zu sein, ergab sich nicht zuletzt aus den Veränderungen, die sich auch in der Partei zugetragen hatten. Während des ersten Planjahrfünfts, zwischen 1929 und 1933, wuchs die Partei von 1,5 auf 3,5 Millionen Mitglieder an. Mehr als die Hälfte aller Fabrik-Parteisekretäre des Jahres 1933 war nach 1929 der Partei beigetreten. Die Partei der Berufsrevolutionäre verwandelte sich in eine Organisation, die auch ungelernte Arbeiter, Bauern und Nomaden aufnahm.[31] Nur wußte die Parteiführung nichts über jene Männer und Frauen aus dem Volk, die dem Orden der Auserwählten in großer Zahl beitraten. Erst die Säuberungen der Jahre 1929 und 1933, die anfangs dem Ziel dienten, ehemalige Oppositionelle um ihren Einfluß zu bringen und den Anteil der Bauern in der Partei zu reduzieren, brachten der Führung zu Bewußtsein, daß ihr Machtanspruch auch hier auf Einbildung beruhte. Sie konnte nicht einmal die Aufnahmeprozeduren kontrollieren. Mit den Arbeitern und Bauern, die in den Jahren des großen Umbruchs die Partei für sich eroberten, kam es nicht nur zu einer Proletarisierung, sondern auch zu einer Traditionalisierung der Apparate. Es gab nicht allein Karrieristen, die mit der Parteimitgliedschaft eigennützige Interessen verfolgten. Die Partei war auch ein Verbund von Analphabeten, Trinkern und politischen Ignoranten, die sich in den Besitz von Parteiausweisen gebracht hatten. Und weil die Mitgliedschaft in der Partei Privilegien und Schutz vor Strafverfolgung einbrachte, weil sie einem Ehrentitel glich, zog sie auch die Stigmatisierten magnetisch an. Kulaken, die in den Jahren der Kollektivierung aus den Dörfern geflüchtet und in den Städten und auf den Großbaustellen des Kommunismus untergetaucht waren, in Zentralasien und im Kaukasus auch Bejs, Clanführer und Mullahs, die sich in den Besitz gefälschter Pässe gebracht und eine neue Identität angenommen hatten – sie fanden in der Partei Schutz vor Verfolgung. Im Kaukasus und in Zentralasien stand das bolschewistische Projekt ohnedies auf tönernen Füßen. Hier war die Partei ein Ort, der von Familien und Clans beherrscht wurde, noch bevor die neuen Mitglieder sie sich unterwarfen. Worauf es der Sozialismus eigentlich abgesehen hatte, teilte sich solchen Parteimitgliedern nicht mit, weder im russischen Kernland noch an der asiatischen Peripherie. Jetzt kam heraus, daß Parteimitglieder sich der Kollektivierung der Landwirtschaft widersetzten, weil sie ihren Untertanen nicht als Feinde gegenübertreten wollten. Im Gebiet Smolensk erklärte ein Parteimitglied den Mitgliedern der Säuberungskommission, die ihn über Sinn und Zweck der Kollektivierung befragten: »Die Kolchosen sind Strafbataillone, wo sie die Leute zur Selbstkritik hineinstecken.«

Nur wenige Kommunisten nahmen überhaupt wahr, daß zwischen der Mitgliedschaft in der Partei und dem Bekenntnis zu ihren Zielen ein Zusammenhang bestand. In den Fabriken protestierten die Parteimitglieder gegen Stoßarbeit, Normen und die strenge Arbeitsdisziplin. Kommunisten nahmen an religiösen Feiern teil, besuchten Gottesdienste, ließen ihre Kinder taufen und betranken sich, nicht nur zu Ostern, sondern auch am Jahrestag der Oktoberrevolution. In einigen Fabriken der Stadt Smolensk seien bis zu 30 Prozent der Kommunisten »ständig betrunken«, so lauteten die Klagen der Säuberungskommission.

Worauf es die Parteiführung eigentlich abgesehen hatte, wußten nur wenige Kommunisten wirklich zu sagen. In Baku, dem Industriezentrum am Kaspischen Meer, verstanden nicht einmal die Agitatoren, die die Mitglieder der Partei im ABC des Kommunismus unterrichteten, was die Lehrbücher über die Absichten der marxistischen Ideologie verkündeten. Der Agitator habe silbenweise aus dem Lehrbuch vorgelesen, er habe den Eindruck eines Analphabeten erweckt, der über die Geschichte der Partei kaum besser informiert gewesen sei als die Arbeiter, die ihm zugehört hätten, wie sich die Inspekteure des Zentralkomitees empörten, die dieses Schauspiel mit ansehen mußten. Bisweilen entbehrten die Antworten, die die Mitglieder der Zentralen Kontrollkommission auf ihre Fragen bekamen, nicht einer gewissen Komik. Die »rechte Abweichung« sei ein »großer Ingenieur«, so glaubten Kommunisten aus Baku. Anderenorts waren die Parteimitglieder überzeugt, der Kommunismus werde 1942 erreicht sein, weil in diesem Jahr auch die Gültigkeit der Parteiausweise auslief.

Von den Sekretären, Sowjet- und Kolchosvorsitzenden konnte die Parteiführung freilich kaum mehr erwarten als von den einfachen Mitgliedern. Ungebildet, korrupt und despotisch, so könnte man auf den Begriff bringen, was die Zentrale Kontrollkommission an zahlreichen kommunistischen Amtsträgern auszusetzen hatte. In den asiatischen Randregionen des Imperiums besetzten Familienoberhäupter die einflußreichen Posten in den Parteikomitees und Staatsapparaten und verteidigten sie gegen die Ansprüche konkurrierender Familien und Clans. Solchen Kommunisten stand der Sinn weder nach der »rechten« noch nach der »linken« Abweichung. Sie wußten nicht einmal, welchem Zweck sich die Existenz der Partei verdankte, der sie angehörten.[32] Kurz: die Partei bestand nicht nur aus politischen Analphabeten. Sie wurde auch von ihnen geführt.

Mehr als 18 Prozent aller Kommunisten verloren während der Säuberungen des Jahres 1933 ihren Parteiausweis, andere kehrten der Partei den Rücken, bevor man sie ausschließen konnte. Gleichwohl erzielte die Führung mit dieser Säuberung keinen durchschlagenden Erfolg. Noch am Ende des Jahres 1935 waren die Säuberungen nicht abgeschlossen, in manchen Regionen hatten sie nicht einmal begonnen.

Die Säuberung löste die Probleme nicht auf, sie machte sie sichtbar. Sie präsentierte der Führung eine Partei von Karrieristen, politischen Ignoranten und Traditionalisten, die noch in vergangenen Jahrhunderten lebten, von Trotzkisten, ehemaligen Oppositionellen und Angehörigen der vorrevolutionären Eliten. Und angesichts des Chaos, das in den Städten und auf den Großbaustellen herrschte, der Hungersnot und des Exodus der Bauern aus den Dörfern, löste diese Einsicht in der Parteiführung hysterische Reaktionen aus. Für Stalin und die Mitglieder des Politbüros stand hier die Existenz der sozialistischen Ordnung auf dem Spiel. Stalin ordnete deshalb Anfang 1935 eine Überprüfung aller Parteiausweise durch die lokalen Parteikomitees an. Es kam bei dieser Überprüfung darauf an, ehemalige Oppositionelle, Saboteure und Spione aufzuspüren und aus der Partei auszuschließen. Auch diese Überprüfung bestätigte die Erwartungen des Politbüros. Parteiausweise wurden nicht nur gefälscht, man konnte sie auf dem Markt erstehen oder gegen Gebühr ausleihen. Manche Komitees führten »tote Seelen« in ihren Karteien, in Uzbekistan wurden Parteiausweise als Prämien an Kolchosbäuerinnen ausgegeben.[33] Ende Dezember 1935 stattete Ežov dem Zentralkomitee einen Bericht über die zurückliegenden Säuberungen ab. 33 Prozent aller seit Juli 1935 aus der Partei ausgeschlossenen Kommunisten seien »Spione«, »Weißgardisten« und »Trotzkisten« gewesen, so Ežov, insgesamt also mehr als 43 000 Parteimitglieder. Ežov politisierte die Ergebnisse der Säuberung und dramatisierte die Gefahren, die sich der Führung nunmehr eröffneten. In allen Parteiorganisationen habe man »viele zutiefst bösartige Feinde« entlarvt. Lavrentij Berija, der Parteisekretär des Transkaukasischen Gebietskomitees, beeilte sich sogleich, Stalin zu versichern, in seinem Einflußbereich seien während der Säuberungen mehr als 1000 »Feinde« vom NKVD verhaftet worden, nachdem man sie aus der Partei ausgeschlossen habe.[34]

Stalin sah auch jetzt keinen anderen Weg, als mit der fortwährenden Überprüfung und Kontrolle der nachgeordneten Parteiinstanzen fortzufahren. 1936 gab er die Anweisung, alle Parteiausweise einzuziehen, sie zu überprüfen und gegen neue auszutauschen. Die Säuberungen schienen stets aufs neue zu bestätigen, daß die Provinzpotentaten die Anordnungen des Zentrums sabotierten. Denn es blieb dem Zentrum nicht verborgen, daß die lokalen Parteisekretäre die Säuberungen vor allem dazu genutzt hatten, Widersacher zu verfolgen und den eigenen Gefolgsleuten den Parteiausschluß zu ersparen. Wo Freunde und Klienten der Parteisekretäre die Organisation verlassen mußten, wurden sie nach den Säuberungen wieder in die Partei aufgenommen.[35]

Die stalinistische Sowjetunion war ein feudaler Personenverbandsstaat, der von mächtigen Cliquen und ihren Gefolgschaften regiert wurde. Die Provinzpotentaten gehörten zu den Vasallen Stalins, die, wenn sie dem Führer gehorchten, eigene feudale Netze unterhalten durften. Es lag im Interesse Stalins, daß jene, die sich sein Vertrauen verdient hatten, die lokalen Apparate mit ihren Gefolgsleuten besetzten. Denn nur so konnten zentrale Absichten zu lokalen werden. Die sowjetischen Provinzen verwandelten sich unter diesen Umständen in kleine Feudalreiche. An ihrer Spitze stand gewöhnlich ein Vasall Stalins, in den Parteiapparaten, in der Staatsverwaltung, in der Justiz und im NKVD arbeiteten Freunde und Verwandte des jeweiligen Parteichefs. Ihre Loyalität galt dem jeweiligen Patron, dem sie dienten, nicht den Gesetzen und Verordnungen, die der Sowjetstaat erließ. Solch ein Verfahren entsprach dem Herrschaftsstil Stalins, der dort, wo sein Einfluß gewahrt blieb, das feudale allen anderen Prinzipien des Regierens vorzog.

Das System der Patronage wehrte die Eingriffe des Zentrums in die lokale Wirtschaft ab, es blockierte die Planvorgaben der Moskauer

Regierung und es schützte die lokalen Wirtschaftsführer und Staatsbeamten vor dem strafenden Arm des Zentrums.[36] Offiziell präsentierten sich die lokalen Parteikomitees als loyale Erfüllungsgehilfen Moskaus, die nichts unversucht ließen, um jeden Wunsch des Zentralkomitees sogleich zu erfüllen. Das zeigte sich nicht zuletzt in der Sprache und den Ritualen der Gewalt, mit denen die Parteiführer in der Öffentlichkeit auftraten. Aber die Rhetorik der Gewalt, die Aufrufe zur Entlarvung und Vernichtung von Feinden, täuschte darüber hinweg, daß es zwischen dem Zentrum in Moskau und den Parteikomitees in den Provinzen unüberbrückbare Interessengegensätze gab. Während die einen auf der Erfüllung ihrer utopischen Planvorgaben bestanden, versuchten die anderen, sich diesen Vorgaben auf subtile Weise zu widersetzen. Für die lokalen Kommunistenführer kam es darauf an, die Planvorgaben zu reduzieren und die Terrorbefehle des Diktators zu neutralisieren. Die Gewalt ließ sich zwar nicht abwenden. Aber die lokalen Komitees konnten sie auf Gegner, auf Fremde und Außenstehende umleiten.

Auf diese Weise entstand ein System gegenseitiger Abhängigkeit und Verpflichtung, das die lokalen Funktionäre buchstäblich aneinanderkettete. In Smolensk erhielten die Mitglieder der Gefolgschaft Geldgeschenke vom Parteichef der Region, sie wurden mit Privilegien ausgestattet und zu üppigen Trinkgelagen eingeladen. An den Wochenenden und während der zahlreichen Feiertage versammelte Rumjancev, der Parteichef der Westregion, seine Gefolgsleute in einem Erholungsheim außerhalb von Smolensk, wo er sie mit »Cognac, Sekt, Vodka, teuren Süßigkeiten, Früchten und den besten Lebensmitteln« bewirtete. Bis zum frühen Morgen hätten sich die Genossen mit ihren Frauen und Mätressen dem Glücksspiel hingegeben und sich bis zur Besinnungslosigkeit betrunken. »Das Haus der Erholung verwandelte sich in ein Haus der Sauforgien.« Während dieser Zusammenkünfte hätten die Parteisekretäre und Sowjetfunktionäre Toasts auf Rumjancev ausgebracht und sich in »Speichelleckerei« geübt. So sagten jedenfalls die Chauffeure und Bediensteten aus, die nach der Verhaftung Rumjancevs im Juni 1937 den »Organen« Auskunft geben mußten.[37]

Gegenüber dem Zentrum präsentierten sich die lokalen Gefolgschaftsnetze als monolithische Apparate, die vom Widerspruch oder von abweichenden Meinungen schon nichts mehr wußten. Diese Selbstrepräsentation ergab sich aus der Monopolisierung der Informationskanäle, über die die lokalen Komitees mit dem Zentrum kommunizierten. Sobald Funktionäre aus dem lokalen Machtapparat sich über diese Spielregeln hinwegsetzten, sich in Moskau beklagten oder das Politbüro mit negativen Nachrichten versorgten, setzten die lokalen Eliten Gewalt gegen sie ein. Man entließ sie aus ihren Ämtern, stigmatisierte sie als Volksfeinde und erteilte dem NKVD den Befehl, sie zu verhaften. Damit das Politbüro in Moskau keinen Verdacht schöpfte, wurden diese Inszenierungen als Teil jenes Kampfes gegen Spione und Saboteure ausgegeben, den Stalin und seine Helfer zu führen glaubten.

Die Hetzjagd auf Spione und Saboteure, die in der zweiten Hälfte des Jahres 1936 begann, war freilich nur möglich, weil sich auch in der Provinz keine Zweifel an der Existenz von »Volksfeinden« erhoben, mit dem Unterschied freilich, daß die lokalen Funktionäre sie nicht in ihren eigenen Reihen ausmachten. Wo Fabriken Planvorgaben mißachteten, suchten die Direktoren und Parteisekretäre nach Verantwortlichen nicht in der eigenen Verwaltung, sondern in den Zuliefererbetrieben oder im Transportwesen. Der Parteichef von Westsibirien, Robert Eiche, fuhr selbst an die Orte des Geschehens, ließ Funktionäre und Staatsbeamte verhaften und erschießen, die er für »Schädlinge« hielt. Von solchem Terror aber wollte die Führung in Moskau offenkundig nichts wissen. Ende 1936 geriet das Parteikomitee von Sverdlovsk erstmals in das Visier der Zentrale, als nämlich die Zentrale Kontrollkommission es für unzulässig erklärte, Funktionäre bereits für geringfügige Vergehen verhaften und in Schauprozessen aburteilen zu lassen.[38]

Mit dem Beginn der Säuberungen gerieten die Interessen Stalins und seiner Vasallen in der Provinz in einen Konflikt, denn wo Trotzkisten, Spione und Saboteure entlarvt werden mußten, verloren die Provinzfürsten ihre Klienten, auf die sie ihre Herrschaft stützten. Sie ließen deshalb nichts unversucht, die Selbstzerstörung der Apparate zu verhindern. Und weil die lokalen NKVD-Führer Teil der lokalen Machtverhältnisse waren, konnte sich die Moskauer Führung am Ende auch nicht mehr auf die Sicherheitsorgane verlassen. Kurz: wo

Gewalt ausgeübt wurde, richtete sie sich gegen konkurrierende Personenverbände. Stalin durchschaute, daß sich in den Provinzen ein Terror austobte, der nicht den Intentionen des Zentrums entsprach. Er entsprach seinem Gewaltstil. Seinen Interessen entsprach er nicht. Was sich einst als Vorzug erwiesen hatte, die Feudalisierung der Herrschaftsverhältnisse, nahm Stalin jetzt, im Angesicht der ökonomischen Krise und des Widerstandes, der sich gegen die Eingriffe des Zentrums in den Provinzen erhob, als Gefahr wahr.

Die Bedrohung, die von den lokalen Machtnetzen scheinbar ausging, zeigte sich für Stalin nicht zuletzt in der symbolischen Repräsentation von Herrschaft. Denn die Vasallen in den Provinzen imitierten nicht nur den gewalttätigen Herrschaftsstil des Diktators, sie kopierten auch seinen Personenkult. Die Parteiführer in den Republiken liehen Städten, Fabriken und Kolchosen ihre Namen, sie ließen sich auf Porträts und in Gedichten verewigen und umgaben sich mit servilen Schmeichlern, die Loblieder auf die Führer sangen. Im Gebiet Smolensk mußten 134 Kolchosen den Namen des Parteichefs Rumjancev tragen. Rumjancev selbst ließ sich als Stalin der Westregion feiern, er unterhielt »Pompadour-Salons«, in die er seine Mätressen einlud, und ließ die Loge des neu errichteten Theaters in Smolensk durch einen unterirdischen Gang mit seinem Büro verbinden. Seine Reisen durch die Dörfer glichen Prozessionen: Rumjancev fuhr mit seinen Gefolgsleuten im offenen Wagen umher und warf den hungernden Bauern Kopekenstücke zu. Schließlich wagte er es, ein Bankett zu seinem fünfzigsten Geburtstag auszurichten. Aber nicht nur Rumjancev warf sich in diesen Jahren in Stalinsche Posen.[39] Lavrentij Berija, der erste Sekretär der Transkaukasischen Parteiorganisation, ließ sich als Begründer der Erdölindustrie feiern, und auch die Parteichefs der übrigen Sowjetrepubliken entfalteten einen grotesken Personenkult, der schon keine Grenzen mehr kannte. Levon Mirzojan, der Parteichef von Kazachstan und Gefolgsmann Stalins, ließ die höchste Erhebung des Pamirgebirges in »Mirzojan-Gipfel« umbenennen, er umgab sich mit armenischen und türkischen Kommunisten aus seiner Heimatstadt Baku, die Lobgesänge auf den Führer anstimmten und alle Eingriffe des Zentrums in den lokalen Machtapparat abwehrten.[40]

Im Politbüro wurde die Obstruktion zentraler Direktiven als Widerstand und Sabotage wahrgenommen. Das war die Stunde Stalins, der dort, wo der Verdacht ausgesprochen wurde, nach Feinden suchen und sie töten ließ. Für ihn kam es darauf an, daß die lokalen Partei- und Staatsapparate die »wirklichen« Feinde aus ihrer Mitte verbannten und vor ihrer Selbstzerstörung nicht zurückschreckten. Erfolgreich war nur ein solcher Terror, der auf die eigenen Gefolgsleute keine Rücksicht nahm. Und weil die Mitglieder des Zentralkomitees und des Politbüros von der Existenz solcher Verschwörungen ebenso überzeugt waren wie Stalin, weil sie selbst Anführer mächtiger Gefolgschaftsnetze waren, konnten sie den Verdacht am Ende nicht einmal von sich selbst abwenden.[41] So kam es, daß die Parteisäuberungen in den blutigen Terror führten.

Als im Sommer 1936, während des Schauprozesses gegen Zinov'ev und Kamenev, der Spionagewahn einen ersten Höhepunkt erreichte, konnten die Provinzpotentaten dem Druck des Zentrums nicht mehr standhalten. Es begann mit der Unterwerfung des NKVD, denn in Stalins Verständnis hatten die Sicherheitsdienste darin versagt, »Spione« und »Saboteure« in den Partei- und Staatsorganen der Provinz aufzuspüren. Die NKVD-Chefs in den Provinzen gehörten zum Netz der lokalen Parteiführer, sie führten aus, was die lokale Führung ihnen auftrug. Deshalb geriet auch das NKVD in den Verdacht, ein Hort der Untreue und des Verrats zu sein. Das zeigte sich erstmals nach der Ermordung Kirovs, als das NKVD dem Verlangen Stalins nach blutigen Repressionen innerhalb der Partei nur zögernd nachkam. Als der NKVD-Chef Genrich Jagoda Zweifel an den Verschwörungsszenarien aufkommen ließ, die im Sekretariat des Zentralkomitees entworfen wurden, stieß Stalin Drohungen gegen ihn aus: »Paß auf, oder wir werden dir in die Fresse schlagen.«[42] Jagodas Abstieg begann unmittelbar nach dem Ende des ersten Moskauer Schauprozesses im August 1936. Im September sandte Stalin den Mitgliedern des Politbüros ein Telegramm aus seinem Urlaubsort, in dem er die Absetzung Jagodas verlangte, weil dieser sich als unfähig erwiesen habe, die trotzkistischen Feinde zu demaskieren, die sich in die Partei eingeschlichen hätten. Die Geheimpolizei sei in dieser Angelegenheit »um vier Jahre im Verzug«.[43]

Zum Nachfolger Jagodas wurde Nikolaj Ežov ernannt, Stalins Handlanger aus dem Sekretariat des Zentralkomitees. Ežov hatte dem Diktator treue Dienste erwiesen: als Regisseur der Parteisäuberungen und als Repräsentant des Zentralkomitees im NKVD. Ežov war ein brutaler und skrupelloser Gewalttäter, dessen kriminelle Energie sich mit sklavischer Ergebenheit gegenüber Stalin verband. Dennoch wurde die Ernennung Ežovs in den Apparaten anfangs als Zeichen der Entspannung wahrgenommen. Der neue NKVD-Chef kam aus dem Sekretariat des Zentralkomitees, und er blieb auch nach seiner Ernennung zum Sicherheitschef Mitglied in diesem wichtigen Führungsorgan der Partei. Es schien, als würden unter Ežov aus professionellen Geheimpolizisten Weltanschauungskrieger. Tatsächlich verwandelte sich das NKVD unter seiner Leitung in ein Instrument des Sekretariats und des Diktators. Ežov besetzte das NKVD mit Funktionären aus dem ZK-Apparat und engen Vertrauten, die Gefolgsleute Jagodas wurden ihrer Ämter enthoben und im Frühjahr 1937 als Volksfeinde verhaftet. Auch in den Regionen zeigte der Austausch des NKVD-Personals erste Wirkungen. Nun verloren die lokalen Parteiführer ihren Einfluß auf das NKVD und die Repressionen. Fortan entschied das Zentrum, wer zu verhaften und wer zu verschonen sei.[44] Ežov lieferte, wonach Stalin verlangte: Verschwörungsszenarien, Berichte über Spione und Saboteure, die in den Partei- und Staatsapparaten angeblich ihr Unwesen trieben. Stalin emanzipierte sich von seinen Gefolgsleuten, er zerstörte das feine Gewebe der feudalen Abhängigkeitsverhältnisse, als er zu Beginn des Jahres 1937 den Entschluß faßte, die Parteiführer in den Provinzen und ihre Klienten physisch zu vernichten.

Auf dem Plenum des Zentralkomitees Ende Februar, Anfang März 1937 gab Stalin das Startsignal für die Gewaltorgie, die sich bis in den November des folgenden Jahres fortsetzen sollte. Malenkov, Molotov, Kaganovič und Ežov sprachen von ausländischen Spionen und »Schädlingen«, die in das Herz der Partei vorgestoßen seien und in der sowjetischen Industrie Sabotage betrieben. Sie stimmten die Mitglieder des Zentralkomitees auf die große Abrechnung mit den Feinden ein. Es war Stalin selbst, der in seiner Schlußansprache vor dem Plenum andeutete, womit in Zukunft noch zu rechnen sei. Die

Parteiführer in den Republiken hätten nicht nur darin versagt, Feinde zu erkennen und zu entlarven. Sie hätten einen unzulässigen Personenkult entfaltet und Netze der Kameradschaft geknüpft, Direktiven des Zentrums mißachtet und die Volksfeinde vor ihrer Vernichtung bewahrt. Um solche Mißstände zu beheben, sei es deshalb unumgänglich, daß jeder Parteisekretär zwei Stellvertreter benenne, die ihn bei Bedarf ablösen könnten. Dieser Ersatz sollte von außen kommen. »Eine unabdingbare Eigenschaft eines jeden Bolschewiken muß unter den jetzigen Bedingungen das Vermögen sein, die Feinde der Partei zu erkennen, wie gut sie sich auch immer maskieren«, wie Stalin hinzufügte.[45]

Unmittelbar nach dem Ende des Februar/März-Plenums des Zentralkomitees nahmen Stalin und Ežov die Terrormaschine in Betrieb. Im Frühsommer 1937 demonstrierte der Diktator, wie er sich die Zerstörung der Personenverbände in den Provinzen vorstellte, als er den Parteichef der Westregion, Rumjancev, zwang, seinen Stellvertreter, den zweiten Sekretär der Partei, A. L. Šilman, verhaften zu lassen. Rumjancev begriff auch jetzt nicht, welchen Dienst die Parteiführung ihm abverlangte, denn er bestritt den Vorwurf, sein Stellvertreter sei ein Agent ausländischer Mächte und ein trotzkistischer Volksfeind. Erst auf Druck des Zentrums wurde Šilman schließlich aus dem Büro des Gebietskomitees ausgeschlossen. Unmittelbar nach der Verhaftung seines Stellvertreters begann auch der Stern Rumjancevs zu sinken. Kaganovič, den Stalin in die Westregion entsandt hatte, um die Sicherheitsorgane zur Verschärfung der Repressionen zu veranlassen, deckte eine monströse Verschwörung auf. Rumjancev habe Kontakte zum polnischen und deutschen Geheimdienst gepflegt, und nach seiner Rückkehr von einer Auslandsreise habe er die »ausländischen Ordnungen«, besonders jene des nationalsozialistischen Deutschlands, öffentlich gelobt. Der Kommandeur des westlichen Wehrbezirks, General I. P. Uborevič, sei ständiger Gast im Hause Rumjancevs gewesen. Dort hätten sie sich beim »Kartenspiel und Billard« vergnügt und konspirative Pläne geschmiedet. So glaubte es wenigstens Kaganovič zu wissen, der Stalin über seine Entdeckungen umgehend unterrichtete. Im Juni 1937 wurden Rumjancev und seine Gefolgsleute verhaftet. Wenig später ließ Stalin sie töten. Der neue Parteichef kam aus Moskau: D. Korotčenkov, der zuvor das Amt des Parteisekretärs im Bauman-Rayon der Hauptstadt bekleidet hatte. Aber auch Korotčenkov kam nicht ohne seine Gefolgsleute aus dem Moskauer Apparat aus, wenig später rief er sie mit Zustimmung Kaganovičs nach Smolensk.[46] Zur gleichen Zeit fielen auch die Parteichefs von Uzbekistan und der Uralregion, Akmal Ikramov und Ivan Kabakov, in Ungnade.

Ausnahmen von der Regel gab es auch. So wurden der Parteichef Weißrußlands, Nikolaj Gikalo, und der zweite Sekretär der ukrainischen Partei, Pavel Postyšev, zwar 1937 abgesetzt. Aber sie erhielten Parteiämter in anderen Regionen, bevor Stalin sie Ende 1938 verhaften und erschießen ließ. Und auch der Parteichef der Ukraine, Stanislav Kosior, der dem Politbüro angehörte, konnte sich bis Anfang 1938 im Amt halten, dann ereilte jedoch auch ihn der Tod.

Im Frühjahr 1937 geriet schließlich auch die Armee ins Visier der politischen Führung. Denn die Offiziere unterhielten nicht nur enge Kontakte zu den Parteifunktionären, die in ihren Wehrkreisen die politische Macht ausübten. Sie trugen die Verantwortung für die Verteidigung eines Landes, dessen Führer sich von inneren und äußeren Feinden bedroht fühlten. Deshalb stand das Militär von Anbeginn unter der strengen Kontrolle der Geheimdienste, die bereits in den zwanziger Jahren ein dichtes Netz der Überwachung über die Rote Armee auswarfen. Zwischen 1928 und 1931 entledigte sich das Regime zahlreicher Offiziere, denen es vorwarf, während des Bürgerkrieges auf der Seite der Weißen gestanden zu haben. Dabei blieb es nicht. Im Frühjahr 1931 ließ die GPU einen hochdekorierten Divisionskommandeur hinrichten, der im Verdacht stand, ein Spion des tschechoslowakischen Generalstabes gewesen zu sein. Im gleichen Jahr deckte die Geheimpolizei eine »konterrevolutionäre Organisation« bei der Schwarzmeerflotte auf. Alle Verhafteten hatten einst als Offiziere in der zarischen Flotte gedient. Und auch Tuchačevskij, der legendäre Bürgerkriegsgeneral, und andere hohe Militärs gerieten zu dieser Zeit erstmals in den Verdacht der Illoyalität, als sie Zweifel am Sinn der gewaltsamen Kollektivierung äußerten.

Mit dem Beginn der Kollektivierung bekundeten nicht nur die Bauern ihre Unzufriedenheit. Auch in der Armee kam es zu Befehlsverweigerungen und passivem Widerstand. Wie hätte es auch anders sein sollen in einer Armee, die hauptsächlich aus Bauern bestand? Wo das Regime während der Kollektivierung exzessive Gewalt gegen Bauern einsetzte, verließ es sich deshalb auf die Loyalität der GPU.

1932 wurden 3889 »sozial fremde Elemente« aus der Armee entfernt, 1933 waren es bereits 22308. 1936, unter dem Eindruck der Schauprozesse und der Parteisäuberungen, gerieten die Generäle der Roten Armee in Stalins Verdacht. Es begann mit der Repression verbliebener zarischer Offiziere und der Erschießung mehrerer höherer Offiziere, die sich während des Bürgerkrieges ausgezeichnet hatten. Ihnen unterstellte das Politbüro, im Bund mit jenen ehemaligen Oppositionellen zu stehen, die in den Moskauer Schauprozessen abgeurteilt wurden.[47] Aber erst, als Stalin auf dem Plenum des Zentralkomitees im März 1937 dazu aufrief, den inneren Feind aus der Welt zu schaffen, schlug auch den Armeeführern die letzte Stunde. Mitte Mai 1937 trug Kliment Vorošilov, Stalins Kriegskommissar, den leitenden Mitarbeitern seines Ministeriums vor, wie er über die Bedrohung dachte, von der Stalin gesprochen hatte. Fünf Sechstel der Erde befänden sich in den Händen feindlicher Kapitalisten, die darauf warteten, die Sowjetunion zu zerstören. Deshalb sei er auch »zutiefst überzeugt«, daß die Brandkatastrophen, die sich bei der Armee in der Fernostregion ereignet hätten, nicht »mir nichts, dir nichts« und »plötzlich« ausgebrochen seien. Hier zeige sich die Handschrift des Feindes. Er selbst habe die entsprechenden Dienststellen telegraphisch angewiesen, »Schädlinge« ausfindig zu machen. Kurz darauf seien ein Divisionskommandeur und ein Major verhaftet worden. Der Feind unterwandere nicht nur die Partei, er treibe sein Unwesen überall, wo die Sicherheitsinteressen des Regimes auf dem Spiel stünden.[48]

Vorošilovs Signal löste auch in der Roten Armee eine Verhaftungswelle aus. Das konnte dort, wo Generäle und Obristen mit den lokalen Parteiführern im Einvernehmen standen, auch gar nicht anders sein.[49] Die Verbundenheit der Militärführer mit den Parteisekretären in der Provinz zeigte sich stets dann, wenn es galt, Eingriffe des Zentrums abzuwehren. Als die Partei- und Regierungschefs der

Ukraine, Stanislav Kosior und Vlas Čubar, zu Beginn der 1930er Jahre Einwände gegen die utopischen Getreidebeschaffungsquoten des Zentrums vorzubringen wagten und Stalin für seinen rücksichtslosen Kollektivierungskurs öffentlich kritisierten, wurden sie von Jakir und Fedor Raskolonikov, den lokalen Befehlshabern der Roten Armee und der Schwarzmeerflotte, unterstützt. Jakir sprach sich während des Kollektivierungsfeldzuges sogar öffentlich gegen den Einsatz von militärischer Gewalt gegen die Bauern aus. Treue, die nicht ihm selbst galt, nahm Stalin als Verrat wahr. Das Jahr 1937 gab ihm die Möglichkeit, solchen Verrat zu bestrafen. Im Mai wartete Ežov mit der Entdeckung auf, führende Militärs seien in eine Verschwörung gegen die politische Führung verstrickt, die vom deutschen Geheimdienst angestiftet worden sei. Ežovs Stellvertreter Frinovskij gab dem Moskauer NKVD-Chef Radzivilovskij die Anweisung, bereits verhaftete Offiziere zu foltern, damit sie die Existenz dieser großen Verschwörung bestätigten. Ežov bekam die gewünschten Aussagen.[50]

Wenngleich die verhafteten Generäle grausam gefoltert wurden – dem späteren Marschall Konstantin Rokosovskij wurden die Zähne ausgeschlagen und die Rippen gebrochen – wagte es Stalin in diesem Fall nicht, einen Schauprozeß gegen die Militärs zu inszenieren. Tuchačevskij, Uborevič, Jakir und vier weitere hohe Generäle wurden in einem geheimen Verfahren vor dem Militärkollegium des Obersten Gerichts im Juni 1937 angeklagt, zum Tode verurteilt und umgehend erschossen. Die Bevölkerung erfuhr davon nur in einer kurzen Zeitungsnotiz.[51]

Unmittelbar nach der Verhaftung der prominenten Militärs ließ Stalin Anfang Juni 1937 die führenden Kommandeure und politischen Kommissare der Roten Armee im Kreml versammeln, um ihnen den Standpunkt des Politbüros zu erläutern und um zu erfahren, wie sie selbst über die militärische Verschwörung dachten. Vorošilov erstattete den Bericht über die »militärische Verschwörung«, und er ließ auch jetzt keinen Zweifel daran, daß die Verhaftungen der zurückliegenden Wochen nichts weiter als der Auftakt zu einer großen Strafaktion zur Vernichtung von Feinden in den Streitkräften waren.[52] Wie stets, wenn es darum ging, Angst und Schrecken zu verbreiten, ließ Stalin seine engsten Vertrauten, Molotov, Kaganovič und Vorošilov, auftreten, die die anwesenden Militärs verhörten und einschüchterten. Selbst der Bürgerkriegsheld und legendäre Begründer der Roten Kavallerie, Marschall Budennyj, hatte Mühe, sich der Verdächtigungen zu erwehren, er sei ein Freund der verhafteten Generäle gewesen.[53] Schon zu Beginn der »Aussprache« glitten die Dialoge ins Absurde ab. Der Generalstabschef der Roten Armee, Marschall Egorov, beteuerte seine Unschuld, er bestritt, von den Verschwörungen gewußt zu haben, die Tuchačevskij und andere mit Hilfe des deutschen Geheimdienstes organisiert hätten. Er stehe mit seinem Kopf dafür ein. Stalin gab ihm die zynische Erwiderung: Eine solche Haftung sei nicht nötig, denn die Schuldigen würden nicht enthauptet, sondern erschossen.[54] Stalin schien den Verschwörungsszenarien, die Ežov für ihn ins Werk setzte, auch in diesem Fall Glauben zu schenken. Denn als auf einer Versammlung der politischen Funktionäre der Roten Armee im August 1937 ein leitender Kommissar Auskunft über die Frage haben wollte, wie man den Rotarmisten die Verhaftung ihrer Generäle erklären solle, antwortete ihm Stalin: »Die Geständnisse haben immerhin eine Bedeutung.« Die Zweifel, die mancher Kommandeur noch zu äußern wagte, ob man tatsächlich »mit voller Stimme von Volksfeinden« in der Armee sprechen könne, zerstreute der Diktator sogleich: »Das müssen wir unbedingt.«[55]

Die Selbstzerstörung der Armee war kein Selbstzweck, sie war Bestandteil jenes Terrors, mit dem Stalin und seine Helfer die feudalen Netze zerschlugen, deren Unabhängigkeit sie als Gefahr wahrnahmen. Angesichts der angespannten internationalen Lage sah die politische Führung keine andere Möglichkeit, als potentielle Feinde auszuschalten und Illoyalität mit Terror zu vergelten. Es ist unwahrscheinlich, daß Stalin den Geständnissen Glauben schenkte, die die Tschekisten aus den verhafteten Offizieren herausprügelten. Aber er war überzeugt, daß ihn nicht nur die Parteiführer in den Provinzen, sondern auch die Generäle hintergingen. Daran ließ Molotov auch Jahrzehnte nach diesen Ereignissen, als er dem Journalisten Feliks Čuev ein Interview gab, keinen Zweifel aufkommen. Es sei nicht ausgeschlossen, daß Unschuldige getötet worden seien.

Aber das habe Stalin angesichts der Feinde, die die sowjetische Ordnung bedroht hätten, in Kauf nehmen müssen. Nach der Revolution des Jahres 1917 habe die Partei »nach links und nach rechts ausgeschlagen«, aber es seien zahlreiche »Feinde unterschiedlicher Strömungen« davongekommen. »Angesichts der drohenden Gefahr der faschistischen Aggression konnten sie sich verbünden. Wir sind dem Jahr 1937 dafür zu Dank verpflichtet, daß es bei uns während des Krieges keine fünfte Kolonne gab. Tatsächlich gab und gibt es sogar Bolschewiki, die gut und ergeben sind, wenn alles gut ist, wenn dem Land und der Partei keine Gefahr droht, die aber, wenn irgend etwas anfängt, schwanken und überlaufen. ... Es ist kaum möglich, daß diese Leute Spione waren, aber sie hatten Verbindungen mit den Geheimdiensten, aber vor allem konnte man sich im entscheidenden Moment nicht auf sie verlassen.«[56] Molotov rechtfertigte sich nicht. Er gab nur wieder, woran er und seine Spießgesellen glaubten.

Der Terror gegen die Offiziere der Roten Armee glich einem Blutrausch, der keine Grenzen mehr kannte. Die Rote Armee zerstörte sich selbst. Militärische Führer wurden bestialisch gefoltert, damit sie gestanden, die Namen von Helfern und Komplizen nannten. Die Tschekisten warfen die Offiziere in überfüllte Zellen, in denen sich die Gefangenen nicht bewegen konnten, wo sie an Mißhandlungen und Krankheiten elend zugrunde gingen. Man habe sie wie Tiere behandelt, der Skorbut habe den Organismus der Gefangenen zerstört, ihnen seien alle Zähne ausgefallen, so schrieb ein Offizier im März 1939 aus dem Gefängnis an Stalin. Der Phantasie der NKVD-Schergen waren keine Grenzen gesetzt. Man brach den Opfern die Rippen, schlug ihnen die Zähne aus, manche Tschekisten spuckten den Opfern »in den Mund« oder verrichteten ihre Notdurft auf ihnen.[57]

Vom Offizierskorps der Roten Armee blieb nichts. Der Leiter der »Besonderen Abteilung« des 5. mechanisierten Korps unterrichtete den Kriegskommissar im April 1938 nicht ohne Stolz davon, daß »im Korps und in allen zu ihm gehörenden Brigaden das Kommandopersonal zu 100 Prozent« verhaftet worden sei. Dem Terror fielen ungefähr 10 000 Offiziere der Roten Armee zum Opfer. Es wurden drei von fünf Marschällen der Sowjetunion verhaftet, 15 Armeekommandeure, 15 Armeekommissare, 63 Korpskommandeure und 30 Korpskommissare, 151 Divisionskommandeure, 86 Divisionskommissare, 243 Brigadekommandeure und 143 Brigadekommissare, 318 Regimentskommandeure und 163 Regimentskommissare.

Die Armee zerfiel bereits im Herbst des Jahres 1937 unter den Schlägen ihrer eigenen politischen Führung. Es gab Divisionen, die von Majoren, und Panzerbrigaden, die von Hauptmännern geführt wurden. Unter diesen Bedingungen freilich war die Armee kaum mehr imstande, ihren militärischen Auftrag auch auszuführen. In den Jahren des Terrors häuften sich nicht nur Unfälle und Katastrophen, die sich aus der Unerfahrenheit der jungen Offiziere ergaben. Wo Offiziere nach Belieben denunziert und verhaftet wurden, litt auch die militärische Disziplin. Denn wer wollte schon einem Vorgesetzten gehorchen, dessen Schicksal niemand mit Gewißheit voraussagen, der durch eine Denunziation eines Soldaten jederzeit Freiheit und Leben verlieren konnte?[58]

Die Armee zerstörte sich selbst, sie wurde von der eigenen Führung zersetzt. Von diesem Amoklauf sollten sich die Streitkräfte bis zum Beginn des Zweiten Weltkrieges nicht mehr erholen, die verheerenden Niederlagen, die die Rote Armee im Winterkrieg gegen Finnland 1939/40 und gegen die deutsche Wehrmacht in den Jahren 1941 und 1942 hinnehmen mußte, ergaben sich nicht zuletzt aus der Tatsache, daß es den Soldaten an sachkundiger Führung fehlte.

Der Terror blieb nicht auf die Parteiführer und die Armee beschränkt, er traf die nachgeordneten Parteisekretäre ebenso wie Sowjetfunktionäre und Wirtschaftsführer. Seit März 1937 ergoß sich eine Welle der Gewalt über die Sowjetunion. Die Amtsstuben und Chefetagen in Fabriken und Behörden leerten sich. Wer in dieser Zeit zum Sekretär eines Parteikomitees ernannt wurde, geriet in Lebensgefahr, denn an manchen Orten wurden die lokalen Führer mehrmals ausgetauscht. In den meisten Fällen endete dieser Austausch mit dem Tod. Fabrikdirektoren, Manager und Techniker starben, weil sie mit den getöteten Parteiführern im Bund standen, weil sie die Verantwortung für die Nichterfüllung der Wirtschaftspläne und die zahlreichen Unfälle trugen, die durch die Überlastung der Maschinen und die Inkompetenz des Personals hervorgerufen wurden. Überall, wo Parteisekretäre und Funktionäre des Staatsapparates angeklagt und erschossen wurden, fielen mit ihnen auch alle nachgeordneten Mitarbeiter. Denn es lag in der Logik des feudalen Herrschaftssystems, daß dort, wo Terror ausgeübt wurde, mit dem Patron auch die Klienten starben.[59]

Unter diesen Bedingungen verwandelten sich die Amtsstuben und Wirtschaftsbetriebe in Tollhäuser, in denen die Angestellten vor Furcht zitterten und in ihrer Angst einander denunzierten. Kein Tag verging mehr ohne Verhaftungen. An keinem anderen Ort richtete der Terror solche Verheerungen unter den Kommunisten an wie in Moskau. Jener große Gebäudekomplex an der Moskva, in dem die höheren Funktionäre des Sowjetstaates lebten, glich in jenen Tagen einer Durchgangsstation für zukünftige Häftlinge. Jurij Trifonov hat ihm in seinem autobiographischen Roman »Das Haus an der Moskwa« ein Denkmal gesetzt.[60] Stalin konnte aus seinem Fenster im Kreml sehen, wenn die Lichter in den Wohnungen erloschen, wenn ein Funktionär von den »Organen« abgeholt wurde. Und er schien es zu genießen, Herr über Leben und Tod zu sein. Manchmal rief er seine Opfer an, sprach ihnen Mut zu, obgleich er bereits die Anweisung erteilt hatte, sie verhaften zu lassen. Moskau litt unter dem gnadenlosen Terror mehr als andere Metropolen, weil sich in der Hauptstadt nicht nur die wichtigsten Funktionäre der Unionsbehörden konzentrierten. In ihr lebten auch zahlreiche oppositionelle Kommunisten aus den Sowjetrepubliken, die von den lokalen Parteiführern abgeschoben worden waren. Wenn es je eine totale Kontrolle der Führung über die Staats- und Parteiapparate gegeben haben sollte, dann gab es sie in Moskau. Den Funktionären wurde sie zum Verhängnis. Von den leitenden Mitarbeitern des Moskauer Sowjets überlebte außer seinem Vorsitzenden Bulganin niemand das Jahr 1937.[61]

Nicht einmal das NKVD blieb von dieser Terrorwelle verschont. Denn Ežov ließ nicht nur die noch verbliebenen Gefolgsleute seines Vorgängers physisch vernichten. Mit den Parteiführern in der Provinz starben auch die Tschekisten, die zu ihren Vertrauten gehört hatten. Darin aber erschöpfte sich dieser Terror keineswegs. Im engeren Umkreis des Diktators stand das NKVD im Verdacht, Erfüllungsgehilfe ausländischer Mächte und ein Hort unpolitischer Zyniker zu sein. Fast ein Drittel der NKVD-Funktionäre des Jahres 1936 hatte in der Vergangenheit nichtkommunistischen Parteien angehört und war erst nach der Revolution zu den Bolschewiki gekommen. Mit dem Beginn der Säuberungen geriet deshalb auch das NKVD in den Verdacht, politisch unzuverlässig zu sein. Der Sicherheitsapparat war nicht nur in den Händen »klassenfremder« Elemente. Seine Mitarbeiter gehörten zu den Gefolgschaften jener lokalen Kommunistenführer, die zu Beginn des Jahres 1937 in Ungnade fielen. Deshalb beauftragte Stalin seinen neuen Sicherheitschef, Ežov, den NKVD-Apparat von Tschekisten mit zweifelhafter Vergangenheit zu säubern.[62] Bereits Anfang Februar 1937 wies Ežov die lokalen Dienststellen des NKVD an, ihm Listen mit den Namen jener Funktionäre im Sicherheitsapparat zuzuschicken, die als ehemalige Oppositionelle verhaftet worden seien.

Im Juni 1937, als die Verhaftungen führender Offiziere der Roten Armee und des NKVD begannen, führte Stalin ein neues Verfahren ein. Er beauftragte Ežov, ihm Listen mit den Namen jener Funktionäre aus Staat, Militär und Verwaltung vorzulegen, die im Verdacht standen, die Sache des Feindes zu betreiben. Ežov lieferte, was Stalin verlangte, in jener Zeit suchte er den Diktator täglich in seinem Büro im Kreml auf, um ihm neue Listen mit den Namen der Todeskandidaten zu unterbreiten. Stalin unterzeichnete sie umgehend. Wo ihn Zweifel beschlichen, änderte er das Todesurteil in eine Haftstrafe um. In den meisten Fällen aber schickte er mit einem Federstrich alle verzeichneten Personen in den Tod. Am 12. Dezember 1938 entschied Stalin an nur einem Tag über den Tod von 3167 Menschen. Zwischen Februar 1937 und Oktober 1938 erhielt er 383 Listen mit den Namen von 44 477 führenden Staatsfunktionären, Staatssicherheits- und Armeeoffizieren. 38 955 dieser Personen wurden, weil Stalin ihre Namen markiert hatte, ohne Gerichtsverfahren erschossen.[63] Im Juni 1937 rief Stalin den Sicherheitsorganen in Erinnerung, wie das blutige Handwerk des Terrors betrieben werden müsse. Jeder Kommunist, wie gut er sich auch immer tarnen möge, sei potentiell ein »versteckter Feind«. Und weil sich die Feinde nicht jedem sogleich zu erkennen gäben, müßten möglichst viele Menschen getötet werden. Wenn auch nur fünf Prozent der Getöteten wirkliche Feinde seien, dann sei das Ziel erreicht.[64]

Es hätte Stalins Naturell widersprochen, darauf zu vertrauen, daß sich die Apparate selbst zerstörten. In Georgien und Azerbajdžan überließ er es den lokalen Parteiführern, Lavrentij Berija und Mir Džafar Bagirov, die Selbstzerstörung der Partei voranzutreiben. Denn Berija und Bagirov gehörten nicht nur zur kaukasischen Gefolgschaft des Diktators, sie imitierten nicht nur den Herrschaftsstil Stalins. Sie lasen ihm jeden Wunsch von den Lippen ab. Berija und Bagirov mordeten in vorauseilendem Gehorsam, und sie nahmen dabei nicht einmal auf die eigenen Gefolgsleute Rücksicht, wenn es darum ging, dem Tyrannen im Kreml zu gefallen. Stalin wußte solche Loyalität zu schätzen: Berija und Bagirov waren die einzigen Provinzpotentaten, die den Großen Terror überlebten. Berija wurde im November 1938 mit dem Posten des NKVD-Chefs und einem Sitz im Politbüro belohnt, Bagirov rückte Anfang der fünfziger Jahre in das höchste Gremium der Partei auf, bevor Chruščev beide verhaften und erschießen ließ.[65]

Wo jedoch Stalins Mißtrauen blieb, mußten seine treuen Paladine eingreifen. Im Juli 1937 erhielten die Parteisekretäre der Republiken und Gebiete eine Direktive Ežovs, worin er die schwache Arbeit der Sicherheitsorgane bei der Verhaftung von »Volksfeinden« beklagte. Die Volksfeinde würden unter Bedingungen eingesperrt, die »Sanatorien« glichen, so Ežov. Deshalb erschienen Ende Juli 1937 Stalins Emmissäre in den Provinzen, um zu überprüfen, ob die Terrorbefehle der Führung auch ausgeführt wurden. Mikojan begab sich nach Armenien, Malenkov nach Leningrad, Chruščev zerstörte die Partei- und Staatsapparate in der Ukraine, Andreev wütete in Zentralasien.[66] Die russischen Kernprovinzen und die Westgebiete der Sowjetunion wurden von Kaganovič heimgesucht. Der Tschekist Michajl Šrejder, der zu dieser Zeit das Amt eines stellvertretenden NKVD-Chefs in Ivanovo bekleidete, erinnerte sich, wie Kaganovič in Begleitung des Sekretärs der Zentralen Kontrollkommission Škirjatov Anfang August 1937 in Ivanovo eintraf. Die lokalen Partei- und NKVD-Funktionäre zitterten vor Furcht, denn Kaganovič hatte wenige Tage zuvor die Parteiorganisation von Jaroslavl zerstört. Der Parteisekretär von Jaroslavl, Nefedov, war seines Amtes enthoben, verhaftet und erschossen worden. Die zentrale Parteiführung beschuldigte ihn, an einem Attentatsversuch auf Kaganovič beteiligt gewesen zu sein.[67] Kaganovič kam in einem Sonderzug nach Ivanovo, begleitet von mehreren Angestellten des Zentralkomitees und bewacht von 30 NKVD-Soldaten. Zu seinem Gefolge gehörten auch drei Parteisekretäre der Stadt Moskau, die die in Ungnade gefallenen Kommunistenführer in Ivanovo ersetzen sollten. Aber auch dieser Austausch von Funktionären kam nicht ohne Inszenierung aus. Kaganovič beauftragte den NKVD-Mann Šrejder, auf dem Plenum des Gebietskomitees, das umgehend einberufen wurde, als Denunziant aufzutreten. Seine Aufgabe bestand darin, den Parteisekretär Nosov öffentlich als »Volksfeind« zu demaskieren und die Stichworte für die Abrechnung mit der alten Führung zu liefern. Dann trat Kaganovič selbst in Erscheinung. Er sprach mehrere Stunden vor den Mitgliedern des Gebietskomitees, tobte und stieß Drohungen und Verwünschungen gegen die anwesenden Funktionäre aus, die aus dem Saal geholt wurden, während Kaganovič noch sprach. Die Führung in Moskau wisse und sehe alles, was sich in der Provinz zutrage, niemand könne sich jetzt noch verstellen. »Wir nehmen weder Rücksicht auf Volkskommissare und stellvertretende Volkskommissare noch auf alle möglichen Funktionäre, wir rotten erbarmungslos alle aus, die unser Volk zugrunde richten. Die Hand Stalins hat niemals gezittert und sie wird niemals zittern«, rief Kaganovič in den Saal. Der Parteichef von Ivanovo, Nosov, der den Ausführungen Kaganovičs zuhören mußte, bevor man auch ihn im Saal verhaftete, versuchte, sich zu rechtfertigten. Aber er konnte sich gegen den brüllenden und tobenden Kaganovič schon nicht mehr bemerkbar machen. Nosov habe nicht »einen einzigen Schweinehund verdächtigt«. Die Partei sei von einem »Kreis von Feinden umgeben«, von kapitalistischen Mächten und Spionen. »Wer in unserem Staat nicht mit ganzer Seele arbeitet, der ist auch ein Schädling. Die Sabotage und das Schädlingswesen beginnen dort, wo man nicht mit ganzer Seele arbeitet.« Wer sich gegen die Partei erhebe, werde »vernichtet«. Das sei das historische Schicksal aller »Schurken, Schweinehunde und des Abschaums der menschlichen Gesellschaft«.[68]

»Alles ging sehr schnell«, wie sich Šrejder erinnerte, »Kaganovič und Škirjatov nannten eine Reihe von Namen führender Mitarbeiter des Gebietskomitees, beschuldigten sie des Trotzkismus und anderer Sünden. Sie wurden allesamt auf dem Plenum aus der Partei ausgeschlossen und verhaftet, als sie den Saal verließen. Zu diesem Zweck hatte Radzivilovskij [der NKVD-Chef] zuvor seine Mitarbeiter in das Gebäude des Gebietskomitees rufen lassen.« Am folgenden Tag konfrontierte Kaganovič die Mitglieder des Gebietskomitees der Partei mit den Aussagen der verhafteten Parteiführer, um ihnen die Konsequenzen vorzuführen, die sich in Zukunft für alle Mitglieder der Partei ergeben konnten. »Nun, nehmen wir Epanečnikov, man hat ihn am Tag der Eröffnung des Plenums verhaftet, um drei Uhr. Als man ihn verhaftete, wunderte er sich. Ein Mißverständnis, ein Mißverständnis. Nun, wir werden sehen. Um vier Uhr hat er gestanden. ... Da haben Sie Ihren Epanečnikov! Und haben Sie denn Epanečnikov nicht bis zum letzten Moment aufs Wort geglaubt? Wie ist das möglich? Sogar am Tag der Verhaftung haben Sie ihm geglaubt, und Nosov glaubte ihm. Da habt ihr euren Führer, einen führenden Terroristen!«[69] Dann ließ Kaganovič die Moskauer Sekretäre aus seinem Gefolge in die Leitungspositionen der lokalen Parteiführung »wählen«. Für den abgesetzten Parteichef Nosov hatte Stalin eine besondere Behandlung vorgesehen: Er ließ ihn nach Moskau bringen und dort erschießen. Stalin war zu jeder Zeit Herr des Verfahrens, auch in Ivanovo, wo Kaganovič seine Befehle ausführte. Šrejder erinnerte sich, wie der Diktator und sein Gehilfe miteinander sprachen: »Kaganovič rief Stalin aus Ivanovo einige Male am Tag an und unterrichtete ihn über die Zahl der Verhafteten und den Fortgang der Untersuchungen. Nach jedem dieser Gespräche wandte er sich an Radzivilovskij und verlangte, Maßnahmen zu ergreifen, um die Erzwingung von Geständnissen dieser oder jener verhafteten Mitarbeiter zu beschleunigen. Und ungeachtet dessen, daß Radzivilovskij und seine Untergebenen mit außerordentlicher Schnelligkeit und auf dem Wege grausamer Folterungen beliebige Aussagen aus den Gefangenen herausbrachten, indem sie hauptsächlich verlangten, daß sie eine möglichst große Zahl von Kollegen, Freunden und Bekannten überführten und sie beschuldigten, Volksfeinde zu sein, und damit immer neue Anlässe für neue Verhaftungen erhielten, waren Kaganovič und Škirjatov mit den erzielten Ergebnissen nicht zufrieden. Sie fuhren fort, darauf zu bestehen, daß Radzivilovskij die Zahl der Verhaftungen noch erhöhte.« In der Zwischenzeit habe Kaganovič Stalin angerufen und sich neue Instruktionen geben lassen. Stalin war allem Anschein nach unzufrieden. Šrejder hörte, wie Kaganovič, der mit Stalin am Telefon sprach, sagte: »Ich höre, Genosse Stalin. Ich erhöhe den Druck auf die Mitarbeiter des NKVD, damit sie nicht liberalisieren und eine maximale Anzahl von Volksfeinden entlarven.«

Von der Parteiorganisation in Ivanovo blieb nichts. Die Gefängnisse füllten sich mit Parteimitgliedern und Angestellten der Staatsverwaltung. Am Ende gab es auch hier keinen Platz mehr, und das NKVD mußte die Kindergärten in der Stadt beschlagnahmen, um zusätzliche Häftlinge unterbringen zu können. Als Kaganovič die Datscha des lokalen NKVD-Chefs, die ihm während seines Aufenthaltes in Ivanovo als Unterkunft gedient hatte, verließ, fuhr er durch leere Straßen, die von NKVD-Postenketten abgeriegelt wurden, zum Bahnhof von Ivanovo. Dort war die neue Parteiführung angetreten, um Stalins getreuen Paladin zu verabschieden. Kaganovič war zufrieden, er hatte seine Arbeit erledigt. Die Parteiorganisation existierte nicht mehr, die Gefängnisse waren überfüllt. Zum Abschied gab Kaganovič den Dienern und Köchen, die für das NKVD arbeiteten und den hohen Gast aus Moskau bewirtet hatten, ein großzügiges Trinkgeld, bevor er sich auf die Reise in den nächsten Ort begab, um auch dort sein blutiges Handwerk zu verrichten. Unmittelbar nach der Abreise Kaganovičs begannen die Tötungsaktionen, an denen sich auch der neue Parteisekretär von Ivanovo, Simočkin, mit seinem Dienstrevolver beteiligte. So war es auch in Uzbekistan, in Tadžikistan und in Sibirien, wo das Mitglied des Politbüros, Andrej Andreev, im Herbst 1937 erschien, um den Terrorbefehlen Stalins Nachdruck zu verleihen.[70]

Stalins Macht ruhte im Terror. Wo die Funktionäre einander denunzierten und vor Angst vergingen, konnte er die Rolle des Herrn über Leben und Tod spielen. Und weil die Mitglieder der politischen Führung an der Architektur des Terrors selbst mitgewirkt hatten, konnten sie, was sie anderen antaten, auch von sich selbst nicht abwenden. Im blutigen Terror verloren sie ihren Halt. Das Zentralkomitee, dem auch alle bedeutenden Provinzführer angehörten, zerstörte sich selbst, mehr als zwei Drittel seiner Mitglieder fanden in den Jahren 1937 und 1938 den Tod. Als es während des Februar/März-Plenums die Verhaftung und Erschießung Bucharins und Rykovs sanktionierte und der Zerstörung der Patronagenetze zustimmte, sprach es das Todesurteil über sich selbst. Denn wo Mitglieder des Zentralkomitees andere Mitglieder zur Erschießung freigaben, ermöglichten sie es Stalin und seinen Helfern, Terror gegen jeden auszuüben. Am Ende waren nicht einmal mehr die Mitglieder des Politbüros vor Verfolgung geschützt: Jan Rudzutak, Robert Eiche, Vlas Čubar, Stanislav Kosior, Pavel Postyšev, sie alle ließ Stalin verhaften und töten, obgleich sie dem Politbüro, dem höchsten politischen Entscheidungsgremium der Sowjetunion, angehörten. Nur hatte dieses Gremium in den Jahren des Terrors seine Bedeutung bereits eingebüßt. Stalin ließ es nur selten überhaupt noch einberufen. Alle wichtigen Entscheidungen wurden im engsten Kreis seiner Gefolgsleute entschieden, in seinem Arbeitszimmer oder auf seiner Datscha in Kuncevo am Rand von Moskau. Die Befehle kamen jetzt nur noch vom Diktator selbst.[71]

Stalin erwartete von seinen Helfern, daß sie sich ihm bedingungslos unterwarfen, daß sie Loyalität bis zur Selbstaufgabe übten. Wer untreu wurde, verstieß gegen den Ehrenkodex verschworener Männerbünde, wie Stalin ihn aus seiner georgischen Heimat kannte. Freundschaft und persönliche Loyalität hatten für Stalin einen anderen Klang als für die »europäischen« Bolschewiki. Seine Vorstellungen von Freundschaft kamen aus einer Gesellschaft, in der Treue und Ehre instabilen menschlichen Gemeinschaften Stabilität verliehen und sie gegen äußere Bedrohungen absicherten. Stalins Gesellschaftsmodell war die Räuberbande, deren Mitglieder in der rauhen Wirklichkeit nur überlebten, wenn sie einander auf Gedeih und Verderb die Treue hielten. Unter den Bedingungen des Krieges, den die Kommunisten gegen die Bevölkerung führten, wurde die Stalinsche Ideologie der Freundschaft zur Ideologie der Partei. Stalin und seine engsten Vertrauten konnten sich eine Welt, die nicht von Männerbünden regiert wurde, überhaupt nicht vorstellen. Mißtrauen und

Verdacht waren freilich Teil des Systems von Freundschaft. Stalin stellte seine Freunde auf die Probe, er erwartete von ihnen, daß sie Opfer brachten und darin ihre Freundschaft unter Beweis stellten.

Ende 1936 geriet »Sergo« Ordžonikidze, Stalins Weggefährte aus Georgien, der seit 1932 das Amt des Volkskommissars für Schwerindustrie bekleidete, in einen Gewissenskonflikt, als er versuchte, Mitarbeiter seines Ressorts gegen den Vorwurf, sie seien Spione und Saboteure, in Schutz zu nehmen. Als Mitglied des Politbüros hatte Ordžonikidze an der Ausweitung des Terrors selbst mitgewirkt, er konnte sich ihm deshalb nicht verweigern. Und er gehörte zu den engsten Freunden des Diktators. Andererseits fand er es widersinnig, als Volkskommissar für Schwerindustrie an der Selbstzerstörung der sowjetischen Wirtschaftsbürokratie mitzuwirken. Als Stalin und Ežov nicht nur Manager und Fabrikdirektoren, sondern auch die engsten Mitarbeiter Ordžonikidzes verhaften ließen, brachte Ordžonikidze erstmals zaghaft Widerspruch vor. Stalin konfrontierte ihn bei solchen Gelegenheiten stets mit den »Geständnissen« der Verhafteten. Ordžonikidze gab unter dem Eindruck der vorgelegten »Beweise« nach, aber er weigerte sich, der Selbstzerstörung seines Ressorts tatenlos zuzusehen. Als Stalin ihn im Februar 1937 aufforderte, auf dem bevorstehenden Plenum des Zentralkomitees zur blutigen Abrechnung mit Saboteuren und »Schädlingen« in der Industrie aufzurufen und den Terror gegen die eigenen Gefolgsleute voranzutreiben, kam es zu einer heftigen Auseinandersetzung. Nach einer Aussprache, die sich in Stalins Arbeitszimmer im Kreml ereignete, sah Ordžonikidze keinen anderen Ausweg mehr. Er beging Selbstmord, wenige Tage bevor die Tagung des Zentralkomitees in Moskau eröffnet wurde. Am Ende hielt Molotov jene Brandrede, für die Ordžonikidze ausersehen war.[72]

Im engeren Kreis der Macht konnte nur bleiben, wer der gemeinsamen Sache auch Freunde und Angehörige opferte. Stalin ließ die Brüder Ordžonikidzes und Kaganovičs verhaften, die hohe Ämter in der sowjetischen Wirtschaftsbürokratie bekleideten. Er ließ zwei Söhne Mikojans, die Schwiegertochter Chruščevs, den Sohn des finnischen Kommunistenführers Otto Kuusinen und die Ehefrau seines Sekretärs, Poskrebyšev, verhaften. Und auch die Ehefrau Kalinins, des nominellen Staatsoberhaupts, wurde auf Befehl Stalins in ein Lager verschleppt. 1938 zwang er die Ehefrau Nikolaj Ežovs, Selbstmord zu begehen, bevor der allmächtige NKVD-Chef selbst in Ungnade fiel. Nach dem Krieg mußte schließlich auch Stalins engster Vertrauter Molotov ein solches Opfer bringen. Stalin erteilte den Befehl, die Ehefrau Molotovs verhaften und in ein Lager bringen zu lassen. Sie kehrte erst nach dem Tod des Tyrannen wieder zu ihrem Ehemann zurück. Ausnahmen gab es auch. Ende 1936 wurde Stalins georgischer Freund Sergej Kavtaradze unter dem Vorwand verhaftet, er und der georgische Nationalkommunist Mdivani hätten die Ermordung Stalins geplant. Stalin erfuhr, was mit Kavtaradze geschah, aber er unternahm nichts, um seinen Freund aus der Todeszelle zu befreien. Irgendwann gefiel es dem Tyrannen, Kavtaradze aus der Haft zu entlassen und ihm eine Wohnung in Moskau zuzuteilen. Kavtaradze wurde in den Kreml und auf Stalins Datscha eingeladen, Stalin und Berija besuchten ihren georgischen Landsmann sogar in dessen Moskauer Wohnung. Stalins Mißtrauen aber konnte auch Kavtaradze nicht überwinden. »Und du wolltest mich doch töten«, so soll ihm Stalin anläßlich einer solchen Zusammenkunft gesagt haben.[73]

Kalinin, Kaganovič und Molotov bestanden diese Prüfung, denn sie stimmten der Verhaftung ihrer Ehefrauen und Verwandten unbesehen zu. Wer den psychischen Belastungen standhielt, signalisierte, daß ihm an der Treue zum Führer mehr lag als an familiären Bindungen und Loyalitäten. Nur wer sich durch solchen psychischen Terror nicht aus dem Gleichgewicht bringen ließ, konnte im Kreis der Stalinschen Freunde verbleiben.

Hätte Stalin seine Memoiren geschrieben, so wäre dabei nichts weiter als eine Neuauflage des kurzen Lehrgangs der Geschichte der Kommunistischen Partei herausgekommen, so hat Robert Tucker einst behauptet. Aber er hätte, so möchte ich hinzufügen, dieser Geschichte wahrscheinlich die Form eines kaukasischen Räuberpoems gegeben. Als Stalin im November 1937, anläßlich der Feiern zum Jahrestag der Oktoberrevolution, im Kreis seiner engsten Vertrauten das Glas erhob, sprach er auch über die Vernichtung von Sippen und Familien. Aus seinen Worten schien also nicht nur das Verlangen nach einem Terror hervor, der die potentiellen Feinde der sozialistischen Ordnung aus der Welt schaffte. Aus ihnen sprach eine Gewaltform, wie sie der Diktator aus seiner kaukasischen Heimat kannte. Der Kominternvorsitzende Georgi Dimitroff vertraute, was er Stalin sagen hörte, seinem Tagebuch an:

»Und wir werden jeden dieser Feinde vernichten, sei er auch ein alter Bolschewik, wir werden seine Sippe, seine Familie komplett vernichten. Jeden, der mit seinen Taten und in Gedanken einen Anschlag auf die Einheit des sozialistischen Staates unternimmt, werden wir erbarmungslos vernichten. Auf die Vernichtung aller Feinde, ihrer selbst, ihrer Sippe – bis zum Ende!«

Der Sieger könne nicht in Frieden leben, wenn er die Besiegten nicht töte, so soll Džingis Chan geurteilt haben. Stalin unterstrich diesen Satz, den er in einem Geschichtsbuch las. Als im Juni 1937 die Gefolgsleute Jagodas aus dem NKVD und die mit Jagoda verbundenen Tschekisten des Arbeitslagers von Dmitrovsk erschossen wurden, gab Stalin die Anweisung, ihre Leichen müßten unweit von Jagodas Datscha verscharrt werden. So dokumentierte sich noch im Tod die Macht des Gefolgschaftswesens.[74]

Tatsächlich wurden in den Jahren des Großen Terrors nicht nur die vermeintlichen Volksfeinde, sondern gewöhnlich auch ihre Angehörigen verhaftet oder als Geiseln genommen. Am 15. August 1937 erteilte Ežov den nachgeordneten Dienststellen die Anweisung, es müßten nunmehr auch die Angehörigen von Volksfeinden verhaftet werden. Kinder im Alter bis zu drei Jahren seien in Kinderheime des Volkskommissariats für Gesundheitswesen einzuweisen. »Sozial gefährliche Kinder«, die älter als 15 Jahre seien, müßten in speziell für sie vorgesehenen Lagern untergebracht werden. Die Ehefrauen der Volksfeinde seien stets zu verhaften. Im November 1937 erhielt Stalin von Ežov erstmals nicht nur Listen mit den Namen verhafteter Armeeoffiziere und NKVD-Leute. Er bekam auch eine Liste der Ehefrauen der Volksfeinde. Ežov sandte Stalin diese Listen mit der Bitte zu, er möge auch die Erschießung der Ehefrauen sanktionieren. Stalin erteilte, wie erwartet, seine Zustimmung.[75]

Massenterror

Die Terrorbefehle des Diktators und seiner Clique hatten verheerende Wirkungen. Sie zerstörten das feingewobene Netz der Gefolgschaften und versetzten die Sowjetunion in den permanenten Ausnahmezustand.

Der Terror richtete sich nicht nur gegen Kommunisten, Staatsfunktionäre und ihre Gefolgsleute in den Apparaten. Er galt auch Managern, Fabrikdirektoren und Kolchosvorsitzenden, die für die Nichterfüllung der Pläne, für die Produktion von Ausschußwaren und für Unfälle nunmehr mit ihrem Leben einstanden. Denn wo Aufgaben nicht erfüllt wurden, arbeiteten Feinde und Saboteure. Dieser Terror hatte bereits zu Beginn des zweiten Planjahrfünfts begonnen. Allein im Donbass wurden zwischen 1933 und 1936 mehr als 1500 Manager und Ingenieure als »Saboteure« und »Schädlinge« abgeurteilt und in Konzentrationslager eingewiesen.[76] Solche Stigmatisierung diente nicht zuletzt dem Zweck negativer Integration. Wo Manager und rote Direktoren verhaftet wurden, konnten Arbeiter und Bauern Rache an der Obrigkeit nehmen. So hielt das Regime Fabrikdirektoren und Ingenieure in ständiger Furcht und mobilisierte Arbeiter für die Belange der Parteiführung. Es waren vor allem die sogenannten Stachanov-Arbeiter, die das Angebot des Regimes, Feinde zu denunzieren, aufgriffen.

Ende August 1935 hatte der Grubenarbeiter Aleksej Stachanov in Irmino im Donbass in einer Schicht 102 Tonnen Kohle aus dem Bergwerk gehauen und damit seine Norm um das Vierzehnfache übertroffen. Das lokale Parteikomitee hatte diesen sozialistischen Wettbewerb selbst inszeniert und Stachanov zwei Hilfsarbeiter zugeteilt, die ihm dabei halfen, den Rekord aufzustellen. Die Nachricht von der Heldentat des Aleksej Stachanov verbreitete sich in Windeseile, Anfang September schon sprach die »Pravda« von einer »Stachanov-Bewegung«. Stalin und seine Gefolgsleute erkannten sofort, welche revolutionäre Kraft in der Bewegung verborgen lag. Der Volkskommissar für Schwerindustrie Ordžonikidze und sein Stellvertreter Pjatakov sahen in der Bewegung ein Instrument, um den Widerstand des Managements gegen überhöhte Planziffern zu brechen und den Arbeitsprozeß zu revolutionieren. Die Signale konnten klarer nicht sein: Fortan würden die Direktoren und Manager der Industriebetriebe nicht nur von den Parteifunktionären, sondern auch von ungelernten Stoßarbeitern bedrängt werden. Die Stachanov-Bewegung wurde zum Organisationsprinzip der sowjetischen Wirtschaft, schon im Winter 1935 hatte sie sich in der gesamten Sowjetunion und allen Industriezweigen durchgesetzt. Stachanov-Arbeiter versetzten Berge, sie waren bolschewistische Tatmenschen, die auf die Bedenken »bürgerlicher« Fachleute nichts gaben. Deshalb gefiel auch Stalin, was hier geschah. Ende November 1935 ließ er die »Pravda« verkünden, der »Kampf um hohe Normen« müsse »in allen Zweigen der Produktion entwickelt werden«. Stalin trat zu dieser Zeit auf den Kongressen der Stoßarbeiter auf, empfing die Arbeitshelden im Kreml und ließ sich mit ihnen für die Titelseite der »Pravda« fotografieren. Stachanov-Arbeiter erhielten Privilegien und Prämien. Sie konnten in den Geschäften einkaufen, die auch den kommunistischen Funktionären offenstanden. Niemanden konnte es deshalb überraschen, daß Arbeiter den Stachanovisten mit Ablehnung und Feindseligkeit begegneten, zumal die stetige Übererfüllung der Normen den Leistungsdruck in den Fabriken und auf den Baustellen ständig erhöhte.

Dabei war, was die Stachanovisten vollbrachten, für die sowjetische Industrie nur ausnahmsweise von Nutzen. Die Stoßarbeit zerrüttete die Produktion, weil sie dort, wo es auf die Muskelkraft des Arbeiters allein nicht ankam, nur Schaden anrichtete. Stachanov-Arbeiter störten die Produktionsabläufe, überlasteten die Maschinen und verursachten Unfälle. Sie gehörten zu einer Kaste von bäuerlichen Aufsteigern, die nicht nur ihre Ignoranz, sondern auch ihre Ressentiments gegen Direktoren und Ingenieure zur Schau stellten.[77] Darin aber lag für die Parteiführung die eigentliche Bedeutung der Stachanov-Bewegung. Sie polarisierte, sie stiftete Unfrieden und brachte so die verborgenen Feinde, die an den Sieg des Sozialismus nicht glaubten, an die Oberfläche. Ordžonikidze war schon im September 1935, wenige Wochen nach dem Beginn der Stoßarbeiter-Kampagne, davon überzeugt, daß der Einsatz der

Stachanov-Methode »Saboteure und Schädlinge« aus ihren Verstekken locken werde. Stalin selbst sprach im November 1935 zu den Delegierten der ersten Allunionskonferenz der Stachanov-Arbeiter. Er warnte vor Saboteuren und Schädlingen, die sich dem Klassenkampf der Arbeiter entgegenstellten und versprach, allen Managern und Direktoren, die sich in Obstruktion übten, »kleine Ohrfeigen« zu geben.

Die Stachanov-Bewegung war eine Kaderrevolution, ein »politischer Pogrom« gegen Fabrikdirektoren. Manager, die gegen das zerstörerische Werk der Stoßarbeiter protestierten, wurden verhaftet und in spektakulären Schauprozessen angeklagt. Ende 1936 kannte der Terror, den das Regime gegen seine Industriemanager ausübte, schon keine Grenzen mehr. Im Donbass wurde bis zum April 1938 ein Viertel aller Ingenieure und Manager von den »Organen« verhaftet und getötet. In manchen Betrieben gab es am Ende überhaupt keine Fachleute mehr, so daß die Produktion zusammenbrach. »They just disappeared, and it was never clear whether they were shot«, wie sich ein ausländischer Experte erinnerte.[78] Und es waren oftmals die Stachanov-Arbeiter, die die Direktoren denunzierten, wenn diese sich den aberwitzigen Stoßkampagnen entgegenstellten. Arbeiter denunzierten im Wissen, daß der Parteiführung solch proletarische Wachsamkeit gefiel. Als sich Grubenarbeiter aus dem Donbass bei Stalin über die ärmlichen Verhältnisse beklagten, in denen sie leben und arbeiten müßten, wußte Stalin auch schon, wer dafür die Verantwortung zu tragen hatte. »Der Direktor ist ein Volksfeind«, so entgegnete er den Arbeitern. Es waren Arbeiter, die für Ausfälle und Unfälle die Verantwortung trugen, aber es waren oftmals die Direktoren, die für solche Vergehen als »Saboteure« büßen mußten. Und nicht selten traten Arbeiter in den inszenierten Schauprozessen als Zeugen auf, damit sie den Angeklagten die Wut der stalinistischen Parteiführung entgegenschleuderten. Vom terroristischen Amoklauf des Regimes profitierten vor allem die Stachanov-Arbeiter, mehr als 300 von ihnen wurden 1936 allein im Donbass in leitende Positionen befördert, mehr als 1000 Ingenieure und Manager entlassen und verhaftet. Hier, im Donbass, dem sowjetischen Kohle- und Stahlrevier, tobte ein Terror ohne Grenzen nicht zuletzt deshalb, weil der lokale

Parteisekretär die Gewaltexzesse über sich hinaustrieb, aus Furcht, Stalin könne am Ende auch ihn verhaften und töten lassen.[79]

Das Jahr 1937 war auch in den Dörfern ein Jahr des Schreckens. Anfang August erteilte Stalin den lokalen Parteiorganen die Anweisung, in jedem Rayon »zwei bis drei« Schauprozesse gegen Funktionäre, Kolchosvorsitzende und Agrotechniker zu inszenieren, um sie für Ernteausfälle, Unfälle und die Unzufriedenheit der Bauern zu bestrafen. Die Urteile müßten in der Presse bekanntgegeben werden. In den folgenden Tagen sandte Stalin Dutzende von Telegrammen in die Provinzen, in denen er die lokalen Parteisekretäre aufforderte, Mißernten, Beschädigungen von Maschinen und Unfälle in den Kolchosen mit der Erschießung der Schuldigen zu bestrafen. Über diese Abrechnung mit den Volksfeinden solle die Presse berichten. Das Regime ermöglichte es den Bauern, Rache für erlittenes Unrecht zu nehmen, ohne die wahren Peiniger der Dorfbewohner wirklich zur Verantwortung ziehen zu müssen. Die sowjetische Presse berichtete über die Schauprozesse und porträtierte sie als Racheakt des werktätigen Volkes gegen Feinde und Unterdrücker. Sie sprach von Zeugen, die die Angeklagten als »Gauner«, »Schweine« und »Menschenfresser« beschimpft und ihnen den Tod gewünscht hätten, wie es während eines Prozesses im Rayon Novgorod geschehen sei. Wo Terror ausgeübt wurde, zeigten sich für Stalin Erfolge. Als der Parteichef Sibiriens, Robert Eiche, im Plenum des Zentralkomitees im Oktober 1937 über die Erfolge der sibirischen Landwirtschaft sprach, wußte Stalin auch schon, woran das lag. Die Kolchosbauern hätten sich selbst von Saboteuren befreit. »Sie sind glücklich.«[80]

Der stalinistische Terror war eine Gewalt, die sich gegen jedermann richtete, gegen die Eliten ebenso wie gegen Arbeiter und Bauern. Die Feindkategorie löste sich von ihrer sozialen Verankerung. Niemandem half es jetzt noch, sich auf die soziale Abkunft zu berufen, um der strafenden Gewalt des Regimes zu entgehen. Kaganovič gab im August 1937 eine Kostprobe bolschewistischer Begriffsakrobatik, als er vor den Mitgliedern des Parteikomitees von Ivanovo über die Bedeutung der Klasse sprach. Auch Arbeiter könnten Konterrevolutionäre sein, so Kaganovič, dann nämlich, wenn sie als einzelne und nicht als Repräsentanten ihrer Klasse in Erscheinung träten. Kritik an der bolschewistischen Führung war fortan ein konterrevolutionärer Akt, ganz gleich, wer sie vorbrachte und in welchem Namen sie sich legitimierte. Der Konterrevolutionär gehörte nunmehr zu einem Kollektiv, das die Bolschewiki konstituierten, und niemand konnte dieses Kollektiv je wieder verlassen. Wo Arbeiter die Führung kritisierten und sich gegen die Disziplinargesetze in den Fabriken zur Wehr setzten, konnte es geschehen, daß das Regime Gewalt gegen sie einsetzte. Bereits nach der Ermordung Kirovs hatte das Regime Anfang 1935 etwa 40000 Menschen aus Leningrad deportieren lassen, im Donbass wurden im Sommer des gleichen Jahres »Kulaken« und »Banditen« erschossen. Arbeiter, die Spottlieder auf den verstorbenen Kirov sangen, Stalin den Tod wünschten, wurden in Waggons nach Sibirien deportiert. 1937 starben Tausende von Arbeitern als Schädlinge, Saboteure und Volksfeinde vor den Erschießungskommandos des NKVD. Wer Witze über die politischen Führer erzählte, in einen Konflikt mit Stachanov-Aktivisten geriet oder Fehler beging, mußte mit dem Schlimmsten rechnen. In einer Siedlung im Donbass wurde ein Dachdecker als Saboteur erschossen, dessen einziges Vergehen in unzureichender Arbeit bestand. In einem anderen Ort starb ein Arbeiter, weil er an einem Gottesdienst teilgenommen hatte. Im Gebiet Ivanovo gerieten Tausende von Arbeitern in die Fänge des NKVD, die ihre Unzufriedenheit mit den Arbeits- und Lebensbedingungen geäußert hatten. Anfang August 1937 meldete das NKVD aus Aleksandrovsk im Gebiet Ivanovo, unter den 2000 Arbeitern in der lokalen Radiofabrik befänden sich 112 »sozial fremde« Elemente, die aus Moskau ausgewiesen worden seien und in der Fabrik jetzt Sabotage betrieben. Und auch in den Kolchosen erreichte die Gewalt 1937 einen neuen Höhepunkt. Bauern, die hinter den Planvorgaben zurückblieben, wurden als Saboteure angeklagt. Dem Parteichef Azerbajdžans, Bagirov, gab Stalin den Befehl, in den Kolchosen der Grenzregionen menschlichen »Abfall« zu beseitigen. Niemand hat die Menschen gezählt, die diesem Terror zum Opfer fielen. Hiroaki Kuromiya spricht in seinem Buch über den Terror im Donbass von 50000 Menschen, die in den Jahren 1937 und 1938 allein in dieser

Industrieregion erschossen worden seien. Diese Menschen waren Arbeiter und Bauern.[81]

Zum Volksfeind wurde, wen die Parteiführung zu einem solchen erklärte. Niemand interessierte sich jetzt noch für die Bekenntnisse jener, die in Verdacht geraten waren. Wo der Verdacht ausgesprochen wurde, verlangten Stalin und seine Schergen den Tod der Verdächtigten. Der Massenterror, der im Sommer 1937 begann und sich bis in den Herbst des Jahres 1938 fortsetzte, war ein Versuch, die Gesellschaft von ihren Feinden zu erlösen. Er war eine sowjetische Variante der »Endlösung«.[82]

Der Entschluß zur Massentötung ergab sich nicht zuletzt aus den Hiobsbotschaften, die das Politbüro aus den Provinzen erhielt. Im Zusammenhang mit der Popularisierung der neuen Sowjetverfassung, die 1936 verabschiedet wurde, erreichten Stalin und die übrigen Mitglieder des Politbüros zahlreiche Eingaben und Bittgesuche, in denen sich die Untertanen auf die neuen Bestimmungen beriefen und darum baten, man möge ihnen die Wiedereröffnung ihrer Gotteshäuser gestatten und die versprochene Glaubensfreiheit gewähren. Und auch die Ergebnisse der Volkszählung vom Januar 1937 übten auf die Parteiführung eine schockierende Wirkung aus. Denn mehr als die Hälfte aller befragten Untertanen hatte sich zur Ausübung religiöser Praktiken bekannt. Auf dem Plenum des Zentralkomitees im März 1937 sprachen die regionalen Parteisekretäre von »feindlichen Elementen«, von Kulaken und Geistlichen, die die zurückliegenden Kampagnen dazu genutzt hätten, um sich offen zu ihrer antisowjetischen Gesinnung zu bekennen. Emeljan Jaroslavskij, der Vorsitzende des »Bundes der militanten Gottlosen«, phantasierte von mächtigen Heeren, die darauf warteten, »antisowjetische Wahlen« zu organisieren und die politische Ordnung zu zersetzen. Selbst im Gebiet Smolensk hatten sich während der Volkszählung 70 Prozent der Bevölkerung zu ihrem Glauben bekannt. Kaganovič fand, unter solchen Umständen müßten die in der Region verbliebenen Popen und Sektenmitglieder – Evangelisten und Baptisten – vernichtet werden.

Seit 1935 kehrten auch zahlreiche Kulaken und Geistliche aus der Verbannung in ihre Dörfer zurück, mehr als 78 000 fielen unter die

Amnestie, die das Regime im August 1935 erlassen hatte. Angesichts der Nachrichten, die der politischen Führung aus der Provinz zugestellt wurden, nahm sie die Rückkehr der Kulaken als existentielle Bedrohung wahr. J. A. Popok, der erste Sekretär der turkmenischen Parteiorganisation, berichtete von vertriebenen Clanführern, die in ihre Dörfer zurückgekehrt seien und unter Berufung auf die Verfassung verlangt hätten, ihnen ihren enteigneten Besitz zurückzugeben. In den meisten Fällen nahmen die Dorfbewohner zurückgekehrte Kulaken in die Kolchosen auf. Und auch in den Städten drohten den Bolschewiki ungeahnte Gefahren. Denn zwischen 1931 und 1937 waren fast 400 000 ehemalige Kulaken aus den Sondersiedlungen in Sibirien geflohen und in den Städten und Industriesiedlungen untergetaucht. Der Parteichef des Uralgebietes, Ivan Kabakov, sprach von Tausenden »fremder Elemente«, die im Zuge der Entkulakisierung in die Städte entwichen seien und die jetzt ihre Rehabilitierung erreichen wollten. Nirgendwo schienen für die Bolschewiki größere Gefahren zu lauern als in Sibirien, dem Land der Lager und Sondersiedlungen. Überall befänden sich »leidenschaftliche Feinde«, wie Robert Eiche vor dem Plenum ausrief, die »mit allen Mitteln versuchten, den Kampf gegen den Sowjetstaat fortzusetzen«. In den Dörfern und Städten Sibiriens herrschten »rückständige Ansichten und feindliche Stimmungen«, die nunmehr ausgerottet werden müßten. Zu den »fremden Elementen« gehörten nicht zuletzt die zahlreichen Straßenräuber, Landstreicher, Bettler, Waisenkinder und Prostituierten, die die Parteiführer jetzt in den Kreis ihrer Todfeinde aufnahmen. Wo Häftlinge flüchteten, wo Menschen zu Aussätzigen wurden, die nicht in die Gesellschaft zurückkehren konnten, aus der sie einst gekommen waren, entstanden Räuberbanden. In Sibirien überfielen solche Banden Kolchosen, Eisenbahnzüge und Polizeistationen, raubten und plünderten. In der Stadt Omsk gehörten öffentliche Vergewaltigungen, Plünderungen, Mord und Totschlag zur Alltagserfahrung der Einwohner. Solcher Gewalt hatten die unterlegenen Polizeikräfte des sowjetischen Staates nichts entgegenzusetzen. Und auch im Nordkaukasus führte das Regime noch Mitte der dreißiger Jahre Krieg gegen bewaffnete Verbände von Tschetschenen und Inguschen, die im unwegsamen Gebirge operierten und die Stützpunkte der sozialistischen Ordnung überfielen. In Sibirien begannen die Massenoperationen zur Vernichtung von »Banditen«, »sozial gefährlichen« und kriminellen »Elementen« bereits 1933, wenngleich das Regime damit keine der zahlreichen Bedrohungen aus der Welt schaffte. Anfang 1937 verwies der NKVD-Chef von Westsibirien, Mironov, erneut auf die Gefahr, die von den marginalisierten Bevölkerungsgruppen ausging. In der Bergbauregion Kemerovo lebten 9000 »sozial gefährliche Elemente«: Kulaken, Bandenchefs, Weißgardisten und Geistliche, im Gebiet Narym und im Kuzbass hielten sich über 200 000 verbannte Kulaken und Banditen auf. Mironov nahm auch die Landstreicher, Bettler und Zigeuner, die in der Region umherirrten, in den Kreis der Feinde auf. All diese Menschen seien Saboteure, die sich den Japanern bei der ersten Gelegenheit als Verbündete gegen die Sowjetmacht zur Verfügung stellen würden, wie Mironov zu wissen glaubte. Er wollte sie jetzt für immer beseitigen lassen.[83]

Im Juni 1937 erteilte das Politbüro der sibirischen Parteiführung den Befehl, die Mitglieder »konterrevolutionärer Aufstandsorganisationen verbannter Kulaken« registrieren und erschießen zu lassen. Alle »Aktivisten« müßten umgehend liquidiert werden. Stalin teilte den Parteisekretären in der Provinz am 3. Juli 1937 selbst mit, worauf er es abgesehen hatte. Kulaken, Priester, Kriminelle, die aus der Haft entlassen worden seien, ehemalige Offiziere der weißen Armee und Mitglieder vorrevolutionärer Parteien müßten registriert und die »feindseligsten« unter ihnen erschossen werden. Das Zentralkomitee erwarte, das ihm binnen fünf Tagen mitgeteilt werde, wer zu erschießen und wer zu deportieren sei.

Offenkundig stieß, worum Stalin hier ersuchte, nirgendwo auf Widerspruch. Das Telegramm des Diktators löste in den Parteikomitees und NKVD-Dienststellen in den Provinzen eine hektische Betriebsamkeit aus. Wenige Tage später schon trafen in Moskau die ersten Vorschläge ein, in denen die Parteisekretäre dem Führer mitteilten, wie sie sich die Ausführung des eliminatorischen Programms vorstellten. Der Moskauer Parteichef Nikita Chruščev empfahl dem Politbüro, 8500 Menschen erschießen und mehr als 32 000 in Konzentrationslager einweisen zu lassen. Und auch der

NKVD-Chef Westsibiriens gefiel sich in maßloser Übertreibung: er ließ 26 000 Menschen registrieren, 11 000 in der ersten und 15 000 in der zweiten Kategorie. Die Ziffern, die von den Parteikomitees dem Politbüro übermittelt wurden, dienten dem NKVD zur Erarbeitung eines Operationsentwurfs. Am 31. Juli 1937 wurde der Entwurf als »Befehl 00447« vom Politbüro bestätigt. Davon aber sollte niemand erfahren. Deshalb wurde die Anordnung den nachgeordneten Sicherheitsorganen Anfang August unter der Auflage strenger Geheimhaltung zugestellt. Die Instruktion benannte zwar die Feindgruppen: Kulaken, die aus der Verbannung zurückgekehrt waren oder sich in den Städten und auf den Großbaustellen versteckt hielten, Mitglieder ehemaliger »antisowjetischer Parteien«, Geistliche, Sektierer, ehemalige weiße Offiziere und Amtsträger des zarischen Staates, Banditen, Kriminelle und Wiederholungstäter, die sich bereits in den Lagern befanden, aber sie enthielt keinen Hinweis darauf, wer von ihnen zu erschießen und wer zu inhaftieren sei. Sie beließ es bei dem vagen Hinweis, es müßten, regional differenziert, 72 950 Menschen getötet und 194 000 in Konzentrationslager gebracht werden. Die Angehörigen der »aktiven« Feinde sollten in Lager eingesperrt, die Verwandten der übrigen Opfer aus ihren Heimatorten deportiert und unter »systematische Beobachtung« gestellt werden. Wenngleich die Instruktion für jede Region vorschrieb, wie viele Menschen zur ersten und zur zweiten Kategorie gehören sollten, stand es im Ermessen des lokalen NKVD, über die Kategorisierung der Opfer selbst zu entscheiden: »Die Staatssicherheitsorgane werden mit der Aufgabe betraut, diese ganze Bande von antisowjetischen Elementen auf die erbarmungsloseste Weise zu vernichten.« Die Mordaktion sollte am 5. August 1937 beginnen und Anfang Dezember des gleichen Jahres abgeschlossen werden. Sogenannte Dreierausschüsse (trojki), denen der Parteisekretär, der NKVD-Chef und der Staatsanwalt der betreffenden Region angehörten, wurden mit der Exekution des Mordprogramms beauftragt. Die Trojki sollten selbständig über die Kategorisierung der Opfer entscheiden und der NKVD-Führung im Abstand von jeweils fünf Tagen über den Fortgang der Operation Bericht erstatten. Gleichwohl behielten Ežov und Stalin die Kontrolle über das eliminatorische Verfahren. Zwar sprach die

Anweisung von »Orientierungsziffern«, aber sie untersagte es den lokalen NKVD-Führern, die Zahl der Opfer eigenmächtig zu verringern oder zu erhöhen.[84]

Am 16. Juli 1937 rief Ežov die NKVD-Chefs der Republiken und Gebiete nach Moskau, um ihnen die Ziele der Operation zu erläutern. Es komme in den folgenden Monaten darauf an, so Ežov, möglichst viele Volksfeinde zu vernichten. »Schlagt, vernichtet ohne Unterschied«, wie er den Teilnehmern der Versammlung zurief. »Besser zu weit als nicht weit genug.« Dabei sollten sich die Sicherheitsorgane keinerlei Zurückhaltung auferlegen. Es gelte, die Quoten des Zentrums zu übertreffen, und wenn während der Operationen »tausend zusätzliche Menschen« erschossen würden, so sei das »keine große Sache«. Wer es wagte, Kritik gegen die Pläne der Führung vorzubringen, wurde zum Schweigen gebracht. Als der NKVD-Chef von Omsk, Salygin, das Quotensystem kritisierte, ließ ihn Ežov noch im Saal verhaften, andere Teilnehmer der Versammlung wurden wenig später ihrer Ämter enthoben und erschossen. Die NKVD-Chefs hatten keine andere Wahl, sie mußten sich den Terrorbefehlen Stalins und Ežovs beugen. Mitte Juli schon rief Mironov die lokalen westsibirischen Tschekisten nach Novosibirsk, um sie auf ihre zukünftigen Aufgaben vorzubereiten. Für Sibirien sei die Erschießung von mehr als 10000 Menschen vorgesehen, es dürften aber bis zu 20000 getötet werden. Den Tschekisten gab er den Auftrag, abgelegene Waldgebiete auszusuchen, in denen die Opfer erschossen und verscharrt werden könnten. Was Mironov hier mitteilte, wurde von den Anwesenden mit »stürmischem« Applaus aufgenommen.[85]

Wenngleich der Massenmord erst Anfang August einsetzen sollte, konnten sich die NKVD-Chefs in Westsibirien und im Nordkaukasus schon nicht mehr zurückhalten. Hier wurden die ersten Opfer bereits Ende Juli verhaftet und erschossen. Schon im September 1937 hatten die Organe des NKVD 100000 Menschen verhaftet, in manchen Regionen waren die Quoten schon nach wenigen Wochen ausgeschöpft worden. Obgleich das Politbüro für Westsibirien eine Quote von 5000 Hinrichtungen vorschrieb, hatte das NKVD hier bereits im Oktober fast 14000 Menschen verhaftet und der ersten Kategorie zugeordnet. In Omsk sollten ursprünglich nur

1000 Volksfeinde erschossen werden, im Dezember 1937 aber teilte der lokale NKVD-Chef Gorbač Ežov mit, daß inzwischen mehr als 11 000 Menschen getötet worden seien. Die NKVD-Chefs und Parteisekretäre in den Regionen baten deshalb in Moskau um eine Erhöhung ihrer Quoten. Stalin erhielt im Herbst des Jahres 1937 Gesuche aus allen Regionen des Landes, in dem die Parteisekretäre darum baten, man möge die Quoten erhöhen. Stalin stimmte solchen Gesuchen gewöhnlich zu, in den meisten Fällen gab er diese Zustimmung mündlich, während der Einsatzgespräche, die er mit Ežov in seinem Dienstzimmer im Kreml führte. Bisweilen aber gab er auch seine schriftliche Einwilligung. Gewöhnlich schrieb er seine Genehmigung mit der Hand auf die Gesuche, die ihn aus den Provinzen erreichten und gab sie dann an Ežov weiter. Bis zum Dezember 1937 hatte das Politbüro die Quoten in der ersten Kategorie um 22 500, und in der zweiten Kategorie um 16 800 erhöht. Ende Januar 1938 gab Stalin die Anweisung, es müßten bis Mitte März noch einmal 57 200 Volksfeinde verhaftet, 48 000 von ihnen erschossen werden.[86]

Das Regime taumelte in einen Blutrausch, niemand hielt sich jetzt noch an die Verfahrensregeln, die der Befehl 00447 den Organen auferlegte. In den meisten Regionen bestanden die Trojki nur auf dem Papier, in praxi entschieden die Parteisekretäre und NKVD-Chefs eigenmächtig über die Erfüllung der Quoten. Die Verhafteten bekamen gewöhnlich weder einen Ankläger noch einen Richter zu sehen, über ihr Schicksal wurde in Abwesenheit entschieden. Der zuständige NKVD-Chef legte fiktive Untersuchungsakten an, die das Vergehen und die Strafen verzeichneten. Erschossen wurde, wer auf die Todesliste des NKVD geriet. Auf diese Weise entschieden die Trojki an manchen Orten täglich über das Schicksal von mehr als 1000 Menschen, so wie es in Omsk geschah, wo die lokale Trojka am 10. Oktober 1937 1301 Menschen zum Tod verurteilte. In Weißrußland inszenierte das NKVD sozialistische Wettbewerbe in der physischen Vernichtung von Volksfeinden, in den Konzentrationslagern der Sowjetunion wurden mehr als 10 000 Häftlinge von den Organen ausgesondert und ermordet. Im Februar 1938 erließ das Politbüro eine Direktive, in der es das NKVD in der Fernostregion aufforderte, weitere 12 000 Menschen zu erschießen, um so die »Häftlingspopulation« in den Lagern zu »vermindern«. Dieser blutigen Aktion fielen am Ende mehr als 30 000 Menschen zum Opfer: zumeist Häftlinge, die wegen politischer Delikte verurteilt worden waren oder in der Vergangenheit gegen die Lagerordnung revoltiert hatten. In Moskau weitete das Regime die Massentötungen Anfang 1938 auch auf Invalide, Beinamputierte, Blinde und Tuberkulosekranke aus, die in den Lagern nicht als Arbeitskräfte verwendet werden konnten. In Leningrad wurden Taubstumme getötet.

An manchen Orten teilte sich den NKVD-Organen nicht mit, worauf es die Führung in Moskau überhaupt abgesehen hatte. Wo die Quoten bereits erfüllt waren, begaben sich die Tschekisten auf die Suche nach neuen Feinden, ohne freilich zu wissen, wer diese Feinde waren und wo sie sich befanden. In Turkmenistan verhaftete das NKVD Besucher von Bazaren, Männer mit langen Bärten, um auf diese Weise aller verborgenen Mullahs habhaft zu werden. Niemand überlebte dieses Massaker. An manchen Orten weiteten die lokalen NKVD-Chefs den Kreis der potentiellen Opfer eigenmächtig aus. So erteilte der Leiter des NKVD in Westsibirien, Gorbač, im August 1937 die Anweisung, es müßten alle ehemaligen Offiziere und Soldaten der zarischen Armee getötet werden, die in deutscher Kriegsgefangenschaft gewesen seien. Zu dieser Kategorie zählten in dieser Region immerhin 25 000 Menschen. Wenngleich die Opfer weder Ankläger noch Richter zu sehen bekamen, wurden sie in den Verhörzentralen des NKVD oftmals gezwungen, Geständnisse zu unterschreiben und die Beteiligung an Verschwörungen und Spionagenetzen einzugestehen. Die Opfer wurden gefoltert: die NKVD-Schergen schlugen sie bis zur Bewußtlosigkeit, brachen ihnen Rippen und Knochen oder mißhandelten sie mit Stromstößen, um die gewünschten Aussagen zu erhalten. Auf diese Weise versuchte das NKVD vor allem in Sibirien den Nachweis zu führen, das monarchistische und religiöse Untergrundorganisationen mit Tausenden von Mitgliedern die Sowjetordnung bedrohten.

Was hier geschah, blieb nicht unbemerkt, wenngleich sich das NKVD Mühe gab, das Mordprogramm vor der Öffentlichkeit zu verschleiern. In Ivanovo töteten die NKVD-Männer bereits im Spätsommer 1937 eine solch große Anzahl von Menschen, daß sie die Leichen der Erschossenen nicht mehr ohne Aufsehen aus den Gefängnissen fortschaffen konnten. Šrejder erinnerte sich, die NKVD-Männer hätten die nackten Häftlinge in den Baderäumen des Gefängnisses jeden Tag »zu Hunderten« erschossen, sie dann aufeinandergestapelt, bevor sie auf dem Gefängnisgelände verscharrt worden seien. In Orel wurden die Opfer in den Wäldern außerhalb der Stadt erschossen. Dabei ließen es die Schergen des NKVD jedoch an der nötigen »Sorgfalt« fehlen, denn wenige Tage nach den ersten Erschießungen entdeckten Kolchosbauern Hände und Füße von Leichen, die aus dem Waldboden hervorragten.

Mit den Erschießungen beauftragten die lokalen Sicherheitschefs jeweils nur wenige NKVD-Männer, denen der Ruf vorauseilte, rücksichtslose Gewalttäter zu sein. In der Genickschußanlage von Butovo in der Nähe von Moskau wurden zwischen August 1937 und Oktober 1938 20000 Menschen von nur zwölf NKVD-Männern ermordet. So war es in fast allen Regionen, wo Volksfeinde erschossen werden mußten. Und auch im Todeslager Bikin, das an der Bahnstrecke Chabarovsk-Vladivostok im fernen Osten der Sowjetunion lag, verrichteten nur wenige Tschekisten das Mordhandwerk. An jedem Morgen, so erinnerte sich einer der Täter, seien vier Autos mit je sechs Häftlingen zu einer Hügelkuppe in der Nähe des Lagers gefahren. Dort habe man die Gefangenen dann erschossen, Kriminelle hätten die Leichen verscharrt und Gruben für die nächsten Opfer ausgehoben. »Wir schreien: ›Aussteigen! Aufstellen!‹ Sie kriechen raus, und vor ihnen ist schon die Grube ausgehoben. Sie stehen da, krümmen sich, und wir schießen sofort auf sie. ... Wir fuhren wieder ins Lager, lieferten die Gewehre ab, tranken dann auf Staatskosten, soviel wir wollten.« Mehr als 15000 Menschen wurden hier auf diese Weise zu Tode gebracht. In Moskau sollen, weil das Mordhandwerk die lokalen NKVD-Männer überforderte, zur Tötung der Häftlinge auch Gaswagen zum Einsatz gekommen sein.[87]

In der zweiten Hälfte des Jahres 1937 weitete das Politbüro den Terror auf ethnische Kollektive aus. Denn für die Bolschewiki gehörte der Feind nicht nur der Klasse, er gehörte auch der Nation. Aber es stand jetzt schon nicht mehr im Belieben der Opfer, sich zu einer solchen Nation zu bekennen. Wer einer Nation zugeschrieben wurde, konnte aus ihr auch nicht mehr austreten, so wenig wie es den ehemaligen Kulaken und Priestern half, sich auf ihre Loyalität gegenüber der Sowjetmacht zu berufen. Die Obsession der Bolschewiki, Menschen nicht nur sozialen, sondern auch nationalen Feindgruppen zuzuordnen, ergab sich aus der Indigenisierung der Lebensverhältnisse in den zwanziger Jahren, als die Machthaber nationale Kollektive nicht nur an Territorien banden, sondern auch in Hierarchien einordneten. Damit die Nation als Feind überhaupt auf einen Begriff gebracht werden konnte, mußte man sie zuvor inszenieren und mit Bedeutung ausstatten. Nichts wäre also weiter von der Wirklichkeit entfernt als die Annahme, den Bolschewiki habe die Nation nichts bedeutet. Nationen hatten unverwechselbare Eigenschaften, an denen man sie erkennen konnte. Und wo nationale Hierarchien Konflikte zwischen ethnischen Gruppen auslösten, verwandelten sich Fremdzuschreibungen in Selbstzuschreibungen. Es waren die Bolschewiki, die mit ihren nationalen Obsessionen Konflikte ideologisch aufluden. So kam es, daß die ethnische Abkunft neben der Klassenzugehörigkeit zum wichtigsten Bezugspunkt im Leben der sowjetischen Untertanen wurde. Mary Leder, eine amerikanische Staatsbürgerin jüdischen Glaubens, die zu Beginn der dreißiger Jahre mit ihren Eltern in die Sowjetunion auswanderte, erinnerte sich, die Bewohner Moskaus hätten sich geradezu obsessiv mit der ethnischen Abkunft ihrer Nachbarn und Kollegen befaßt. »The preoccupation applied to all nationalities. ›Do you know the Armenian who lives on the second floor?‹ ›The Tatar in the foundry?‹ ›The Assyrian shoeshine man?‹ ›The Georgian schoolteacher?‹ and so forth.« Sie habe keinen Russen getroffen, der Juden nicht für eine Nation und die USA für ein Konglomerat von Nationalitäten gehalten habe.[88]

Als Kaganovič 1927 die ukrainisch-polnische Grenzregion besuchte, beklagte er den Haß, der Kommunisten und Juden aus den Reihen der ukrainischen Arbeiter entgegenschlug. In der Zuckerfabrik von Berdičev hätten die Arbeiter ihrer Überzeugung Ausdruck verliehen, es sei »notwendig, mit Kommunisten und Juden abzurechnen«. Kaganovič fand dafür eine Erklärung, die von den gleichen Ressentiments lebte wie der Antisemitismus der ukrainischen Arbeiter: Die Region sei von polnischen Spionen unterwandert, die die Arbeiter gegen die Sowjetmacht aufhetzten. Die polnische Bevölkerung sei »antisowjetisch« und »defaitistisch«, die Polen im Grenzgebiet unterhielten enge Verbindungen zu ihren Verwandten auf der anderen Seite der Grenze. Und überall herrsche die Überzeugung, daß im nächsten Krieg die gesamte Region an Polen abgetreten werden müsse. Kaganovič sprach es nicht aus. Aber sein Bericht ließ keinen Zweifel daran, daß er eine Vertreibung der Polen aus der Grenzregion für wünschenswert hielt.[89]

Die Untertanen spiegelten nur die nationalen Obsessionen wider, die die führenden Bolschewiki in die Gesellschaft des Imperiums hineintrugen. Stalin, Mikojan, Ordžonikidze, Kaganovič, Ežov und andere Mitglieder des engeren Führungskreises waren entweder selbst Angehörige ethnischer Minoritäten oder waren in den multiethnischen Randregionen des Zarenreiches aufgewachsen. In ihrer Erfahrung waren soziale immer auch ethnische Konflikte. Deshalb gaben sie der ethnischen Identität von Menschen eine Bedeutung, die für Bolschewiki vom Schlage Lenins oder Bucharins unverständlich gewesen wären. Ežov, der aus Litauen kam, verspürte eine tiefe Abneigung gegen Polen, Kaganovič verabscheute den Antisemitismus, wie er in den Städten und Dörfern der westlichen Ukraine gepflegt wurde, und Stalin hegte ein tiefes Mißtrauen gegenüber den Bergvölkern und nationalen Minoritäten des Kaukasus, die er für unzuverlässig und illoyal hielt. Diese essentialistische, romantische Auffassung von Nationen als kulturellen Schicksalsgemeinschaften war vom Rassismus der Nationalsozialisten freilich weit entfernt. Die Bolschewiki hatten einen Begriff von der biologischen Rasse, aber er bestimmte nicht ihr Handeln. Denn wie sonst ließe sich das Paradoxon erklären, daß die Machthaber Ende der dreißiger Jahre zwar alle Armenier und Deutschen aus der Ukraine deportieren ließen, in Armenien und in der Republik der Wolgadeutschen von solchen nationalen Säuberungen aber absahen? Für die Bolschewiki trat der Feind in sozialen wie nationalen Kollektiven in Erscheinung. Solche Kollektive aber waren nur dann eine wirkliche Gefahr für die sowjetische Ordnung, wenn ihre Anwesenheit homogene nationale Räume »verunreinigte« oder wenn zu befürchten stand, ethnische Minoritäten könnten von ihren Landsleuten im Ausland zur Destabilisierung der Sowjetunion instrumentalisiert werden. Nur national homogene Landschaften waren auch moderne Landschaften. Kurz: wo ethnische Minoritäten Ambivalenz erzeugten, drohten unkontrollierbare Gefahren. Diese Gefahren konnten für die Bolschewiki nur mit Gewalt gebannt werden.[90]

Bereits am 20. Juli 1937 hatte Stalin Ežov die Anweisung erteilt, alle Deutschen zu verhaften und deportieren zu lassen, die in der Rüstungsindustrie der Sowjetunion arbeiteten. Dabei war es unerheblich, ob die Betroffenen Staatsangehörige des Deutschen Reiches oder ausgewanderte deutsche Kommunisten waren. Jeder, der in Verdacht geriet und für die politische Führung zur Nation der Deutschen gehörte, konnte nunmehr verhaftet, deportiert oder erschossen werden. 42000 Menschen kamen im Zuge der »deutschen Operation« ums Leben. Wenig später, im August 1937, warteten Stalin und Ežov mit der fixen Idee auf, die Sowjetunion werde von polnischen Spionagegruppen unterwandert, die Sabotageakte in den Rüstungsbetrieben verübten. Am Anfang erstreckte sich die Aktion auf ehemalige polnische Kriegsgefangene, die nach 1920 in der Sowjetunion geblieben waren, politische Emigranten, Angehörige polnischer Parteien, und auf die polnische Bevölkerung in den Grenzregionen im Westen der Sowjetunion. Aber bereits wenige Wochen später gab Ežov den lokalen NKVD-Stellen den Befehl, die Operation auf »alle Polen« auszuweiten. »Die Polen müssen vollständig vernichtet werden.« Wen das NKVD als polnischen Agenten identifizierte, der verlor Freiheit oder Leben. Dabei war es ganz unerheblich, ob die Beschuldigten sich für Kommunisten oder Nationalisten hielten. Der Terror verschonte niemanden, weder Nichtkommunisten noch Kommunisten. Fast alle Mitglieder der polnischen Sektion der Kommunistischen Internationale wurden getötet, die Polnische Kommunistische Partei mußte im August 1938 aufgelöst werden. Mehr als 35000 Polen wurden aus der polnisch-ukrainischen Grenzregion deportiert.[91] So stand es auch um die übrigen Nationalitäten, die sich jetzt in Feindnationen verwandelten: Letten, Esten, Koreaner, Finnen, Kurden, Griechen, Armenier, Bulgaren und andere Minoritäten, die in den Republiken der Sowjetunion lebten. Der Parteisekretär von Krasnojarsk, Sobolev, fand, das »Spiel« mit dem Internationalismus müsse jetzt aufhören.

Alle Angehörigen nationaler Minderheiten müssen »gefangen, auf ihre Knie gezwungen und wie tollwütige Hunde vernichtet werden«. Radzivilovskij, der NKVD-Chef von Moskau erinnerte sich, Ežov habe ihn damit beauftragt, eine »antisowjetische Untergrundorganisation der Letten« zu konstruieren, einige lettische Kommunisten zu verhaften und »aus ihnen die notwendigen Aussagen herauszuprügeln«. Polen und Letten waren Spione, daran ließ Ežov keinen Zweifel aufkommen. Niemand mußte dafür noch einen Beweis erbringen: »Mit diesem Publikum muß man keine Umstände machen ... Man muß beweisen, daß die Letten, Polen und andere, die sich in der VKP befinden, Spione und Diversanten sind.«[92]

In Kiev wurden im November 1937 5000 deutsche Familien aus ihren Häusern geholt und deportiert, und alle Chinesen, die noch in der Stadt lebten, von den Organen abgeholt. In Char'kov begann das NKVD damit, Angehörige von nationalen Minderheiten, deren Landsleute im benachbarten Ausland lebten, zu verhaften. Alexander Weissberg-Cybulski, ein österreichischer Wissenschaftler, der in Char'kov in die Fänge des NKVD geraten war, erinnerte sich, wie während des Herbstes 1937 Angehörige nationaler Minderheiten in das Gefängnis eingeliefert wurden, in dem auch er eingesperrt war: »Schon im Laufe des Septembers verbreitete sich die Nachricht, man verhafte die Letten, dann die Armenier. Wir konnten nicht verstehen, was das bedeutete. Wir hielten es für ausgeschlossen, daß die GPU ein für die politische Gesinnung eines Mannes so unwesentliches Kriterium wie die Volkszugehörigkeit zum Anlaß ihrer Repressalien nehme. Aber wir mußten feststellen, daß an einem bestimmten Tage alle Gefangenen, die eingeliefert wurden, lettischer Nationalität waren. An einem anderen – armenischer. Es handelte sich in beiden Fällen um Hunderte von Menschen.«[93]

Die »nationalen Operationen« folgten keinem streng ausgereiften Plan, es gab nicht einmal Orientierungsziffern für die NKVD-Organe. Aber auch diese Operation entglitt nicht der Kontrolle des Zentrums. Es stand zwar im Belieben der lokalen Instanzen, die Opfer selbst auszuwählen. Das letzte Wort aber wurde in Moskau gesprochen: Ežov und der Generalstaatsanwalt der Sowjetunion, Vyšinskij, entschieden im »Albumverfahren«, wie viele Menschen getötet oder in Konzentrationslager eingewiesen werden sollten, indem sie die Listen, die sie aus den Provinzen erhielten, bestätigten oder abänderten. Ežov und Vyšinskij erledigten an jedem Abend zwischen 1000 und 2000 Fälle. Am 29. Dezember 1937 »verurteilten« sie 992 Letten aus dem Leningrader Gebiet zum Tod. Über die Deportationen von Feindnationen befanden sie nicht. In dieser Frage traf Stalin stets die letzte, gültige Entscheidung.

Die Bolschewiki träumten von ethnisch homogenen Landschaften, in denen schon keine illoyale Bevölkerungsgruppen mehr lebten. Ohne ethnische Säuberungen im großen Stil aber ließ sich ein solches Projekt nicht verwirklichen. Deshalb kam es in den Jahren des Terrors auch zu Umsiedlungen von nationalen Minderheiten aus den Grenzregionen der Sowjetunion. Schon im April 1936 hatte das Politbüro die Deportation von 45 000 Deutschen und Polen aus der Ukraine sanktioniert, um die Grenzregionen von feindlichen ethnischen Gruppen zu befreien. Im August 1937, nachdem die japanische Armee in den Norden Chinas einmarschiert war, ließ Stalin die koreanische Bevölkerung aus Fernost nach Kazachstan deportieren. Zur gleichen Zeit wurden mehr als 1000 kurdische Familien aus Azerbajdžan und Armenien über das Kaspische Meer nach Kazachstan geschafft, im Januar 1938 erteilte Stalin dem NKVD die Anweisung, alle Iraner mit sowjetischer Staatsangehörigkeit, die im sowjetisch-iranischen Grenzgebiet lebten, nach Zentralasien zu deportieren.[94]

Den nationalen Operationen, die bis zum November 1938 andauerten, fielen mehr als 350 000 Menschen zum Opfer, 144 000 wurden allein während der polnischen Operation verhaftet. Fast 250 000 Menschen beendeten ihr Leben vor einem Erschießungskommando des NKVD. Insgesamt fielen dem Terror zwischen August 1937 und November 1938 767 397 Menschen zum Opfer, von denen die Trojki 386 798 zum Tode verurteilten. Nach Angaben des NKVD wurden zwischen dem 1. Oktober 1936 und dem 1. November 1938 1 565 041 Menschen verhaftet, 365 805 im Zusammenhang mit den »nationalen Operationen« und 702 656 in Verbindung mit dem NKVD-Befehl 00447. 668 305 Personen wurden erschossen, die übrigen in Lager eingesperrt.[95]

Was zu Beginn des Jahres 1937 als blutige »Selbstreinigung« der Kommunistischen Partei begonnen hatte, führte in einen besinnungslosen Amoklauf, der furchtbare physische und seelische Verheerungen anrichtete. Bis in den Winter 1938 setzte sich das Foltern und Morden fort, ohne daß es der Parteiführung in den Sinn gekommen wäre, ihm Einhalt zu gebieten. Im Jahr 1937 geriet die Welt aus den Fugen, sie befand sich im Ausnahmezustand. Aber dieses apokalyptische Theater des Schreckens wurde im Zentrum ersonnen und dort auch inszeniert. Stalin und seine Helfer kontrollierten den Terror, und sie zwangen die lokalen Partei- und Sicherheitsorgane zu maßlosem Extremismus. Was hier geschah, war nicht das Werk argloser Provinzsatrapen, die dem Zentrum ihre Vernichtungsstrategien aufzwangen. Es war das Werk Stalins, der, was er anderen antat, nicht als sinnloses Chaos, sondern als reinigendes Gewitter empfand. Die Erde wurde vom Unrat gesäubert, für immer. Kein Terror konnte grausam genug sein, um dieses Ziel zu erreichen.[96]

Das Ende des Terrors kam in Etappen. Auf dem ZK-Plenum im Januar 1938 übten Stalin und Malenkov erstmals Kritik an den Exzessen, die beim Ausschluß und der Verhaftung von Parteimitgliedern begangen worden seien. Pavel Postyšev, der bis 1937 das Amt des ersten Sekretärs der Ukrainischen Kommunistischen Partei bekleidet hatte, fiel nun in Ungnade der Exzesse wegen, die unter seiner Herrschaft in der Ukraine zugelassen worden seien. Postyšev habe Unschuldige verfolgen lassen und dabei die eigentlichen Feinde aus dem Blick verloren. Der Fall Postyševs signalisierte das Ende des Terrors innerhalb der Partei, bereits unmittelbar nach dem Ende des Plenums wurden zu Unrecht aus der Partei Ausgeschlossene wieder aufgenommen, Häftlinge aus den Gefängnissen entlassen. Der Terror gegen »sozial fremde Elemente« und Feindnationen hingegen setzte sich auch 1938 ungebrochen fort. Stalin ließ Ežov im Gegenteil spüren, daß er mit dem Fortgang der Operationen keineswegs zufrieden war. Die Gefängnisse seien überfüllt, das NKVD unfähig, die verbliebenen Feinde rasch und in der vorgegebenen Frist zu töten. Im September wurden auch die nationalen Operationen in die Hände von lokalen Dreierausschüssen gelegt, um die Verfahren zu beschleunigen. Alle Fälle sollten bis zum 15. November 1938 beendet werden. So kam es, daß im Herbst 1938 die Tötungsmaschinerie noch einmal grausame Exzesse feierte, bevor Stalin Mitte November das Ende des Massenterrors verkündete. Zwischen September und November 1938 starben noch einmal 72 000 Menschen in den Tötungsanlagen des NKVD.

Niemand wird je erfahren, was den Diktator dazu veranlaßte, das Morden einzustellen. Ob er und seine Helfer sich am Ziel ihres Traumes glaubten, die Erde von Feinden befreit zu haben? Die Fortsetzung des Terrors während des Weltkrieges und in der Nachkriegszeit spricht gegen eine solche Interpretation des Geschehens. Wahrscheinlich kam Stalin die Destruktivität des Terrors allmählich zu Bewußtsein. Denn wo die Tschekisten das Morden eigenmächtig fortsetzten, schritt jetzt die Zentralgewalt ein. Es sei jetzt nicht die Zeit, »Popen ins Gefängnis zu werfen«, so entgegnete der Chef des NKVD von Novosibirsk seinem Stellvertreter Ende 1938, als dieser ihn mit der Bitte konfrontierte, man möge ihm erlauben, 100 Geistliche als Konterrevolutionäre zu verhaften.[97]

Nikolaj Ežovs letzte Stunde brach mit dem Ende des Massenterrors an. Das Ende der »Ežovščina«, wie die Mordorgie der Jahre 1937 und 1938 im Volksmund genannt wurde, war auch das Ende Ežovs. Noch zu Beginn des Jahres 1938 sonnte sich Ežov in der Gunst des Diktators. Als Stalin ihm im April zusätzlich das Amt des Volkskommissars für Wassertransport übertrug, kam freilich sogleich das Gerücht auf, Stalin wolle Ežovs Position schwächen und ihn von seiner Arbeit im NKVD fernhalten. Ežov selbst tat freilich nichts, um sich Stalins Wohlwollen auch zu erhalten. Er entfachte einen gnadenlosen Terror im Volkskommissariat für Wassertransport und besetzte es mit Vertrauten aus dem NKVD. Seit dem Sommer 1938 nahm Ežov auch Einfluß auf die Parteikomitees in der Provinz, in die er zahlreiche seiner Gefolgsleute einsetzen ließ. Ežov verfiel dem Größenwahn, er konnte mit der Macht, die Stalin ihm übertragen hatte, nicht umgehen. Auf seiner Datscha und in den Diensträumen veranstaltete er Trink- und Sexorgien, nicht einmal auf seinen Dienstreisen in die Provinz konnte Ežov von der Gewohnheit lassen, exzessiv zu trinken. Bei seinem Besuch in Kiev im Februar 1938 erschienen Ežov und der NKVD-Chef der Ukraine, Uspenskij, betrunken zum Empfang des Parteikomitees. Der Alkohol löste die Zunge des obersten Tschekisten: er sei allmächtig, er habe alle und jeden in der Hand und könne die Führer der Sowjetunion nach Belieben verhaften lassen, wenn er es nur wolle. Stalin erfuhr von den Prahlereien und vom Lebenswandel seines Sicherheitschefs. Im Sommer 1938 begann der Stern Ežovs unaufhaltsam zu sinken, das krankhafte Mißtrauen Stalins wuchs, als im Juni der NKVD-Chef der Fernostregion und Vertraute Ežovs, Ljuškov, nach Japan flüchtete. Im August 1938 ernannte Stalin seinen georgischen Landsmann Lavrentij Berija zum Stellvertreter Ežovs. Berija hatte sich durch seine Skrupellosigkeit und Grausamkeit für dieses Amt empfohlen. Diese Eigenschaften stellte er jetzt in den Dienst des NKVD. Er ließ Gefolgsleute Ežovs verhaften und lokale NKVD-Chefs durch eigene Klienten ersetzen. Vor allem aber belieferte er Stalin mit Nachrichten über Exzesse und Verfehlungen der NKVD-Führung. Ežov geriet in Panik, er fürchtete um seinen Einfluß und am Ende auch um sein Leben. Aber erst im November 1938, mit dem Ende des Massenterrors, trennte sich Stalin von Ežov und ersetzte ihn durch Berija, der sogleich damit begann, die Anhänger seines Vorgängers im NKVD verhaften und töten zu lassen. Ežovs Agonie erstreckte sich über mehr als ein Jahr. Stalin beließ den ehemaligen NKVD-Chef im Politbüro, im Januar 1939 nahm Ežov zum letzten Mal an einer Sitzung dieses Gremiums teil, im April ließ ihn Stalin verhaften. Das Ende Ežovs kam erst im Februar 1940, als das Militärkollegium des Obersten Gerichts den ehemaligen NKVD-Chef in einem geheimen Verfahren zum Tod verurteilte. Ežov sei der Anführer einer ausländischen Verschwörung im NKVD gewesen, er habe Stalin und Berija töten wollen, so lautete die Urteilsbegründung. Mit Ežov starben auch all seine Gefolgsleute und deren Verwandte, Frauen wie Kinder, 346 Menschen. Noch aus dem letzten Wort, das Ežov gewährt wurde, sprach die Sprache des stalinistischen Gewalttäters. Niemals habe er, Ežov, einen Fehler begangen, er habe zwar den NKVD von 14000 Tschekisten »gesäubert«. »Aber meine größte Schuld liegt darin, daß ich tatsächlich so wenige von ihnen hinausgesäubert habe. ... Überall um mich herum waren Feinde, meine Feinde. Ich habe die Tschekisten überall hinausgesäubert. Es war nur in Moskau,

Leningrad und im Nordkaukasus, daß ich sie nicht hinausgesäubert habe. Ich dachte, sie seien ehrlich, aber es stellte sich heraus, daß ich unter meinem Dach Saboteure, Schädlinge, Spione und Volksfeinde versammelt hatte.«

Ežov wurde zur Unperson, sein Name verschwand aus der Öffentlichkeit, so als ob es ihn nie gegeben habe. Und auch Stalin erwähnte ihn nur noch selten. Der Flugzeugkonstrukteur Aleksandr Jakovlev erinnerte sich, wie Stalin Jahre später, nach dem Krieg, über die zurückliegenden Ereignisse sprach. »Ežov war ein Schurke. Ein heruntergekommener Mensch. Rufst du ihn im Volkskommissariat an, sagen sie: er ist ins ZK gegangen. Rufst du im ZK an, sagen sie: er ist zur Arbeit gegangen. Will man ihn von zu Hause holen lassen, stellt sich heraus, daß er sternhagelvoll auf dem Bett liegt. Er hat viele Unschuldige zugrunde gerichtet. Wir haben ihn dafür erschießen lassen.«[98]

Stalin

Der stalinistische Terror ist ohne die Gewaltkultur, aus der die Täter kamen, nicht verstehbar. Die bolschewistischen Täter hielten, was sie anderen zufügten, für einen unumgänglichen chirurgischen Eingriff in die Gesellschaft. Ohne den Anstoß des europäischen Marxismus wären die utopischen Konzepte der Bolschewiki nicht denkbar gewesen. Nur brachte sich die Gewalt, mit der das bolschewistische Projekt in die Wirklichkeit trat, nicht aus den Texten der marxistischen Klassiker hervor. Sie kam aus den Köpfen der stalinistischen Führer, die sich Herrschaft nur als Gewaltherrschaft vorstellen konnten. Die Bolschewiki waren Gewaltmenschen. Wo immer sie in der Öffentlichkeit erschienen, umgaben sie sich mit den Insignien militärischer Gewalt: Militärstiefeln, schwarzen Lederjacken, Uniformen und Pistolenhalftern. Damit zeigten sie, wonach ihnen der Sinn stand. Der stalinistische Funktionär kam aus dem Dorf, er war eine Kreatur jener Kultur, die er mit Feuer und Schwert verfolgte. Stalin hatte kein schlechtes Gewissen, er bekannte sich zur Gewalt. Er war keineswegs verrückt, litt weder an Depressionen noch an

Halluzinationen. Und ein schlechtes Gewissen plagte ihn auch nicht. Stalin wuchs in einer Umgebung auf, in der Gewalt die Beziehungen zwischen Menschen strukturierte. Blutrachefehden, Bandengewalt und ritualisierte »Schlachten« zwischen Arbeitern und Bauern aus unterschiedlichen Dörfern, das war die Wirklichkeit des jungen, georgischen Stalin. In einer solchen Umgebung konnte nur bestehen, wer mit überlegener Gewalt auftrat und tötete, bevor er selbst getötet wurde. Stalins Idole waren Anführer von Räuberbanden, nicht nur weil diese sich dem autokratischen Staat und seinen Beamten entgegenwarfen, sondern weil Räuber das Männlichkeitsideal der Heranwachsenden verkörperten, weil sie eine Gewalt ausübten, die zum Schutz der eigenen Sicherheit unabdingbar war. Männer waren Krieger, die in der Gewalttat ihre Vereinzelung und Marginalisierung überwanden, wenn sie sich mit anderen Kriegern gegen ihre Feinde verbündeten. Sie waren selbst dann noch Krieger, wenn sie in eine Umgebung geworfen wurden, die der Gewaltausübung schon nicht mehr bedurfte. Denn die Kultur eines Menschen löst sich nicht auf, wenn sie mit fremden Kontexten konfrontiert wird. Sie gewinnt im Gegenteil an Bedeutung, weil sie das Unverstandene übersetzt. Stalin jedenfalls nahm seine Umwelt durch das Prisma der Gewalt wahr, er sah Feinde nicht nur, weil ihm der Marxismus keine andere Wahl ließ, sondern weil in seiner Deutung der Wirklichkeit Illoyalität mit Vernichtung bestraft werden mußte. Was sich hier zeigte, war nicht die psychische Krankheit einer mißhandelten Kreatur, sondern Ausdruck einer Kultur, in deren Zentrum die Gewalt stand. »Es gibt Schwächlinge, sie fürchten sich vor Granaten, kriechen auf der Erde herum, solche Leute lacht man aus«, wie Stalin anläßlich einer Zusammenkunft des Politbüros am Jahrestag der Oktoberrevolution im November 1938 erklärte. Stalin glich seinen Gefolgsleuten Ordžonikidze, Berija und Mikojan. Und auch Vorošilov, Molotov und Kaganovič sprachen und urteilten über die Gewalt nicht anders als der Führer und seine Freunde aus dem Kaukasus. Wenn nach dem Tod Lenins nicht Stalin, sondern seine Widersacher, Trockij und Zinov'ev, siegreich aus dem innerparteilichen Machtkampf hervorgegangen wären, so erklärte Kliment Vorošilov auf der gleichen Veranstaltung, dann hätten »sie uns alle abgeschlachtet«. Eine andere Alternative konnten sich die Stalinschen Gefolgsleute nicht vorstellen.[99]

Stalin und seine Gefolgschaft unterhielten ein unmittelbares, körperliches Verhältnis zur Gewalt. Stalin ließ sich die Geschlagenen und Gefolterten in seinem Arbeitszimmer vorführen, er gab Anweisungen, wie die Verhafteten zu mißhandeln seien, und er schlug seinen Sekretär Poskrebyšev. »Wie er mich geschlagen hat. Er hat mich an den Haaren gepackt und meinen Kopf auf den Tisch geschlagen«, berichtete Poskrebyšev dem Schriftsteller Aleksandr Tvardovskij nach dem Tod des Tyrannen. »Schlagen, schlagen«, so schrieb Stalin bisweilen auf die Listen mit den Namen von Volksfeinden, die ihm vorgelegt wurden. Stalins Schergen, Ežov und Berija, beteiligten sich nicht nur an den Verhören, sie griffen auch selbst zum Schlagstock. Chruščev erinnerte sich an eine Begegnung mit Ežov im Jahr 1937. Auf dem Hemd des NKVD-Chefs seien Blutflecken zu sehen gewesen, Blut von »Volksfeinden«, wie Ežov erklärend hinzugefügt habe. Gewöhnlich betrank sich Ežov, bevor er sich in das Lefortovo-Gefängnis in Moskau begab, um Gefangene zu verhören. Ežov ließ einem Gefangenen Ohren und Nase abschneiden, er nahm an den Erschießungen von Verurteilten teil und er sammelte die Revolverpatronen, mit denen die Tschekisten ihre Opfer erschossen hatten. Nach der Verhaftung Ežovs im März 1939 fand man in der Schublade seines Schreibtisches solche Patronen, sie enthielten Gravuren mit den Namen jener, die von diesen Patronen getötet worden waren. So hielten es auch die bolschewistischen Gewalttäter aus der zweiten Reihe: der Parteichef von Azerbajdžan, Mir Džafar Bagirov, der Sekretär des Parteikomitees von Ivanovo, Simočkin, und die Stellvertreter Berijas im NKVD, Bogdan Kobulov und Juveljan Sumbatov-Topuridze, die sich an den Folterungen und Hinrichtungen beteiligten, die im Namen des Führers ins Werk gesetzt werden mußten.[100] Kurz: Der stalinistische Terror ist ohne die mentale Zurichtung der Führer und ohne den Kontext, in dem sich die Gewalt ausbreitete, nicht verstehbar. Von der Zivilisierung der Sitten, von der die Bolschewiki sprachen, waren die Täter ebenso weit entfernt wie ihre Opfer. Das sollte, wo vom Stalinismus die Rede ist, stets bedacht werden.

Der Stalinismus war ein gewalttätiges Verfahren zur Herstellung eindeutiger Verhältnisse, er war ein Versuch, den neuen aus der physischen Vernichtung des alten Menschen hervorzubringen. Aber der Stalinismus triumphierte in der unablässigen Ausübung exzessiver Gewalt, einer Gewalt, die aus den Traditionen kam, die er bekämpfen wollte. In ihm zeigte sich vom Alten mehr, als mancher glaubt. Es war die Allianz von manichäischen Wahnvorstellungen und archaischen Gewalttraditionen, die den Stalinismus in seinen schlimmsten Exzessen ermöglichte. Deshalb führte die Idee der kulturellen Homogenität unter »bolschewistischen« Bedingungen in den Massenterror.

Niemand hat das häßliche Antlitz des Stalinismus auf klarere Begriffe gebracht als Gustav Herling, jener polnische Offizier, der nach dem Hitler-Stalin-Pakt in ein sowjetisches Lager verschleppt worden war. Er erinnerte sich, wie er die sowjetische Lebenswelt wahrnahm, als er Anfang 1942 aus der Haft entlassen wurde. Wenngleich Herling mehrere Jahre unter unmenschlichen Bedingungen in sowjetischen Straflagern zugebracht hatte, war er über das, was er in Vologda, einer Stadt im Norden Rußlands, erlebte, schockiert. Hunderte entlassener Gefangener hätten in dem Wartesaal des Bahnhofs auf der Erde gelegen, wo sie seit Tagen auf einen Zug warteten. »Tagsüber wurden sie in die Stadt hinausgetrieben, wo sie von früh bis spät nach Essen suchten, und in der Nacht durften sie den riesigen Wartesaal mit Erlaubnis des NKVD als Schlafraum benutzen. Ich zögere mit der Beschreibung der vier Nächte, die ich in Vologda verbrachte, denn ich begebe mich damit in Tiefen, deren Schilderung kaum noch möglich ist. Es genügt deshalb, wenn ich sage, daß wir dort eng aneinander gepreßt lagen wie Heringe in einer Tonne und einen unmenschlichen Gestank verbreiteten. ... Jeder Versuch, in der Nacht über diese Menschenmasse hinwegzusteigen, um den nächsten Kübel zu erreichen, führte fast immer dazu, daß einer zu Tode kam. ... Ich selbst trat einmal, als ich, jäh erwacht und noch nicht ganz bei mir, zum Kübel torkelte, in irgendein Gesicht. Mein eines Bein war zwischen zwei Körpern eingeklemmt, und um es zu befreien, legte ich mein ganzes Gewicht auf das andere; dabei spürte ich, wie unter meinem Stiefel eine schwammige Masse splitterte und krachte, während unter meiner Sohle Blut aufspritzte. Kurz darauf erbrach ich mich im Kübel ... Jeden Morgen wurden wenigstens zehn Leichen, die von ihren Schlafgenossen im Wartesaal bereits völlig ausgezogen worden waren, hinausgetragen und in offene Güterwagen geworfen.« Und auch jenseits des Bahnhofs sah Herling nichts weiter als verbitterte und elende Gestalten, die sich um die letzten Lebensmittel prügelten, die es hier noch zu erstehen gab. »Die Verachtung für einen Menschen, der – zur Maschine degradiert – nicht mehr funktioniert, hat sich aller Schichten des russischen Volkes bemächtigt und selbst die reinsten Herzen kalt und böse gemacht.«[101]

V. Krieg und Nach-Krieg

Zweiter Weltkrieg

Zu Beginn des Jahres 1940 versetzte das NKVD die polnischen Bewohner der Provinz L'vov, die nach dem Abschluß des Hitler-Stalin-Paktes an die Sowjetunion gefallen war, in Furcht und Schrekken. Die Tschekisten begannen damit, Ausländer, Amtsträger des untergegangenen polnischen Staates und alle Bewohner polnischer Herkunft zu registrieren. Im Februar des gleichen Jahres begannen die Deportationen, die sich bis in den Monat April fortsetzten. Niemand konnte sich entziehen, wer auf den Listen des NKVD verzeichnet war, mußte Haus und Hof für immer verlassen. Auf Kinder, Greise und Kranke nahmen die Schergen des Regimes keine Rücksicht, niemand sollte zurückbleiben, um Kunde von dem zu geben, was hier geschah.

Der rote Terror hatte unmittelbar nach dem Einmarsch der sowjetischen Armee nach Ostpolen begonnen. Er traf anfangs vor allem die Besitzenden und Gebildeten: Amtsträger und Offiziere, Gutsbesitzer, Polizisten und Richter, Lehrer und Intellektuelle. Und weil sich die Gewalt vor allem gegen die polnischen Eliten richtete, beteiligten sich an manchen Orten auch ukrainische Bauern und Juden an den Verhaftungen und Erschießungsaktionen. Die Bolschewiki übten sich in sozialer Prophylaxe, sie holten nach, was sie im Inneren der Sowjetunion bereits hinter sich gebracht hatten: Gesellschaften von ihren sozialen und ethnischen »Verunreinigungen« zu befreien, Feinde aus ihnen herauszubrennen. Hier, im ethnisch heterogenen Ostpolen, waren die Opfer des roten Terrors vor allem Polen, die die Bolschewiki für Angehörige einer Feindnation, für Unterdrücker ukrainischer und weißrussischer Bauern hielten. In der ukrainischen und weißrussischen Sowjetrepublik, denen die eroberten Gebiete angegliedert wurden, konnte es für feindliche Nationen keinen Platz mehr geben. Deshalb setzte das Regime seine Strategie der ethnischen Säuberung, die es bereits in den dreißiger

Jahren in der Grenzregion betrieben hatte, nach der Teilung Polens im Frühjahr 1940 fort.

Die NKVD-Kommandos kamen überraschend. Den Opfern blieb noch Zeit, sich anzukleiden und die nötigsten Habseligkeiten in Taschen zu verstauen, bevor die NKVD-Männer sie aus ihren Häusern trieben. An manchen Orten fanden Kinder, die aus der Schule kamen, ihre Eltern bereits nicht mehr zu Hause vor, Familien, Freunde und Verwandte wurden während der Deportationen voneinander getrennt. Fast nirgendwo erfuhren die Opfer, durch welchen Umstand sie in Viehwaggons eingesperrt und aus ihrer Heimat deportiert wurden. Auch über den Bestimmungsort erfuhren sie gewöhnlich nichts. Die Vertreibungen führten in der gesamten Region zu einem unvorhergesehenen Verkehrschaos. Tausende von LKWs und Panjewagen rumpelten über die Straßen L'vovs, dem Zentrum der westlichen Ukraine. Man habe in den frühen Morgenstunden nichts weiter als das Weinen der Kinder, das Heulen von Hunden und gelegentliche Schüsse gehört, die von den NKVD-Männern abgegeben worden seien, so erinnerte sich eine Überlebende. »Als wir die Straße erreichten, öffnete sich vor unseren Augen ein sehr unangenehmes Bild. Einige Hundert Schlitten mit polnischen Familien standen bereits dort. Kinder weinten. Um die Kolonne herum bewegten sich berittene Soldaten der Roten Armee. Es war ein bewegendes Schauspiel.«

Dorfbewohner wurden bei eisiger Kälte zu den Bahnhöfen eskortiert, wo man sie in Waggons verlud. Kleinkinder starben zumeist schon auf dem Transport zu den Bahnhöfen. Ein Überlebender erinnerte sich, er habe in Przemysl erfrorene Babys gesehen, die von ihren Müttern am Straßenrand liegengelassen worden seien. Auf den Bahnhöfen spielten sich schreckliche Szenen ab. Die Deportierten wurden in enge Viehwaggons gesperrt, in denen sie mehrere Tage zubringen mußten, bevor der Zug sich in Bewegung setzte. Oftmals begann das Sterben bereits am Bahnhof oder auf dem Transport in den ungeheizten Zügen.[1]

Nationalsozialisten wie Bolschewiki wollten den polnischen Staat und seine Eliten auslöschen. Diesem Zweck diente nicht zuletzt die systematische Verfolgung katholischer Geistlicher und Offiziere der polnischen Armee. Wo es um die Vernichtung von Feinden ging, schreckten Stalin und seine Helfer auch vor Mordbefehlen nicht zurück. Am 5. März 1940 gab das Politbüro dem NKVD den Auftrag, 25700 »Offiziere, Beamte, Gutsbesitzer, Polizisten, Spione, Gendarmen und Gefängniswärter«, die sich in sowjetischen Kriegsgefangenenlagern, in ukrainischen und weißrussischen Gefängnissen befanden, zu erschießen. Es sollte weder ein Untersuchungsverfahren noch eine Anklageerhebung geben. Erschossen werden müsse, wer vom NKVD registriert worden sei. Die in den Lagern und Gefängnissen einsitzenden polnischen Offiziere, Beamten und Gutsbesitzer seien »Todfeinde der Sowjetmacht, erfüllt von Haß gegen die sowjetische Ordnung«. »Jeder von ihnen wartet nur auf die Befreiung, um die Möglichkeit zu erhalten, sich aktiv in den Kampf gegen die Sowjetmacht einzuschalten.« Und weil das NKVD überall in den eroberten Gebieten organisierte Aufständische aufgespürt habe, seien die polnischen Offiziere eine potentielle Gefahr für die neue Ordnung. Das NKVD halte es deshalb für unumgänglich, so Berija, daß die »unverbesserlichen Feinde« allesamt erschossen werden. Stalin gab seiner Gewohnheit entsprechend seine Zustimmung. Der Befehl des Tyrannen wurde umgehend ausgeführt, 4500 polnische Offiziere im Wald von Katyn von NKVD-Männern getötet.[2]

Was hier geschah, blieb nicht auf die polnischen Ostgebiete beschränkt, denn auch im finnisch-sowjetischen Krieg und nach der Annexion der baltischen Republiken im Juni 1940 übten die Bolschewiki maßlosen Terror gegen die intellektuellen Eliten der eroberten Territorien aus. Und weil die Eliten gewöhnlich Angehörige der Titularnation waren, nahm der Terror stets auch den Charakter einer ethnischen Säuberung an. So nahmen es jedenfalls die Opfer wahr, wenngleich Ždanov und Vyšinskij, die Stalin im Sommer 1940 mit der Terrorisierung der baltischen Republiken beauftragt hatte, an der Ausführung ihres Mord- und Vertreibungsprogramms auch baltische Kommunisten beteiligten.

Das Ende des Großen Terrors im Winter 1938 war nicht das Ende des Stalinismus. Er setzte sich vielmehr in neuen Stilen der Gewalt bis in das Jahr 1953 ununterbrochen fort. Denn Stalin und seine

Helfer wandten sich von den Gewaltphantasien und Verschwörungstheorien der Vergangenheit nicht ab. Sie gaben ihnen nur eine neue Richtung und kleideten sie in neue Formen. Was aber kennzeichnet den Stalinismus nach dem Großen Terror? Er lebte von neuen Verschwörungen und suchte sich neue Opfer. Vom selbstzerstörerischen Massenterror gegen Kommunisten und Funktionäre sahen die Führer im Kreml nunmehr ab. Zwar wurden auch in den späten dreißiger und vierziger Jahren Funktionäre, die im Verdacht der Illoyalität standen, verhaftet und erschossen, aber die Apparate richteten sich nicht mehr selbst zugrunde. Wo die Machthaber Terror ausübten, lenkten sie ihn in neue Bahnen. Am Konzept, menschliche Kollektive zu stigmatisieren und zu bestrafen, hielten sie fest. Aber die Gemeinschaft der Aussätzigen erhielt neue, »objektive« Eigenschaften. Die Bolschewiki sprachen nicht mehr von »sozial fremden Elementen«, von »Ehemaligen« oder Kulaken, wenn sie dem Feind einen Namen gaben. Sie sprachen von »Deutschen«, von »Polen«, von »Zionisten«, ausländischen Spionen und »Fremden«, und, wo es sich um Kriminelle, Räuber und Landstreicher handelte, von »sozial gefährlichen Elementen«. Sie ethnisierten und biologisierten den Feindbegriff. Die Arbeit am Feind aber lag in den Händen der bolschewistischen Führer, den Opfern blieb jetzt keine andere Möglichkeit mehr, als sich dem Unvermeidlichen zu fügen. Niemand interessierte sich in der Führung noch für Unschuldsnachweise. Wer in eine Feindgruppe eingeschrieben wurde, konnte sich aus ihr nicht mehr hinausbegeben. Über Nacht wurden Freunde zu Feinden, ohne daß die Betroffenen ihr Schicksal hätten beeinflussen können. So war es bereits während der nationalen Operationen der Jahre 1937 und 1938 geschehen. Nunmehr wurde die Objektivierung und Ethnisierung der Feindgruppen zum Prinzip des bolschewistischen Terrors.

Nach einem Jahrzehnt des Massenterrors war von den »Klassenfeinden« nichts mehr geblieben. Wer hätte 1939 denn noch ernsthaft davon sprechen können, die Sowjetunion werde von Adligen, Kulaken, Weißgardisten oder Sozialrevolutionären bedroht? Ohne Feinde aber konnten die Bolschewiki nicht leben, in ihrem vergeblichen Streben nach Eindeutigkeit mußten sie stets neue Feinde erledigen. Zu diesen Feinden gehörten jetzt vor allem Angehörige ethnischer Minoritäten oder Ausländer, in den späten vierziger Jahren richtete sich der Terror auch gegen »Asoziale« und Kriminelle. Ohne die Veränderungen, die sich im Verhältnis der Sowjetunion zu ihren Nachbarländern zugetragen hatten, aber wäre, was nach dem Ende des Großen Terrors geschah, kaum verständlich. Bis zum Beginn der Kollektivierung zielte die sowjetische Nationalitätenpolitik darauf ab, die Nachbarländer zu destabilisieren. Die Völker der Sowjetunion erhielten Privilegien, die den Minoritäten in den benachbarten Staaten nicht zustanden. Nun blieb den Führern in Moskau aber nicht verborgen, daß das sowjetische Modell jenseits der Grenzen nur in geringem Ansehen stand. In den baltischen Republiken, in Finnland und in Polen gab es keine Kollektivierung, keinen Massenterror. Und es gab auch keine Hungersnöte, wie sie die sowjetische Wirklichkeit auszeichneten. Nicht einmal in den südlichen Nachbarländern, in der Türkei und im Iran, übte das sowjetische Modell noch Anziehungskraft aus. In den dreißiger Jahren flüchteten Tausende von Bauern über die Grenzen, um sich dem Terror der Bolschewiki zu entziehen. Die Führer der Sowjetunion gaben sich keinen Illusionen hin. Sie wußten um die Attraktivität, die von den Gesellschaftsordnungen der Nachbarländer ausgingen. Deshalb ließen sie ethnische Minderheiten aus Grenzregionen deportieren und ihre Eliten vernichten. Deutsche, Polen, Esten, Letten, Finnen und andere Minoritäten gerieten in den Verdacht, trojanische Pferde auswärtiger Mächte zu sein, Grenzen verwandelten sich in Bollwerke, Grenzregionen in Sicherheitsstreifen, aus denen potentiell illoyale Bevölkerungsgruppen deportiert werden mußten.

Die Xenophobie der bolschewistischen Führer gedieh in der Isolation, sie kam aus einem Milieu, dessen Mitglieder vom Leben jenseits der sowjetischen Grenzen keinen Begriff hatten, die, was sich ihnen nicht in ihrer vertrauten Umgebung zu erkennen gab, für eine Bedrohung hielten. Die bolschewistischen Führer schlossen die Untertanen der Sowjetunion ein, sie dichteten die Sowjetunion gegen äußere Einflüsse ab. Machthaber wie Untertanen lebten in der gleichen Isolation, wo sie miteinander sprachen, tauschten sie Ressentiments aus. Die sowjetischen Gesellschaften waren kontaminiert vom Gift des bolschewistischen Fremdenhasses. Was die Bolschewiki in die Gesellschaft hineintrugen, sprach zu ihnen zurück. Es war die Xenophobie und die allgegenwärtige Furcht vor Verschwörungen, die das Leben der bolschewistischen Führer mit dem Leben ihrer Untertanen verband. Wo die Ressentiments in der Sprache des Regimes zum Ausdruck kamen, erhielten die Machthaber eine Bestätigung für ihre Sicht auf die Welt. Diese Welt war verseucht, sie wurde von Feinden bedroht. In den dreißiger Jahren wurden Phobien zur Gewißheit. Die Machtergreifung der Nationalsozialisten in Deutschland, die Etablierung autoritärer, faschistischer Regime in Ostmitteleuropa und an der Südflanke des Imperiums und die Auseinandersetzungen im Spanischen Bürgerkrieg gaben den politischen Führern das Gefühl, daß Feinde nicht nur von innen, sondern auch von außen kamen. Mit dem Überfall der deutschen Wehrmacht wurden Einbildungen Wirklichkeit. Deshalb führte der Zweite Weltkrieg auch nicht zu einer Destalinisierung der Sowjetunion. Er führte im Gegenteil zu einer Radikalisierung der stalinistischen Xenophobie, auch deshalb, weil die Besatzungspolitik der Nationalsozialisten den Unterworfenen keine andere Wahl ließ, als sich zu den ethnischen und rassischen Zuschreibungen zu bekennen, die sie für sie entwarfen. So kam es, daß die Nationalsozialisten an der stalinistischen Objektivierung des Feindes mitarbeiteten.[3]

Als im Morgengrauen des 22. Juni 1941 mehrere Millionen Soldaten der deutschen Wehrmacht die Grenze zur Sowjetunion überquerten, schien das Ende des stalinistischen Regimes nah. Nichts deutete in den ersten Monaten darauf hin, daß es der Roten Armee gelingen könnte, dem Krieg noch eine Wende zu geben. Sie schien unter den Schlägen der Wehrmacht bereits im Spätsommer 1941 zusammenzufallen. Die Rote Armee war auf den Einfall der deutschen Truppen nicht vorbereitet, sie war nicht einmal in Alarmbereitschaft versetzt worden, weil Stalin den Berichten seines Geheimdienstes über einen bevorstehenden Angriff keinen Glauben schenken mochte. Er mißtraute den Hinweisen des deutschen Botschafters, dem an der Fortsetzung des deutsch-sowjetischen Bündnisses mehr lag als an seiner Loyalität gegenüber Hitler, und er schlug auch die Warnungen des stellvertretenden NKVD-Chefs Merkulov in den Wind. Er solle seine Agenten im Stab der deutschen Luftwaffe zu seiner »Hurenmutter« schicken, so entgegnete Stalin Merkulov, als dieser ihn über die Angriffsvorbereitungen des Feindes unterrichten wollte. Was Stalin nicht selbst zur Wirklichkeit erklärt hatte, durfte es nicht geben. Als der neue Volkskommissar für Verteidigung, Marschall Timošenko, während einer Besprechung im Kreml verlangte, die Streitkräfte müßten in Alarmbereitschaft versetzt werden, drohte ihm Stalin.

»Stalin trat an den Tisch zurück und sagte hart: ›Das ist Timoschenkos Werk. Er bereitet alle auf den Krieg vor. Er hätte längst erschossen werden sollen ... Timoschenko ist ein ganzer Kerl mit einem großen Kopf, aber mit einem so kleinen Hirn‹, und er zeigte seinen Daumen ... Damit verließ er den Raum. Dann öffnete er die Tür noch einmal, steckte sein pockennarbiges Gesicht durch den Spalt und sagte scharf: ›Wenn Sie die Deutschen durch unerlaubte Truppenbewegungen an der Grenze provozieren, dann werden Köpfe rollen! Merken Sie sich das!‹ Und er warf die Tür hinter sich zu.«[4]

So kam es, daß der Angriff der Wehrmacht für die Rote Armee in eine Katastrophe mündete. Nun triumphierte erneut der Blitzkrieg. Und anfangs deutete alles auf einen raschen Sieg der Wehrmacht hin, so wie er sich auch an der deutschen Westfront im Frühjahr 1940 ereignet hatte. Schon in den ersten Wochen fielen Vilna und Minsk in ihre Hände, im September 1941 standen deutsche Soldaten schon vor den Toren Leningrads. Inzwischen hatte Hitler die Anweisung erteilt, den Angriff auf Moskau zu verschieben. Er befahl seinen Generälen statt dessen, die Stoßrichtung der Offensive auf die Ukraine zu lenken, um die kriegswirtschaftlich bedeutenden Getreideregionen in deutschen Besitz zu bringen und die rumänischen Erdölfelder vor einem Zugriff der Roten Armee schützen zu können. Die Generäle fügten sich, wenngleich sie die Strategie Hitlers ablehnten. Auch im Süden kam die Wehrmacht rasch voran, Mitte September hatte sie Kiev erobert, im Oktober brachte sie sich in den Besitz von Char'kov. Allein in den Kesselschlachten um Kiev gerieten mehr als 600 000 sowjetische Soldaten in Gefangenschaft.

Was sich in den ersten Wochen des Krieges an der Front ereignete, schien die Urteile der deutschen Generäle zu bestätigen, die auf die Kampfkraft der sowjetischen Armee nicht viel gaben. Die Offiziere der sowjetischen Armee waren überfordert, unvorbereitet und schlecht ausgebildet, die Generalität zeichnete sich vor allem durch ihre Inkompetenz aus. Von den Aufsteigern und Parteioffizieren, die nach dem Terror des Jahres 1937 in die höheren Armeeränge aufgerückt waren, zeigten sich den Aufgaben nur wenige wirklich gewachsen. An der Front regierte das System des Zentralismus. Stalin und seine militärischen Ratgeber untersagten es den Truppenführern, eigenständige Entscheidungen zu treffen, und befahlen ihnen, auf Anweisungen des Zentrums zu warten. Diese Anweisungen aber erreichten die Truppenführer an der Front nur ausnahmsweise, weil deutsche Einheiten die Kommunikationssysteme der Roten Armee ausgeschaltet hatten. Wo es der Führung gelang, Kontakt zu den Einsatzstäben an der Front herzustellen, stifteten ihre Anordnungen Verwirrung und Unheil. Denn Stalin erteilte sinnlose Durchhaltebefehle, er und seine Berater bestanden darauf, daß der Angriff die beste Verteidigung sei, und stürzten die sowjetischen Armeen ins Verderben. Wo die Truppen des bolschewistischen Staates mit der technisch und strategisch überlegenen Militärmaschine des deutschen Heeres in Berührung kamen, erlitten sie vernichtende Niederlagen. Die Armee konnte sich anfangs nicht einmal auf die Opferbereitschaft ihrer Soldaten verlassen. An manchen Frontabschnitten leisteten die Rotarmisten zwar erbitterten Widerstand, anderenorts aber liefen sie ihren Einheiten zu Hunderttausenden davon. Das Selbstvertrauen des NS-Regimes wuchs auf unerreichtes Maß, seine zivilen und militärischen Repräsentanten erkannten nicht, welche Gefahren das Unternehmen »Barbarossa« barg.[5]

Der Krieg gegen die Sowjetunion war jedoch kein Blitzkrieg, er war ein Abnutzungskrieg, der auch der Wehrmacht alles abverlangte. Bis Ende August 1941 verlor die Wehrmacht über 400 000 Soldaten, und schon im Herbst des gleichen Jahres erwies sich, daß die Strategie, die Sowjetunion rasch niederzuwerfen, nicht aufging. Auf einen längeren, kräfteverzehrenden Krieg aber war das Deutsche Reich nicht vorbereitet. Es fehlte nicht nur an Soldaten, es fehlte auch an materiellen Ressourcen, die eine siegreiche Fortsetzung des Krieges ermöglicht hätten. Das Ende des Blitzkrieges im Winter 1941 war auch das Ende der nationalsozialistischen Eroberungen. Niemand wußte dies besser als Hitler, der jetzt nur noch darauf vertraute, daß die technische und wirtschaftliche Unterlegenheit des Reiches gegenüber den Alliierten durch den eisernen Willen seiner Soldaten kompensiert wurde.[6]

Das deutsche Ostheer verlor seine Mobilität und Durchschlagskraft, als die Strategie des Blitzkrieges aufgegeben werden mußte. Seinen Soldaten fehlte es an Winterkleidung und Ausrüstung, das technische Gerät versagte unter den klimatischen Bedingungen, und wo die Temperaturen sanken, fielen die Motoren der Panzer aus. Zu keiner Zeit gelang es der deutschen Kriegswirtschaft, die Verluste des Geräts auszugleichen und die notwendige Anzahl von Lastkraftwagen herzustellen, die es der militärischen Führung ermöglicht hätten, die Mobilität des Heeres aufrechtzuerhalten. Das deutsche Ostheer hungerte und fror. Schon im Winter 1941 konnte man deutsche Soldaten sehen, die in erbeuteten Pelzen und Damenmänteln umherliefen, »dick gepolsterten Landstreichern« gleich. Die hohen Verluste, die die Wehrmacht ungeachtet ihrer anfänglichen Siege erlitt, riß die Front auseinander, manche Abschnitte wurden nur noch von wenigen Soldaten gegen eine erdrückende sowjetische Übermacht verteidigt. Mit den Verlusten kam auch die Demoralisierung. Die Einheiten verloren ihre innere Konsistenz, die ständige Auffrischung der Divisionen mit neuen Soldaten und Offizieren untergrub die Disziplin und den inneren Zusammenhalt der Einheiten. Die Soldaten verrohten nicht, weil sie den Weltanschauungskrieg der Nationalsozialisten führten, sondern weil dieser Krieg sie in Verhältnisse warf, in der nur überleben konnte, wer Hemmungen schon nicht mehr kannte. Wehrmacht und Rote Armee führten einen Krieg, wie er den klimatischen Umständen und den primitiven technischen Möglichkeiten entsprach.[7] Es gab in diesem Krieg schon keine zivilisierten Regeln der Kampfführung mehr. Die Wehrmacht hatte sich über alle geltenden Konventionen hinweggesetzt, und die Rote Armee zahlte es ihr mit gleicher Münze heim. Der sowjetisch-deutsche Krieg war ein Krieg, wie er Nationalsozialisten und Kommunisten gefiel, er war ein Krieg, in dem Feinde nicht besiegt, sondern ausgerottet wurden.

Im Sommer 1944 überrannten sowjetische Armeen die Heeresgruppe Mitte, im Herbst des gleichen Jahres standen sie bereits an den ehemaligen Staatsgrenzen der Sowjetunion. Sie kamen jetzt nur noch langsam voran und verloren in dieser letzten Phase des Krieges, bis zur Eroberung Berlins im Mai 1945, noch einmal mehr als eine Million Soldaten. Aber die sowjetischen Armeen hatten einen Sieg errungen, den 1941 niemand für möglich gehalten hätte.[8]

Wie kam es, daß sich die Sowjetunion von den vernichtenden Schlägen der deutschen Wehrmacht nicht nur erholte, sondern am Ende sogar zu den Siegern des Zweiten Weltkrieges gehörte? Am Anfang schien nichts darauf hinzudeuten, daß sich das stalinistische Regime noch einmal aufrichten würde. Bis zum Oktober 1941 hatten sich mehr als eine Million sowjetischer Soldaten in Gefangenschaft begeben, in der westlichen Ukraine, in den ehemaligen baltischen Republiken, in Moldawien und auf der Halbinsel Krim wurden die Soldaten der Wehrmacht als Befreier vom stalinistischen Joch begrüßt. In L'vov, das vor dem Hitler-Stalin-Pakt zu Polen gehört hatte, erhob sich die Bevölkerung gegen die Rote Armee, noch bevor die deutschen Truppen die Stadt betreten hatten. Obwohl sich die Stadt am 30. Juni 1941 noch in sowjetischer Hand befand, wurden die Rotarmisten von ukrainischen Scharfschützen beschossen, die auf den Dächern der Häuser saßen. Die sowjetischen Soldaten hätten die Stadt nur unter dem Schutz von Panzern verlassen können, wie sich ein Offizier der Roten Armee erinnerte.[9] Als die deutschen Truppen in der Stadt eintrafen, übten ukrainische Bewohner grausame Vergeltung an allen Kommunisten, deren sie habhaft werden konnten und terrorisierten die jüdische Bevölkerung der Stadt, die sie unter den Generalverdacht stellten, das bolschewistische Regime unterstützt zu haben. Der Pogrom erschien ihnen als gerechte Strafe für die bolschewistischen Greueltaten, die sie, wie es ihnen die nationalsozialistische Propaganda bestätigte, für ein Werk von Juden hielten. Auch in Odessa, in Litauen und in Lettland beteiligten sich Einheimische an der Ermordung von Juden und Kommunisten in vorauseilendem Gehorsam und weil sie voraussahen, das die Nationalsozialisten solches Verhalten nicht nur duldeten, sondern auch erwarteten. In der litauischen Stadt Kaunas sah ein deutscher Soldat, wie ein junger Litauer mehrere Menschen mit einer Eisenstange erschlug. Er geriet in einen Blutrausch und tötete auf diese Weise mehr als 40 Menschen.

Als er seine »Arbeit« erledigt hatte, holte er eine Mundharmonika aus seiner Tasche und spielte die litauische Nationalhymne. Die umstehenden Zivilisten spendeten ihm Beifall. Dem deutschen Soldaten, der wissen wollte, was hier geschah, erklärten sie, die Eltern des Jungen seien vom NKVD als »Nationalisten« erschossen worden. Er habe jetzt Rache an seinen Peinigern genommen.[10]

Aber auch im Inneren des sowjetischen Imperiums, im russischen Kernland, gab es Bekundungen des Unmuts. Mary Leder erinnerte sich, sie habe in den Straßen von Rostov am Don gehört, wie Einwohner über das bevorstehende Ende des Regimes sprachen. Eine junge Frau, der sie auf der Straße begegnet sei, habe schon keinen Anlaß mehr gesehen, sich zu verstellen. »Bald wird alles vorüber sein«, so prophezeite sie. Und dann werde den Juden und Kommunisten die letzte Stunde schlagen. Das Regime richtete unter den veränderten Bedingungen gegen solche Stimmungen nichts mehr aus, denn es konnte die Untertanen nicht länger daran hindern, die Lügen zu bestätigen, die es unablässig in die Welt setzte. Seine Propaganda verlor jede Wirkung, weil niemand ihr mehr glauben mochte. Sie kehrte sich gegen ihre Urheber. Wer die Greueltaten der SS nicht mit eigenen Augen gesehen hatte, ließ sich von der kommunistischen Propaganda nicht länger beeindrucken. Leder erinnerte sich, ihr Schwiegervater, ein russischer Jude aus Rostov am Don, habe sich geweigert, die Stadt zu verlassen, weil er die Berichte der sowjetischen Presse über die Grausamkeiten der deutschen Truppen für erlogen hielt. Er bezahlte seine Naivität mit dem Leben. Überall, wo die Ankunft der Deutschen unmittelbar bevorstand, brachen Defätismus und Unmut aus. Im Donbass gaben die Arbeiter schon nichts mehr auf die Autorität der Parteifunktionäre und Industriemanager, die im Herbst 1941 aus der Region flüchteten. Es kam zu Plünderungen und blutigen Auseinandersetzungen zwischen Arbeitern und NKVD-Einheiten. Selbst im fernen Vologda verfinsterte sich die Stimmung der Bevölkerung. Der polnische Offizier Gustav Herling sah im Januar 1942 Frauen, die vor den staatlichen Geschäften auf die Ausgabe von Brot warteten, und er hörte, wie sie sich über die Kürzung der Lebensmittelrationen beklagten und wie sie den Krieg verdammten, der ihnen ihre Ehemänner genommen hatte.

»Zweimal hörte ich sogar die geflüsterte Frage: ›Wann kommen die Deutschen?‹« Der Mut zum Widerspruch wuchs, wo die Autorität erste Anzeichen von Schwäche zeigte. In Ivanovo, nordöstlich von Moskau, brachen im Oktober 1941 Arbeiterunruhen aus, als sich Parteifunktionäre und Fabrikdirektoren aus der Stadt abzusetzen versuchten.

Selbst in Moskau und Leningrad, den Hauptstädten der Revolution, kam es im Herbst 1941 zu Unruhen. Am 15. Oktober 1941, als deutsche Truppen sich Moskau bis auf wenige Kilometer näherten, erteilte die Regierung den Befehl, Partei- und Staatsapparate aus der Hauptstadt zu evakuieren. In der Stadt brach eine Panik aus. Parteifunktionäre, Staatsbeamte und Fabrikdirektoren verluden Akten und verließen Moskau in langen Automobilkonvois, manche Kommunisten sahen bereits weiter und verbrannten ihre Parteiausweise. Dem Exodus der Amtsträger schlossen sich bald auch andere Bewohner Moskaus an, die sich in langen Kolonnen auf der Ausfallstraße nach Rjazan fortbewegten. Wahrscheinlich verließ in diesen Tagen mehr als ein Fünftel der Bewohner die Hauptstadt. Andrej Sacharov war Zeuge des Chaos, das in jenen Tagen im Oktober des Jahres 1941 in Moskau ausbrach. »Durch die Straßen, verstopft mit rucksackbepackten Menschen, mit Lastwagen und Fuhrwerken, die mit Gepäckstücken und Kindern beladen waren, fegte der Wind schwarze Aschewolken – in allen Behörden wurden Dokumente und Archive verbrannt.« Als Sacharov und einige andere Studenten in der Universität eintrafen, um sich dort nützlich zu machen, befanden sich die Funktionäre schon im Aufbruch. »Schließlich drangen wir, einige Mann, ins Büro des Parteikomitees vor. Am Tisch saß der Komiteesekretär. Er blickte uns mit wahnsinnigen Augen an, und auf unsere Frage, was zu tun sei, rief er: ›Rette sich, wer kann.‹«

Der Nimbus der Bolschewiki, unbesiegbare Gewalttäter zu sein, zerbrach, und mit dem Verlust der Autorität schwand auch die Furcht der Untertanen. Im Zentrum Moskaus kam es zu Übergriffen auf Funktionäre des Regimes, die versuchten, die Stadt zu verlassen, Arbeiter prügelten auf Manager und Direktoren ein. Auf den Straßen erschienen Plünderer, die Geschäfte ausraubten und Automobile stahlen. »Zehntausende von Menschen« hätten sich im Stadtzentrum von Moskau versammelt, wie NKVD-Agenten beobachteten. Die aufgebrachte Menge plündere Brotläden und Kioske, die Polizei sei schon nicht mehr Herr der Lage. In Leningrad setzte der Autoritätsverlust des Regimes eher ein, und er hielt auch länger an. Am 7. November, dem Jahrestag der Revolution, kam es im Zentrum der Stadt sogar zu einer Demonstration von Frauen und Kindern, die auf Flugblättern und Spruchbändern verlangten, Leningrad zur offenen Stadt zu erklären und sie den deutschen Truppen zu überlassen. Das Ende der »verhaßten Kreml- und Smolnyj-Henker« sei nah, wie es in einem dieser Flugblätter hieß. Von den Zielen und Strategien der Nationalsozialisten hatten die sowjetischen Untertanen nur nebulöse Vorstellungen. Der Krieg, den die Wehrmacht gegen die Sowjetunion führte, gelte nur den Juden und Kommunisten, die Bevölkerung aber habe von den Eroberern nichts zu befürchten. Diese Überzeugung war zu Beginn des Krieges offenkundig weit verbreitet. Irina Ehrenburg, die Tochter des Schriftstellers Ilja Ehrenburg, erinnerte sich, daß zahlreiche Moskauer in diesen Tagen auch ihre antisemitischen Ressentiments schon nicht mehr verbargen.[11]

Nirgendwo war die Freude über das Ende der bolschewistischen Gewaltherrschaft größer als in den Dörfern, die von der Wehrmacht erobert wurden. Denn die Bauern erwarteten, daß der Krieg sie vom Bolschewismus und seinen Kolchosen für immer befreite. Viele Soldaten der Wehrmacht erinnerten sich, Dorfbewohner seien ihnen mit Brot und Salz entgegengekommen, um sie willkommen zu heißen. »Von der ukrainischen Bevölkerung werden wir als Befreier begrüßt«, so erinnerte sich ein Leutnant der Wehrmacht. »Es ist eine große Freude für uns, diese Herzlichkeit täglich zu spüren. Überall freundliche Gesichter, mit Blumensträußen stehen sie an den Straßen, die ganze Dorfbevölkerung kommt zu unseren Biwakplätzen, bereitwilligst geben sie uns alle Unterstützung, die wir brauchen.«[12] Dies geschah, obwohl die Einsatzgruppen bereits in den ersten Wochen des Feldzuges gegen die Sowjetunion ihr blutiges Handwerk hinter der Front verrichteten, Juden und vermeintliche Partisanen zu Tausenden erschossen. Anfangs schien dieser Terror den Bauern nichts zu bedeuten: er betraf sie nicht, weil er sich gegen Juden und Kommunisten richtete. Das alte Regime war für immer aus dem

Leben des Dorfes verschwunden. Darauf kam es an. Erst im zweiten Jahr des Krieges, als die deutschen Eroberer Tod und Verderben auch in die ukrainischen und russischen Dörfer brachten, veränderte sich die Haltung der Bauern gegenüber den Besatzern.[13]

Die Rote Armee war eine Armee von Bauern, sie war eine multiethnische Armee, und sie war eine Armee, die von unerfahrenen und jungen Kommandeuren geführt wurde. Sie zerbrach unter den Schlägen der Wehrmacht nicht nur, weil sie schlecht geführt wurde, sondern auch, weil sich die Soldaten, die dieser Armee angehörten, anfangs nicht motivieren ließen. An manchen Frontabschnitten leisteten Einheiten der Roten Armee erbitterten Widerstand bis zu ihrer vollständigen Vernichtung. Wo indessen die Autorität der Offiziere nichts mehr galt, begaben sich die Soldaten zu Hunderttausenden in Gefangenschaft. Die Zahl der Deserteure wuchs im Sommer und Herbst 1941 auf ein bedrohliches Maß. Das zeigte sich auch in Moskau, wo sich Rekruten durch Selbstverstümmelung und Desertion dem Militärdienst zu entziehen versuchten. So erschienen im Oktober-Rayon der Hauptstadt von den 1800 im Juni 1941 einberufenen Rekruten überhaupt nur 814 bei ihren Einheiten. Bis zum Oktober 1941 waren mehr als 650000 sowjetische Soldaten entweder desertiert oder hatten sich unerlaubt von der Truppe entfernt. Keine andere Armee des Zweiten Weltkrieges brachte es auf eine solch hohe Zahl von Deserteuren und Überläufern wie die Rote Armee. Mehr als eine Million gefangener Soldaten ließ sich für die SS oder die Wehrmacht anwerben. Kosaken und Ukrainer dienten als »Hilfswillige« im Troß der deutschen Einheiten, Zehntausende Turkmenen, Azerbajdžaner, Kalmyken, Tataren und Baschkiren wurden von der SS angeworben. Zu einer solchen Kooperation war am Ende auch der sowjetische General Vlasov bereit, der 1942 in deutsche Kriegsgefangenschaft geriet und mit Hilfe deutschbaltischer NS-Funktionäre nationalrussische Einheiten aufstellte, die an der Seite der Wehrmacht gegen die Kommunisten kämpfen sollten. Vlasovs Träume aber waren nicht die Träume der Nationalsozialisten. Hitler führte einen Vernichtungskrieg, dem die Bedürfnisse der Bevölkerung, die dieser Krieg heimsuchte, nichts bedeuteten. Deshalb schmolz die fragile Allianz, die es zwischen der Bevölkerung und den deutschen Besatzern anfangs noch gegeben haben mochte, im zweiten Jahr des Krieges vollends dahin.[14]

Der Weltanschauungs- und Rassekrieg der Nationalsozialisten zielte auf die Unterwerfung und Ausplünderung »minderwertiger« Völker. Hitler hatte seinen Generälen bereits im März 1941 eröffnet, wie der Krieg gegen die Sowjetunion geführt werden müsse. Generalstabschef Halder hielt in seinem Tagebuch fest, was er Hitler sagen hörte: »Wir müssen den Begriff der Kameradschaft unter Soldaten fallen lassen. Ein Kommunist ist kein Kamerad, weder vor noch nach der Schlacht. Dies ist ein Vernichtungskrieg ... Wir führen nicht Krieg, um den Feind zu erhalten. ... Kommissare und GPU-Leute sind Verbrecher und müssen als solche behandelt werden.« Im Mai 1941 erarbeitete die Heeresleitung einen Entwurf, der den Truppenführern im Juni als »Kommissarbefehl« zugestellt wurde. Er verpflichtete die Offiziere der Wehrmacht, gefangene politische Kommissare und Hoheitsträger des bolschewistischen Staates zu töten. »Die Urheber barbarisch asiatischer Kampfmethoden sind die politischen Kommissare. ... Sie sind daher, wenn im Kampf oder Widerstand ergriffen, grundsätzlich sofort mit der Waffe zu erledigen«, wie es im Kommissarbefehl hieß. Wo sich die Bevölkerung den Besatzern mit Gewalt entgegenwarf oder Widerstand von Partisanen unterstützte, sollten die Soldaten der Wehrmacht von der Schußwaffe Gebrauch machen. Straftaten, die deutsche Soldaten »aus Erbitterung über Greueltaten oder die Zersetzungsarbeit der Träger des jüdisch-bolschewistischen Systems« begingen, sollten fortan nicht mehr verfolgt werden. Zwar gab es in zahlreichen Einheiten Offiziere, die sich solchen Mordbefehlen widersetzten, zumeist aber wurden die Anweisungen befolgt. Generalfeldmarschall von Reichenau, der zu den überzeugten Nationalsozialisten in der militärischen Führung gehörte, erteilte im Oktober 1941 eine Weisung, die den Soldaten verriet, daß Grausamkeiten in Zukunft ungesühnt bleiben würden: »Der Soldat ist im Ostraum nicht nur ein Kämpfer nach den Regeln der Kriegskunst, sondern auch Träger einer unerbittlichen völkischen Idee und der Rächer für alle Bestialitäten, die deutschem und artverwandtem Volkstum zugefügt wurden. Deshalb muß der Soldat für die Notwendigkeit der harten, aber gerechten Sühne am jüdischen Untermenschentum volles Verständnis haben.«[15]

Barbarischer und völkerrechtswidriger Behandlung wurden auch die sowjetischen Kriegsgefangenen ausgesetzt, die dem nationalsozialistischen Regime als Arbeitssklaven dienten. Mehrere Millionen sowjetischer Soldaten kamen in den Kriegsgefangenen- und Vernichtungslagern der Nationalsozialisten um, durch Erschöpfung, Hunger oder weil man sie ermordete. Von den 5,7 Millionen Soldaten, die zwischen 1941 und 1945 in deutsche Kriegsgefangenschaft gerieten, befanden sich am Ende des Krieges nur 930 000 noch in den Lagern, eine Million Soldaten waren in die Dienste der Wehrmacht eingetreten, eine weitere halbe Million geflohen oder von der Roten Armee befreit worden. 3 300 000 sowjetische Kriegsgefangene verhungerten oder kamen auf andere Weise ums Leben. Das waren mehr als die Hälfte aller Soldaten, die sich dem Gegner ergeben hatten.[16] Schon im zweiten Kriegsjahr schwand deshalb die Bereitschaft sowjetischer Soldaten, sich in deutsche Kriegsgefangenschaft zu begeben, denn die Nachrichten von den Greueln der Besatzer sprachen sich auch in den sowjetischen Einheiten herum.

Die deutschen Besatzer fochten nicht allein gegen sowjetische Soldaten, sie brachten am Ende auch die Zivilbevölkerung der besetzten Gebiete gegen sich auf. Denn bereits in den ersten Wochen des Rußland-Feldzuges erwies sich, daß die Nationalsozialisten nicht einmal zu einer Kooperation mit jenen bereit waren, die das sowjetische System ablehnten und sich von ihm befreit glaubten. Hitler galten die Völker der Sowjetunion als Heloten, die niedergeworfen und im wirtschaftlichen Interesse des Reiches ausgebeutet werden mußten. Zwar warb der nationalsozialistische Chefideologe Arthur Rosenberg für eine Allianz mit den nichtrussischen Völkern der Sowjetunion, aber er konnte sich gegen die mächtigen Reichskommissare Koch und Kube, gegen Wirtschaft und SS, nicht durchsetzen. Das nationalsozialistische Besatzungsregime nahm weder auf die Interessen lokaler Nationalistenführer Rücksicht, noch respektierte es die Bedürfnisse der Bevölkerung. Die Belagerung und Aushungerung Leningrads durch die Wehrmacht, die rücksichtslose wirtschaftliche Ausbeutung der Dorfbewohner, die Zwangsverschickung russischer und ukrainischer Bauern nach Deutschland und der alltägliche Terror, den die Besatzer in den Dörfern verübten, die Erschießung von Geiseln als Vergeltung für die Angriffe der Partisanen auf deutsche Soldaten – das alles machte die Bauern zu erbitterten Feinden der Besatzungsmacht. In den Jahren 1942 und 1943 tobte vor allem in Weißrußland ein erbitterter Krieg zwischen Einheiten der Wehrmacht, der SS und russischen, jüdischen, litauischen und polnischen Partisanengruppen, in dessen Verlauf die Region vollständig verwüstet und entvölkert wurde.[17]

Der Stalinismus überlebte. Er überlebte, weil der nationalsozialistische Terror den stalinistischen in den Schatten stellte, weil er sich der Bevölkerung am Ende als das kleinere Übel präsentierte und weil seine Repräsentanten es vermochten, die sowjetischen Untertanen für den Krieg zu mobilisieren. Anfangs schien das Regime wie paralysiert. Stalin schloß sich auf seiner Datscha ein und weigerte sich, in der Öffentlichkeit zu erscheinen. Zum ersten Mal in seinem Leben schien er wirklich verunsichert zu sein. Er überließ es seinem Stellvertreter Molotov, die Bevölkerung im Rundfunk über den Angriff Deutschlands auf die Sowjetunion in Kenntnis zu setzen. Mikojan erinnerte sich, Stalin habe sich in diesen Tagen »für nichts mehr interessiert, keinerlei Initiative gezeigt«. Und als die Mitglieder des Politbüros unangemeldet auf Stalins Datscha in Kuncevo erschienen, um den Diktator zum Handeln aufzufordern, habe Stalin sie mißtrauisch angesehen und gefragt: »Was wollt Ihr?« Offenkundig habe Stalin gefürchtet, die Mitglieder des Politbüros seien gekommen, um ihn zu verhaften, wie Mikojan vermutete.[18] Es dauerte länger als eine Woche, bis Stalin zu seiner alten Form zurückfand. Am 1. Juli wurde auf seinen Befehl ein »Staatliches Verteidigungskomitee« eingerichtet, dem die wichtigsten Mitglieder des Politbüros angehörten, und die Evakuierung der Schwerindustrie in den asiatischen Teil der Sowjetunion angeordnet. Am 3. Juli wandte sich Stalin in einer Rundfunkansprache selbst an die Bevölkerung. »Genossen, Bürger, Brüder und Schwestern«, so begann Stalin seine Ansprache, mit der er den Widerstandswillen der Bevölkerung stärken wollte. Er sprach von der Verteidigung der Heimat und vom »vaterländischen Volkskrieg«, der gegen die Aggressoren geführt werden müsse. Anläßlich des Revolutionsfeiertages im November 1941 berief sich Stalin auf das Erbe der zarischen Vergangenheit. Er sprach vom Land Puškins und Tolstojs und beschwor die Kriegshelden Aleksandr Nevskij, Aleksandr Suvorov und Michajl Kutuzov. Wann hatten die Bolschewiki jemals von »Brüdern und Schwestern« gesprochen, von Volk und Heimat? Stalins Rede übte unter manchen Intellektuellen des Landes eine große Wirkung aus. Konstantin Simonov war tief bewegt, als er Stalin diese versöhnlichen Worte sagen hörte. »Ich hasse den Krieg, doch sehe ich einen Sinn in der Verteidigung der Heimat, sei sie wie sie wolle, wenn es um die Verteidigung gegen die Invasion der Feinde geht«, wie Nadežda Mandel'štam, die Frau des Dichters Osip Mandel'štam, beide Opfer des stalinistischen Terrors, formulierte.

Sollte sich das Regime in seiner schwersten Stunde vom Terror der vergangenen Jahre abwenden? Würden Stalin und seine Helfer im Krieg gegen die ausländische Aggression den Krieg gegen die Bevölkerung des Imperiums einstellen? Manches deutete auf die Erfüllung solcher Hoffnungen hin. Stalin zog sich 1942 aus den strategischen Planungen zurück, er überließ die militärische Strategie seinen Generälen und beschränkte sich fortan darauf, letzte Entscheidungen zu treffen. Noch im Herbst 1941 enthob er die unfähigen politischen Generäle Vorošilov und Budennyj ihrer Posten und überließ sie kompetenten Heerführern. Das wachsende Selbstbewußtsein des Militärs zeigte sich nicht zuletzt in der Wiedereinführung von Garderegimentern, Uniformen und Orden, wie sie in der Armee des Zaren bestanden hatten. Und auch in der symbolischen Repräsentation des Krieges gab es eine Wendung: die Rote Armee führte einen »vaterländischen Krieg«, so wie ihn die russische Armee 1812 gegen Napoleon geführt hatte. Mit ihm sollten sich alle Völker und Kulturen der Sowjetunion identifizieren können. So hatte es Stalin in seiner Ansprache vom Juli 1941 gesagt. Das Regime stellte die Verfolgung der orthodoxen Kirche ein und eröffnete den Intellektuellen des Landes einen bescheidenen Freiraum. Es gab Anzeichen für eine Abkehr von den Dogmen der Vergangenheit: Was von den sowjetischen Soldaten erreicht wurde, mußte wenigstens in den Anfangsjahren des Krieges nicht unablässig als Geschenk der Partei und ihres

Führers besungen werden. Selbst die Haßpropaganda der Schriftsteller Ehrenburg und Simonov, die dazu aufriefen, alle Deutschen, diese »fischäugigen Idioten« und »graugrünen Schnecken« zu töten und »in der Erde zu verscharren«, kamen ohne ideologische Verweise auf Partei und Führer aus. Stalin trat anfangs wenigstens visuell in den Hintergrund, damit sein Name nicht mit den verheerenden Niederlagen der ersten Kriegsmonate in Verbindung gebracht wurde. Der Stalin-Kult kam in seinen schlimmsten Formen erst mit den militärischen Erfolgen wieder in die sowjetische Wirklichkeit zurück.

Gleichwohl ist die Rede vom Großen Vaterländischen Krieg, von der Neugründung der Sowjetunion im Existenzkampf, eine Schöpfung der nachstalinschen Sowjetunion, als das Regime nach einer Legitimierung suchte, die sie im Verweis auf die Ideologie schon nicht mehr finden konnte. Zahlreiche Intellektuelle verklärten, was in den Jahren des Zweiten Weltkrieges geschah, als nationales Gemeinschaftserlebnis, als Heldentum, in dem die Sowjetunion neu erstand. Nichts wäre freilich weiter von den Erfahrungen der Zeitgenossen entfernt. Die organisatorischen und militärischen Leistungen des Regimes waren zweifellos beeindruckend. Seine Generalität begann aus Fehlern zu lernen, die Kriegswirtschaft brachte es mit alliierter Unterstützung zu Höchstleistungen, und auch die Evakuierung von Industriebetrieben in die asiatische Sowjetunion war eine logistische Meisterleistung, die der sowjetischen Regierung zu Beginn des Krieges niemand mehr zugetraut hätte.[19] Das Regime mobilisierte alle Ressourcen für die Fortsetzung des Krieges, es richtete sich im Spätherbst 1941 wieder auf, auch weil es sich auf patriotischen Eifer und das moralische Recht des Angegriffenen stützen konnte. Als sich Mitte Oktober 1941 inmitten der Panik in Moskau herumsprach, daß Stalin und Molotov die Stadt nicht verlassen würden, als NKVD-Einheiten auf den Straßen erschienen und dem Plündern ein Ende bereiteten, kehrte auch die Furcht in das Leben der Untertanen zurück. Zum Jahrestag der Oktoberrevolution sprach Stalin in der U-Bahn-Station Majakovskaja in Moskau zu Soldaten, die unmittelbar nach der Ansprache an die Front geschickt wurden. Dieser Auftritt vermittelte der Bevölkerung die Gewißheit, daß die Bolschewiki nicht abtraten, daß sie durchhielten. Und als der

Vormarsch der Wehrmacht vor den Toren Moskaus zum Stehen kam, verflogen die letzten Zweifel, die es noch gegeben haben mochte. Davon kündete nicht zuletzt der Terror, mit dem sich das Regime wieder in Erinnerung rief.

Stalin und die übrigen Mitglieder der politischen Führung mißtrauten den militärischen Eliten nicht weniger als den Untertanen. Disziplin und Loyalität stellten sich für sie nur dort her, wo Furcht und Terror regierten. Diesen Terror bekamen Offiziere, Soldaten und Zivilisten gleichermaßen zu spüren. Unmittelbar nach dem Überfall der Wehrmacht erteilte Stalin dem Generalstabschef der Roten Armee, Šapošnikov, die Weisung, jeden Offizier, der dem Hauptquartier falsche Informationen liefere, zu bestrafen. Er drohte seinen Generälen mit Repressionen für den Fall, daß sie versagen sollten. An der Nordwestfront erschien im Dezember 1941 Stalins Kettenhund, der Chef der Politischen Hauptverwaltung der Armee und ehemalige Pravda-Redakteur, Lev Mechlis. Er verhörte die Truppenkommandeure und drohte ihnen mit der Erschießung, sollten sie sich seinen Weisungen widersetzen. Wer Stalins Befehle nicht ausführte, spielte mit dem Tod, das mußte selbst der populäre und erfolgreiche General Žukov erfahren, als Molotov ihm nach seiner Ernennung zum Oberbefehlshaber der Leningrader Front damit drohte, ihn erschießen zu lassen, sollte es ihm mißlingen, die deutschen Panzerverbände aufzuhalten. Anfang Juli 1941, nach dem Fall von Minsk, ließ Stalin den Oberkommandierenden der Westfront, General Dmitrij Pavlov und drei weitere Generäle seines Stabes, verhaften und erschießen. Die Vorwürfe, die gegen den General erhoben wurden, konnten absurder kaum sein: Pavlov habe den Ausbau der Verteidigungsanlagen an der Front behindert und er habe die Truppen ungeachtet der Gefahren, die jenseits der Grenzen drohten, nicht in Alarmbereitschaft versetzt. Dabei hatten Stalin und sein Volkskommissar für Verteidigung, Timošenko, Pavlov bei Ausbruch des Krieges die Anweisung erteilt, »ruhig zu bleiben« und »nicht in Panik zu geraten«, weil sie den Nachrichten vom Überfall der Wehrmacht keinen Glauben schenkten. »Wenn es vereinzelte Provokationen gibt, dann rufen Sie an«, das war die letzte Nachricht, die Pavlov aus dem Kreml erhielt, bevor die Verbindung abriß. Nun mußte der General für die Unfähigkeit des Diktators büßen. Die NKVD-Männer folterten ihn und die übrigen Generäle, sie zwangen sie zu absurden Geständnissen, die sie als »Verräter« und Agenten des deutschen Geheimdienstes auswiesen. Pavlov mußte nicht nur eingestehen, ein Versager und Verräter zu sein, er gestand am Ende auch, an der »Militärverschwörung« des Marschalls Tuchačevskij in den dreißiger Jahren beteiligt gewesen zu sein. Zwar widerriefen die Generäle ihre Geständnisse vor dem geheimen Militärtribunal, aber dieser Widerruf half ihnen nicht mehr. Stalin benötigte Sündenböcke, die für sein eigenes Versagen büßten. Am 22. Juli 1941, vier Wochen nach dem Beginn des Krieges, wurden Pavlov und die übrigen Generäle erschossen. Mereckov, der Oberbefehlshaber der Nordwestfront, wurde aufgrund der erpreßten Aussagen Pavlovs ebenfalls als Verschwörer verhaftet. Aber in seinem Fall zeigte Stalin ein Einsehen, nach drei Monaten ließ er ihn frei und betraute ihn wieder mit einem Armeekommando.[20]

Soldaten waren Kanonenfutter, austauschbare Nummern, die von den kommunistischen Führern wie Vieh behandelt wurden. Offiziere schickten ihre Soldaten in das Maschinengewehrfeuer der Angreifer, erteilten sinnlose Angriffsbefehle, bei denen die Soldaten wie die Fliegen starben. In Stalingrad wurden im Herbst 1942 Zehntausende von uzbekischen, kirgisischen und tatarischen Soldaten verheizt, die weder die Befehle der russischen Offiziere noch den Sinn des großen Sterbens verstanden. Und auch die Nachschubprobleme lösten die Offiziere der Roten Armee auf eigene Weise. Sie erteilten den Soldaten den Befehl, gefallene Kameraden zu entkleiden und zu entwaffnen. Ungehorsam und Verstöße gegen die Disziplin vergalten die politischen Kommissare und höheren Offiziere mit gnadenlosem Terror. In der 64. sowjetischen Schützendivision kam es im September 1942 in der Nähe von Stalingrad zu vereinzelten Desertionen. Der Kommandeur ließ die schwächsten Einheiten seiner Division vortreten, beleidigte und verfluchte die Soldaten als Feiglinge. Dann ging er die Reihen der Soldaten ab und schoß jedem zehnten Mann mit dem Revolver ins Gesicht.

Zu den willkürlichen Übergriffen von Offizieren auf Soldaten kam der organisierte Terror, den die politischen Kommissare in den

Armee-Einheiten ausübten. Allein während der Schlacht um Stalingrad wurden 13500 sowjetische Soldaten standrechtlich erschossen, weil sie es am nötigen Gehorsam hatten fehlen lassen. Deserteure, Soldaten, die den Kontakt zu ihren Einheiten verloren hatten und zurückkehrten, wurden getötet, bisweilen richteten die Tschekisten diese Soldaten in Anwesenheit ihrer Kameraden hin, um ihnen Furcht und Schrecken einzujagen. Mitunter töteten sie die Zugführer, aus deren Einheiten Soldaten desertiert waren. Im Spätsommer 1941 erschossen NKVD-Einheiten an der Leningrader Front wöchentlich bis zu 400 Soldaten wegen Fahnenflucht, fast 4000 Angehörige der Baltischen Flotte wurden bis zum Ende des Jahres 1941 von Kriegsgerichten zum Tode verurteilt. In einer Einheit, die an der Stalingrad-Front kämpfte, wurden im Winter 1942 Soldaten erschossen, die Kritik an der politischen Führung geübt und die Kompetenz der sowjetischen Generäle in Zweifel gezogen hatten. Stalin selbst hatte Mitte August 1941 den Befehl erteilt, in der Armee Spione und Verräter zu jagen und die Familien von Deserteuren, von Soldaten und Offizieren, die sich in Kriegsgefangenschaft begeben hatten, als Geiseln zu nehmen. Gewöhnlich meldeten die Stäbe die Namen der Vermißten an die NKVD-Behörden in der Heimatregion. Sowjetische Soldaten fochten nicht nur für ihre Heimat, sie opferten sich auch auf, weil sie fürchteten, der stalinistische Terrorapparat könne sich an ihren Familien rächen. Stalin ging mit gutem Beispiel voran. Er verstieß seinen Sohn, Jakov, der in deutsche Gefangenschaft geraten war, als »Feigling« und »Verräter« und lehnte es ab, ihn gegen deutsche Generäle auszutauschen. Stalins Sohn kam in einem Kriegsgefangenenlager in Deutschland ums Leben.

Wer in Kriegsgefangenschaft geriet, beging Verrat. Hinter der Front warteten Sperrkommandos des NKVD, die zurückweichende Soldaten mit Gewehrsalven empfingen und sie an die Front zurücktrieben. Als im September 1942 eine sowjetische Einheit den aussichtslosen Kampf einstellen und kapitulieren wollte, verhinderte eine deutsche Panzereinheit, daß die Soldaten von NKVD-Sperrkommandos, die in ihrem Rücken erschienen, erschossen wurden. Zwischen Juli und Oktober verhafteten NKVD-Truppen mehr als 650000 sowjetische Soldaten, die desertiert waren oder sich von der Truppe entfernt hatten. Allein in Možajsk, westlich von Moskau, wurden in nur fünf Tagen des Monats Oktober 23 000 Soldaten inhaftiert. Mehr als 2000 dieser Soldaten waren Offiziere. Die Rote Armee kannte keinen Rückzug, ihre Soldaten hatten die Wahl, von den Deutschen erschossen oder gefangengenommen oder von NKVD-Kommandos getötet zu werden. Sie entschlossen sich deshalb gewöhnlich dazu, den Angriff fortzusetzen, der ihnen eine größere Überlebenschance gab als der Rückzug. Gustav Herling erfuhr bereits zu Beginn des Jahres 1940, daß sowjetische Soldaten, die im finnisch-russischen Winterkrieg in Gefangenschaft geraten waren, in Lager eingewiesen wurden. Man habe sie nach ihrer Rückkehr aus dem Krieg im Triumphzug und als Helden durch Leningrad marschieren lassen und sie dann am Bahnhof in Waggons verladen und ins Lager gebracht. So verfuhr das Regime auch jetzt, nach dem Angriff der Wehrmacht auf die Sowjetunion, als es unter der nach Osten flüchtenden Bevölkerung »Spione« und »Verräter« entlarvte und verhaften ließ. Sowjetische Soldaten, die aus deutscher Kriegsgefangenschaft geflohen oder während der Schlachten des Sommers 1941 aus den »Kesseln« der Deutschen entkommen waren, wurden von NKVD-Einheiten verhaftet, die hinter der Front auf sie warteten. Die russische Sanitäterin Vera Jukina sah, daß Soldaten, die Anfang Juli 1941 nach mehreren Wochen schwerer Abwehrkämpfe bei Bobruisk aus einem deutschen Kessel ausbrachen, von NKVD-Leuten abgeführt worden seien. »Was für eine Gesellschaft muß es aber sein, der Millionen von bewaffneten Soldaten verräterisch den Rücken kehrten?« fragte sie sich angesichts dieser Erfahrung. Eine russische Soldatin, die im Dezember 1941 an der Moskauer Front eingesetzt war, sah sich in einem Dilemma, aus dem sie keinen Ausweg mehr wußte: »Ich trage eine automatische Waffe, und ich habe immer eine Kugel für mich selbst übrig. Es ist schlecht, von den Deutschen gefangengenommen zu werden, und wenn du von der Front wegläufst, dann sperren sie dich in Stalins Lager ein, du wirst ein verlorener Mensch sein.«

Bis zum 1. Oktober 1944 kamen 355 000 sowjetische Soldaten, die den »Kesseln« der Deutschen entkommen waren, in Filtrationslager des NKVD. Zwischen 1941 und 1945 wurden 994 000 Soldaten von Militärgerichten abgeurteilt, 157 000 endeten vor einem Erschießungskommando des NKVD, die übrigen Verurteilten kamen in Lager oder Strafbataillone, in denen sie nur eine geringe Chance hatten, den Krieg zu überleben. Soldaten, die diesen Bataillonen angehören mußten, erinnerten sich, die Tschekisten hätten selbst die Verwundeten erschossen, die nach einem fehlgeschlagenen Sturmangriff zu den eigenen Einheiten zurückgekommen seien. Insgesamt dienten mehr als 1,5 Millionen sowjetischer Soldaten während des Zweiten Weltkrieges in solchen Strafbataillonen. Das stalinistische Regime verachtete die Bauernsoldaten, mit denen es den Krieg gewinnen wollte, es setzte sie unbarmherzigem Terror aus. Nichts verdeutlicht diese Haltung mehr als die Verluste, die die Rote Armee während des Krieges erlitt – nach offiziellen sowjetischen Angaben starben zwischen Juni 1941 und Mai 1945 fast neun Millionen Soldaten der Roten Armee auf dem Schlachtfeld. Allein im letzten halben Jahr des Krieges, als sich die sowjetischen Truppen bereits auf deutschem Territorium befanden, starben mehr als eine Millionen Rotarmisten bei den sinnlosen Angriffen, die die sowjetischen Heerführer befahlen, zuletzt während der Offensive auf den Seelower Höhen im April 1945 und bei der Eroberung Berlins.[21]

Aus diesem Zirkel der Gewalt gab es für die Soldaten keinen Ausweg: Rotarmisten bekamen keinen Fronturlaub, sie waren von Informationen aus der Heimat abgeschnitten und der Willkür ihrer Offiziere und Kommissare ausgesetzt. Und weil die menschlichen Verluste der sowjetischen Armeen jedes erträgliche Maß überstiegen, stand auch der innere Zusammenhalt der Kompanien und Regimenter stets auf dem Spiel. Die Soldaten vereinzelten, sie wurden auf ihre nackte Existenz zurückgeworfen, und in ihrer Todesangst hatten sie keine andere Hoffnung, als das sie den nächsten Tag überlebten. Die Atomisierung der Individuen im totalitären Staat, von der Hannah Arendt gesprochen hatte – sie realisierte sich im Angesicht des Krieges. Wir müssen die Vorstellung aufgeben, militärische Erfolge seien nur dort möglich, wo Soldaten ihr Leben für Freiheit und Vaterland aufs Spiel setzen. So spricht nur, wer vom Handwerk des Krieges schon nichts mehr weiß. Im Kampf um das eigene Überleben zeigt sich nichts mehr als der Selbsterhaltungstrieb.[22] Die Ideologie triumphiert gewöhnlich nach dem Krieg, wenn es darauf ankommt, erbrachten Opfern einen Sinn zu verleihen. Stalin sei das letzte gewesen, woran sie in den Schützengräben gedacht hätten, so erinnerte sich ein Soldat der Roten Armee später an seine Kriegserlebnisse. Für die sowjetischen Untertanen, Soldaten wie Zivilisten, war, was sie im Großen Vaterländischen Krieg erlebten, eine Fortsetzung des Stalinismus unter anderen Bedingungen.

Vom Anbeginn des Krieges setzte das Regime seinen Terror auch gegen die Zivilbevölkerung fort. Nirgendwo wütete der Terror des NKVD grausamer als in der westlichen Ukraine und im ehemals polnischen Teil Weißrußlands. Als der Krieg begann, gerieten die NKVD-Schergen in einen Blutrausch. 150 000 Gefangene, die sich in den Gefängnissen des NKVD befanden, wurden auf die Straßen getrieben, entweder sofort getötet oder deportiert. Niemand hat die Opfer gezählt, die auf den Todesmärschen des NKVD ins Innere des Landes ums Leben kamen, wie viele von ihnen an den Bestimmungsorten hingerichtet wurden. In L'vov, der Hauptstadt der westlichen Ukraine, richteten die Schergen des NKVD ein furchtbares Blutbad an, unmittelbar bevor die Wehrmacht in der Stadt eintraf. Vor ihrer Flucht aus der Stadt töteten die Tschekisten mehr als 12 000 Gefangene, die sich noch in ihrem Gewahrsam befanden. Was die deutschen Soldaten und die Angehörigen der Getöteten zu sehen bekamen, erfüllte sie mit Entsetzen. Im Kinderheim der Stadt hatten Stalins Mordbrenner Kinder an die Wand genagelt, in den Kerkern des NKVD waren die Gefangenen zu Tode geprügelt worden. Man hatte ihnen Ohren und Nasen abgeschnitten, Bäuche aufgeschlitzt und die Gedärme hervorgeholt. Die meisten Gefangenen waren von den Tschekisten zu Tode gefoltert worden. Aus den Briefen, die Soldaten der Wehrmacht in die Heimat schickten, sprach das Grauen. Man habe in Litauen überall menschenleere Ortschaften angetroffen, die von der abziehenden Roten Armee zerstört worden seien, so schrieb ein deutscher Offizier an seine Familie. »Nurmehr Leichen liegen haufenweise herum, oder verstümmelte und verwundete Litauer kriechen umher. Es gibt furchtbare, grauenhafte Bilder zu sehen.«[23]

Wenngleich das Regime im Inneren der Sowjetunion keine Massaker solchen Ausmaßes anrichtete, wie in der westlichen Ukraine und in den baltischen Republiken, setzte es sich auch dort mit brutaler Gewalt über alle eingebildeten und wirklichen Widerstände hinweg. Es kehrte jetzt sogar zum System der »Geiselerschießungen« zurück. Als der Krieg begann, erteilte Berija die Anweisung, in Moskau 1700 Menschen präventiv als Terroristen, Spione und Schädlinge zu verhaften. Am 15. Oktober 1941, als die Panik unter den Amtsträgern des Regimes ihrem Höhepunkt zustrebte, gab Stalin dem NKVD den Befehl, die verbliebenen Verwandten bereits getöteter Volksfeinde aus Moskau zu evakuieren und sie in Kuibyšev zu erschießen. Solche »Geiselerschießungen« ereigneten sich auch in Lagern des GULag, wo, wenn die Wehrmacht eine weitere sowjetische Stadt erobert hatte, zur Vergeltung Häftlinge ermordet wurden. Im Herbst 1941 kam der Terror des NKVD auch in das Leben der Arbeiter im Donbass zurück. Hier erschossen die Tschekisten nicht nur Unruhestifter und Teilnehmer von Demonstrationen. Sie töteten Arbeiter, die sich kritisch über das Regime und die Lebensbedingungen geäußert hatten. Bevor die Deutschen nach Stalino kamen, brachten NKVD-Leute alle Gefangenen aus der Stadt. Sie zwangen sie, ihre eigenen Gräber auszuheben und erschossen sie dann. Nach der Panik im Oktober 1941 gewann der Sicherheitsapparat auch in der Hauptstadt die Kontrolle zurück. Plünderer, Demonstranten und Untertanen ohne Paß wurden verhaftet oder sofort erschossen, Häuser und öffentliche Einrichtungen nach Spionen und Saboteuren abgesucht. Mehr als 830 000 Menschen wurden zwischen Oktober 1941 und Juli 1942 in Moskau verhaftet. 900 endeten vor einem Erschießungskommando des NKVD, 44 000 kamen ins Gefängnis oder in ein Lager. Und auch die Zahl der politisch motivierten Gerichtsurteile nahm während des Krieges nicht ab. Sie stieg im Gegenteil, von 8011 im Jahr 1941 auf 23 278 im Jahr 1942.[24]

Die Zivilbevölkerung litt unter den Entbehrungen und dem Terror, den der Krieg über sie brachte, nicht weniger als die Soldaten. Als die Deutschen Stalingrad einnahmen, befanden sich Tausende von Zivilisten in der Stadt, vor allem Frauen und Kinder, die elend zugrunde gingen, weil Stalin den Befehl erteilt hatte, daß niemand Stalingrad verlassen dürfe. Keine andere Stadt litt unter der Last des Krieges mehr als Leningrad. Im September 1941 erreichte die Wehrmacht die Außenbezirke der Stadt. Hitler gab ihr den Befehl, Leningrad zu umzingeln und auszuhungern. So geschah es auch. Bis zum Januar 1944 dauerte die Blockade der Stadt an. Zwar ließ das Regime bis zum April 1942 mehr als eine Million Menschen über den zugefrorenen Ladogasee evakuieren, die Zurückgebliebenen aber mußten Jahre des Terrors ertragen. Sie wurden nicht nur vom Artilleriebeschuß der Deutschen heimgesucht, von Hunger und Krankheiten gequält, an denen bis zum Ende der Belagerung zwischen 600 000 und 800 000 Menschen starben. Sie mußten auch die drakonischen Strafen und den Terror ertragen, mit denen die Parteiführer die Disziplin in der Stadt aufrechtzuerhalten versuchten.

Im Dezember 1941 verschärfte das Regime die ohnedies barbarischen Arbeitsgesetze vom Juni 1940, die Arbeitern für Bummelei, Verspätungen und das unerlaubte Entfernen vom Arbeitsplatz Gefängnishaft androhten. Nunmehr konnten Arbeiter wie Soldaten zwangsweise eingezogen und nach den Gesetzen des Krieges behandelt werden. In Leningrad galt die ununterbrochene Arbeitswoche, wer den Arbeitsplatz verließ, beging Fahnenflucht und wurde vor Gericht gestellt. Bis zum Sommer 1942 wurden 21 000 Menschen wegen »Bummelei« zu Haftstrafen verurteilt, in der gesamten Sowjetunion waren es 1941 mehr als 1,4 Millionen. Wer die Arbeitsdisziplin störe, müsse unbarmherzig bestraft werden, wie es das Gewerkschaftskomitee einer Leningrader Fabrik in einer Resolution im August 1942 forderte. Ohne drakonische Disziplinarmaßnahmen wäre die öffentliche Ordnung in der hungernden Stadt zusammengebrochen. Die Erschießung von Plünderern, von Broträubern und Kannibalen, die auf Menschenjagd gingen, um ihren und den Hunger anderer zu stillen, war angesichts der Verhältnisse wahrscheinlich ohne Alternative. Aber die Bolschewiki ließen es bei solcher Gewalt nicht bewenden. Stalin interessierte sich ohnedies nicht für den Hunger, unter dem die Bewohner der Stadt litten. Ihm kam es darauf an, daß die Kontrolle des Zentrums auch während der Blockade nicht nachließ, daß Verräter und Spione aufgegriffen und vernichtet wurden. Im Dezember 1941 versuchte er, den Parteichef der Stadt, Andrej Ždanov, einzuschüchtern. Stalin warf ihm vor, ihn über das Geschehen in der Stadt und an der Front im unklaren zu lassen. Er rief Ždanov an und drohte ihm: »Man könnte meinen, daß sich Leningrad mit dem Genossen Ždanov an der Spitze nicht in der Sowjetunion befindet, sondern auf irgendeiner Insel im Stillen Ozean.« Schon im August, noch bevor die Deutschen Leningrad erreicht hatten, schickte Stalin Molotov, Malenkov und Kosygin in die Stadt, damit sie die dortige Parteiführung in seinem Auftrag kritisierten. Ždanov sei vor dem Feind zurückgewichen und habe das Zentrum nur unzureichend über die Vorkommnisse in Leningrad informiert, so ließen sie den Despoten im Kreml wissen. Ždanov blieb im Amt, aber er wußte fortan, was Stalin von ihm erwartete. Die Polizeiorgane Leningrads gingen nicht allein gegen Diebe, Räuber, Plünderer und Kannibalen vor, von Anbeginn richtete sich die Gewalt des Regimes auch gegen »Feinde«. Stalin hatte im September 1941 selbst verkündet, worauf es in der belagerten Stadt jetzt ankam. »Mein Rat: keine Sentimentalität, sondern dem Feind und seinen freiwilligen und unfreiwilligen Helfern in die Fresse schlagen. Der Krieg ist unerbittlich und er bringt in erster Linie denjenigen die Niederlage, die Schwäche zeigen und Unentschlossenheit zulassen. Wenn irgend jemand in unseren Reihen Unentschlossenheit zuläßt, dann wird er zum Hauptschuldigen am Fall Leningrads.«

Das lokale NKVD ließ Menschen erschießen, die einen Brotlaib gestohlen hatten, und es inhaftierte »präventiv«, wen es für einen potentiellen Feind des Regimes hielt. In den Gefängnissen verhungerten die Häftlinge, bis zu 40 täglich. Bis zum Oktober 1942 entlarvten die Sicherheitsorgane mehr als 600 »konterrevolutionäre Organisationen« in der Stadt. An der Leningrader Universität wurden Verschwörungen von Professoren aufgedeckt. Insgesamt verhaftete das NKVD in dieser Zeit mehr als 9500 Personen als Spione und Terroristen. Man habe während des Krieges nicht weniger Menschen als vor dem Krieg verhaftet, wie sich der Wissenschaftler Sergej Lichačev erinnerte. Vollends absurd mußte es den Bewohnern der Stadt erscheinen, daß das Regime im März 1942, als eine Eroberung Leningrads durch die Wehrmacht schon niemand mehr erwartete, alle deutschen und finnischen Einwohner der Stadt, fast 60 000 an der Zahl, nach Kazachstan deportieren ließ. Die Spionagemanie der Bolschewiki ergriff bisweilen auch die Bevölkerung. Denn es gab keine zuverlässigen Informationen, niemand wußte wirklich, was sich jenseits der Stadtgrenzen zutrug. Als sich in der Stadt das Gerücht verbreitete, es seien deutsche Agenten in sowjetischen Polizeiuniformen überführt worden, kam es zu Übergriffen auf Milizionäre, die auf den Straßen Leningrads ihren Dienst verrichteten. Die Führer sahen darin aber nur eine Bestätigung ihrer Wahnvorstellung von kollektiv organisierten Feinden.[25]

Die Bolschewiki führten nicht nur Krieg gegen den deutschen Aggressor, sie führten auch Krieg gegen den inneren Feind. Zu diesen Feinden gehörten alle ethnischen Gruppen, die im Verdacht standen, Kollaborateure gewesen zu sein. Im Spätsommer 1941 wurden mehr als 80 Prozent aller Deutschen, die in der Sowjetunion lebten, aus ihrer Heimat vertrieben und nach Kazachstan deportiert, die Autonome Republik der Wolgadeutschen aufgelöst. Das Dekret des Obersten Sowjets, das diese Deportation autorisierte, sprach von »Saboteuren und Spionen«, von »Volksfeinden«, die fortgeschafft werden müßten. Zwischen November 1943 und Dezember 1944, als Gefahren von der deutschen Wehrmacht schon nicht mehr ausgingen, ließen Stalin und Berija die Krimtataren und die Kaukasusvölker der Tschetschenen, Inguschen, Karatschaier, Balkaren, Kalmyken und Mescheten nach Zentralasien deportieren. In der zweiten Hälfte des Jahres 1944 folgten ihnen weitere »verdächtige« Nationen in die Verbannung: Griechen, Bulgaren und Armenier von der Krim, türkische Mescheten und Kurden aus dem Kaukasus. Mehr als drei Millionen Menschen wurden auf diese Weise aus ihrer Heimat vertrieben, unter ihnen mehr als eine Million Deutsche und 470 000 Tschetschenen und Inguschen. Obgleich die sowjetische Armee im Kampf gegen Deutschland stand, leitete das NKVD mehr als 40 000 Lastwagen und Güterwaggons, die an der Front benötigt wurden, auf die Krim und in den Kaukasus um. Molotov rechtfertigte noch Jahrzehnte später die Entscheidung Stalins, Völker aus ihrer Heimat zu vertreiben und nach Kazachstan zu deportieren: »Während des Krieges erhielten wir Kenntnisse von massenhaftem Verrat. Bataillone von Kaukasiern standen gegen uns an der Front, sie waren in unserem Rücken. Es ging um Leben und Tod, da konnte man nicht wählerisch sein. Natürlich sind auch

Unschuldige betroffen gewesen. Aber ich denke, daß das damals richtig gemacht worden ist.«[26]

Molotov sprach aus, woran die Führer glaubten: daß die Feinde vor ihnen und hinter ihnen standen. Deshalb mußten alle Angehörigen einer Feindnation deportiert werden. Man dürfe »nicht einen einzigen auslassen«, wie Berija seinen Schergen einhämmerte, die zwischen Februar und Mai 1944 die Deportationen im Kaukasus organisierten. Und auch in der sowjetischen Armee begann jetzt die Abrechnung mit nationalen Feinden: Soldaten und Offiziere, die einer Feindnation angehörten, wurden entwaffnet und verhaftet und, ihren Landsleuten gleich, nach Zentralasien deportiert. Während die Armee Krieg gegen Deutschland führte, besann sich das NKVD auf das eigentliche Geschäft des Stalinismus. Es führte Krieg gegen die eigene Bevölkerung. Für Stalin und Molotov gehörte zu den Feinden, wen sie für eine potentielle Gefahr hielten. Und diese Feinde wurden ethnisiert und objektiviert. Tschetschenen und Inguschen hatten sich der Kollektivierung und der Einführung der sozialistischen Lebensordnung widersetzt, sie galten den Führern im Kreml als Waffen tragende Räuber und Störenfriede, Kalmyken waren unkontrollierbare Nomaden, Griechen und Armenier unberechenbare Händlernaturen, die aus den Städten der Sowjetunion entfernt werden mußten. Und auch Deutsche und Krimtataren waren Feinde, die aus der Welt geschafft werden mußten: die einen, weil sie der Nation des Aggressors angehörten, die anderen, weil sich manche von ihnen in den Dienst der Besatzungsmacht begeben hatten. Aber Deutsche und Krimtataren standen nicht nur mit dem Feind im Bund, sie gehörten zu einer Minderheit inmitten einer russischen Mehrheitsbevölkerung. Der Krieg war für die Bolschewiki nur der Anlaß, die ethnische Homogenisierung der Grenzstreifen und multiethnischen Regionen der Sowjetunion zu einem Abschluß zu bringen.

Nichts blieb dem Zufall überlassen, wo Vertreibungen angeordnet wurden, kamen die NKVD-Truppen überraschend. Sie umstellten die Dörfer mit Lastkraftwagen und Panzern und gaben den Bewohnern eine Stunde Zeit, sich auf die Deportation vorzubereiten, dann verluden sie sie und brachten sie zum nächsten Bahnhof, wo Waggons bereitstanden, die die Verhafteten an ihre Bestimmungsorte bringen sollten. Im Nordkaukasus bediente sich das NKVD der lokalen Mullahs. Sie sollten die Opfer in Sicherheit wiegen und zu den Sammelpunkten geleiten, wo die Tschekisten sie in Empfang nahmen. Nichts sollte an die Vertriebenen erinnern. Die Autonome Republik der Tschetschenen und Inguschen verschwand ebenso wie die Republiken der Krimtataren und Wolgadeutschen. Damit aber gaben sich die Machthaber im Kreml nicht zufrieden. Stalin gab den Befehl, die Ortsnamen zu verändern und die Hinweisschilder in den nationalen Sprachen auszuwechseln. Wo Häuser, Denkmäler und Friedhöfe an die Vertriebenen erinnerten, mußten sie zerstört werden. Wenig später bezogen russische Bauern und Flüchtlinge, die in den Kriegswirren ihre Heimat verloren hatten, die Häuser der Deportierten. Es schien, als hätten Tschetschenen, Krimtataren und Deutsche dort niemals gelebt.

Die Deportationsbefehle kamen aus dem Zentrum, und ihre Ausführung wurde vom Zentrum auch kontrolliert. Stalin erhielt Dossiers und Berichte seines Sicherheitschefs Berija, die ihn über den Fortgang der Operationen unterrichteten. Am 22. Februar 1944 teilte Berija Stalin mit, er habe den Mitgliedern der Regierung in der Autonomen Republik der Tschetschenen und Inguschen eröffnet, daß die Bevölkerung deportiert werden müsse. Molaev, ein Mitglied der lokalen Parteiführung, sei in Tränen ausgebrochen, habe sich dann aber »zusammengerissen und versprochen, alle Anordnungen auszuführen«. Dann habe er, Berija, die höheren islamischen Würdenträger zu sich rufen lassen und sie gezwungen, sich an der Durchführung des eliminatorischen Programms zu beteiligen. Bereits am folgenden Tag berichtete Berija Stalin vom Beginn der Operation: »Heute, am 23. Februar, bei Sonnenaufgang haben wir mit der Operation zur Umsiedlung der Inguschen und Tschetschenen begonnen.« Bis zum späten Vormittag hätten die Tschekisten mehr als 90000 Menschen in Güterzüge gesperrt. Es habe kaum Widerstand gegeben, wo er dennoch aufgetreten sei, hätten die Tschekisten von der Waffe Gebrauch gemacht. Bereits am 25. Februar meldete Berija den Vollzug der Deportation. Die Vertreibungen seien »normal« verlaufen, 352647 Menschen in 86 Zügen abtransportiert worden. Berija sah aber schon weiter, er fand, nun müßten auch die benachbarten Balkaren vertrieben werden. Die Balkaren, so teilte er Stalin am 25. Februar mit, seien 1942 mit den deutschen Truppen in Kontakt gekommen und hätten sich mit ihnen gegen die Sowjetmacht verbündet. Nach Abschluß der tschetschenischen Operation stünden freie NKVD-Einheiten zu seiner Verfügung, die jederzeit in der Lage seien, jene 40000 Balkaren, die in den Tälern des Kaukasusgebirges lebten, zu deportieren. »Wenn Sie einverstanden sind, dann könnte ich bis zu meiner Rückkehr nach Moskau hier die notwendigen Maßnahmen organisieren, die mit der Aussiedlung der Balkaren verbunden sind.« Das Dokument hatte Berija schon vorbereitet. Stalin unterschrieb es sogleich.

Fast ein Viertel der deportierten Menschen kam zwischen 1944 und 1948 ums Leben. Kinder und Alte starben zumeist schon auf dem Weg in die Verbannung, Zehntausende Tschetschenen und Inguschen verloren ihr Leben in den Sondersiedlungen des NKVD, weil sie der Zwangsarbeit und den klimatischen Bedingungen nicht gewachsen waren. Wolfgang Leonhard erinnerte sich, daß er und seine Landsleute, die 1941 nach Kazachstan deportiert wurden, in der unbewohnten Steppe ausgesetzt worden seien. In Karaganda hätten sie in Erdlöchern gelebt.

Das Regime verewigte die Stigmatisierung am Ende der vierziger Jahre, als es die Anweisung erließ, daß die Deportierten niemals in ihre Heimat zurückkehren dürften. Deutsche, Tschetschenen und Krimtataren trugen das Kainsmal des Feindes, sie waren Menschen zweiter Klasse, und sie blieben es über Jahrzehnte hinweg. Für die meisten Angehörigen solcher Feindnationen kam die Rehabilitierung erst mit dem Ende der Sowjetunion.[27]

Spätstalinismus

Die »zählebige, gemeine Wirklichkeit«, von der Gorkij einst gesprochen hatte – sie wurde von den Bolschewiki nicht beseitigt, sondern unablässig neu ins Werk gesetzt. Dabei verbanden die meisten Menschen mit dem Ende des Krieges vor allem die Hoffnung, es werde in ihrem Land zu einer Entspannung der politischen Verhältnisse kommen. Nach allem, was man gemeinsam erlebt und durchlitten habe, »muß die Regierung ihre Politik ändern«, wie der Universitätsprofessor Tereščenko seinem Tagebuch anvertraute, nachdem im befreiten Char'kov der Krieg für ihn 1943 zu Ende gegangen war. Wie viele Zeitgenossen konnte auch er nicht glauben, daß die Entbehrungen des Krieges umsonst gewesen sein sollten. Intellektuelle hofften auf eine Entspannung der geistigen Atmosphäre, Soldaten auf Frieden, und die Bauern sehnten sich nach einer Welt ohne Kolchosen und Hunger. »Damals waren die Menschen überzeugt, oder zumindest hatten sie die Hoffnung, daß nach dem Krieg alles gut, alles menschlich werden würde. Doch der Sieg festigte nur das brutale Regime; und die Soldaten, die aus der Gefangenschaft zurückkehrten, bekamen das als erste zu spüren: Die Illusion war zerstört, und das Volk zerfiel in Atome, zerschmolz«, wie sich Andrej Sacharov an die bitteren Erfahrungen der Nachkriegszeit erinnerte.[28]

Die Sowjetunion gehörte zu den Siegern des Zweiten Weltkrieges, aber ihre Menschen litten unter den Kriegsfolgen mehr als die Verlierer. Der Krieg nahm über 20 Millionen Menschen das Leben, er hinterließ zwei Millionen Invaliden, Krüppel und Obdachlose, die sich im zivilen Leben nicht mehr zurechtfanden und auf die Hilfe des Staates, dem sie im Krieg gedient hatten, nicht hoffen konnten. Demobilisierte Rotarmisten und Flüchtlinge irrten in allen Regionen der Sowjetunion umher. Noch 1948 lebten in Brjansk mehr als 9000 Familien, Invaliden und Waisenkinder in Erdlöchern. So stand es fast überall um die Lebensbedingungen in der Sowjetunion. Im Juni 1947 erhielt Molotov ein Schreiben des Innenministers der UdSSR, Kruglov, in dem dieser sich darüber beklagte, daß Flüchtlinge und demobilisierte Soldaten die öffentliche Ordnung verletzten. Im südrussischen Krasnodar befanden sich zu Beginn des Jahres 1947 mehr als 200 000 Flüchtlinge aus allen Regionen der Sowjetunion. Diese Menschen litten an Unterernährung und Dystrophie, mehr als 18 000 Flüchtlinge lebten »faktisch unter freiem Himmel«, wie sich der Innenminister empörte. Es war nur noch eine Frage der Zeit, bis sich Seuchen und Epidemien in der Region ausbreiteten. Die lokalen Staatsbehörden aber waren überfordert. Sie mußten nicht nur den unablässigen Zustrom neuer Flüchtlinge bewältigen, sondern auch die Kriminalität abwehren, die mit den Flüchtlingen, den demobilisierten Soldaten und obdachlosen Waisenkindern in ihre Region kam. Die Flüchtlinge bettelten nicht nur, sie stahlen, sie beraubten die örtliche Bevölkerung und überfielen Eisenbahnzüge. In Krasnodar wurde eine alte Frau, die ein paar Hühnereier bei sich trug, von einem demobilisierten, hungrigen Soldaten getötet. Die Behörden versuchten, die Zuwanderung weiterer Flüchtlinge zu unterbinden. Im April 1947 kam es erstmals zur Vertreibung demobilisierter Soldaten und obdachloser Waisenkinder aus Krasnodar. Auf den Bahnhöfen und an den Ausfallstraßen wurden NKVD-Leute postiert, die jeden verhafteten, der ohne gültige Ausweispapiere in das Gebiet einreisen wollte. So aber verlagerte sich die Kriminalität in die Nachbarregionen. Eine solche Praxis, so klagte der Innenminister in seinem Brief an Molotov, führe dazu, daß die Flüchtlinge »sich die ganze Zeit von einem Bezirk in den nächsten hin und her bewegen«. Nicht einmal in der Hauptstadt herrschten erträgliche Lebensbedingungen. Sie hätten zwischen Ratten und Müll, in Verschlägen im Keller leben müssen, so erinnerte sich der Physiker Jurij Orlov an die Nachkriegszeit in Moskau. »Das waren die Verhältnisse im Herzen der Hauptstadt einer Nation, die dem Rest der Welt beibringen wollte, wie man lebt.«[29]

Die Kriegsfolgen lasteten nicht nur schwer auf der Gesellschaft. Sie erschütterten auch die Kontrollgewalt des Regimes, vor allem in Städten, die von Jugendbanden und entlassenen Soldaten heimgesucht wurden. Nun ist es unbestritten, daß sich für viele demobilisierte Soldaten am Ende des Krieges auch neue Lebensperspektiven eröffneten. Für Invaliden, traumatisierte Menschen und Entwurzelte aber hielt die sowjetische Wirklichkeit nichts bereit. Und weil der Krieg Millionen von Soldaten über die Grenzen der Sowjetunion hinausgeführt hatte, weil Menschen in ihm die Erfahrung machen konnten, das die großen Gesänge über Partei und Führer aus der Welt der Lüge kamen, verließ sie auch die Furcht, den Lügen der Machthaber zu widersprechen. Im Krieg entstand ein neuer Mensch: einer, der sich von den Gewißheiten der Vergangenheit und der geistigen Zwangsjacke befreite, in der das Regime seine Untertanen gefangenhielt. Das Regime empfand den Kontrollverlust überall, wo seine Funktionäre mit den Untertanen zusammenkamen. Sie begegneten ihm mit Gewalt und Terror, um den Status quo wiederherzustellen. Und sie griffen dabei auf Verfahren zurück, die sie vor dem Krieg hinlänglich erprobt hatten.[30]

Schon 1946 gab das Regime zu erkennen, daß es der bäuerlichen Bevölkerung mißtraute, daß es auf die Kontrolle der Landbevölkerung durch die Kolchosen nicht verzichten würde. Obgleich die Bauern im Elend lebten, in zerstörten und verwüsteten Dörfern, ohne Maschinen und Zugvieh, kehrte die Kolchosordnung in ihr Leben zurück. Stalin erteilte die Anweisung, die Zahl der Arbeitstage zu erhöhen und Kolchosen bestrafen und aushungern zu lassen, die ihren Verpflichtungen gegenüber dem Staat nicht nachkamen. Während des Krieges waren Verletzungen der Kolchosordnung bisweilen noch toleriert worden, jetzt sollten sie unnachgiebig bestraft werden. Bauern, die Kolchosland zu privaten Zwecken bewirtschafteten, Handel auf den Basaren betrieben, mußten jetzt mit Strafverfolgung rechnen. Das barbarische Gesetz zum Schutz des sozialistischen Eigentums vom August 1932 feierte in den Nachkriegsjahren seine letzten Triumphe. Von den schmalen Einkünften, die die Bauern aus der Bearbeitung ihres privaten Hoflandes erwirtschafteten, blieb jetzt nichts mehr. Denn die Regierung belegte sie mit ruinösen Strafsteuern. Kolchosbauern waren Arbeitssklaven, Leibeigene, die zu produzieren hatten, was ihnen die Staatsbehörden auftrugen. Der Staat hob die Trennung zwischen Stadt und Dorf nicht auf. Er perpetuierte sie. So aber konnten die ländlichen Regionen der Agonie nicht entkommen. Mehr als neun Millionen Bauern flüchteten deshalb zwischen 1950 und 1954 in die Städte auf der Suche nach Einkommen und Fortkommen. In den Dörfern brachen Hungersnöte aus, vor allem in der Ukraine, an manchen Orten leisteten die Bauern auch Widerstand.

Das Elend, in dem die Bauern leben mußten, blieb dem Regime nicht verborgen, Stalin erhielt Berichte und Eingaben, die ihn über den Hunger und die Gewalt unterrichteten, die in den Dörfern herrschten. So wandte sich im Juli 1945 ein Major der Roten Armee an den Diktator, um ihm mitzuteilen, was er während seines Urlaubs in der Region Černigov erlebt hatte. Überall, wo er gewesen sei, litten die Bauern Hunger, kein Dorfbewohner wolle unter solchen Umständen noch für eine Kolchose arbeiten, die ihn im Elend gefangenhalte. »Warum sollen wir zur Arbeit gehen? Man wird uns ohnehin nichts dafür geben«, so hätten die Bauern ihm gesagt. Die lokalen kommunistischen Funktionäre betränken sich, nähmen Bestechungen und unterdrückten die Bauern auf unmenschliche Weise. Beschwerdebriefe seien von den Behörden abgefangen, Kritiker verhaftet worden. Rotarmisten, die aus dem Krieg in die Dörfer zurückgekehrt seien, habe man, wenn sie Kritik an den Verhältnissen übten, in die westliche Ukraine verbannt oder sofort zur Armee zurückgeschickt. Nicht einmal mit den Invaliden hätten die Funktionäre Mitleid gehabt. Nur sah der furchtlose Major nicht weiter als die vom Verfolgungswahn besessenen Führer im Kreml. Man müsse den gesamten Partei- und Staatsapparat von »Dienern der Deutschen, Feiglingen und Panikmachern säubern«, alle »fremden Leute« aus ihnen entfernen und sie durch Frontkämpfer, wie er einer sei, ersetzen.

Wo sich den Bolschewiki bäuerliche Resistenz zeigte, übten sie sich in Unmenschlichkeit. Stalin erwartete, daß seine Gefolgsleute in der Provinz hart durchgriffen. Sie enttäuschten seine Erwartungen nicht. Während der Hungersnot der Jahre 1946 und 1947, die wahrscheinlich zwei Millionen Menschen das Leben kostete, wurden 12 000 Kolchosvorsitzende vor Gericht gebracht, Tausende von Bauern in Konzentrationslager eingesperrt, weil sie Getreideähren für den eigenen Verbrauch auf den Feldern eingesammelt hatten. Im Januar 1948 unterbreitete der Parteichef der Ukraine, Nikita Chruščev, Stalin einen Vorschlag, wie mit der Renitenz der Bauern umzugehen sei. Mißerfolge bei der Erfüllung des Getreideplans führte Chruščev auf die Sabotage von »parasitären und kriminellen Elementen« zurück, auf Bauern, die die Kolchose als »Schirm benutzen«, um unter seinem Schutz »Spekulation« und »Diebstahl« zu betreiben. Mehr als 86 000 Bauern hätten im Jahre 1947 keinen einzigen Tag für die Kolchose, sondern nur für sich selbst gearbeitet. An manchen Orten hätten Bauern kommunistische Aktivisten getötet und ihre Häuser angezündet. Es habe sich in der Vergangenheit als unzweckmäßig erwiesen, Bauern, die nicht für die Kolchose arbeiten wollten, wegen

Abwesenheit vom Arbeitsplatz zu bestrafen. Denn in solchen Fällen dürften die Gerichte nur Gefängnisstrafen bis zu sechs Monaten verhängen. Chruščev empfahl deshalb, die kollektive Solidarhaftung in den Kolchosen wieder einzuführen und ihnen das Recht zu erteilen, »unverbesserliche Verbrecher und Parasiten-Elemente« aus dem Dorf deportieren zu lassen. Stalin stimmte dem Vorschlag sofort zu, Ende Februar 1948 schon erließ der Oberste Sowjet ein Gesetz, das die Deportation von »Asozialen« und »Parasiten« regelte. Es ermöglichte den Kolchosen, renitente Bauern für die Dauer von acht Jahren nach Sibirien deportieren zu lassen. Im Mai 1948 meldete Chruščev die ersten Erfolge nach Moskau: am 10. April seien bereits die »ersten Waggons« mit verurteilten Bauern in Bewegung gesetzt worden, mehr als 4000 Bauern seien in nur einem Monat allein aus den Kolchosen der östlichen Ukraine entfernt worden. Die Bauern hätten das Gesetz mit großer Zufriedenheit aufgenommen, wie Chruščev Stalin mitteilte: »Danke dem Staat und unserem Vater Stalin dafür, daß er für uns alle, für uns Kolchosbauern, dieses Gesetz geschaffen hat.« [31] Der Tyrann übte sich nicht nur in Grausamkeit. Er verlangte, daß man ihm dafür dankte.

Die Bolschewiki stellten die Bevölkerung unter Generalverdacht, nicht einmal in der Stunde des Sieges mochten sie sich großmütig zeigen. Nach der Rückeroberung der von den Deutschen besetzten Gebiete wurden mehrere zehntausend Menschen als Kollaborateure oder Spione verhaftet. Alle Menschen, die während des Krieges unter deutscher Besatzung gelebt hatten, wurden vom NKVD überprüft und registriert, manche kamen in Filtrationslager. Wer sich während des Krieges in den besetzten Gebieten aufgehalten hatte, stand unter fortwährendem Verdacht. Damit dieser Verdacht nicht in Vergessenheit geriet, stempelten die Behörden Vermerke in die Pässe der Betroffenen, die sie als Bürger zweiter Klasse auswiesen.

Unter Verdacht standen auch jene vier Millionen Menschen, die in deutsche Kriegsgefangenschaft geraten oder während des Krieges freiwillig oder als Zwangsarbeiter in Deutschland gearbeitet hatten. Kollaborateuren gab das Regime keinen Pardon, Vlasov und seine Helfer im Offizierskorps wurden in einem Geheimverfahren in Moskau abgeurteilt und hingerichtet, die Soldaten seiner Armee in Straflager oder nach Sibirien verschleppt. Kosaken und ukrainische Hilfswillige, die in den Dienst der Wehrmacht getreten waren, erwartete ein ähnliches Schicksal. Britische Offiziere erinnerten sich, Kosaken, die von den Alliierten an die Sowjetunion ausgeliefert worden seien, hätten kollektiven Selbstmord begangen, um ihrer Auslieferung zu entgehen. Auf den britischen Schiffen, die die Repatrianten nach Odessa zurückbrachten, spielten sich erschütternde Szenen ab: Es kam zu Selbstmorden und Selbstverstümmelungen, und manchmal wurden die Ankömmlinge bereits im Hafen von Odessa von NKVD-Männern mit Maschinengewehren getötet.

Soldaten, die sich den Deutschen ergeben hatten, wurden als Verräter behandelt. Ihre Befreiung aus deutscher Kriegsgefangenschaft bedeutete für sie nicht das Ende ihrer Leiden. Über 600000 ehemalige sowjetische Kriegsgefangene kamen nach der Demobilisierung in die »Arbeitsarmee« des NKVD, für viele blieb nur der Weg in den GULag. Offiziere, die in deutsche Kriegsgefangenschaft geraten waren, 120000 an der Zahl, galten den Machthabern als Kollaborateure, die meisten von ihnen wurden für die Dauer von sechs Jahren in ein Straflager gesperrt und nach ihrer Entlassung unter Aufsicht gestellt. Und auch jene zwei Millionen »Ostarbeiter«, die von den nationalsozialistischen Besatzern zur Zwangsarbeit nach Deutschland verschleppt worden waren, mußten sich nach dem Ende des Zweiten Weltkrieges vor den Kommunisten erniedrigen. Man setzte sie anfangs zu Demontagearbeiten in Ostdeutschland ein und zwang sie dann, zu Fuß, in großen Kolonnen, in ihre Heimat zurückzumarschieren. Die Rückkehrer kamen aus der Trostlosigkeit, und sie kehrten in sie zurück. In ihrer Heimat stand niemand außer dem NKVD zu ihrer Begrüßung bereit. Ein amerikanischer Diplomat sah, wie eine Gruppe von Repatriierten im Hafen von Murmansk ankam, von einer Blaskapelle empfangen und dann von bewaffneten Tschekisten sofort abgeführt wurde. Irina Ehrenburg hatte erwartet, als sie 1945 in Odessa die Rückkehr sowjetischer Kriegsgefangener erlebte, man werde die heimgekehrten Landsleute mit militärischen Ehren freudig empfangen. Statt dessen sah sie in freudlose Gesichter, die mit Stalin-Porträts in ihren Händen auf einem Kai standen, der wie eine »Müllkippe« aussah; und nach einer kurzen Rede eines lokalen Kommunistenführers seien die ehemaligen Kriegsgefangenen in die nahe gelegene Militärschule zu Verhören abgeführt worden. Als am nächsten Tag ehemalige französische und belgische Kriegsgefangene mit dem gleichen Schiff in ihre Heimat zurückgebracht wurden, zeigte sich Ehrenburg ein anderes Bild: »Dort sah ich glückliche Gesichter, ... sie sangen, pfiffen, lachten.«[32] Repatrianten aus den ehemaligen polnischen Westgebieten und aus den baltischen Republiken wurden ohne Überprüfung in die Straflager des GULag deportiert. Wer in seine Heimat zurückkehren durfte, lebte fortan unter dem Verdacht der Behörden und mit dem Stigma des Verräters.

Die Repressionen gegen Kriegsgefangene und »Ostarbeiter« kamen aus dem Mißtrauen, das die Bolschewiki allem Fremden entgegenbrachten: Die Repatriierten hatten nicht nur fremde Länder, Sitten und Gebräuche kennengelernt. Als sie mit dem Lebensstandard der Deutschen und anderer Ausländer aus dem westlichen Europa konfrontiert wurden, sahen sie auch das Elend, das sie in der Sowjetunion hinter sich gelassen hatten, mit anderen Augen. Keine Lüge konnte gut genug sein, um diese Menschen wieder in jene Isolation zurückzutreiben, in der sie vor dem Krieg gelebt hatten. Für diese Dialektik des Geschehens hatten die Bolschewiki ein Gespür. Deshalb rächten sie sich an den Repatriierten für ihre Erfahrungen.

Die Gewalt war überall. In den westlichen Randregionen des Imperiums tobte sie sich auch nach dem Ende des Zweiten Weltkrieges unvermindert heftig aus. Bis in die späten vierziger Jahre lieferte sich die Rote Armee im östlichen Polen erbitterte Gefechte mit der nationalen polnischen Untergrundarmee, der Armia Krajowa. Und auch in der westlichen Ukraine, die nach dem Krieg an die Sowjetunion zurückfiel, stießen die Bolschewiki auf den Widerstand ukrainischer Nationalisten und Bauernrebellen, die sich gegen die Rückkehr der Ukraine in das Imperium zur Wehr setzten. Ihren Verbänden gehörten aber auch demobilisierte Rotarmisten und Deserteure an. Allein im Juli 1945 stießen über 11 000 Deserteure der Roten Armee zu den ukrainischen Partisanen. Beide Seiten führten den Krieg, der sich bis in die frühen fünfziger Jahre fortsetzte, mit äußerster Grausamkeit. Die Partisanen des ukrainischen Nationalisten Bandera töteten jeden Kommunisten, der in ihre Hände fiel, die Tschekisten nahmen Geiseln in den Dörfern, um die Bauern zu zwingen, die Aufenthaltsorte der Bandera-Rebellen zu verraten. Der Bürgerkrieg in der westlichen Ukraine richtete furchtbare Verheerungen an. Zwischen 1944 und 1953 töteten die Tschekisten hier über 150 000 Rebellen, 130 000 Menschen wurden als »Spione« und »Schädlinge« in Gefängnisse und Lager eingesperrt, 200 000 nach Zentralasien deportiert.

So verfuhr das Regime auch in den baltischen Republiken, die bereits 1944 wieder in das Imperium eingegliedert wurden. Unmittelbar nach dem Ende des Krieges setzten die Bolschewiki ihren Vernichtungsfeldzug gegen die Eliten der baltischen Republiken fort. In Litauen wurden katholische Bischöfe und Geistliche verhaftet und erschossen, Angehörige von Intelligenzberufen systematisch ausgesondert und deportiert. Aber auch hier erhob sich Widerstand. Zwischen 1944 und 1953 wurden in Litauen 13 000 Kommunisten und Amtsträger des neuen Regimes von Partisanen getötet. So war es auch in Estland und Lettland, wo die Widerstandsbewegung der »Waldbrüder« bis zum Beginn der fünfziger Jahren einen Kleinkrieg gegen die Rote Armee führte. Noch im Frühjahr 1953 standen in Litauen 28 000 Soldaten des Innenministeriums im Kampf gegen litauische Rebellen. Das Regime sah in solchem Widerstand das Werk von »Faschisten« und ausländischen Agenten, die Führer im Kreml waren überzeugt, es seien amerikanische Spione, die die Rebellen nicht nur finanzierten, sondern auch ausbildeten. Wo Widerstand aufschien, mußten Feinde vernichtet werden. In Litauen wurden zwischen 1944 und 1953 mehr als 20 000 Menschen von Tschekisten getötet, 240 000 in Gefängnisse gesperrt oder in sibirische Straflager deportiert, mehr als ein Zehntel der litauischen Bevölkerung. Dabei ließen es die Machthaber im Kreml nicht bewenden. Seit 1944 wurden Russen aus den zentralen Regionen der Sowjetunion in die baltischen Republiken umgesiedelt. Allein nach Estland, das nach dem Krieg kaum mehr als eine Million Einwohner zählte, kamen zwischen 1945 und 1949 180 000 Russen. So hoffte das Regime, den Einfluß der Einheimischen zu neutralisieren und die baltischen Republiken für immer an das Imperium zu binden.[33]

Der Verfolgungswahn des Regimes nährte sich nicht zuletzt aus der Furcht vor den verderblichen Einflüssen, die aus dem Ausland in die Sowjetunion kamen. Mit dem Beginn des Kalten Krieges im Jahr 1946 verwandelte sich die Furcht in eine Phobie. Wie stets, wenn Phobien bewältigt werden mußten, griffen die Machthaber zum Instrument des Terrors. Im August 1946 eröffnete der ZK-Sekretär für Kultur und Propaganda Andrej Ždanov eine zentral inszenierte Kampagne gegen »Abschaum« und »Schmierfinken« in der Kultur, als er in einer Rede vor Leningrader Künstlern die Lyrikerin Anna Achmatova und den Satiriker Michajl Zoščenko beschimpfte und verhöhnte. Wer noch gehofft hatte, mit dem Ende des Krieges werde es zu einer Liberalisierung des geistigen Klimas in der Sowjetunion kommen, sah jetzt klarer. Das Regime verdammte ausländische Theaterstücke, moderne Musik und Malerei, es zwang Šostakovič, Prokof'ev und andere berühmte Künstler der Sowjetunion, Selbstkritik zu üben und die eigene Arbeit in den Schmutz zu ziehen. Nicht nur die moderne klassische Musik, auch der Jazz verschwand aus dem kulturellen Repertoire. Fortan galt der Primat der Volkstümlichkeit: Kunst und Literatur mußten die einheimische Kultur in schlichten Bildern preisen und den heimatlosen Kosmopolitismus aus ihren Werken vertreiben. Die tiefe Fremdenfurcht und der Minderwertigkeitskomplex der Bolschewiki zeigte sich nicht zuletzt in der Kampagne zur Demonstration russischen Erfindungsgeistes. Es gab nichts, was russische Genies nicht erfunden und entworfen hatten.

Das sowjetische Kulturleben erstarrte, Denunziationen, Verhaftungen und Erschießungen kehrten auch in den Alltag der Stadtbewohner zurück, wenngleich sie nie wieder das Ausmaß der Jahre 1937 und 1938 annahmen. »Das Jahr 1949 rollte, alles niederwalzend, über sämtliche Bereiche der Wissenschaft und der Ideologie, über das ganze gesellschaftliche Leben hinweg«, wie sich die Literaturwissenschaftlerin Raissa Orlova-Kopelev erinnerte. »Wenn ich jedoch vergleiche« so Orlova, »was ich selbst bewußt miterlebt habe – die Jahre 1937 und 1949, dann ist mir, als hätte es 1937 mehr ›gleiche Chancen‹ des Untergangs gegeben. 1949 forderte weniger Opfer, zufällige Verhaftungen waren relativ seltener. 1949 war nicht besser, jedoch etwas anders.« Alles, was aus dem Ausland kam, mußte nunmehr verdammt und verurteilt werden. Literatur, Kunst und Wissenschaft wurden isoliert und verloren ihren Anschluß an die westliche Welt. Für die Naturwissenschaft, namentlich für die Biologie, für die Genetik und die Psychoanalyse hatte diese Kampagne unabsehbare Folgen.[34]

Die Fremdenphobie des Regimes zeigte sich nicht zuletzt in seiner veränderten Haltung gegenüber den sowjetischen Juden. In den dreißiger Jahren ächteten die Bolschewiki den Antisemitismus und gewährten jenen, die sich zum Judentum als einer Nation bekannten, kulturelle Autonomie. Vielen Juden aber war das Nationale einerlei. Wahrscheinlich gab es in der Sowjetunion keine andere ethno-religiöse Gruppe, die stärker im Sowjetischen aufging als die jüdische Bevölkerung. Juden wurden nicht zu Russen, aber sie wurden zu Sowjetmenschen, die sich mit dem Imperium identifizierten, das ihnen die Gleichberechtigung gewährt hatte. Unter dem Eindruck der ethnischen Säuberungen und den mörderischen Erfahrungen des Zweiten Weltkrieges aber besannen sich zahlreiche assimilierte Juden wieder auf ihr Judentum. Die Vernichtung der sowjetischen Juden durch die Nationalsozialisten und die allgegenwärtige Stigmatisierung bewirkten, daß Sowjetmenschen sich in Juden zurückverwandelten. Denn nichts wirft einen Menschen stärker auf sich selbst zurück als die Ablehnung, die ihm entgegengebracht wird. Zwar standen das 1942 gegründete »Jüdische Antifaschistische Komitee« und ihr Leiter, der Schauspieler Solomon Michoels, unter der strengen Kontrolle der Parteiführung. Denn zu seinen Mitgliedern gehörten nicht zuletzt Ilja Ehrenburg und die Ehefrau Molotovs. Angesichts der tödlichen Bedrohung durch die Nationalsozialisten aber verstand sich das Komitee nicht mehr nur als verlängerter Arm der Partei, sondern als Vertretung der sowjetischen Juden. Michoels reiste in die USA und warb Spenden ein, die Mitglieder des Komitees brachten den Mut auf, Stalin im Februar 1944 darum zu ersuchen, eine jüdische Sowjetrepublik auf der soeben befreiten Halbinsel Krim zu gründen, und sie gaben eine Dokumentation über den Mord an den sowjetischen Juden heraus. Das »Schwarzbuch«, wie die Schriftsteller Ehrenburg und Grossmann ihr Dokumentationswerk nannten, durfte nicht erscheinen, die gesamte Auflage wurde von den Sicherheitsorganen beschlagnahmt und vernichtet. In der offiziellen Version war der Krieg der Nationalsozialisten ein Krieg gegen alle Völker der Sowjetunion. Für den Genozid an den Juden gab es in dieser Geschichte keinen Platz. Das Mißtrauen der politischen Führung wuchs, je selbstbewußter Juden und ihre Vertreter in der Öffentlichkeit auftraten. Als die erste israelische Botschafterin in der Sowjetunion, Golda Meir, im September 1948 in Moskau erschien, kam es zu spontanen Kundgebungen, auf denen Juden nicht nur ihre Zustimmung zum Staat Israel bekundeten, sondern auch ihren Wunsch artikulierten, dorthin ausreisen zu dürfen. Wann hatte es in der Sowjetunion zuletzt eine Spontaneität gegeben, die nicht die Partei und ihre Führer organisiert hatten?

Stalin konnte solche Freiheiten nicht ertragen. Im Januar 1948 ließ er Michoels, den Vorsitzenden des Jüdischen Antifaschistischen Komitees, von einem Tschekisten ermorden, im November wurde das Komitee selbst aufgelöst und alle seine Mitglieder verhaftet. Zum Prozeß kam es erst im Juli 1952, und er begann und endete wie alle politischen Prozesse, die in der stalinistischen Sowjetunion inszeniert wurden: mit absurden Spionagevorwürfen und Todesurteilen, die sofort vollstreckt wurden. Der Prozeß gegen die Mitglieder des Komitees fand unter Ausschluß der Öffentlichkeit statt, aber es war kein Zufall, daß sich diese Abrechnung während der öffentlichen Kampagnen gegen die wurzel- und heimatlosen Kosmopoliten ereignete. Niemand mochte den antisemitischen Charakter dieser Kampagnen noch verhehlen. Als im Auftrag Stalins im Januar 1953 eine Verschwörung von »Mörder-Ärzten« aufgedeckt wurde, geriet die Kampagne außer Kontrolle. Stalin beschuldigte prominente Ärzte, unter denen sich zahlreiche Juden befanden, den Tod des Leningrader Parteichefs Andrej Ždanov im Jahr 1948 verschuldet und Attentate auf das Leben der politischen Führer geplant zu haben. Der englische Geheimdienst und jüdische Organisationen aus den USA hätten diese Mordpläne in Auftrag gegeben. Die von Stalin ins Werk gesetzte und gesteuerte Kampagne löste eine Welle antisemitischer Übergriffe überall in der Sowjetunion aus. Juden wurden aus öffentlichen Ämtern entfernt, diskriminiert und als Feinde des Sowjetstaates stigmatisiert. Die Provinzpotentaten begriffen sofort, was Stalin von ihnen jetzt erwartete. Schon im April 1948, nach der Ermordung Michoels, meldete der Sekretär der weißrussischen

Parteiorganisation, Gusarov, erste Erfolge nach Moskau. Die Sicherheitsorgane hätten eine Verschwörung »jüdischer nationalistischer Elemente« aufgedeckt. Haß auf das »russische und weißrussische Volk« zu schüren – das sei das Ziel der jüdischen Nationalisten gewesen, und sie seien dabei von jüdischen Komitees aus den USA und Palästina unterstützt worden. Es bestehe kein Zweifel, wie Gusarov weiter ausführte, daß die amerikanischen Juden im Auftrag des US-Geheimdienstes handelten. Juden seien Agenten des Auslandes, sie müßten deshalb auch aus den Partei- und Staatsorganen in Weißrußland entfernt werden, weil sie dort gegen die sowjetische Ordnung »konspirierten«. Er erwarte, daß ihm Moskau Anweisungen erteile, wie in dieser Angelegenheit weiter zu verfahren sei.

Wenngleich zahlreiche Juden von Nachbarn und Arbeitskollegen als Feinde denunziert wurden, gab es doch auch Menschen, die diesen Ausbruch blinden Hasses nicht länger ertragen konnten. Im Februar 1953 erhielt Stalin einen anonymen Brief von einer Schülerin, die sich über die Diskriminierung und alltägliche Gewalt beklagte, der Juden ausgesetzt seien. »Nach der Veröffentlichung dieser Mitteilung über die Verräter-Ärzte begann an vielen Schulen in unserer Stadt die Verprügelung jüdischer Kinder. Was ist denn das für ein Leben, wo es keine wirkliche Gerechtigkeit gibt!« Für menschliches Mitgefühl aber waren Stalin und seine Helfer nicht empfänglich. Wahrscheinlich plante der Tyrann nicht nur die Inszenierung neuer Schauprozesse, sondern auch die Deportation aller Juden aus dem europäischen Rußland. Der Tod Stalins im März 1953 vereitelte diesen Plan, schon im April wurden die verhafteten Ärzte rehabilitiert und die Kampagne eingestellt.[35]

Ohne die destruktive und kriminelle Energie des Diktators wäre, was hier geschah, kaum möglich gewesen. Kein Terror konnte grausam genug sein, um Stalins Rachsucht und Gewaltbedürfnisse zu befriedigen. Leben hieß, sich seiner Feinde zu entledigen. Aber wo das vermeintliche Übel beseitigt wurde, erwuchsen dem Diktator sogleich neue Feinde. Stalin konnte sich ein Leben ohne Tod und Vernichtung überhaupt nicht vorstellen. Nun liegt es in der Natur personalisierter Herrschaftssysteme, daß sie Mißtrauen schaffen auf allen Ebenen und an allen Orten, wo sich eine solche Herrschaft materialisiert. In solchen Systemen gehören die Ämter Personen und ihren Gefolgschaften. Der Herrscher muß sich deshalb, wenn er seine Macht nicht einbüßen will, der Loyalität seiner Vasallen stets aufs neue versichern. Stalin konnte seine Alleinherrschaft nur aufrechterhalten, wenn seine Gefolgsleute ihn fürchteten und wenn die Gefolgschaften miteinander um seine Gunst stritten. Zu diesem Zweck inszenierte der Diktator Rivalitäten zwischen den Mitgliedern des Politbüros, er konnte die Gunst, die er einem seiner Gefolgsleute erwies, jederzeit wieder entziehen. Die Mitglieder der herrschenden Elite wußten um die Regeln, die Stalin für sie alle aufgestellt hatte. Sie mußten gegeneinander intrigieren, um sich das Wohlwollen des Diktators zu erwerben. Stalin achtete darauf, daß die Mitglieder des Politbüros einander kontrollierten und ihm über die Verfehlungen ihrer Rivalen Bericht erstatteten. Unter den Bedingungen der späten vierziger Jahre gab es für die Gefolgsleute des Diktators keine Möglichkeit mehr, sich dem tödlichen Spiel der Intrige zu entziehen. Denn der Große Terror hatte nicht nur Tausenden von Parteimitgliedern den Tod gebracht, er hatte auch die Partei als Institution zerstört.

Stalins Herrschaft kam ohne Statuten, Parteitage und ZK-Plena aus. Zwischen 1939 und 1952 wurde kein Parteitag mehr einberufen, und es gab in dieser Zeit auch nicht mehr als zwei Sitzungen des Zentralkomitees. Der XIX. Parteitag, der im Herbst 1952 zusammentrat, war nicht mehr als eine Jubelveranstaltung, auf der die Delegierten dem alternden Despoten huldigten. Selbst das Politbüro trat während des Krieges und danach kaum mehr zu regulären Sitzungen zusammen. Bereits vor dem Krieg hatte Stalin das wichtigste Gremium entmachtet, als er seine engsten Vertrauten in sogenannte »Ausschüsse« berief, die alle wichtigen Entscheidungen trafen. Am Ende der dreißiger Jahre mußte Stalin schon niemanden mehr um Rat fragen, er schrieb auch keine Briefe mehr. Er hielt jetzt hof. Wer etwas erreichen wollte, mußte sich einen Platz an der Tafel des Diktators erobern. Denn die politischen Entscheidungen wurden während der nächtlichen Gelage im Kreml oder auf der Datscha Stalins getroffen. Wer zu diesen Essen, die nachts begannen und bis in die frühen Morgenstunden andauerten, nicht mehr eingeladen wurde, verlor an

Einfluß. Für einige Mitglieder des Führungszirkels hatte dieser Liebesentzug tödliche Folgen. Chruščev hat in seinen Erinnerungen die beklemmende Atmosphäre am Hof des Tyrannen beschrieben: »Die letzten Jahre waren schwere Zeiten. Die Regierung hörte praktisch auf zu funktionieren. Stalin wählte eine kleine Gruppe von Leuten aus, die ständig um ihn herum sein mußten. Und dann gab es da stets noch eine andere Gruppe von Leuten, die er, um sie zu bestrafen, auf unbestimmte Zeit nicht zu sich kommen ließ. Jeder von uns konnte sich heute in der einen und morgen in der anderen Gruppe wiederfinden.« Am Abend hätten sich die Mitglieder des engeren Führungskreises im Kreml getroffen und gemeinsam mit Stalin britische und amerikanische Filme angesehen. Gegen Mitternacht seien sie dann stets zu Stalins Datscha hinausgefahren, um bis zum frühen Morgen zu essen und zu trinken. Hier seien auch alle wichtigen Entscheidungen getroffen worden. Chruščev erinnerte sich, er und die übrigen Mitglieder des Führungszirkels hätten stets Angst gehabt, wenn sie zu Stalin hinausgefahren seien: »In jenen Tagen hätte jedem einzelnen von uns wer weiß was widerfahren können. Alles hing davon ab, was Stalin zufällig gerade durch den Kopf ging, wenn er in die Richtung blickte, wo man sich befand. Manchmal starrte er einen an und sagte: ›Warum sehen Sie mir heute nicht in die Augen? Warum weichen Sie meinem Blick aus?‹ oder einen ähnlichen Unsinn. Ganz unvermittelt konnte er mit regelrechter Bösartigkeit über jemanden herfallen.« Stalin entschied jetzt auch allein, wer dem Politbüro angehören durfte und wer aus ihm ausscheiden mußte. Auf dem XIX. Parteitag im Herbst 1952 stellte sich Stalin »sein« Politbüro, das jetzt »Präsidium« genannt werden mußte, selbst zusammen.

Stalin wurde älter, jeder konnte sehen, wie der Diktator körperlich und geistig verfiel. Im Oktober 1945 erlitt er einen Schlaganfall, der ihm so sehr zusetzte, daß er für einige Zeit aus der politischen Öffentlichkeit verschwand. Ein Jahr später, im Dezember 1946, bekam Stalin hohes Fieber, und er mußte für längere Zeit erneut das Bett hüten. Die Ärzte diagnostizierten hohen Blutdruck, Arteriosklerose, eine vergrößerte Leber, Herzmuskelschwäche und chronische Hepatitis. Stalin war ein kranker Mann. Aber er dachte zu keiner Zeit daran, die Macht abzugeben. Die »Kronprinzen«, die er der Öffentlichkeit als mögliche Nachfolger präsentierte, waren nichts weiter als Marionetten in einem verhängnisvollen Intrigenspiel. Nach dem Krieg galt Andrej Ždanov, der ehemalige Parteichef von Leningrad und ZK-Sekretär für Kultur, als Nachfolger Stalins. Ždanov war ein skrupelloser Verbrecher, der seine Loyalität nicht zuletzt durch die Hetzkampagne unter Beweis stellte, die er im Auftrag Stalins gegen den »wurzellosen Kosmopolitismus« in der Kultur entfachte. Es war Ždanov, der veranlaßte, daß seine Rivalen, der ZK-Sekretär Georgij Malenkov und der NKVD-Chef Lavrentij Berija, in Ungnade fielen und ihre Ämter für kurze Zeit verloren. Aber 1948 begann auch der Stern Ždanovs zu sinken, im Frühjahr verstieß ihn Stalin aus dem inneren Kreis der Macht, im August 1948 starb er unter Umständen, die bis heute nicht geklärt sind. Malenkov und Berija kamen, als ihr Erzrivale in Ungnade fiel, in den Kreis der Macht zurück, und sie begannen sofort, die Leningrader Gefolgsleute Ždanovs zu verfolgen. Zu diesen gehörten nicht zuletzt der ZK-Sekretär Aleksej Kuznecov und der Leiter der Planbehörde, Nikolaj Voznesenskij. Beide Männer waren jung, ehrgeizig und machtgierig, und Stalin hatte sie zu seinen »Nachfolgern« auserkoren. Nach dem Tod Ždanovs aber fielen auch sie in Ungnade, weil sie in ihrer Gier nach Macht und Einfluß nicht Maß halten konnten und Stalins Mißtrauen weckten. Kuznecov und Voznesenskij waren nicht nur ehrgeizig und selbstbewußt, sie verstanden sich offenkundig auch als Vertreter der Russen in der Kommunistischen Partei der Sowjetunion. Kuznecov hatte die Gründung einer Kommunistischen Partei für die Rußländische Föderation angeregt. Solchen Nationalismus aber duldete Stalin nicht an seinem Hof. Voznesenskij sei ein »Großmachtchauvinist«, für den »nicht nur die Georgier und Armenier, sondern auch die Ukrainer keine Menschen sind«, wie Stalin sich in Gegenwart Mikojans empörte. Ende 1948 beauftragte er Malenkov, eine monströse Verschwörung zu inszenieren. Malenkov tat, was Stalin ihm aufgetragen hatte. Zwischen 1949 und 1952 unterzog er die Leningrader Parteiorganisation einer Säuberung, der Tausende von Partei- und Staatsfunktionären zum Opfer fielen, fast alle Gefolgsleute Ždanovs wurden verhaftet, die meisten von ihnen erschossen, nicht nur in Leningrad, sondern überall, wo sich die ehemaligen Gefolgsleute

Ždanovs aufhielten. Im Februar 1949 erschien Malenkov selbst in Leningrad, um das Strafgericht des Diktators zu inszenieren. Was jetzt zur Sprache kam, erinnerte an die Vorwürfe, die Stalin bereits 1937 gegen die Führer in der Provinz erhoben hatte. Malenkov sprach von Eigenmächtigkeit, Verrat und Nepotismus, und er ließ keinen Zweifel daran, welche Strafen jene zu erwarten hatten, die sich dem Willen des Führers nicht bedingungslos auslieferten. Kuznecov, Voznesenskij, der Leningrader Parteichef Popkov und andere höhere Funktionäre wurden 1949 verhaftet und im September 1950 in einem geheimen Prozeß wegen »Fraktionstätigkeit« zum Tod verurteilt und erschossen. Mehr als 600 Leningrader Parteimitglieder mußten dem Prozeß als Zuschauer beiwohnen, damit sie sahen, wohin Illoyalität und Verrat in Stalins Sowjetunion führen konnten.

Die »Leningrader Affäre« war nur eine Ouvertüre. Stalin sah auch jetzt keinen Grund, von den Verdächtigungen der Vergangenheit abzulassen, er tyrannisierte seinen Außenminister und treuesten Gefolgsmann Molotov. Er verdächtigte ihn, ein britischer Spion zu sein, und sprach Drohungen gegen ihn aus. Molotov erlitt einen Nervenzusammenbruch, als er erfuhr, daß Stalin ihn nicht mehr sehen wollte. Kaganovič, Stalins brutalster Handlanger, mußte sich anläßlich der »Ärzteverschwörung« öffentlich vom »Zionismus« distanzieren. Jetzt fühlte sich selbst der »eiserne Lazar« unbehaglich. Er sei »krank« geworden vor Schmerz, wie er Mikojan gegenüber eingestand. Und auch Vorošilov und Mikojan fielen in den letzten Lebensjahren des Diktators in Ungnade. Sie seien Spione, denen man nicht länger trauen dürfe. Nicht einmal Stalins Landsmann und Sicherheitschef Berija konnte sich in Sicherheit wiegen. 1951 konfrontierte ihn Stalin mit einer »Verschwörung« von mingrelischen Kommunisten. Die Verschwörer hätten das Ziel verfolgt, Georgien an die Türkei abzutreten. Berija tat, was von ihm erwartet wurde: Er entfachte eine blutige Säuberung in Georgien, und er nahm dabei keine Rücksicht auf seine mingrelischen Gefolgsleute, die ihrer Ämter in der georgischen Parteiorganisation enthoben und verhaftet wurden. Allem Anschein nach plante Stalin, sich der treuen Freunde und Helfer der Vergangenheit für immer zu entledigen. Nur der Tod des Tyrannen verhinderte die Wiederkehr des Großen Terrors.[36]

Am 1. März 1953 erlitt Stalin auf seiner Datscha in Kuncevo einen Gehirnschlag, der ihn vollständig lähmte. Als Angehörige des Wachpersonals Stalins Schlafzimmer betraten, sahen sie den Diktator bewußtlos am Boden liegen. Am späten Abend trafen Berija, Malenkov, Chruščev und Bulganin in Kuncevo ein. Sie gaben den Wachen die Anweisung, den Bewußtlosen liegen zu lassen. Stalin schlafe, und es sei niemandem gestattet, ihn zu stören. Erst am Morgen des 2. März kamen Ärzte nach Kuncevo, die das Leben des Diktators aber nicht mehr retten konnten. Am 5. März starb Stalin. Bereits in der Nacht vom 1. auf den 2. März wurden die Machtverhältnisse neu eingerichtet. Die Mitglieder der inneren Führung schienen erleichtert zu sein, denn sie nahmen Molotov und Mikojan, die Stalin aus dem inneren Kreis der Macht verstoßen hatte, wieder in das Präsidium auf, und am 5. März, als Stalin noch lebte, riefen sie die Mitglieder des Zentralkomitees in den Kreml, um sie über den Gang der Ereignisse zu informieren. Der Schriftsteller Konstantin Simonov, der der Sitzung beiwohnte, erinnerte sich, Berija und Malenkov hätten »zur Sache« gesprochen und den Namen des Diktators schon nicht mehr erwähnt. Nur Molotov, Stalins langjähriger Weggefährte, habe traurig ausgesehen.

Der Stalinismus war eine Terrorherrschaft, die aus dem sowjetischen Kontext erwuchs. Er war ein Versuch, neue Menschen in die Welt zu setzen und alte aus ihr zu entfernen. Unter russischen Bedingungen führte dieser Versuch in den Massenterror. Ohne Stalin aber hätte es keinen Stalinismus gegeben. Denn niemand in der politischen Führung, nicht einmal Berija, hatte ein Interesse an der Fortsetzung des destruktiven Terrors. Unmittelbar nach dem Tod des Diktators wurden die »Mörder-Ärzte« befreit, die antisemitische Kampagne eingestellt und eine Amnestie für GULag-Häftlinge verkündet. Es kam zu einer sukzessiven Entstalinisierung, Angehörige stigmatisierter Volksgruppen wurden rehabilitiert, Hunderttausende kehrten aus Verbannung und Lagerhaft in das zivile Leben zurück. Die Parteigremien, das Zentralkomitee und das Politbüro gewannen wieder an Bedeutung, in der Regierung galt fortan das Prinzip der »kollektiven Führung«. Auf dem XX. Parteitag im Jahr 1956 verurteilte Chruščev den »Personenkult« Stalins, und 1961 ließ er Stalins Leiche aus dem Mausoleum auf dem Roten Platz entfernen. Chruščev profitierte selbst von der Entstalinisierung der politischen Kultur. Als er 1964 gestürzt wurde, kam er nicht ins Gefängnis. Er wurde in Pension geschickt.

Die Sowjetunion verwandelte sich nicht in eine Demokratie. Aber die Furcht wich aus den Köpfen und Seelen der Menschen. »Keiner, der nicht auf dieser surrealen Bahn ins Schleudern gekommen ist«, so erinnerte sich der Physiker Jurij Orlov an die Entstalinisierung, »wird verstehen, wie ungeheuer erleichtert die Menschen gewesen sind nach Chruščevs Wendung zu elementarer Legalität. Die Gesellschaft blieb totalitär, aber sie hatte aufgehört, sich in Blut und Erbrochenem zu wälzen.«[37]

Anmerkungen

Einleitung

[1] Solche Geschichten sind bereits geschrieben worden. Vgl. exemplarisch M. Hildermeier, Geschichte der Sowjetunion 1917-1991. Entstehung und Niedergang des ersten sozialistischen Staates, München 1998; D. Beyrau, Petrograd, 25. Oktober 1917. Die russische Revolution und der Aufstieg des Kommunismus, München 2001; und R. G. Suny, The Soviet Experiment. Russia, the USSR, and the Successor States, Oxford 1998. Ausnahmen: M. Malia, Vollstreckter Wahn. Rußland 1917-1991, Stuttgart 1994; und G. Koenen, Utopie der Säuberung. Was war der Kommunismus?, Berlin 1998.

[2] St. Courtois, Die Verbrechen des Kommunismus, in: St. Courtois u. a. (Hrsg.), Das Schwarzbuch des Kommunismus. Unterdrückung, Verbrechen und Terror, München 1998, S. 11-43.

[3] Resümees der Forschung in: J. Baberowski, Wandel und Terror. Die Sowjetunion unter Stalin 1928-1941, in: Jahrbücher für Osteuropäische Geschichte 43 (1995), S. 97-129; und M. Hildermeier, Interpretationen des Stalinismus, in: Historische Zeitschrift 264 (1997), S. 655-674.

[4] H. Arendt, Ideologie und Terror. Eine neue Staatsform, in: B. Seidel/S. Jenkner (Hrsg.), Wege der Totalitarismusforschung, Darmstadt 1974, S. 163.

[5] I. Kershaw, Hitler 1936-1945, München 2000.

[6] L. Viola, The Best Sons of the Fatherland. Workers in the Vanguard of Soviet Collectivization, New York 1987; Sh. Fitzpatrick, Stalin and the Making of a New Elite, in: dies., The Cultural Front. Power and Culture in Revolutionary Russia, Ithaca 1992, S. 149-182. Vgl. auch J.A. Getty, Origins of the Great Purges. The Soviet Party Reconsidered, 1933-1938, Cambrigde 1985.

[7] P. Kenez, Stalinism as Humdrum Politics, in: Russian Review 45 (1986), S. 395-400.

[8] G. Eley, History with the Politics Left out - Again?, in: Russian Review 45 (1986), S. 385-394.

[9] M. Foucault, In Verteidigung der Gesellschaft. Vorlesungen am Collège de France 1975-1976, Frankfurt am Main 1999, S. 38.

[10] J. Baberowski, Arbeit an der Geschichte. Vom Umgang mit den Archiven, in: Jahrbücher für Geschichte Osteuropas 51 (2003), S. 36-56.

[11] J. Baberowski, Stalinismus »von oben«. Kulakendeportationen in der Sowjetunion 1929-1933, in: Jahrbücher für Geschichte Osteuropas 46 (1998), S. 572-595; N.A. Ivnickij, Kollektivizacija i raskulačivanie (načalo 30-ch godov), Moskva 1996.

[12] Stalin. Briefe an Molotov 1925-1936, Berlin 1996; Stalin i Kaganovič. Perepiska. 1931-1936 gg., Moskva 2001.

[13] L.Viola, Peasant Rebels under Stalin. Collectivization and the Culture of Peasant Resistance, Oxford 1996; S. Davies, Popular Opinion in Stalin's Russia. Ter-

ror, Propaganda and Dissent, 1934-1941, Cambridge 1997.

14 Z. Bauman, Moderne und Ambivalenz. Das Ende der Eindeutigkeit, Frankfurt am Main 1995, S. 20-21, 323.

15 Vgl. neben anderen I. Halfin, From Darkness to Light. Class, Consciousness, and Salvation in Revolutionary Russia, Pittsburgh 2000.

16 Bauman, Moderne, S. 45.

17 Vgl. dazu exemplarisch: J. Baberowski, Der Feind ist überall. Stalinismus im Kaukasus, München 2003, S. 753-830.

18 G. M. Easter, Reconstructing the State. Personal Networks and Elite Identity in Soviet Russia, Cambridge 2000.

19 Vgl. exemplarisch B. Buldakov, Krasnaja smuta. Priroda i posledstvija revoljucionnogo nasilija, Moskva 1997; D. DuGarm, Local Politics and the Struggle for Grain in Tambov, 1918-21, in: D. Raleigh (Hrsg.), Provincial Landscapes. Local Dimensions of Soviet Power, 1917-1953, Pittsburgh 2001, S. 59-81.

I. Der Weg in den Stalinismus

1 J.-J. Rousseau, Vom Gesellschaftsvertrag oder Grundsätze des Staatsrechts, Stuttgart 1977, S. 49.

2 D. Geyer, Gesellschaft als staatliche Veranstaltung, in: Jahrbücher für Geschichte Osteuropas 14 (1966), S. 21-50.

3 M. Hildermeier, Der russische Adel von 1700-1917, in: H.-U. Wehler (Hrsg.), Europäischer Adel 1750-1950, Göttingen 1990, S. 166-216; D. Lieven, Abschied von Macht und Würden. Der europäische Adel 1815-1914, Frankfurt am Main 1995, S. 281-298; M. Raeff, Der wohlgeordnete Polizeistaat und die Entwicklung der Moderne im Europa des 17. und 18. Jahrhunderts. Versuch eines vergleichenden Ansatzes, in: E. Hinrichs (Hrsg.), Absolutismus, Frankfurt am Main 1986, S. 310-343; R. E. Jones, The Emancipation of the Russian Nobility, 1762-1785, Princeton 1973.

4 Vgl. B.W. Lincoln, In the Vanguard of Reform. Russia's Enlightened Bureaucrats 1825-1861, DeKalb/Ill, 1982; R. Wortman, The Development of a Russian Legal Consciousness, Chicago 1976; J. Baberowski, Autokratie und Justiz. Zum Verhältnis von Rechtsstaatlichkeit und Rückständigkeit im ausgehenden Zarenreich, Frankfurt am Main 1996.

5 R. Wortman, Scenarios of Power. Myth and Ceremony in Russian Monarchy, Bd. 2: From Alexander II to the Abdication of Nicholas II, Princeton 2000, S. 6-8.

6 L. Engelstein, Combined Underdevelopment: Discipline and the Law in Imperial and Soviet Russia, in: American Historical Review 98 (1993), S. 338-353; J. Baberowski, Auf der Suche nach Eindeutigkeit. Kolonialismus und zivilisatorische Mission im Zarenreich und in der Sowjetunion, in: Jahrbücher für Geschichte Osteuropas 47 (1999), S. 482-504.

7 Zur Aufhebung der Leibeigenschaft und ihren Folgen vgl. D. Moon, The Russian Peasantry 1600-1930, London 1999, S. 108-112; D. Field, The End of Serfdom. Nobility and Bureaucracy in Russia, 1855-1861, Cambridge/Mass.

1976; T. Emmons, The Russian Landed Gentry and the Peasant Emancipation of 1861, Cambridge 1968; E. Kingston-Mann/T. Mixter (Hrsg.), Peasant Economy, Culture, and Politics of European Russia, 1800-1921, Princeton 1991.

8 St. P. Frank, Crime, Cultural Conflict, and Justice in Rural Russia, 1856-1914, Berkeley 1999, S. 19-50.

9 Ch. Schmidt, Sozialkontrolle in Moskau. Justiz, Kriminalität und Leibeigenschaft 1649-1785, Stuttgart 1996; Baberowski, Autokratie und Justiz.

10 Frank, Crime, S. 209ff; C.D. Worobec, Peasant Russia. Family and Community in the Post-Emancipation Period, DeKalb/Ill. 1995, S. 118-150; B.A. Engel, Between the Fields and the City. Women, Work, and Family in Russia, 1861-1914, Cambridge 1996, S. 7-33; dies., Horse Thieves and Peasant Justice in Post-Emancipation Imperial Russia, in: Journal of Social History 21 (1987), S. 281-293.

11 Vgl. die Schilderungen des Gutsbesitzers Aleksandr Nikolaevič Engelgardt über die Gewalttätigkeit der Bauern und ihre Angewohnheit, körperliche Gewalt durch materielle Kompensationen zu sühnen: Aleksandr Nikolaevich Engelgardt's Letters from the Country, 1872-1887, hrsg. v. C.A. Frierson, Oxford 1993, S. 34-35; Frank, Crime, S. 85-114.

12 J. Baberowski, Die Entdeckung des Unbekannten. Rußland und das Ende Osteuropas, in: Geschichte ist immer Gegenwart. Vier Thesen zur Zeitgeschichte, Stuttgart 2001, S. 9-42; D.C.B. Lieven, Russia's Rulers under the old Regime, New Haven 1989; A. Verner, The Crisis of Russian Autocracy. Nicholas II and the 1905 Revolution, Princeton 1990.

13 R. Johnson, Peasant and Proletarian: the Working Class of Moscow in the Late Nineteenth Century, New Brunswick 1979; Ch. Wynn, Workers, Strikes, and Pogroms: The Donbass-Dnepr Bend in Late Imperial Russia, 1870-1905, Princeton 1995; J. Neuberger, Hooliganism: Crime, Culture and Power in St. Petersburg. 1900-1914, Stanford 1993.

14 Wynn, Workers; Th. Friedgut, Iuzovka and Revolution: Life and Work in Russia's Donbass, 2 Bde., Princeton 1989, 1993; J. Baberowski, Nationalismus aus dem Geiste der Inferiorität. Autokratische Modernisierung und die Anfänge muslimischer Selbstvergewisserung im östlichen Transkaukasien 1828-1914, in: Geschichte und Gesellschaft 26 (2002), S. 371-406; Rabočie i intelligencija Rossii v epochu reform i revoljucii 1861-1917, St. Petersburg 1997; S. Kanatchikov, A Radical Worker in Tsarist Russia. The Autobiography of Semen Ivanovich Kanatchikov, hrsg. v. R.E. Zenlnik, Stanford 1986.

15 O. Figes, Die Tragödie eines Volkes. Die Epoche der russischen Revolution 1891 bis 1924, Berlin 1998, S. 138.167; R. Pipes, Die russische Revolution, Bd. 1: Der Zerfall des Zarenreiches, Berlin 1992.

16 M. Gorkij, Unzeitgemäße Betrachtungen über Kultur und Revolution, Frankfurt am Main 1974, S. 149.

17 Vgl. exemplarisch: Pervaja mirovaja vojna. Prolog XX veka, Moskva 1998; I.V. Narskij/O.Ju. Nikonova (Hrsg.), Čelovek i vojna. Vojna kak javlenie kul'tury, Moskva 2001; N. Stone, The Eastern Front, 1914-1917, London 1978; A.A. Brusilov, Moi vospominanija, Moskva 2001.

[18] O.S. Porineva, Rossijskij krest'janin v pervoj mirovoj vojne (1914-fevral' 1917), in: Narskij/Nikonova, Čelovek, S. 190-215; J. Sanborn, Drafting the Russian Nation. Military Conscription, Total War, and Mass Politics 1905-1925, DeKalb/Ill. 2003, S. 96-131; P. Holquist, Making War, Forging Revolution. Russia's Continuum of Crisis, 1914-1921, Cambridge 2002, S. 12-46. Zur Propaganda des zarischen Regimes vgl. H. Jahn, Patriotic Culture in Russia during World War I, Itcaca 1995.

[19] P. Gatrell, A Whole Empire Walking. Refugees in Russia during World War I, Bloomington 1999, S. 17-19, 23-25, 36, 66; P. Holquist, To Count, to Extract, and to Exterminate: Population Statistics and Population Politics in Late Imperial and Soviet Russia, in: R.G. Suny/T. Martin (Hrsg.), A State of Nations. Empire and Nation Making in the Age of Lenin and Stalin, Oxford 2001, S. 115; E. Lohr, The Russian Army and the Jews: Mass Deportations, Hostages, and Violence during World War I, in: Russian Review 60 (2001), S. 404-419.

[20] Halfin, From Darkness to Light.

[21] Vgl. I. Čerikover, Antisemitizm i pogromy na Ukraine 1917-1918 gg. K istorii ukrainsko-evrejskich otnošenii, Berlin 1923, S. 29-31; N. Katzer, Die weiße Bewegung in Rußland. Herrschaftsbildung, praktische Politik und politische Programmatik im Bürgerkrieg, Köln 1999, S. 281.

[22] H. Kuromiya, Freedom and Terror in the Donbass. A Ukrainian-Russian Borderland, 1870s-1990s, Cambridge 1998, S. 77-79, 82-84.

[23] M.C. Hickey, The Rise and Fall of Smolensk's Moderate Socialists: The Politics of Class and the Rhetoric of Crisis in 1917, in: Raleigh (Hrsg.), Provincial Landscapes, S. 14-35; R.T. Manning, Bolsheviks without the Party. Sychevka in 1917, in: Raleigh, Provincial Landscapes, S. 40-52; J. Channon, The Peasantry in the Revolutions of 1917, in: E.R. Frankel u.a. (Hrsg.), Revolution in Russia. Reassessments of 1917, Cambridge 1992, S. 106-107; J. Keep, The Russian Revolution. A Study in Mass Mobilization, New York 1976, S. 159-161.

[24] O.Figes/B. Kolonitskii, Interpreting the Russian Revolution. The Language and Symbols of 1917, New Haven 1999, S. 108-124, 127-152.

[25] Lenin, Polnoe Sobranie Sočinenij, Moskva 1958-1965, Bd. 35, S. 204; D.J. Raleigh, Experiencing Russia's Civil War. Politics, Society and Revolutionary Culture in Saratov, 1917-1922, Princeton 2002, S. 34-36, 246-281.

[26] M.P. Price, My Reminiscences of the Russian Revolution, London 1921, S. 349; A. Graciozi, Bol'ševiki i krest'jane na Ukraine, 1918-1919 godu, Moskva 1997, S. 82.

[27] Figes, Tragödie, S. 410-429; Kuromiya, Freedom, S. 85-88.

[28] A. Geifman, Thou Shalt Kill. Revolutionary Terrorism in Russia, 1894-1917, Princeton 1993, S. 154-180; A.J. Mayer, The Furies. Violence and Terror in the French and the Russian Revolutions, Princeton 2000, S. 239.

[29] Figes, Tragödie, S. 501-567.

[30] Gorkij, Unzeitgemäße Gedanken, S. 123-124; T. Pentner, Odessa 1917. Revolution an der Peripherie, Köln 2000, S. 246-248; T. Hasegawa, Crime, Police, and Mob Justice in Petrograd during the Russian Revolution of 1917, in: Ch. Timberlake (Hrsg.), Religious and Secular Forces in the Late Tsarist Russia,

London 1992, S. 260; Kuromiya, Freedom, S. 84-85; Baberowski, Der Feind, S. 109-141.

31 Raleigh, Experiencing, S. 332-337; Figes, Tragödie, S. 623-638.

32 Katzer, Die weiße Bewegung, S. 399-423; Figes, S. 587-609, 623-638.

33 V.I. Lenin, Staat und Revolution, in: ders., Ausgewählte Werke, Bd. 2, Berlin (Ost) 1976, S. 319-419, Zitate S. 359, 403, 402. Vgl. auch J. Burbank, Lenin and the Law in Revolutionary Russia, in: Slavic Review 54 (1995), S. 23-44.

34 Vgl. dazu die Interpretation von Gerd Koenen, Utopie, S. 63-94.

35 Kuromiya, Freedom, S. 99-105. In der historischen Literatur werden unterschiedliche Opferzahlen genannt. Vgl. Pipes, Die russische Revolution, Bd. 3, S. 188; Ju. Larin, Evrej i antisemitizm v SSSR, Moskva/Leningrad 1929, S. 55; Katzer, Die weiße Bewegung, S. 287. Zur Mentalität und Motivation der weißen Offiziere und Warlords vgl. L. Heretz, The Psychology of the White Movement, in: V. Brovkin (Hrsg.), The Bolsheviks in Russian Society. The Revolution and the Civil Wars, New Haven 1997, S. 105-121; N.G.O. Pereira, Siberian Atamanshchina: Warlordism in the Russian Civil War, in: Brovkin, The Bolsheviks, S. 122-138.

36 J.A. Cassiday, The Enemy on Trial: Early Soviet Courts on Stage and Screen, DeKalb/Ill. 2000, S. 28-50; A. Lindenmeyr, The First Soviet Political Trial: Countess Sofia Panina before the Petrograd Revolutionary Tribunal, in: Russian Review 60 (2001), S. 505-525.

37 Zitate in: G. Leggett, The Cheka. Lenin's Political Police, Oxford 1981, S. 114.

38 R. Service, Lenin. Eine Biographie, München 2000, S. 421; Figes, Die Tragödie, S. 567.

39 Dekrety sovetskoj vlasti, Bd. 3, Moskva 1961, S. 291.

40 Krasnyj terror v gody graždanskoj vojny. Po materialam osoboj sledstvennoj komissii, in: Voprosy istorii (2001), Nr. 9, S. 17-18; Legget, The Cheka, S. 101-120. Weitere Beispiele in: S.P. Melgunov, Krasnyj terror v Rossii, Moskva 1991 (Erstdruck Berlin 1923), S. 20-32; S.A. Pavljŭenkov, Voennyj kommizm v Rossii. Vlast' i massy, Moskva 1997, S. 202-226.

41 A. Graziosi, Bol'ševiki i krest'jane na Ukraine, 1918-1919 g., Moskva 1997, S. 152.

42 Melgunov, Krasnyj terror, S. 24, 43-87; Leggett, The Cheka, S. 103; A.G. Latyšev, Rassekrčennyj Lenin, Moskva 1996, S. 20, 44-45, 57; R. Pipes (Hrsg.), The Unknown Lenin. From the Secret Archive, New Haven 1996, S. 46; Service, Lenin, S. 510-511.

43 Zitiert in Koenen, Utopie, S. 22.

44 Zitiert in Melgunov, Krasnyj terror, S. 107; Einblicke in den frühen Verfolgungswahn und die Spionagemanie der Bolschewiki geben die Dokumentenbände: Krasnaja kniga VČK, 2 Bde., Moskva 1922 (Neudruck Moskva 1989). Vgl. auch S.A. Smith, Red Petrograd: Revolution in the Factories, 1917-1918, Cambridge 1983, S. 167.

45 Melgunov, Krasnyj terror, S. 109-159.

46 Melgunov, Krasnyj terror, S. 10-12, 116-138, 145; N.M. Borodin, One Man in His Time, London 1955, S. 19.

47 S.A. Pavljučenkov, Krest'janskij Brest ili predystorija bol'ševiststkogo NEPa, Moskva 1996, S. 34-40.

48 D.R. Brower, »The City in Danger«. The Civil War and the Russian Urban Population, in: D.P. Koenker/W.G. Rosenberg (Hrsg.), Party, State, and Society in the Russian Civil War. Explorations in Social History, Bloomington 1989, S. 58-80; S. Pavliuchenkov, Workers' Protest Movement Against War Communism, in: Brovkin, The Bolsheviks, S. 149; Figes, S. 638-651.

49 S. Smith, The Socialist-Revolutionaries and the Dilemma of Civil War, in: Brovkin, Bolsheviks, S. 94-95; J. Aves, Workers against Lenin: Labour Protest and the Bolshevik Dictatorship, London 1996, S. 18-25; Pavljučenkov, Voennyj kommunizm, S. 148-150; ders., Workers' Protest, S. 146-149; Koenen, Utopie, S. 76-77.

50 IX s-ezd RKP(B), mart-aprel' 1920 goda: protokoly, Moskva 1972, S. 406, 415, 554-556; I. Deutscher, Trotzki. Bd. 1: Der bewaffnete Prophet 1879-1921, Stuttgart 1972, 2. Aufl., S. 460-478, Zitate S. 469, 470, 472. Vgl. auch B. Knei-Paz, The Social and Political Thought of Leon Trotsky, Oxford 1978, S. 260-269; L. Schapiro, The Origin of the Communist Autocracy. Political Opposition in the Soviet State. First Phase: 1917-1922, London 1977, S. 211-234; Aves, Workers, S. 5-8, 31.

51 E. Goldman, Living my Life, New York 1970, S. 753; Pavljŭenkov, Voennyj kommunizm, S. 154-164; P. Avrich, Kronstadt 1921, Princeton 1970, S. 151-154, 202-216; Figes, Tragödie, S. 805-810; A. Berkman, The Bolshevik Myth: Diary 1920-1922, London 1925, S. 303; Aves, Workers, S. 111-157.

52 O. Figes, Peasant Russia, Civil War: The Volga Countryside in Revolution 1917-1921, Oxford 1989, S. 188-195; Raleigh, Experiencing, S. 312-347; T.V. Osipova, Rossijskoe krest'janstvo v revoljucii i graždanskoj vojny, Moskva 2001, S. 173-191.

53 Latyšev, Rassekrečennyj Lenin, S. 57, 65-66; Melgunov, Krasnyj terror, S. 96-100.

54 Pavljŭenkov, Voennyj kommunizm, S. 109-117, 138-140; Osipova, Rossijskoe krest'janstvo, S. 322-336; Raleigh, Experiencing, S. 382-387; Graciozi, Bol'ševiki, S. 135-156; D. DuGarm, Peasant Wars in Tambov Province, in: Brovkin, The Bolsheviks, S. 177-198 u. O. Radkey, The Unknwon Civil War in Soviet Russia. A Study of the Green Movement in the Tambov Region 1920-1921, Stanford 1976.

55 Graciozi, Bol'ševiki, S. 140; Figes, Tragödie, S. 794-799, ders., Peasant Russia, S. 321-353; J.E. Hodgson, With Denikin's Armies: Being a Description of the Cossack Counter-Revolution in South-Russia, 1918-1920, London 1932, S. 118.

56 Melgunov, Krasnyj terror, S. 100-101; Raleigh, Experiencing, S. 382-388.

57 S. Esikov/L. Potrassov, Antonovščina. Novye podchody, in: Voprosy Istorii (1992), Nr. 6/7, S. 52; Osipova, Rossijskoe krest'janstvo, S. 337-341. Vgl. auch Pis'mo vo vlast' 1917-1927. Zajavlenija, žaloby, donosy, pis'ma v gosudarstvennye struktury i bol'ševistskim voždjam, Moskva 1998, S. 294.

58 V.L. Genis, Raskazačivanie v Sovetskoj Rossii, in: Voprosy Istorii (1994), Nr. 1, S. 42-47, 54; Melgunov, Krasnyj terror, S. 30-31; Izvestija CK KPSS (1989), S. 6, 177-178; Holquist, Making War, S. 166-205.

[59] G. Easter, Reconstructing the State. Personal Networks and Elite Identity in Soviet Russia, Cambridge 2000, S. 25-63. Zitat Lenins in: Service, Lenin, S. 288.

[60] M. Raeff, Russia Abroad. A Cultural History of the Russian Emigration 1919-1939, New York 1990; K. Schlögel (Hrsg.), Der große Exodus. Die russische Emigration und ihre Zentren 1917-1941, München 1994.

[61] Sh. Fitzpatrick, The Legacy of the Civil War, in: Koenker/Rosenberg, Party, S. 385-398.

II. Ruhe vor dem Sturm

[1] A.M. Ball, And Now my Soul is Hardened. Abandoned Children in Soviet Russia, 1918-1930, Berkeley/Los Angeles 1994, S. 5-9; Raleigh, Experiencing, S. 395-404; Borodin, One Man, S. 26-40; Kuromiya, Freedom, S. 127; H.H. Fisher, The Famine in Soviet Russia 1919-1923: The Operations of the American Relief Administration, New York 1927, S. 96. Zitat in: R. Pethybridge, One Step Backward, Two Steps Forward. Soviet Society and Politics under the New Economic Policy, Oxford 1990, S. 95-96.

[2] Ball, And Now my Soul, S. 1-9.

[3] Sanborn, Drafting, S. 180-181; Pethybridge, One Step, S. 104-107; Kuromiya, Freedom, S. 119-120; Beyrau, Petrograd, S. 75; Baberowski, Der Feind, S. 352-358, 413-420, 511.

[4] Im Überblick: Pethybridge, One Step; L.H. Siegelbaum, Soviet State and Society between Revolutions, 1918-1929, Cambridge 1992.

[5] Hildermeier, Geschichte der Sowjetunion, S. 234-237; R.W. Davies u. a. (Hrsg.), The Economic Transformation of the Soviet Union, 1913-1945, Cambridge 1994, S. 8-12, 110-113, 135-136; A. Erlich, Die Industrialisierungsdebatte in der Sowjetunion 1924-1928, Frankfurt am Main 1971.

[6] M. Wehner, Bauernpolitik im proletarischen Staat. Die Bauernfrage als zentrales Problem der sowjetischen Innenpolitik 1921-1928, Köln 1998, S. 238-286; D.R. Shearer, Industry, State and Society in Stalin's Russia, 1926-1934, Ithaca 1996, S. 27-52.

[7] Pethybridge, One Step, S. 121-127, 382-388; H. Altrichter, Die Bauern von Tver. Vom Leben auf dem russischen Dorfe zwischen Revolution und Kollektivierung, München 1984; Baberowski, Der Feind, S. 413-420; O.W. Chlewnjuk, Das Politbüro. Mechanismen der Macht in der Sowjetunion der dreißiger Jahre, Hamburg 1998, S. 30.

[8] R. Šafir, Gazeta i derevnja, Moskva 1924, S. 99-104.

[9] R. Pethybridge, The Social Prelude to Stalinism, London 1974, S. 132-186; P. Kenez, The Birth of the Propaganda State. Soviet Methods of Mass Mobilization, 1917-1929, Cambridge 1985; Altrichter, Die Bauern, S. 47; Baberowski, Der Feind, S. 609-625.

[10] Pethybridge, Social Prelude, S. 185; ders., One Step, S. 174-177.

[11] W.B. Husband, »Godless Communists«. Atheism and Society in Soviet Rus-

sia, 1917-1932, DeKalb/Ill. 2000, S. 36ff.; G. Young, Power and the Sacred in Revolutionary Russia. Religious Activists in the Village, Pennsylvania 1997.

12 Wehner, Bauernpolitik, S. 287-308; M. Lewin, Who Was the Soviet Kulak?, in: ders., The Making of the Soviet System. Essays in the Social History of Interwar Russia, New York 1985, S. 121-141; Altrichter, Die Bauern, S. 90-100, 134-145.

13 Postanovlenie III s-ezda sovetov SSSR, in: KPSS v rezoljucijach, Bd. 2, Moskva 1960, S. 79; G. Alexopoulos, Stalin's Outcasts. Aliens, Citizens, and the Soviet State, 1926-1936, Ithaca 2003, S. 17-41; Wehner, Bauernpolitik, S. 204; ders., »Licom k derevne«: Sowjetmacht und Bauernfrage 1924-1925, in: Jahrbücher für Geschichte Osteuropas 42 (1994), S. 20-48; Siegelbaum, Soviet State, S. 138-149; Hildermeier, Geschichte, S. 290-291.

14 F.I. Dan, Dva goda skitanii, Berlin 1922, S. 253; A. Barbine, One who Survived: The Life Story of a Russian Under the Soviets, New York 1945, S. 125; A. Ball, Private Trade and Traders During NEP, in: Sh. Fitzpatrick/A. Rabinowitch (Hrsg.), Russia in the Era of NEP. Explorations in Soviet Society and Culture, Bloomington 1991, S. 89-105; ders., Russia's Last Capitalists: The Nepmen, 1921-1929, Berkeley/Los Angeles 1987, S. 15-37, 98-100.

15 J.B. Hatch, Labor Conflict in Moscow, 1921-1925, in: Fitzpatrick/Rabinowitsch, Russia in the Era of NEP, S. 58-59; Baberowski, Der Feind, S. 369-397, Zitat S. 377-378; Pethybridge, One Step, S. 269-288; Kuromiya, Freedom, S. 140-142.

16 Kuromyja, Freedom, S. 148; und Borodin, One man, S. 59.

17 Sh. Fitzpatrick, The »Soft« Line on Culture and its Enemies: Soviet Cultural Policy, 1922-1927, in: dies., The Cultural Front. Power and Culture in Revolutionary Russia, Ithaca 1992, S. 91-114; Kuromiya, Freedom, S. 142-146; Baberowski, Der Feind, S. 408-409.

18 Vos'moj s-ezd RKP(B). Mart 1919 goda. Protokoly, Moskva 1959, S. 53, 92; Nacional'nyj vopros na perekrestke mnenij. 20-e gody. Dokumenty i materialy, Moskva 1992, S. 15-16.

19 Nacional'nyj vopros na perekrestke, S. 19.

20 Dvenadcatyj s-ezd RKP(B). 17-25 aprelja 1923 goda. Stenografičeskij otčet, Moskva 1968, S. 613. Zur Politik der Einwurzelung vgl. T. Martin, The Affirmative Action Empire: Nations and Nationalism in the Soviet Union 1923-1939, Ithaca 2001, S. 42-44; Baberowski, Der Feind, S. 184-214, 316-349; Y. Slezkine, The USSR as a Communal Apartment, or How a Socialist State Promoted Ethnic Particularism, in: Slavic Review 53 (1994), S. 414-452.

21 Vos'moj s-ezd, S. 107; Desjatyj s-ezd RKP(B). Mart 1921 goda. Stenografičeskij otčet, Moskva 1963, S. 213; V.I. Lenin, Über das Selbstbestimmungsrecht der Nationen, in: ders., Ausgewählte Werke, Bd. 1, Berlin (Ost) 1978, S. 688. Zur Leninschen Konzeption der Nation vgl. J. Smith, The Bolsheviks and the National Question, 1917-23, London 1999, S. 7-28.

22 Sh. Fitzpatrick, Ascribing Class: The Construction of Social Identity in Soviet Russia, in: Journal of Modern History 65 (1993), S. 745-770; T. Martin, Modernization or Neo-Traditionalism? Ascribed Nationality and Soviet Primor-

dialism, in: Sh. Fitzpatrick (Hrsg.), Stalinism. New Directions, London 2000, S. 348-367; Slezkine, The Soviet Union, S. 414-452; Baberowski, Der Feind, S. 317-321.

23 Martin, Affirmative Action, S. 209ff; Baberowski, Der Feind, S. 316 ff.

24 Wehner, Bauernpolitik, S. 94-122; K.E. Bailes, Technology and Society under Lenin and Stalin. Origins of the Soviet Technical Intelligentsia, 1917-1941, Princeton 1978.

25 Diese Idee hatte für die zarische Periode einst Edward Keenan formuliert: E. Keenan, Muscovite Political Folkways, in: Russian Review 45 (1986), S. 115-181.

26 L. Trotzki. Mein Leben. Versuch einer Autobiographie, Berlin 1990, S. 447-460.

27 Zu den innerparteilichen Debatten vgl. R.V. Daniels, Das Gewissen der Revolution. Kommunistische Opposition in Sowjetrußland, Köln 1962; Chlewnjuk, Das Politbüro, S. 34-66.

28 B. Ennker, Politische Herrschaft und Stalinkult 1929-1939, in: St. Plaggenborg (Hrsg.), Stalinismus. Neue Forschungen und Konzepte, Berlin 1998, S. 151-182.

29 A.I. Mikojan, Tak bylo. Razmyšlenija o minuvšem, Moskva 1999, S. 347-348.

30 Daniels, Das Gewissen, S. 200-205, 230-235, 284-285. Zur Partei: R. Service, The Bolshevik Party in Revolution: A Study in Organisational Change, 1917-1923, London 1979; T.H. Rigby, Communist Party-Membership in the USSR 1917-1967, Princeton 1968. Zur Rolle Stalins: R.C. Tucker, Stalin as Revolutionary 1879-1929, New York 1973, S. 292-329; G. Gill, The Origins of the Stalinist Political System, Cambridge 1990, S. 23-198.

31 Easter, Reconstructing, S. 7-17; Pethybridge, One Step, S. 145-188.

32 T.H. Rigby, Political Elites in the USSR. Central Leaders and Local Cadres from Lenin to Gorbachev, Aldershot 1990, S. 12-42.

33 Zum vorstehenden vgl. T.H. Rigby, Communist Party Membership in the USSR 1917-1967, Princeton 1968, S. 110-164; Baberowski, Der Feind, S. 322-331.

34 Mikojan, Tak bylo, S. 288.

35 Chruschtschow erinnert sich, hrsg. v. S. Talbott, Reinbek 1971, S. 43-44, 54, 68, 74-75; Mikojan, Tak bylo, S. 351-356.

36 Zitat: Rossijskij Gosudarstvennyj Archiv Social'no-političeskoj istorii (RGASPI), Fond 85, opis' 1s, delo 110, ll. 1-2. Vgl. auch O.V. Chlevnjuk, In Stalin's Shadow. The Carreer of »Sergo« Ordzhonikidze, Armonk 1995, S. 16; und Sh. Fitzpatrick, Everyday Stalinism. Ordinary Life in Extraordinary Times: Soviet Russia in the 1930s, Oxford 1999, S. 15-24.

37 So erinnerte sich Molotov an die Auseinandersetzungen der 1920er Jahre: F. Čuev, Sto sorok besed s Molotovym, Moskva 1991, S. 304.

38 Mikojan, Tak bylo, S. 272-277, 286-289; J.A. Getty/O. Naumov, The Road to Terror. Stalin and the Self-Destruction of the Bolsheviks, 1932-1939, New Haven 1999, S. 93.

39 Zitate in: Daniels, Gewissen, S. 182, 283.

[40] B. Ennker, Die Anfänge des Leninkults in der Sowjetunion, Köln 1997.
[41] J. A. Getty, Samokritika Rituals in the Stalinist Central Comitee, 1933-1938, in: Russian Review 58 (1999), S. 49-70.

III. Kulturrevolution

[1] L. Trotzki, Denkzettel. Politische Erfahrungen im Zeitalter der permanenten Revolution, hrsg. v. I. Deutscher, Frankfurt am Main 1981, S. 371-373. Vgl. dazu auch die Ausführungen bei Koenen, Utopie, S. 125-134.
[2] K. Clark, Petersburg. Crucible of Cultural Revolution, Cambridge/Mass. 1995, S. 78-87, 100-134.
[3] T. Rüting, Pavlov und der neue Mensch. Diskurse über Disziplinierung in Sowjetrussland, München 2002, S. 180, 192-193.
[4] Sanborn, Drafting, S. 174-180.
[5] St. Plaggenborg, Revolutionskultur. Menschenbilder und kulturelle Praxis in Sowjetrußland, Köln 1996, S. 73-75, 86.
[6] N. Nikiforov, Protiv starago byta, Moskva 1929, S. 86.
[7] F. W. Halle, Frauen des Ostens. Vom Matriarchat bis zu den Fliegerinnen von Baku, Zürich 1938, S. 142-143; Cassiday, The Enemy, S. 51-80.
[8] R. Stites, Revolutionary Dreams. Utopian Vision and Experimental Life in the Russian Revolution, New York 1989, S. 111-112.
[9] Zur Geschichte des sowjetischen Festes vgl. M. Rolf, Constructing a Soviet Time. Bolshevik Festivals and their Rivals during the First Five-Year Plan, in: Kritika 1 (2000), S. 447-473; ders., Feste der Einheit und Schauspiele der Partizipation – Die Inszenierung von Öffentlichkeit in der Sowjetunion während des Ersten Fünfjahrplanes, in: Jahrbücher für Geschichte Osteuropas 50 (2002), S. 613-171.
[10] M. Rüthers, Öffentlicher Raum und gesellschaftliche Utopie. Stadtplanung, Kommunikation und Inszenierung von Macht in der Sowjetunion am Beispiel Moskaus zwischen 1917 und 1964, in: G. Rittersporn u. a. (Hrsg.), Sphären von Öffentlichkeit in Gesellschaften sowjetischen Typs. Zwischen partei-staatlicher Inszenierung und kirchlichen Gegenwelten, Frankfurt am Main 2003, S. 65-96; K. Schlögel, Kommunalka – oder Kommunismus als Lebensform. Zu einer historischen Topographie der Sowjetunion, in: Historische Anthropologie 6 (1998) S. 337-338; ders., Der zentrale Gorkij-Kultur- und Erholungspark in Moskau. Zur Frage des öffentlichen Raumes im Stalinismus, in: M. Hildermeier (Hrsg.), Stalinismus vor dem Zweiten Weltkrieg, München 1998, S. 255-274; J. Brooks, »Thank you, Comrade Stalin.« Soviet Public Culture from Revolution to Cold War, Princeton 2000, S. 83-105.
[11] V. Buchli, An Archeology of Socialism, Oxford 1999, S. 77-98; Schlögel, Kommunalka, S. 332-333; N.B. Lebina, Povsednevnaja žizn' sovetskogo goroda: normy i anomalii. 1920-1930 gody, S.-Peterburg 1999, S. 177-202; S. Boym, Common Places. Mythologies of Everyday Life in Russia, Cambridge/Mass. 1994, S. 121-167.

12 S. Tadžiev, Novyj latinizirovannyj alfavit – moščnoe orudie kulturnoj revoljucii, in: Revoljucija i nacional'nosti (1930), Nr. 2, S. 64-67.

13 D. Northrup, Hujum: Unveiling Campaigns and Local Responses in Uzbekistan, 1927, in: Raleigh, Provincial Landscapes, S. 125-145; ders., Nationalizing Backwardness: Gender, Empire, and Uzbek Identity, in: Suny/Martin, A State of Nations, S. 191-220; M.R. Kamp, Unveiling Uzbek Women: Liberation, Representation and Discourse 1906-1929, Ph.D. Diss. University of Chicago 1998; Baberowski, Der Feind, S. 617-625, 633-662.

14 Politbjuro i cerkov 1922-1925, Moskva 1997, S. 132. Zur Kirchenverfolgung des Jahres 1922 vgl. N.A. Krivova, Vlast' i cerkov' v 1922-1925 gg., Moskva 1997; Husband, »Godless Communists«, S. 54-59; J.W. Daly, »Storming the Last Citadel«: The Bolshevik Assault on the Church, 1922, in: Brovkin, The Bolsheviks, S. 235-268; M.V. Škarovskij, Die russische Kirche unter Stalin in den 1920er und 1930er Jahren des 20. Jahrhunderts, in: Hildermeier, Stalinismus, S. 233-239.

15 Politbjuro i cerkov, S. 140-144, 232-245; Krivova, Vlast', S. 53-74; Škarovsky, Die russische Kirche, S. 237.

16 Das Reuebekenntnis Tichons ist abgedruckt in: Politbjuro i cerkov, S. 285-286. Vgl. auch Škarovsky, Die russische Kirche, S. 238-239. Zur Kirchenspaltung vgl. G.L. Freeze, Counter-Reformation in Russian Orthodoxy: Popular Response to Religious Innovation 1922-1925, in: Slavic Review 54 (1995), S. 305-339; Husband, »Godless Communists«, S. 57-58; A.B. Junusova, Islam v Baškirii 1917-1994, Ufa 1994, S. 41-47; Baberowski, Der Feind, S.436-442.

17 M. David-Fox, What is Cultural Revolution, in: Russian Review 58 (1999), S. 181-201. Zur Zuschreibung kollektiver Identitäten vgl. Fitzpatrick, Ascribing Class, S. 745-770.

18 G. Freeze, The Stalinist Assault on the Parish, 1929-1941, in: Hildermeier, Stalinismus, S. 209-232, Zitat S. 216; A. Luukanen, The Religious Policy of the Stalinist State. A Case Study: The Central Standing Commission on Religious Questions, 1929-1938, Helsinki 1997, S. 50-53; Viola, Peasant Rebels, S. 38-44; L. Kopelew, Und schuf mir einen Götzen. Lehrjahre eines Kommunisten, München 1981, S. 242.

19 G. Alexopoulos, Stalin's Outcasts. Aliens, Citizens, and the Soviet State, 1926-1936, Ithaca 2003, S. 13-43; Fitzpatrick, Everyday Stalinism, S. 155-122; J. Hellbeck (Hrsg.), Tagebuch aus Moskau 1931-1939, München 1996.

20 Fitzpatrick, Cultural Revolution, S. 23-27, 32-40; dies., Stalin and the Making of a New Elite, in: dies., The Cultural Front, S. 149-182.

21 Y. Druzhnikov, Informer 001. The Myth of Pavlik Morozov, New Brunswick 1997, S. VII-VIII, 13-43, 97. Zur Denunziation vgl. J. Baberowski, »Die Verfasser von Erklärungen jagen den Parteiführern einen Schrecken ein«: Denunziation und Terror in der stalinistischen Sowjetunion 1928-1941, in: F. Ross/A. Landwehr (Hrsg.), Denunziation und Justiz. Historische Dimensionen eines sozialen Phänomens, Tübingen 2000, S. 165-198; Sh. Fitzpatrick, Signals from Below: Soviet Letters of Denunciation of the 1930s, in: Journal of Modern History 68 (1996), S. 831-866; dies., Supplicants and Citizens. Public Letter Writ-

ing in Soviet Russia in the 1930s, in: Slavic Review 55 (1996), S. 78-105.

22 Cassiday, The Enemy, S. 110-133; E. Lyons, Assignment in Utopia, New York 1937, S. 114-130; P.H. Solomon, Soviet Criminal Justice under Stalin, Cambridge 1996, S. 82-104; A. Vyšinskij, Itogi i uroki šachtinskogo dela, Moskva/Leningrad 1928; A. Waksberg, Gnadenlos. Andrei Wyschinski – der Handlanger Stalins, Bergisch-Gladbach 1991, S. 60-64.

23 Zu den kulturellen Ursprüngen der Kollektivierung vgl. Viola, Peasant Rebels, S. 13-66; Baberowski, Der Feind, S. 669-685; ders., »Stalinismus von oben«. Kulakendeportationen in der Sowjetunion 1929-1934, in: Jahrbücher für Geschichte Osteuropas 46 (1998), S. 572-595; Fitzpatrick, Stalin's Pesants, S. 48-79.

24 RGASPI, Fond 82, opis' 2, delo 60, ll. 139-141; Getty/Naumov, The Road to Terror, S. 193.

25 RGASPI, Fond 82, opis' 2, delo 687, ll. 96-98; RGASPI, Fond 82, opis' 2, delo 670, ll. 11-14; RGASPI, Fond 82, opis' 2, delo 148, l. 193; Kopelew, Und schuf mir einen Götzen, S. 320; Chruschtschow erinnert sich, S. 239. Weitere Dokumente über die Hungersnot in der Ukraine in: N. Werth/G. Moullec (Hrsg.), Rapports secrets soviétiques 1921-1991. La société russe dans les documents confidentiels, Paris 1994, S. 112-162; N.A. Ivnickij, Kollektivizacija i raskulačivanie, Moskva 1996, S. 120. Zur Debatte um die Ursachen der Hungersnot vgl. R. Conquest, Ernte des Todes. Stalins Holocaust in der Ukraine 1929-1933, München 1988; St. Merl, Wie viele Opfer forderte die »Liquidierung der Kulaken als Klasse«? Anmerkungen zu einem Buch von Robert Conquest, in: Geschichte und Gesellschaft 14 (1988), S. 534-540; N. Osokina, Žertvy goloda 1933. Skol'ko ich?, in: Otečestvennaja istorija (1995), Nr. 5, S. 18-26; N. Werth, Ein Staat gegen sein Volk. Gewalt, Unterdrückung und Terror in der Sowjetunion, in: St. Courtois/N. Werth u.a. (Hrsg.), Das Schwarzbuch des Kommunismus. Unterdrückung, Verbrechen und Terror, München 1998, S. 182-188; M.B. Olcott, The Collectivization Drive in Kazakhstan, in: Russian Review 40 (1981), S. 122-142; S. 136; Fitzpatrick, Stalin's Peasants, S. 75.

26 A. Šapovalov, Put' molodogo rabočego, Moskva 1923, S. 66; L. Kopelew, Und schuf mir einen Götzen, S. 289-337, besonders S. 294, 306; W. Grossman, Alles fließt ..., Hamburg 1985, S. 135; J. Orlow Ein russisches Leben, München 1992, S. 42-43; Fitzpatrick, Stalin's Peasants, S. 50-53; Zur kulturellen Konstruktion des Kulaken vgl. Viola, Peasant Rebels, S. 29-44; Baberowski, Der Feind, S. 691-721; M. Fainsod, Smolensk under Soviet Rule, London 1958, S. 247-248; Y. Slezkine, Arctic Mirrors. Russia and the Small peoples of the North, Ithaca 1994, S. 232.

27 Obščestvo i vlast'. 1930-e gody. Povestvovanie v dokumentach, Moskva 1998, S. 25; Werth, Ein Staat, S. 181; I.E. Zelenin, Zakon o pjatii koloskach: razrabotka i osuščestvlenie, in: Voprosy Istorii (1998), Nr. 1, S. 114-123; Viola, Peasant Rebels, S. 56-57; Fitzpatrick, Stalin's Peasants, S. 70-75; Solomon, Soviet Criminal Justice, S. 126; G.T. Rittersporn, Das kollektivierte Dorf in der bäuerlichen Gegenkultur, in: Hildermeier, Stalinismus, S. 151.

28 GARF, Fond 3316, opis' 25, delo 938, l. 22; Ivnickij, Kollektivizacija, S. 204;

Viola, Peasant Rebels, S. 45-66; Fitzpatrick, Stalin's Peasants, S. 92-95; Baberowski, Stalinismus von oben, S. 584-585; S. Davies, Popular Opinion in Stalin's Russia. Terror, Propaganda, and Dissent, 1934-1941, Cambridge 1997, S. 177.

29 Zitat in: Stalin, Werke, Bd. 13, Berlin (Ost) 1955, S. 35-36; Beyrau, Petrograd, S. 136-139.

30 Zitate in: P.R. Gregory/A. Markevich, Creating Soviet History: The House that Stalin built, in: Slavic Review 61 (2002), S. 798-799; Stalin. Briefe an Molotov, S. 217-218, 228; Stalin i Kaganovič, S. 109-110; S. Schattenberg, Stalins Ingenieure. Lebenswelten zwischen Technik und Terror in den 1930er Jahren, München 2002, S. 209, 223; Fitzpatrick, Stalin and the Making of a New Elite; Kotkin, Magnetic Mountain, S. 73.

31 Tagebuch aus Moskau, S. 128, 259; Kuromiya, Freedom and Terror, S. 151-200; D.L. Hoffman, Peasant Metropolis. Social Identities in Moscow, 1929-1941, Ithaca 1994, S. 158-189; St. Kotkin, Coercion and Identity: Workers' Lifes in Stalin's Showcase City, in: L.H. Siegelbaum/R.G. Suny (Hrsg.), Making Workers Soviet. Power, Class, and Identity, Ithaca 1994, S. 274-310; ders., Magnetic Mountain. Stalinism as a Civilization, Berkeley 1995, S. 280-354; D. Shearer, Factories within Factories: Changes in the Structure of Work and Management in Soviet Machine-Buildung Factories, 1926-1934, in: W.G. Rosenberg/L.H. Siegelbaum (Hrsg.), Social Dimensions of Soviet Industrialisation, Bloomington 1993, S. 193-222; ders., Industry, S. 76ff; J. Scott, Behind the Urals. An American Worker in Russia's City of Steel, Bloomington 1989 (erstmals 1942 erschienen), S. 137-172.

32 RGASPI, Fond 82, opis' 2, delo 884, ll. 163-185; G.M. Ivanova, Der Gulag im totalitären System der Sowjetunion, Berlin 2001, S. 63-67; G. Herling, Welt ohne Erbarmen, München 2000, S. 296. Vgl. auch die Erinnerungen von Lev Rasgon: L. Rasgon, Nichts als die reine Wahrheit. Erinnerungen, Berlin 1992, S. 289.

IV. Terror

1 Alexopoulos, Stalin's Outcasts, S. 1-11, 13-44, 97-128. Vgl. auch die Tagebücher von L.A. Potemkin und S.F. Podlubnyj in: V. Garros/N. Korenevskaja/Th. Lahusen (Hrsg.), Das wahre Leben. Tagebücher aus der Stalin-Zeit, Berlin 1998, S. 259-312. Zum Stalin-Kult vgl. J.L. Heizer, The Cult of Stalin, 1929-1939, Ph.D. Diss. University of Kentucky 1977; G. Koenen, Die großen Gesänge. Lenin, Stalin, Mao-Tse-Tung: Führerkulte und Heldenmythen des 20. Jahrhunderts, Frankfurt am Main 1992; R. Löhmann, Der Stalin-Mythos. Studien zur Sozialgeschichte des Personenkultes in der Sowjetunion (1929-1935), Münster 1990; Ennker, Politische Herrschaft, S. 151-182; Davies, Popular Opinion, S. 147-182; Zur Ideologie des Geschenks und zum sozialistischen Realismus vgl. Brooks, Thank you Comrade Stalin, S. 54-82; Th. Lahusen, How Life Writes the Book. Real Socialism and Socialist Realism in Stalin's Russia, Ithaca 1997; H. Günther (Hrsg.), The Culture of the Stalin Period, New York 1990.

[2] H. Arendt, Elemente und Ursprünge totaler Herrschaft, Frankfurt am Main 1958; R. Conquest, Der Große Terror. Sowjetunion 1934-1938, München 1992; R. Tucker, Stalin in Power. The Revolution from Above 1928-1941, New York 1990, S. 44-65; Getty, Origins, S. 1-37; Khlevniuk, The Objectives of the Great Terror, 1937-1938, in: Soviet History 1917-1953. Essays in Honour of R.W. Davies, London 1995, S. 165; und Kuromiya, Freedom and Terror, S. 204-205. Im Überblick: Hildermeier, Interpretationen; Baberowski, Wandel und Terror.

[3] Vgl. Bauman, Moderne und Ambivalenz; P. Hagenloh, »Socially Harmful Elements« and the Great Terror, in: Fitzpatrick, Stalinism, S. 286-308; D. Shearer, Crime and Social Disorder in Stalin's Russia – A Reassessment of the Great Retreat and the Origins of Mass Repression, in: Cahiers du monde russe 39 (1998); Koenen, Utopie, S. 215-270; F. Čuev, Sto sorok besed s Molotovym, Moskva 1991, S. 392.

[4] A. Kirilina, Neizvestnyj Kirov, S.-Peterburg 2001, S. 198-200, 215-216, 236-256; F. Čuev, Molotov. Poluderžavnyj vlastelin, Moskva 1999, S. 376.

[5] Zitiert in: Kirilina, Neizvestnyj Kirov, S. 232.

[6] Nach der Version Rasgons befand sich außer Stalin und Nikolaev niemand im Raum. Rasgons Version aber beruhte auf Gerüchten. Vgl. Rasgon, Nichts als die reine Wahrheit, S. 216. Auf Archivmaterial und Interviews stützt sich die Version Kirilinas, die behauptet, Stalin habe Nikolaev in Anwesenheit einiger Mitglieder des Politbüros verhört. Kirilina, Neizvestnyj Kirov, S. 264.

[7] Zitiert in: N.F. Suvenirov, Tragedija RKKA 1937-1938, Moskva 1998, S. 31.

[8] Getty/Naumov, Road to Terror, S. 34-73; ders., Samokritika Rituals in the Stalinist Central Comitee, 1933-1938, in: Russian Review 58 (1999), S. 47-70.

[9] Die Rjutin-Plattform ist abgedruckt in: I.V. Kurilova/M.N. Michajlov/V.P. Naumov (Hrsg.), Reabilitacija: političeskie processy 30-50-ch godov, Moskva 1991, S. 334-443; Chlewnjuk, Das Politbüro, S. 103-111. Zur Person Rjutins vgl. B.A. Starkov, Martem'jan Rjutin: Na koleni ne vstanu, Moskva 1992. Stalin erfuhr von den Gesprächen durch eine Denunziation. Vgl. Neizvestnaja Rossija, Bd. 1, Moskva 1992, S. 56-128; Tucker, Stalin in Power, S. 212.

[10] RGASPI, Fond 82, opis' 2, delo 903, ll. 10-26; Zur Debatte im ZK vgl. Getty/Naumov, Road to Terror, S. 76-77.

[11] E. Huskey, Vyshinskii, Krylenko, and the Shaping of the Soviet Legal Order, in: Slavic Review 46 (1987), S. 414-428; Thurston, Life, S. 5-9; Solomon, Soviet Criminal Justice, S. 153-195. Zur Person Vyšinskijs vgl. Vaksberg, Gnadenlos; und die Erinnerungen des amerikanischen Botschafters in Moskau, W.B. Smith, Meine drei Jahre in Moskau, Hamburg 1950, S. 15, 53.

[12] Huskey, Vyshinskii, S. 427; Thurston, Life, S. 10-13; Chlewnjuk, Das Politbüro, S. 138-152.

[13] Lewin, The Making of the Soviet System, S. 281-284.

[14] Solomon, Soviet Criminal Justice, S. 230-266; Getty, Origins, S. 265; L.A. Rimmel, A Microcosm of Terror, or Class Warfare in Leningrad: The March 1935 Exile of »Alien Elements«, in: Jahrbücher für Geschichte Osteuropas 48 (2000), S. 528-551.

[15] P. Broué, Trotsky, Paris 1988, S. 703-709.

16 Vgl. A. Larina, Nezabyvaemoe, Moskva 2002, S. 147-148; Rasgon behauptete in seinen Erinnerungen, Enukidze sei Mitwisser der sexuellen Ausschweifungen Stalins gewesen und habe deshalb abtreten müssen. Vgl. Rasgon, Nichts als die reine Wahrheit, S. 22-23. Zu den Debatten auf dem ZK-Plenum vgl. Getty/Naumov, Road to Terror, S. 161-177.

17 Volkskommissariat für Justizwesen der UdSSR. Prozeßbericht über die Strafsache des sowjetfeindlichen trotzkistischen Zentrums, Moskva 1937, S. 522-525, 558-563. Vgl. auch T. Pirker (Hrsg.), Die Moskauer Schauprozesse 1936-1938, München 1963, S. 169, 175.

18 Volkskommissariat für Justizwesen der UdSSR. Prozeßbericht über die Strafsache des antisowjetischen »Blocks der Rechten und Trotzkisten«, Moskva 1938, S. 750-754; Pirker, Die Moskauer Schauprozesse, S. 225.

19 RGASPI, Fond 558, opis' 11, delo 93, l. 34. Karl Radek und Grigorij Pjatakov wurden mehrfach in Stalins Arbeitszimmer gebracht, wo man sie eingehend befragte und von ihnen verlangte, ihre Geständnisse zu bestätigen. Vgl. dazu die Bemerkungen Stalins auf dem Plenum des ZK im Februar 1937, in: Getty/Naumov, Road to Terror, S. 370-372. Über Stalins Regieanweisungen geben uns die Briefe Auskunft, die der Diktator von seinem Urlaubsort an Kaganovič schickte: Stalin i Kaganovič, S. 630-643.

20 R. Medvedev, Let History Judge. The Origins and Consequences of Stalinism, New York 1990, S. 348-383; Conquest, Der große Terror, S. 396-400.

21 Getty/Naumov, Road to Terror, S. 310; Thurston, Life, S. 39-40.

22 RGASPI, Fond 558, opis' 11, delo 710, ll. 180-181.

23 So argumentiert Getty/Naumov, Road to Terror, S. 416-419.

24 Der Brief ist veröffentlicht in: Istočnik (1993), Nr. 0, S. 23-25. Vgl. auch: Getty/Naumov, Road to Terror, S. 556-560.

25 Prozeßbericht über die Strafsache des antisowjetischen »Blocks der Rechten und Trotzkisten«, S. 834-848; Pirker, Die Moskauer Schauprozesse, S. 236-241.

26 RGASPI, Fond 558, op. 11, d. 710, ll. 135-136. Anna Larina, die zweite Frau Bucharins, behauptete später, Lukina habe ihren Parteiausweis abgegeben und Stalin mitgeteilt, sie wolle nicht länger Mitglied der Partei sein, als sie von den Beschuldigungen erfuhr, die gegen Bucharin erhoben wurden. An ihre Rolle als Denunziantin erinnerte sie sich nicht. Vgl. Larina, Nezabyvaemoe, S. 145.

27 RGASPI, Fond 558, opis' 11, delo 779, l. 106.

28 RGASPI, Fond 558, opis' 11, delo 93, ll. 61,76.

29 Smith, Meine drei Jahre, S. 66-67.

30 Kumanev, Rjadom s Stalinym, S. 79.

31 Rigby, Communist Party Membership, S. 52; Getty, Origins, S. 22, 38-48; Gill, The Origins, S. 201-218.

32 Beispiele und Zitate in: M. Fainsod, Smolensk under Soviet Rule, London 1958, S. 212-216; Baberowski, Der Feind, S. 786-787; Getty, Origins, S. 31-34.

33 RGASPI, Fond 17, opis' 120, delo 179, ll. 110, 313; Getty, Origins, S. 85-87.

34 RGASPI, Fond 17, opis' 2, delo 561, ll. 129, 162; Getty, Origins, S. 87-90.

35 Vgl. die Untersuchungen der Säuberungskommissionen in Smolensk: RGASPI, Fond 81, opis' 3, delo 227, ll. 91, 159-161.

[36] Gill, The Origins, S. 6; Easter, Reconstructing, S. 11-17; Sh. Fitzpatrick, Intelligentsia and Power. Client-Patron Relations in Stalin's Russia, in: Hildermeier, Stalinismus, S. 35-54; J. Harris, The Purging of Local Cliques in the Urals Region, 1936-1937, in: Fitzpatrick, Stalinism, S. 262-285.

[37] RGASPI, Fond 81, opis' 3, delo 227, ll. 163-164; RGASPI, Fond 81, opis' 3, delo 228, ll. 84-87.

[38] RGASPI, Fond 81, opis' 3, delo 227, l. 163; J. Harris, Resisting the Plan in the Urals, 1928-1956, or, Why Regional Officials Needed »Wreckers« and »Saboteurs«, in: L. Viola (Hrsg.), Contending with Stalinism. Soviet Power and Popular Resistance in the 1930s, Ithaca 2002, S. 201-228, hier S. 203-208; Kotkin, Magnetic Mountain, S. 298-332; Papkov, Stalinskij terror v Sibirii. Novosibirsk 1998, S. 184-185.

[39] RGASPI, Fond 81, opis' 3, delo 228, ll. 67, 74. Vgl. auch Fainsod, Smolensk, S. 60.

[40] Materialy fevral'sko-martovskogo plenuma, in: Voprosy Istorii (1995), Nr. 11/12, S. 10-13; M. Šrejder, NKVD iznutri. Zapiski Čekista, Moskva 1995, S. 110.

[41] Getty/Naumov, Road to Terror, S. 72-79.

[42] Chlevnjuk, Politbüro, S. 201-202; Thurston, Life, S. 34; Getty, Origins, S. 121-122.

[43] RGASPI, Fond 558, opis' 11, delo 94, ll. 123, 131; Stalinskoe politbjuro v 30-e gody. Sbornik dokumentov, Moskva 1995, S. 149-150; M. Jansen/N. Petrov, Stalin's Loyal Executioner: People's Commissar Nikolai Ezhov 1895-1940, Stanford 2002, S. 53-54.

[44] Jansen/Petrov, Stalin's Loyal Executioner, S. 56; Papkov, Stalinskij terror, S. 184-186; Harris, Resisting the Plan, S. 207-208.

[45] Materialy fevral'sko-martovskogo plenuma, in: Voprosy Istorii (1995), Nr. 3, S. 3-4, Nr. 11/12, S. 17-18; Thurston, Life, S. 44-45.

[46] RGASPI, Fond 81, opis' 3, delo 227, ll. 1-3.

[47] Suvenirov, Tragedija, S. 49-55; R.R. Reese, Red Army Opposition to Forced Collectivization, 1929-1930: The Army Wavers, in: Slavic Review 55 (1996), S. 24-45; ders., Stalin's Reluctant Soldiers: A Social History of the Red Army, Lawrence 1996.

[48] Suvenirov, Tragedija, S. 58.

[49] Easter, Reconstructing the State, S. 98-99.

[50] Tucker, Stalin in Power, S. 382.

[51] B. Viktorov, Zagovor v Krasnoj armii, in: Istorija bez »belych pjaten«: Dajdžest pressy, 1987-1988, Leningrad 1990, S. 254; Thurston, Life, S. 50-51.

[52] RGASPI, Fond 17, opis' 165, delo 58, ll. 1-59.

[53] RGASPI, Fond 17, opis' 165, delo 60, ll. 140-156.

[54] RGASPI, Fond 17, opis' 165, delo 61, ll. 66-108.

[55] Zitiert in: Suvenirov, Tragedija, S. 93.

[56] Čuev, Sto sorok besed, S. 390.

[57] Suvenirov, Tragedija, S. 193-195, 202, 209-212.

[58] Suvenirov, Tragedija, S. 137-138, 309, 338-341.

[59] Harris, Resisting the Plan, S. 208; Kuromiya, Freedom, S. 219-220.

[60] J. Trifonow, Das Haus an der Moskwa, Reinbek 1976.

61 Šrejder, NKVD iznutri, S. 64; Medvedev, Let history judge, S. 524-533.

62 N.V. Petrov/K.V. Skorkin, Kto rukovodil NKVD 1934-1941? Spravočnik, Moskva 1999, S. 497-499; N. Petrov, Die Kaderpolitik des NKVD während der Massenrepressalien 1936-39, in: W. Hedeler (Hrsg.), Stalinistischer Terror 1934-1941. Eine Forschungsbilanz, Berlin 2002, S. 16-17.

63 Petrov, Kaderpolitik, S. 24; D.A. Volkogonov, Triumf i tragedija: Političeskij portret I.V. Stalina, Bd. 1, S. 576-577; Suvenirov, Tragedija, S. 240.

64 Istočnik (1994), Nr. 3, S. 79-80.

65 Baberowski, Der Feind, S. 775-776.

66 Šrejder, NKVD iznutri, S. 63; Chlevnjuk, Das Politbüro, S. 281.

67 Šrejder, NKVD iznutri, S. 64.

68 RGASPI, Fond 81, opis' 3, delo 229, ll. 45, 64, 82, 91, 95, 100.

69 RGASPI, Fond 81, opis' 3, delo 229, l. 103; Šrejder, NKVD iznutri, S. 66.

70 Šrejder, NKVD iznutri, S. 68-69, 70, 80. Die Listen mit den Namen der Verhafteten befinden sich in: RGASPI, Fond 81, opis' 3, delo 230, ll. 36-74. Zur Rolle Andreevs vgl. RGASPI, Fond 558, opis' 11, delo 57, ll. 79, 95.

71 Chlewnjuk, Politbüro, S. 305-360.

72 Khlevnjuk, In Stalin's Shadow, S. 126-149.

73 V.S. Rogovin, Partija rasstreljannych, Moskva 1997, S. 34; Kumanev, Rjadom s Stalinym, S. 80-82; Rasgon, Nichts als die reine Wahrheit, S. 76-82; Mevedev, Let History Judge, S. 547-548; Jansen/Petrov, Stalin's Loyal Executioner, S. 170-171; Thurston, Life, S. 42.

74 G. Dimitroff, Tagebücher 1933-1943, Bd. 1, hrsg. v. B.H. Bayerlein, Berlin 2000, S. 162; Tucker, Stalin in Power, S. 539; O. Volobuev/S. Kulešov, Očišenie. Istorija i perestrojka. Publističeskie zametki, Moskva 1989, S. 146; Petrov, Kaderpolitik, S. 24.

75 Deti GULAGa 1918-1956, Moskva 2002, S. 234-238, 242; C. Kuhr, Kinder von «Volksfeinden« als Opfer des stalinistischen Terrors 1936-1938, in: Plaggenborg, Stalinismus, S. 391-418. XXII s-ezd KPSS. 17-31 oktjabrja 1961 goda. Stenografičeskij otčet, Bd. 3, Moskva 1962, S. 152; Čuev, Sto sorok besed, S. 393.

76 Kuromiya, Freedom, S. 213.

77 Pravda, 27. Oktober 1935; L.H. Siegelbaum, Stakhanovism and the Politics of Productivity in the USSR, 1935-1941, Cambridge 1988, S. 66-98; R. Maier, Die Stachanow-Bewegung 1935-1938. Der Stachanowismus als tragendes und verschärfendes Moment der Stalinisierung der sowjetischen Gesellschaft, Stuttgart 1990.

78 Khlevnjuk, In Stalin's Shadow, S. 78-91; K. Klose, Russia and the Russians: Inside the Closed Society, New York 1984, S. 60.

79 Scott, Behind the Urals, S. 195-197; Kuromiya, Freedom, S. 214-215. Zitat in: Čuev, Sto sorok besed, S. 295.

80 RGASPI, Fond 558, opis' 11, delo 57, ll. 23, 30, 56, 71, 78; RGASPI, Fond 17, opis' 2, delo 625, l. 40; Fitzpatrick, Stalin's Peasants, S. 296-312.

81 RGASPI, Fond 81, opis' 3, delo 229, l. 14; RGASPI, Fond 558, opis' 11, delo 57, ll. 25, 99; RGASPI, Fond 81, opis' 3, delo 230, ll. 85-86, 94; Kuromiya, Freedom, S. 210-212, 227-230.

82 Scott, Behind the Urals, S. 186-187; S.A. Papkov, Stalinskij terror v Sibiri 1928-1941, Novosibirsk 1997, S. 174; L. Siegelbaum (Hrsg.), Stalinism as a Way of Life. A Narrative in Documents, New Haven 2000, S. 390; R. Binner/M. Junge, Wie der Terror »Groß« wurde: Massenmord und Lagerhaft nach Befehl 00447, in: Cahiers du Monde Russe 42 (2001), S. 557-614, hier S. 559.

83 RGASPI, Fond 82, opis' 2, delo 884, ll. 14-15; RGASPI, Fond 82, opis' 2, delo 537, ll. 96-155; RGASPI, Fond 81, opis' 3, delo 229, ll. 73-74; RGASPI, Fond 81, opis' 3, delo 228, ll. 50-52; Materialy fevral'sko-martovskogo plenuma, in: Voprosy Istorii (1993), Nr. 5, S. 14-15, Nr. 6, S. 5-6, 21-25; D.R. Shearer, Modernity and Backwardness on the Soviet Frontier. Western Siberia in the 1930s, in: Raleigh, Provincial Landscapes, S. 203-206; ders., Crime and Social Disorder in Stalin's Russia. A Reassessment of the Great Retreat and the Origins of Mass Repression, in: Cahiers du Monde Russe 39 (1998), S. 119-148. R. Binner/M. Junge, »S etoj publikoj ceremont'sja ne sleduet«. Die Zielgruppen des Befehls Nr. 00447 und der Große Terror aus der Sicht des Befehls Nr. 00447, in: Cahiers du Monde Russe 43 (2002), S. 181-228, hier S. 185-194.

84 A.I. Kokurin/N.V. Petrov (Hrsg.), GULAG 1917-1960, Moskva 2000, S. 96-104; Jansen/Petrov, Stalin's Loyal Executioner, S. 83. Zur Vorbereitung des Befehls 00447 vgl. Binner/Junge, Wie der Terror »Groß« wurde, S. 557-614.

85 Papkov, Stalinskij terror, S. 209-211; Šrejder, NKVD iznutri, S. 40-41; Jansen/Petrov, Stalin's Loyal Executioner, S. 82-87.

86 RGASPI, Fond 558, opis' 11, delo 65, ll. 88, 97, 108; RGASPI, Fond 558, opis' 11, delo 57, l. 136; Papkov, Stalinskij terror, S. 207; Binner/Junge, Wie der Terror »Groß« wurde, S. 579-584.

87 O. Hlevnjuk, Les mécanismes de la »Grande Terreur« des années 1937-1938 au Turkmenistan, in: Cahiers du Monde Russe 39 (1998), S. 202-205; Binner/Junge, Wie der Terror »Groß« wurde, S. 567-568, 588-590; Rasgon, Nichts als die Wahrheit, S. 352-353; B. McLoughlin, Die Massenoperationen des NKWD. Dynamik des Terrors 1937/38, in: Hedeler, Stalinistischer Terror, S. 42-44; Šrejder, NKVD iznutri, S. 59, 86-87; T. Colton, Moscow. Governing the Socialist Metropolis, Cambridge 1995, S. 286.

88 M.M. Leder, My Life in Stalinist Russia. An American Woman Looks Back, Bloomington 2001, S. 61.

89 RGASPI, Fond 81, opis' 3, delo 124, ll. 32, 35.

90 Zur Diskussion über die Ursprünge des bolschewistischen Terrors gegen Nationen vgl. E. Weitz, Racial Politics without the Concept of Race: Reevaluating Soviet Ethnic and National Purges, in: Slavic Review 61 (2002), S. 1-29; ders., A Century of Genocide. Utopias of Race and Nation, Princeton 2003, S. 53-101; F. Hirsch, Race without the Practice of Racial Politics, in: Slavic Review 61 (2002), S. 30-43.

91 GULAG, S. 104-106; V. Pjatnickij, Zagovor protiv Stalina, Moskva 1998, S. 72-73; Jansen/Petrov, Stalin's Loyal Executioner, S. 98-99.

92 Zitiert in Suvenirov, Tragedija, S. 208; Jansen/Petrov, Stalin's Loyal Executioner, S. 98.

93 RGASPI, Fond 558, opis' 11, delo 57, ll.1-3; A. Weissberg-Cybulski, Hexen-

sabbat, Frankfurt am Main 1977, S. 276-277, 286-287; Papkov, Stalinskij terror, S. 199; Kuromiya, Freedom, S. 231-234.

94 Chlewnjuk, Politbüro, S. 277-278; RGASPI, Fond 558, opis' 11, delo 57, l. 72; RGASPI, Fond 82, opis' 2, delo 671, l. 53; M.G. Gelb, An Early Soviet Ethnic Deportation: The Far-Eastern Koreans, in: Russian Review 54 (1995), S. 389-412; ders., Ethnicity during the Ezhovshchina: A Historiography, in: J. Morison, Ethnic and National Issues in Russian and East European History, London 2000, S. 192-213; T. Martin, The Origins of Soviet Ethnic Cleansing, in: Journal of Modern History 70 (1998), S. 813-861.

95 McLoughlin, Die Massenoperationen, S. 42; Jansen/Petrov, Stalin's Loyal Executioner, S. 99, 103. Geringfügig abweichende Zahlen bei: Binner/Junge, S etoj publikoj, S. 207-208.

96 Vgl. dazu Binner/Junge, S etoj publikoj, S. 215-218. Die »revisionistische« Interpretation findet sich bei Getty. Er behauptet, die Führung habe den lokalen Organen untersagt, Exzesse auszuüben. Vgl. J.A. Getty, »Excesses are not Permitted«: Mass Terror and Stalinist Governance in the Late 1930s, in: Russian Review 61 (2002), S. 113-138.

97 N. Ochotin/A. Roginskij, Zur Geschichte der »Deutschen Operation« des NKWD 1937-1938, in: Jahrbuch für historische Kommunismusforschung (2001), S. 89-125, hier S. 116; Papkov, Stalinskij terror, S. 230-231. Zu Postyšev vgl. Chlewnjuk, Politbüro, S. 306-322.

98 Getty/Naumov, Road, S. 561-562; Jansen/Petrov, Stalin's Loyal Executioner, S. 140ff.; A.S. Jakovlev, Cel' žizni. Zapiski aviakonstruktora, Moskva 1974, S. 249.

99 RGASPI, Fond 558, opis' 11, delo 1122, l. 162; Tucker, Stalin in Power; R.G. Suny, Beyond Psychohistory: The Young Stalin in Georgia, in: Slavic Review 50 (1991), S. 48-58; A.E. Rieber, Stalin. Man of the Borderlands, in: American Historical Review 53 (2001), S. 1651-1691.

100 K. Stoljarov, Palači i žertvy, Moskva 1997, S. 264; Ju.V. Trifonov, Zapiski soseda, in: Družba narodov (1989), Nr. 10, S. 39; A. Sacharov, Mein Leben, München 1991, S. 183-186; V.A. Torčinov/A.M. Leontjuk, Vokrug Stalina. Istoriko-biografičeskij očerk, S.-Peterburg 2000, S. 257-258, 384; D. Šepilov, Vospominanija, in: Voprosy Istorii (1998), Nr. 4, S. 6; Jansen/Petrov, Stalin's Loyal Executioner, S. 199-201.

101 Herling, Welt ohne Erbarmen, S. 289-291.

V. Krieg und Nach-Krieg

1 J.T. Gross, Revolution from Abroad. The Soviet Conquest of Poland's Western Ukraine and Western Belorussia, Princeton 2002, 2. Aufl., S. 187-224, Zitate, S. 214, 217.

2 Katyn. Plenniki neob'javlennoj vojny, Moskva 1997, S. 384-392; K. Sword, Deportation and Exile. Poles in the Soviet Union, 1939-1948, London 1994; Werth, Ein Staat, S. 232-235. Vgl. neben anderen die Erinnerungen von S.W.

Slowes, Der Weg nach Katyn. Bericht eines polnischen Offiziers, Hamburg 2000.

3 Zur Bedeutung des Ethnischen als Feindkategorie seit dem Zweiten Weltkrieg vgl. A. Weiner, Making Sense of War. The Second World War and the Fate of the Bolshevik Revolution, Princeton 2001, S. 239-297. Vgl. auch Martin, The Affirmative Action Empire; ders., Origins, S. 816-852; Baberowski, Der Feind, S. 771-772.

4 Zitate in: A. Knight, Berija. Stalin's First Lieutenant, Princeton/N.J. 1993, S. 107-108; G. Gorodetsky, Die große Täuschung. Hitler, Stalin und das Unternehmen »Barbarossa«, Berlin 2001, S. 382-383.

5 B. Bonwetsch, Die Repression des Militärs und die Einsatzfähigkeit der Roten Armee im »Großen Vaterländischen Krieg«, in: B. Wegner (Hrsg.), Zwei Wege nach Moskau. Vom Hitler-Stalin-Pakt zum »Unternehmen Barbarossa«, München 1991, S. 404-424; J. Goebbels, Tagebücher 1924-1945, hrsg. v. R. G. Reuth, Bd. 4: 1940-1942, München 1999, S. 1627; M. Burleigh, Die Zeit des Nationalsozialismus. Eine Gesamtdarstellung, Frankfurt am Main 2000, S. 565.

6 B.R. Kroener, Der »erfrorene Blitzkrieg«. Strategische Planungen der deutschen Führung gegen die Sowjetunion und die Ursachen des Scheiterns, in: B. Wegner (Hrsg.), Zwei Wege nach Moskau. Vom Hitler-Stalin-Pakt zum »Unternehmen Barbarossa«, München 1991, S. 133-148.

7 Burleigh, Die Zeit des Nationalsozialismus, S. 567; Kroener, Der »erfrorene Blitzkrieg«, S. 133-148; O. Bartov, Hitlers Wehrmacht: Soldaten, Fanatismus und die Brutalisierung des Krieges, Reinbek 1999; O. Bartov, The Eastern Front 1941-1945. German Troops and the Barbarization of Warfare, London 1985; sowie O. Bartov, Von unten betrachtet: Überleben, Zusammenhalt und Brutalität an der Ostfront, in: B. Wegner, Zwei Wege nach Moskau. Vom Hitler-Stalin-Pakt zum »Unternehmen Barbarossa«, München 1991, S. 326-344.

8 Kriegsverlauf bei Werth, Rußland im Krieg; G. Weinberg, Eine Welt in Waffen. Die globale Geschichte des Zweiten Weltkriegs, Stuttgart 1995, S. 294 ff.

9 W. Kempowski, Das Echolot. Barbarossa, 41. Ein kollektives Tagebuch, München 2002, S. 164-165.

10 Kempowski, Das Echolot, S. 101-102. Weitere Berichte über Greueltaten von Litauern auf den Seiten 65-66,129-131; M. Leder, My Life in Stalinist Russia. An American Woman Looks Back, Bloomington 2001, S. 185; I. Ehrenburg, So habe ich gelebt. Erinnerungen, Berlin 1995, S. 75.

11 Leder, My Life in Stalinist Russia, S. 193-194; Herling, Welt ohne Erbarmen, S. 291; Kuromiya, Freedom, S. 263-268; A. Sacharow, Mein Leben, München 1991, S. 70; Ehrenburg, So habe ich gelebt, S. 130-131; G. Bordjugov, The Popular Mood in the Unoccupied Soviet Union: Continuity and Change during the War, in: R.W. Thurston/B. Bonwetsch (Hrsg.), The People's War. Responses to World War II in the Soviet Union, Urbana 2000, S. 54-70, hier S. 59; R. Bidlack, Survival Strategies in Leningrad during the First Year of the Soviet-German War, in: Thurston/Bonwetsch, The People's War, S. 84-107, hier S. 100; M.M. Gorinov, Muscovites' Moods, 22 June 1941 to May 1942, in: Thurston/Bonwetsch, The People's War, S. 108-134, hier S. 119-124; J. Barber,

The Moscow Crisis of October 1941, in: J. Cooper/M. Perrie (Hrsg.), Soviet History, 1917-1953. Essays in Honour of R.W. Davies, London 1995, S. 201-218.

12 Kempowski, Das Echolot, S. 107, 172, 296.

13 A. Dallin, Deutsche Herrschaft in Rußland 1941-1945. Eine Studie über Besatzungspolitik, Düsseldorf 1958, S. 71.

14 Barber, The Moscow Crisis, S. 206; Dallin, Deutsche Herrschaft, S. 624-627; C. Andreyev, Vlasov and the Russian Liberation Movement, Cambridge 1987; M. Schröder, Deutschbaltische SS-Führer und Andrej Vlasov 1942-1945. »Rußland kann nur von Russen besiegt werden«. Erhardt Kröger, Friedrich Burchardt und die »Russische Befreiungsarmee«, Paderborn 2001; J. Hoffmann, Die Ostlegionen 1941-1943. Turkotataren, Kaukasier und Wolgafinnen im deutschen Heer, Freiburg 1976.

15 Dallin, Rußland, S. 42-43; G. Überschär, Dokumente zum »Unternehmen Barbarossa« als Vernichtungskrieg im Osten, in: G. Überschär/W. Wette (Hrsg.), Der deutsche Überfall auf die Sowjetunion. »Unternehmen Barbarossa« 1941, Paderborn 1984, S. 249, 251, 260, 285; Th. Schulte, The German Army and Nazi Policies in Occupied Russia, Oxford 1989, S. 219.

16 A. Streim, Das Völkerrecht und die sowjetischen Kriegsgefangenen, in: Wegner, Zwei Wege, S. 291-308, hier S. 305; ders., Sowjetische Gefangene in Hitlers Vernichtungskrieg, Heidelberg 1982; C. Streit, Keine Kameraden. Die Wehrmacht und die sowjetischen Kriegsgefangenen 1941-1945, Stuttgart 1978; Burleigh, Die Zeit des Nationalsozialismus, S. 589-604.

17 Dallin, Deutsche Herrschaft, S. 40-113; B. Chiari, Alltag hinter der Front. Besatzung, Kollaboration und Widerstand in Weißrußland 1941-1944, Düsseldorf 1998; C. Gerlach, Kalkulierte Morde. Die deutsche Wirtschafts- und Vernichtungspolitik in Weißrußland 1941-1944, Hamburg 1999.

18 Mikojan, Tak bylo, S. 388-391.

19 Die Rede Stalins ist abgedruckt in: Überschär, Dokumente, S. 272-275; Werth, Rußland im Krieg, S. 187. Vgl. auch G.K. Schukow, Erinnerungen und Gedanken, Stuttgart 1969, S. 278-285; Bordjugov, Popular Mood, S. 66-67; J. Barber, The Image of Stalin in Soviet Propaganda and Public Opinion during World War 2, in: J. Garrard/C. Garrard (Hrsg.), World War 2 and the Soviet People, London 1993, S. 38-49; N. Mandelstam, Generation ohne Tränen. Erinnerungen, Frankfurt am Main 1975, S. 214-215; Brooks, Thank You, Comrade Stalin, S. 159-194; B. Bonwetsch, War as a »Breathing Space«: Soviet Intellectuals and the »Great Patriotic War«, in: Thurston/Bowetsch, People's War, S. 137-153; Werth, Rußland im Krieg, S. 294-310; M. Harrison, »Barbarossa«: Die sowjetische Antwort, 1941, in: Wegner, Zwei Wege, S. 334-463; K. Segbers, Die Sowjetunion im Zweiten Weltkrieg. Die Mobilisierung von Verwaltung, Wirtschaft und Gesellschaft im »Großen Vaterländischen Krieg« 1941-1943, München 1987; F. Kagan, The Evacuation of Soviet Industry in the Wake of »Barbarossa«: A Key to the Soviet Victory, in: Journal of Slavic Military Studies 8 (1995), S. 337-414; Barber/Harrison, Soviet Home Front, S. 127; Mikojan, Tak bylo, S. 394-414.

[20] Mikojan, Tak bylo, S. 415-425; S. Bialer (Hrsg.), Stalin and his Generals. Soviet Military Memoirs of World War II, New York 1969, S. 207-212; K. Simonov, Aus der Sicht meiner Generation, Berlin 1990, S. 300-397; Merezkow, Im Dienste des Volkes, S. 279; Ju.V. Rubcov, Iz-za spiny voždja. Političeskaja i voennaja dejatel'nost' L.Z. Mechlisa, Moskva 2003, S. 115-185; »Mne bylo prikazano byt' spokojnym i ne panikovat'«. Tragedija Zapadnogo fronta i ego komandujuščego D.G. Pavlova, in: Neizvestnaja Rossija. XX vek, Bd. 2, Moskva 1992, S. 57-111; J. Barber/M. Harrison, The Soviet Home Front 1941-1945, London 1991, S. 28.

[21] A. Beevor, Stalingrad, München 1999, S. 143, 145, 198-221; R.R. Reese, The Soviet Military Experience. A History of the Soviet Army 1917-1991, London 2000, S. 93-137; Herling, S. 82-84; Kuromiya, Freedom, S. 259; Kempowski, Das Echolot, S. 205; Knight, Berija, S. 114; V. Naumov/L. Rešin, Repressionen gegen sowjetische Kriegsgefangene und zivile Repatrianten in der UdSSR 1941 bis 1956, in: K.-D. Müller/K. Nikischkin (Hrsg.), Die Tragödie der Gefangenschaft in Deutschland und in der Sowjetunion 1941-1956, Köln 1998, S. 339-340; Barber, The Moscow Crisis, S. 206; J. Ganzenmüller, Das belagerte Leningrad 1941-1944: Eine Großstadt in den Strategien der Angreifer und der Angegriffenen, Dissertation, Freiburg 2003, S. 95-102; Gorinov, Muscovite Moods, S. 128; C. Garrard/J. Garrard (Hrsg.), World War II and the Soviet People, New York 1993, S. 155; B. Bonwetsch, Sowjetunion – Triumph im Elend, in: U. Herbert/A. Schildt (Hrsg.), Kriegsende in Europa. Vom Beginn des deutschen Machtzerfalls bis zur Stabilisierung der Nachkriegsordnung 1944-1948, Düsseldorf 1998, S. 68; ders., Die sowjetischen Kriegsgefangenen zwischen Stalin und Hitler, in: Zeitschrift für Geschichtswissenschaft 41 (1993), S. 135-142; Iosif Stalin v ob-jatijach sem'i. Iz ličnogo archiva, Moskva 1993, S. 69-100; Harrison, »Barbarossa«, S. 443; G.F. Krivošeev, Ob itogach statističeskich issledovanij poter' vooružennych sil SSSR v Velikoj Otečestvennoj vojne, in: Ljudskie poteri SSSR v period vtoroj mirovoj vojny. Sbornik statej, St. Petersburg 1995, S. 75.

[22] Thurston, Life and Terror, S. 213-216.

[23] Gross, Revolution, S. 178-186; B. Musial, »Konterrevolutionäre Elemente sind zu erschießen«. Die Brutalisierung des deutsch-sowjetischen Krieges im Sommer 1941, Berlin 2000. Vgl. auch die Briefe deutscher Soldaten in: Kempowski, Das Echolot, S. 122, 215-216, 227-228.

[24] Bordjugov, Popular Mood, S. 60; Barber, The Moscow Crisis, S. 207, 213; Gorinov, Muscovite Moods, S. 115-117; V.P. Popov, Gosudarstvennyj terror v sovetskoj Rossii. 1923-1953 gg. Istočniki i ich interpretacija, in: Otečestvennye archivy (1992), Nr. 2, S. 28; Kuromiya, Freedom, S. 263-268.

[25] Ich stütze mich hier vor allem auf die beeindruckende Dissertation von Ganzenmüller, Das belagerte Leningrad, S. 86-90, 119, 221-225, 235-236, 289-296; L. Ginsburg, Aufzeichnungen eines Blockademenschen, Frankfurt am Main 1997, S. 117-118; Bidlack, Survival Strategies, S. 96-99; GULAG v gody Velikoj Otečestvennoj vojny, in: Voenno-istoričeskij žurnal (1991), Nr. 4, S. 23; Zitat Stalins in: Velikaja Otečestvennaja Vojna, Bd. 5/1: Stavka VGK. Dokumenty i materialy 1941 god, Moskva 1996, S. 195-196.

[26] Čuev, Sto sorok besed s Molotovym, S. 277. So äußerte sich auch Kaganovič in den 1960er Jahren: S. Parfenov, »Železnyj Lazar«: Konec kar'ery, in: Rodina (1990), Nr. 2, S. 74.

[27] N. Naimark, Fires of Hatred. Ethnic Cleansing in Twentieth-Century Europe, Cambridge/Mass. 2001, S. 85-107; Weitz, A Century of Genocide, S. 79-82; A. M. Nekrich, Punished Peoples: The Deportation and Fate of Soviet Minorities at the End of the Second World War, New York 1978; V. Tolz, New Information about the Deportation of Ethnic Groups in the USSR during World War 2, in: Garrard/Garrard, World War, S. 161-179; »Pogruženy v ešelony i otpravleny k mestam poeselenij...« L. Berija – I. Stalinu, in: Istorija SSSR (1991), Nr. 1, S. 143-160; N. F. Bugaj, L. Berija – I. Stalinu: »Soglasno vašemu ukazaniju...«, Moskva 1995, S. 27 ff., Zitate, S. 104-105, 128; N. F. Bugaj, K voprosu o deportacii narodov SSSR v 30-40-ch godach, in: Istorija SSSR (1989), Nr. 6, S. 135-144; N. F. Bugaj/A. M. Gonov, Kavkaz: narody v ešelonach. 20-60-gody, Moskva 1998, S. 118-222; Nakazannyj narod. Repressii protiv rossijskich nemcev, Moskva 1999; W. Leonhard, Die Revolution entläßt ihre Kinder, Köln 1981, 3. Aufl., S. 125-130; V.V. Zemskov, Specposelency (po dokumentacii NKVD-MVD SSSR), in: Sociologičeskie Issledovanija (1990), Nr. 11, S. 3-17; ders., Zaključennye, specposelency, ssyl'noposelency, ssyl'nye i vyslannye. Statistiko-geografičeskij aspekt, in: Istorija SSSR (1991), Nr. 5, S. 151-165; B. Pinkus, Die Deportation der deutschen Minderheit in der Sowjetunion 1941-1945, in: Wegner, Zwei Wege, S. 464-479; R. Conquest, Stalins Völkermord. Wolgadeutsche, Krimtataren, Kaukasier, Wien 1970.

[28] Sacharow, Mein Leben, S. 67; Bordjugov, Popular Mood, S. 65.

[29] RGASPI, Fond 82, opis' 2, delo 897, ll. 127-131; Ju.S. Aksenev, Apogej Stalinizma: poslevoennaja piramida vlasti, in: Voprosy Istorii KPSS (1990), Nr. 11, S. 93; Sh. Fitzpatrick, Postwar Soviet Society: The »Return to Normalcy«, 1945-1953, in: S. J. Linz (Hrsg.), The Impact of World War II on the Soviet Union, Totowa 1985, S. 129-156; Bonwetsch, Sowjetunion, S. 52-88; J. Hessler, A Postwar Perestrojka? Toward a History of Private Enterprise in the USSR, in: Slavic Review 57 (1998), S. 516-542; J. Orlow, Ein russisches Leben, München 1992, S. 122; E. Zubkova, Obščestvo vyščedšee iz vojny: russkie i nemcy v 1945 godu, in: Otečestvennaja Istorija (1995), Nr. 3, S. 90-100; dies., Die sowjetische Gesellschaft nach dem Krieg. Lage und Stimmung in der Bevölkerung 1945/46, in: Vierteljahreshefte für Zeitgeschichte 47 (1999), S. 363-383.

[30] Zubkova, Die sowjetische Gesellschaft, S. 373.

[31] RGASPI, Fond 558, opis' 11, delo 888, ll. 51-56; RGASPI, Fond 17, opis' 121, delo 673, ll. 2-9, 21, 29, 47- 50. Vgl. auch A. Nove, Soviet Peasantry in World War II, in: S. J. Linz (Hrsg.), The Impact of World War II on the Soviet Union, Totowa 1985, S. 87-89; Fitzpatrick, Postwar Soviet Society, S. 149; V. F. Zima, Poslevoennoe obščestvo: Golod i prestupnost', in: Otečestvennaja istorija (1995), Nr. 5, S. 45-59.

[32] N. Tolstoy, Die Verratenen von Jalta. Englands Schuld vor der Geschichte, München 1978; N. Bethell, The Last Secret. Forcible Repatriation to Russia 1944-1947, London 1974, S. 80 ff.; M. Elliot, Pawns of Yalta. Soviet Refugees

and America's Role in their Repatriation, Chicago 1982, S. 194; Naumov/Rešin, Repressionen, S. 339-364; V.N. Zemskov, K voprosu o repatriacii sovestkich graždan 1944-1951 gody, in: Istorija SSSR (1999), Nr. 4, S. 26-41; P. Poljan, Deportiert nach Hause. Sowjetische Kriegsgefangene im »Dritten Reich« und ihre Repatriierung, München 2001, S. 165-187; Bonwetsch, Sowjetunion, S. 68-70; Ehrenburg, So habe ich gelebt, S. 174-177; Rasgon, Nichts als die reine Wahrheit, S. 329; Fitzpatrick, Postwar Soviet Society, S. 134-137.

33 RGASPI, Fond 82, opis' 2, delo 897, ll. 106-123, 135-139, 143-145. Vgl. auch F. Golszewski, Ukraine – Bürgerkrieg und Resowjetisierung, in: Herbert/Schildt, Kriegsende, S. 89-99; Fitzpatrick, Postwar Soviet Society, S. 134; T.U. Raun, Estonia and the Estonians, Stanford 1991, 2. Aufl, S. 181-183; E. Laasi, Der Untergrundkrieg in Estland 1945-1953, in: R. Kibelka (Hrsg.), Auch wir sind Europa, Berlin 1991, S. 70-82.

34 Ein guter Überblick wird von Beate Fieseler geboten, in: St. Plaggenborg (Hrsg.), Handbuch der Geschichte Rußlands, Bd. 5, Stuttgart 2001, S. 50-57. Vgl. auch Sh. Fitzpatrick, Cultural Orthodoxies under Stalin, in: dies., The Cultural Front, S. 246; D. Beyrau, Intelligenz und Dissens. Die russischen Bildungsschichten in der Sowjetunion 1917-1985, Göttingen 1993, S. 80-101; V.S. Dunham, In Stalin's Time. Middle Class Values in Soviet Fiction, Cambridge 1976; S.F. Starr, Red and Hot. Jazz in Rußland von 1917-1990, Wien 1990; E. Zubkova, Stalin i obščestvennoe mnenie v SSSR, 1945-153 gg., in: Stalin i cholodnaja vojna, Moskva 1998, S. 281-285; R. Orlowa-Kopelew, Eine Vergangenheit, die nicht vergeht. Rückblicke aus fünf Jahrzehnten, München 1985, S. 217.

35 RGASPI, Fond 558, opis' 11, delo 904, ll. 27-35, 39; RGASPI, Fond 82, opis' 2, delo 148, ll. 126-131; Sacharow, Mein Leben, S. 177-178; S. Redlich, War, Holocaust and Stalinism. A Documented History of the Jewish Anti-Fascist Commitee in the USSR, Luxemburg 1995; V. Naumov, Die Vernichtung des Jüdischen Antifaschistischen Komitees, in: L. Luks (Hrsg.), Der Spätstalinismus und die »jüdische Frage«. Zur antisemitischen Wende des Kommunismus, Köln 1998, S. 123-126; ders. (Hrsg.), Nepravednyj sud. Poslednyj stalinskij rasstrel. Stenogramma sudebnogo processa nad členami Evrejskogo Antifašistskogo Komiteta, Moskva 1994; J. Etinger, The Doctor's Plot: Stalin's Solution to the Jewish Question, in: J. Ro'i (Hrsg.), Jews and Jewish Life in Russia and the Soviet Union, Ilford 1995, S. 103-124; A. Lokshin, The Doctor's Plot: The Non-Jewish Response, in: Ro'i, Jews, S. 157-167; Ž.A. Medvedev, Stalin i »delo vračej«. Novye materaly, in: Voprosy Istorii (2003), Nr. 1, S. 78-103; G. Kostyrchenko, Out of the Red Shadows. Anti-Semitism in Stalin's Russia, Amherst 1995; A. Lustiger, Rotbuch: Stalin und die Juden, Berlin 1998, S. 108-122; A. Borschtschagowski, Orden für einen Mord. Die Judenverfolgung unter Stalin, Berlin 1997; Y. Rapoport, The Doctor's Plot, London 1991; J. Brent/V. Naumov, Stalin's Last Crime. The Plot Against the Jewish Doctors, 1948-1953, New York 2003, S. 283-311.

36 Zur ärztlichen Diagnose vgl. RGASPI, Fond 558, opis' 11, delo 1483, ll. 9-10; Chruschtschow erinnert sich, hrsg. v. S. Talbott, Reinbek 1971, S. 262, 302-

310; Mikojan, Tak bylo, S. 534-536, 559-580, Zitat, S. 559; M. Parrish, The Lesser Terror. Soviet State Security, 1939-1953, Westport 1996, S. 215-221, 236-240; Aksenev, Apogej, S. 100-104; Werth, Ein Staat, S. 272-273; J. Harris, The Origins of the Conflict between Malenkov and Zhdanov: 1939-1941, in: Slavic Review 35 (1976), S. 287-303; S. B. Bonwetsch, Die »Leningrad-Affaire« 1949-1951: Politik und Verbrechen im Spätstalinismus, in: Deutsche Studien 28 (1990), S. 306-322; E. Subkowa, Kaderpolitik und Säuberungen in der KPdSU (1945-1953), in: H. Weber/U. Mählert (Hrsg.), Terror. Stalinistische Parteisäuberungen 1936-1953, Paderborn 1998, S. 187-206.

37 K. Simonov, Glasami čeloveka moego pokolenija. Razmyšlenija o Staline, Moskva 1990, S. 228; Ž. A. Medvedev, Zagadki smerti Stalina, in: Voprosy Istorii (2000), Nr. 1, S. 83-91; S. Allilujewa, Zwanzig Briefe an einen Freund, Wien 1967, S. 19-30; Zur ärztlichen Versorgung Stalins zwischen dem 2. und 5. März vgl. RGASPI, Fond 558, opis' 11, delo 1486, ll. 81-202; RGASPI, Fond 82, opis' 2, delo 897, ll. 145-150; Orlow, Ein russisches Leben, S. 170.

Literatur

1. Archive

Rossijskij Gosudarstvennyj Archiv Social'no-Političeskoj Istorii (RGASPI)

Fond 17	Zentralkomitee der VKP
Fond 81	L. M. Kaganovič
Fond 82	V. M. Molotov
Fond 85	G. K. Ordžonikidze
Fond 558	I. V. Stalin

2. Literatur

G. Alexopoulos, Stalin's Outcasts. Aliens, Citizens, and the Soviet State, 1926-1936, Ithaca 2003.

H. Altrichter, Die Bauern von Tver. Vom Leben auf dem russischen Dorfe zwischen Revolution und Kollektivierung, München 1984.

J. Baberowski, Der Feind ist überall. Stalinismus im Kaukasus, München 2003.

J. Baberowski, Wandel und Terror. Die Sowjetunion unter Stalin 1928-1941, in: Jahrbücher für Geschichte Osteuropas 43 (1995), S. 97-129.

Z. Bauman, Moderne und Ambivalenz. Das Ende der Eindeutigkeit, Frankfurt am Main 1995.

D. Beyrau, Petrograd, 25. Oktober 1917. Die russische Revolution und der Aufstieg des Kommunismus, München 2001.

S. Boym, Common Places. Mythologies of Everyday Life in Russia, Cambridge/Mass. 1994.

K. Brent/V. Naumov, Stalin's Last Crime. The Plot Against the Jewish Doctors, 1948-1953, New York 2003.

J. Brooks, »Thank you, Comrade Stalin.« Soviet Public Culture from Revolution to Cold War, Princeton 2000.

V. Brovkin, (Hrsg.), The Bolsheviks in Russian Society. The Revolution and the Civil Wars, New Haven 1997.

J. A. Cassiday, The Enemy on Trial: Early Soviet Courts on Stage and Screen, DeKalb/Ill. 2000.

O. W. Chlewnjuk, Das Politbüro. Mechanismen der Macht in der Sowjetunion der dreißiger Jahre, Hamburg 1998.
Chruschtschow erinnert sich, hrsg. v. S. Talbott, Reinbek 1971.
K. Clark, Petersburg. Crucible of Cultural Revolution, Cambridge/Mass. 1995.
R. Conquest, Der große Terror. Sowjetunion 1934-1938, München 1992.
F. Čuev, Sto sorok besed s Molotovym, Moskva 1991.
A. Dallin, Deutsche Herrschaft in Rußland 1941-1945. Eine Studie über Besatzungspolitik, Düsseldorf 1958.
R. V. Daniels, Das Gewissen der Revolution. Kommunistische Opposition in Sowjetrußland, Köln 1962.
S. Davies, Popular Opinion in Stalin's Russia. Terror, Propaganda, and Dissent, 1934-1941, Cambridge 1997.
G. Dimitroff, Tagebücher 1933-1943, Bd. 1, hrsg. v. B. H. Bayerlein, Berlin 2000.
G. M. Easter, Reconstructing the State. Personal Networks and Elite Identity in Soviet Russia, Cambridge 2000.
M. Fainsod, Smolensk under Soviet Rule, London 1958.
O. Figes, Die Tragödie eines Volkes. Die Epoche der russischen Revolution 1891 bis 1924, Berlin 1998.
Sh. Fitzpatrick, Ascribing Class: The Construction of Social Identity in Soviet Russia, in: Journal of Modern History 65 (1993), S. 745-770.
Sh. Fitzpatrick, The Cultural Front. Power and Culture in Revolutionary Russia, Ithaca 1992.
Sh. Fitzpatrick (Hrsg.), Cultural Revolution in Russia, 1928-1931, Bloomington 1978.
Sh. Fitzpatrick, Everyday Stalinism. Ordinary Life in Extraordinary Times: Soviet Russia in the 1930s, Oxford 1999.
Sh. Fitzpatrick (Hrsg.), Stalinism. New Directions, London 2000.
J. Ganzenmüller, Das belagerte Leningrad 1941-1944: Eine Großstadt in den Strategien der Angreifer und der Angegriffenen, Dissertation, Freiburg 2003.
C. Garrard/J. Garrard (Hrsg.), World War II and the Soviet People, New York 1993.
V. Garros/N. Korenevskaja/Th. Lahusen (Hrsg.), Das wahre Leben. Tagebücher aus der Stalin-Zeit, Berlin 1998.
P. Gatrell, A Whole Empire Walking. Refugees in Russia During World War I, Bloomington 1999.
J. A. Getty/R. T. Manning (Hrsg.), Stalinist Terror. New Perspectives, Cambridge 1993.
J. A. Getty/O. Naumov, The Road to Terror. Stalin and the Self-Destruc-

tion of the Bolsheviks, 1932-1939, New Haven 1999.
J.A. Getty, The Origins of the Great Purges: The Soviet Communist Party Reconsidered, 1933-1938, Cambridge 1985.
G. Gill, The Origins of the Stalinist Political System, Cambridge 1990.
J.T. Gross, Revolution from Abroad. The Soviet Conquest of Poland's Western Ukraine and Western Belorussia, 2. Aufl. Princeton 2002.
W. Hedeler (Hrsg.), Stalinistischer Terror 1934-1941. Eine Forschungsbilanz, Berlin 2002.
J. Hellbeck (Hrsg.), Tagebuch aus Moskau 1931-1939, München 1996.
M. Hildermeier, Geschichte der Sowjetunion 1917-1991. Entstehung und Niedergang des ersten sozialistischen Staates, München 1998.
M. Hildermeier (Hrsg.), Stalinismus vor dem Zweiten Weltkrieg, München 1998.
D.L. Hoffman, Peasant Metropolis. Social Identities in Moscow, 1929-1941, Ithaca 1994.
P. Holquist, Making War, Forging Revolution. Russia's Continuum of Crisis, 1914-1921, Cambridge 2002.
W.B. Husband, »Godless Communists«. Atheism and Society in Soviet Russia, 1917-1932, DeKalb/Ill. 2000.
M. Jansen/N. Petrov, Stalin's Loyal Executioner: People's Commissar Nikolai Ezhov 1895-1940, Stanford 2002.
W. Kempowski, Das Echolot. Barbarossa, 41. Ein kollektives Tagebuch, München 2002.
G. Koenen, Utopie der Säuberung. Was war der Kommunismus?, Berlin 1998.
G. Koenen, Die großen Gesänge. Lenin, Stalin, Mao-Tse-Tung: Führerkulte und Heldenmythen des 20. Jahrhunderts, Frankfurt am Main 1992.
A.I. Kokurin/N.V. Petrov (Hrsg.), GULAG 1917-1960, Moskva 2000.
G. Kostyrchenko, Out of the Red Shadows. Anti-Semitism in Stalin's Russia, Amherst 1995.
St. Kotkin, Magnetic Mountain. Stalinism as a Civilization, Berkeley 1995.
H. Kuromiya, Freedom and Terror in the Donbass. A Ukrainian-Russian Borderland, 1870s-1990s, Cambridge 1998.
G. Leggett, The Cheka. Lenin's Political Police, Oxford 1981.
S.J. Linz (Hrsg.), The Impact of World War II on the Soviet Union, Totowa 1985.
M. Malia, Vollstreckter Wahn. Rußland 1917-1991, Stuttgart 1994.
T. Martin, The Affirmative Action Empire: Nations and Nationalism in the Soviet Union 1923-1939, Ithaca 2001.

T. Martin, The Origins of Soviet Ethnic Cleansing, in: Journal of Modern History 70 (1998), S. 813-861.
R. Medvedev, Let History Judge. The Origins and Consequences of Stalinism, New York 1989.
S. P. Melgunov, Krasnyj terror v Rossii, Moskva 1991 (Erstdruck Berlin 1923).
A. I. Mikojan, Tak bylo. Razmyšlenija o minuvšem, Moskva 1999.
N. Naimark, Fires of Hatred. Ethnic Cleansing in Twentieth-Century Europe, Cambridge/Mass. 2001.
S. A. Papkov, Stalinskij terror v Sibiri 1928-1941, Novosibirsk 1997.
R. Pethybridge, One Step Backward, Two Steps Forward. Soviet Society and Politics under the New Economic Policy, Oxford 1990.
R. Pethybridge, The Social Prelude to Stalinism, London 1974.
St. Plaggenborg (Hrsg.), Stalinismus. Neue Forschungen und Konzepte, Berlin 1998.
St. Plaggenborg, Revolutionskultur. Menschenbilder und kulturelle Praxis in Sowjetrußland zwischen Oktoberrevolution und Stalinismus, Köln 1996.
D. J. Raleigh (Hrsg.), Provincial Landscapes. Local Dimensions of Soviet Power, 1917-1953, Pittsburgh 2001.
D. J. Raleigh, Experiencing Russia's Civil War. Politics, Society, and Revolutionary Culture in Saratov, 1917-1922, Princeton 2002.
R. R. Reese, Stalin's Reluctant Soldiers: A Social History of the Red Army, Lawrence 1996.
R. R. Reese, The Soviet Military Experience. A History of the Soviet Army 1917-1991, London 2000.
A. E. Rieber, Stalin. Man of the Borderlands, in: American Historical Review 53 (2001), S. 1651-1691.
T. H. Rigby, Communist Party-Membership in the USSR 1917-1967, Princeton 1968.
T. Rüting, Pavlov und der neue Mensch. Diskurse über Disziplinierung in Sowjetrussland, München 2002.
M. Šrejder, NKVD iznutri. Zapiski čekista, Moskva 1995.
J. Sanborn, Drafting the Russian Nation. Military Conscription, Total War, and Mass Politics 1905-1925, DeKalb/Ill. 2003.
J. Scott, Behind the Urals. An American Worker in Russia's City of Steel, Bloomington 1989 (erstmals 1942 erschienen).
L. H. Siegelbaum, Stakhanovism and the Politics of Productivity in the USSR, 1935-1941, Cambridge 1988.
L. H. Siegelbaum/A. Sokolov, Stalinism as a Way of Life. A Narrative in Documents, New Haven 2000.

Y. Slezkine, The USSR as a Communal Appartment, or How a Socialist State Promoted Ethnic Particularism, in: Slavic Review 53 (1994), S. 414-452.

P.H. Solomon, Soviet Criminal Justice under Stalin, Cambridge 1996.

Stalin i Kaganovič. Perepiska. 1931-1936 gg., Moskva 2001.

J. Stalin, Briefe an Molotow 1925-1936, Berlin 1996.

Stalinskoe politbjuro. 30-e gody. Sbornik dokumentov, Moskva 1995.

R. Stites, Revolutionary Dreams. Utopian Vision and Experimental Life in the Russian Revolution, Oxford 1989.

R.G. Suny, Beyond Psychohistory: The Young Stalin in Georgia, in: Slavic Review 50 (1991), S. 48-58.

R.G. Suny/T. Martin (Hrsg.), A State of Nations. Empire and Nation-Making in the Age of Lenin and Stalin, Oxford 2001.

N.F. Suvenirov, Tragedija RKKA 1937-1938, Moskva 1998.

R.W. Thurston, Life and Terror in Stalin's Russia 1934-1941, New Haven 1996.

R.W. Thurston/B. Bonwetsch (Hrsg.), The People's War. Responses to World War II in the Soviet Union, Urbana 2000.

R.C. Tucker, Stalin as Revolutionary 1879-1929, New York 1973.

R.C. Tucker, Stalin in Power. The Revolution from Above, 1928-1941, New York 1990.

L. Viola, Peasant Rebels under Stalin. Collectivization and the Culture of Peasant Resistance, Oxford 1996.

L. Viola (Hrsg.), Contending with Stalinism. Soviet Power and Popular Resistance in the 1930s, Ithaca 2002.

D.A. Volkogonov, Triumf i tragedija: Političeskij portret I.V. Stalina, 2 Bde, Moskva 1989.

M. Wehner, Bauernpolitik im proletarischen Staat. Die Bauernfrage als zentrales Problem der sowjetischen Innenpolitik 1921-1928, Köln 1998.

E. Weitz, A Century of Genocide. Utopias of Race and Nation, Princeton 2003.

N. Werth, Ein Staat gegen sein Volk. Gewalt, Unterdrückung und Terror in der Sowjetunion, in: St. Courtois/N. Werth u.a. (Hrsg.), Das Schwarzbuch des Kommunismus. Unterdrückung, Verbrechen und Terror, München 1998, S. 182-188.

E. Zubkova, Die sowjetische Gesellschaft nach dem Krieg. Lage und Stimmung in der Bevölkerung 1945/46, in: Vierteljahreshefte für Zeitgeschichte 47 (1999), S. 363-383.